教育部人文社科项目"《论语》在俄罗斯"（项目批准号：16YJC740071）成果

| 光明社科文库 |

《论语》在俄罗斯

王灵芝◎著

光明日报出版社

图书在版编目（CIP）数据

《论语》在俄罗斯 / 王灵芝著. --北京：光明日
报出版社，2022.11
ISBN 978 - 7 - 5194 - 6953 - 5

Ⅰ. ①论… Ⅱ. ①王… Ⅲ. ①《论语》—研究—俄罗
斯 Ⅳ. ①B222.25

中国版本图书馆 CIP 数据核字（2022）第 229473 号

《论语》在俄罗斯
LUNYU ZAI ELUOSI

著　　者：王灵芝

责任编辑：刘兴华　　　　　　责任校对：乔宇佳
封面设计：中联华文　　　　　　责任印制：曹　净

出版发行：光明日报出版社
地　　址：北京市西城区永安路 106 号，100050
电　　话：010 - 63169890（咨询），010 - 63131930（邮购）
传　　真：010 - 63131930
网　　址：http://book.gmw.cn
E - mail：gmrbcbs@ gmw.cn
法律顾问：北京市兰台律师事务所龚柳方律师

印　　刷：三河市华东印刷有限公司
装　　订：三河市华东印刷有限公司

本书如有破损、缺页、装订错误，请与本社联系调换，电话：010-63131930

开　　本：170mm×240mm
字　　数：341 千字　　　　　　印　　张：19.5
版　　次：2023 年 5 月第 1 版　　印　　次：2023 年 5 月第 1 次印刷
书　　号：ISBN 978 - 7 - 5194 - 6953 - 5
定　　价：98.00 元

序

郑海凌

　　中俄两国的文化交流始于 17 世纪末、18 世纪初。当时俄国兴起一股"中国热"。俄国人不仅喜爱中国的瓷器、丝绸和茶叶等物品，而且开始关注中国文化。中国典籍如《道德经》《诗经》《史记》等被译成俄文。《论语》最早的俄译本于 18 世纪中叶出现，迄今已有 270 余年的历史。

　　王灵芝博士的专著《〈论语〉在俄罗斯》，是作为教育部人文社科项目立项的。作者从多种视角对《论语》的俄译进行了深入考察，颇有心得，并在《孔子研究》等学术刊物上发表了研究文章，构成了这部专著的基本框架。应该说，这是一部很好的学术著作。

　　中国典籍在国外的流传研究，是一个很难做的课题。它首先要求研究者对外国译者的汉文化水平和翻译能力有一个客观的评价，而这种评价是建立在研究者自身的学术水平之上的。本书作者依仗长期养成的中俄文化修养和翻译审美能力，运用科学的方法对俄罗斯译者的《论语》译本剖析欣赏，其研究成果有以下特色：

　　第一，作者结合不同时代的历史背景，对不同时期的《论语》译本及其译者进行绍介和研究，完整地勾勒了《论语》俄译的开端和发展过程，按照历史的逻辑线索进行考察和梳理，试图达到历史与逻辑的统一。也要看到，《论语》的俄译历史并不是一帆风顺，而是跌宕起伏，并与俄罗斯的时代变化结合在一起的。值得指出的是，作者并不是对《论语》的俄译状况泛泛而谈，而是深入译者经历与文本内部来进行研究，不仅介绍了每个时代的代表性《论语》译者的经历及思想观念，而且指出每个《论语》译本的翻译特点及翻译策略。与此同时，作者还从整体上指出每个《论语》俄译本存在的缺陷和不足。这就在很大程度上揭示了俄罗斯学者对孔子和《论语》的认识经历一个由浅入深、由单一化到多样化的过程。整体

1

来看，作者对《论语》俄译本及其译者的历史性考察部分是此书的重点，占据了大量篇幅，使整个研究显得具有历史感和层次感。

第二，对《论语》基本术语的俄译情况进行深入研究。《论语》中的基本术语最能体现出孔子和儒家的思想。在《论语》俄译过程中，译者对于一些基本术语的翻译恰恰反映出自己对孔子和儒家思想的理解。从这个意义上，作者更多地抓住《论语》基本术语（如"仁""礼""义""君子""小人""道"等）的俄译问题展开分析。在研究方法上，作者并没有单向度地只是关注这些术语的俄译问题，而是采用中俄比较的方式进行分析。这种研究方式的好处在于，既能使许多中国学者的观点展示出来，同时又对照了俄译者对这些术语的基本理解，从而形成一种开放多元的阐释链环。这样，我们便可很轻易地看出俄译者对于这些术语的理解和把握程度，同时也能揭示出他们在翻译过程中所存在的问题。这么做的目的还是为了对《论语》中的某一基本术语形成较为全面而客观的翻译策略。

第三，对俄罗斯的《论语》学研究给予梳理和探讨。这本书研究《论语》的俄译和传播问题，但并不限于此，而且还涉及《论语》所彰显的孔子形象、《论语》学研究以及儒学在俄罗斯等诸多问题。这种延伸性的探讨方式，使得整个结构更显得开放而且多元。《论语》主要记载了孔子及其弟子的言与行，所以俄罗斯学者在翻译的时候自然而然地形成一种自己所理解的孔子形象。与之相应，不同的学者在翻译过程中又会呈现出不同的孔子形象。所以，孔子在俄罗斯的不同时代呈现出不同的形象特征。整体来看，孔子形象在俄罗斯经历一个由模糊而逐渐清晰的状态。这些研究往往从俄罗斯视角出发，融合了本国的文化与思想，对《论语》和儒家思想形成一种新的理解和阐释。这就使得《论语》文本呈现出一种更为开放而多元的文化形态。当然，俄罗斯学者对孔子形象、《论语》学以及儒家思想的解读和认知，也是为西方基督教文化与中华儒家文化找寻一种对话空间。

就俄罗斯来说，《论语》的传播与接受不仅促进了俄罗斯汉学的发展，而且让俄罗斯人进一步体验中国文化与思想真正的独特魅力，以便为俄罗斯的发展提供一种借鉴。就中国来说，《论语》的传播与接受为中国文化更好地"走出去"找到一种支撑，也为中国的儒学研究提供一种新的视角，同时也会增强国人的文化自信与文化认同。

整体看来，此书以小见大，不仅对国内外学者了解《论语》在俄罗斯的译介情况有引领和帮助作用，也有助于我国深入了解中俄文化交流的历史和现状。在当今人类命运共同体和中国文化"走出去"的语境和背景下，它应该能够为传播中国经典文化和思想、为全球范围内的文化和文明交流互通提供中国学者的视角和贡献。

2022 年 5 月于北京

目 录
CONTENTS

绪　论

一、缘起

21世纪，随着全球化的持续发展，世界各国间的文化交流不断加深。为了让中国走向世界，让世界更好地了解中国，就需要讲好中国故事，发出中国声音。习近平主席多次强调"讲好中国故事，传播好中国声音，阐发中国精神，展现中国风貌"①的重要性。古代典籍是我国传统文化的精华和最为深厚的软实力，它们的传播是提高中国文化影响力和改善自身形象的重要途径，而传播主要是通过翻译。

其实，源远流长、博大精深的华夏文化早在唐朝就吸引了周边世界的关注和崇拜。到了明末清初，欧洲与中国开始了真正意义上的文化、学术等方面的接触与交流，其中一个重要内容就是西方传教士对中华典籍的翻译。16世纪，来华传教的意大利传教士利玛窦（Matteo Ricci，1552—1610）率先意识到中华典籍尤其是儒家典籍的价值和内涵，认识到了解儒学对其传教的重要作用，便着手翻译"四书"。不久，这些典籍的译本出现在西方，于是儒学开始了在西方的旅行，并引起了西方社会的关注。尤其是到了18世纪后，"中国圣贤哲学学说与启蒙思想家们倡导的开明和理性产生了共鸣，大量富有浓郁东方情调的中国商品涌进了欧洲宫廷和社会，一股前所未有的'中国风'席卷欧洲，对西方社会和思想产生了深刻影响"②。

中国和俄罗斯是近邻。作为世界大国之一，中华文化在俄罗斯的传播是中华文化走向世界并在世界构建话语权的重要组成部分。据《元史》和《蒙古秘史》记载，元朝时，中俄两国就开始了直接交往，一些俄国人曾来过中国。不过，那个时候两国间还处于交流的初期，彼此之间的认识有限。而且在当时不

---

① http://www.ccdi.gov.cn/toutiao/201711/t20171113_126275.html，2021-4-25。

② 阎国栋：《俄国汉学史（迄于1907）》，北京：人民出版社，2006年，第83页。

少俄国人的观念中，鞑靼人的入侵只是给俄国带来了巨大的破坏。事实上，长期以来，无论是从文化还是从宗教信仰来说，不少俄罗斯人更倾向于认为俄罗斯是个欧洲国家，认为俄国"从来不属于东方"①。所以，一些俄国人更愿意融入西方，期望自己是西方世界的一份子。彼得大帝（Петр Ⅰ）、叶卡捷琳娜二世（Екатерина Ⅱ）先后施行的效仿西欧的改革便是俄国试图加入西方世界所做的努力，同时改革又加大了俄国人对欧洲文化的认同。俄国著名剧作家、诗人苏马罗科夫（А. П. Сумароков，1717—1777）认为，西方是一个值得俄国学习的乌托邦世界，他以欧洲社会为参照写道："政府是诚实的，没有人会纵情酒色，贵族子弟都在上学……圣歌亦是诚恳真切的。"② 可见，在部分俄国人眼中，欧洲简直是完美的存在。不过，在此之前，被俄国人视为学习榜样的欧洲却掀起了一股前所未有的"中国风"。受欧洲"中国风"的影响，俄国人对中国的兴趣逐渐浓厚。1715 年，俄国向中国北京派遣第一届东正教传教团。1727年后，开始派遣学员随传教士团员一起来中国，专门学习满汉语言。到 1917 年前，俄国政府共派了 18 届传教团来中国。200 多年间，在这些传教团成员中涌现出了大量杰出的汉学家，如罗索欣（И. К. Россохин，1707—1761）、比丘林（Н. Я. Бичурин，1777—1853）、巴拉第（П. И. Кафаров，1817—1878）等。除派学员来中国学习语言、研究中国文化外，为满足对华人才需求，俄国外务院先后在 1739 年、1763 年和 1798 年 3 次开设满汉语班。另外，彼得堡皇家科学院在 1741—1751 年也开设了满汉语班。不过，受各种因素制约，这些机构培养人才的结果不是很理想。1831 年，比丘林开设了恰克图华文馆。1837 年，俄政府在喀山大学设立汉语教研室，开始有计划地培养汉语人才。1855 年，俄政府又在圣彼得堡大学设立东方语言系。俄国国内的汉学教育机构培养了大批优秀的汉学家，如瓦西里耶夫（В. П. Васильев，1818—1900，中文名王西里）③、格奥尔基耶夫斯基（С. М. Георгиевский，1851—1893）、波波夫（П. С. Попов，1842—1913，中文名柏百福）和阿列克谢耶夫（В. М. Алексеев，1881—1951，中文名阿理克）等。长期以来，俄罗斯汉学家非常重视中国典籍尤其是儒家典籍的翻译与研究工作。比丘林、瓦西里耶夫、阿列克谢耶夫、贝列罗莫夫（Л.

---

① （俄）德·谢·利哈乔夫：《解读俄罗斯》，吴晓都等译，北京：北京大学出版社，2003 年。
② Сумароков А. П. Избранные произведения. Л.，1957. С. 40.
③ 瓦西里耶夫在喀山大学学的是蒙古语，1839 年，他获得了蒙古语硕士学位。为了创办藏语教研室，喀山大学派他随第 12 届东正教传教团来中国学习，以便将来主持藏语教研室的事务。所以，在一定意义上说，瓦西里耶夫是喀山大学和传教团共同培养的汉学家。

С. Переломов，1928—2018，中文名嵇辽拉）和《中国精神文化大典》的主编季塔连科（М. Л. Титаренко，1934—2016）等不仅翻译了大量包括儒家作品在内的文化典籍，而且对中国传统文化进行了深入系统的研究。他们的研究成果为俄罗斯人搭建了一座座通向中国文化的桥梁，为俄罗斯其他汉学家和学者研究中国提供了大量宝贵的参考资料，为中国文化在俄罗斯的传播作出了不朽贡献，同时也为中国学界的相关研究提供了域外视角。因此，本书试图从文化传播的角度出发，对中国古代文化典籍在俄罗斯的翻译、传播与接受等情况进行描述性研究，进而考察中国典籍俄译的共性和一般规律。为此，我们选择《论语》俄译作为本文的研究对象。具体原因如下：

其一，《论语》自身的重要性。东汉赵岐《孟子题辞》曰："《论语》者，五经之鎋辖，六艺之喉衿也。"也就是说，《论语》在众多儒家典籍中占有重要地位，可以说是儒学的代表作。其实，《论语》不仅是研究孔子及其开创的儒学的第一手资料，而且对中国的政治、思想、文化、教育及人们的日常生活、情感和信仰等都产生了深远影响。诚如李泽厚所言："儒学（当然首先是孔子和《论语》一书）在塑建、构造汉民族文化心理结构的历史过程中，大概起了无可替代、首屈一指的严重作用。不但自汉至清的两千年的专制王朝以它作为做官求仕的入学初阶或必修课本，成了士大夫知识分子的言行思想的根本基础，而且通过各种层次的士大夫知识分子以及他们撰写编纂的《孝经》……使儒学（又首先是孔子和《论语》一书）的好些基本观念在不同层次的理解和解释下，成了整个社会言行、公私生活、思想意识的指引规范。不管识字不识字，不管是皇帝宰相还是平民百姓，不管是自觉或不自觉，意识到或没有意识到，《论语》这本书所宣讲、所传布、所论证的那些'道理'、'规则'、主张、思想，已代代相传，长久地渗透在中国两千年来的政教体制、社会习俗、心理习惯和人们的行为、思想、言语、活动中了。"① 这段话道出了《论语》在中国人精神品格塑造和日常生活中的影响。毫不夸张地说，《论语》是关乎中国文化的"心魂"所在。

其二，《论语》是俄罗斯最早翻译同时也是复译和出版次数最多的中国典籍之一。孔子在政治、道德、教育等领域的见解，不仅对中国而且对世界文化产生了巨大而深远的影响，如在日本、朝鲜、韩国等中国周边地区形成了特有的儒学文化圈，同时还对欧洲的启蒙运动产生一定的助推作用。尤其是近年来，

---

① 李泽厚：《论语今读·前言》，北京：世界图书出版有限公司北京分公司，2019 年，第 1—2 页。

西方世界逐渐认识到中国传统文化所蕴含的巨大价值，纷纷译介和研究以《论语》为代表的儒学。在俄罗斯，自 18 世纪沃尔科夫（Я. Волков，1728—?）译介"四书"始，《论语》一直吸引着俄罗斯汉学家不断对其阐释和翻译。苏联解体后，俄罗斯少壮派改革的失败"使得那些最初相信改革派口号与许诺的人们清醒过来"①。一些有识之士开始重视中国文化尤其是中国典籍文化蕴含的价值，希冀从中能够找到医治俄罗斯弊病的良方，而普通民众也希望儒学智慧能给予自己以引导。于是，一些汉学家再次把目光转向儒家文化，掀起了儒学研究的热潮，并在短时间内出现了多个见仁见智的《论语》译本。据统计，到目前为止，俄罗斯有 20 多个《论语》译本，其时间覆盖了帝俄、苏联与当代俄罗斯三个时代。从译本的完整度来看，分为全译本、节译本；就译者而言，有传教士汉学家和专业汉学家；从译本形态而言，有学术性译本、通俗性文本等。这些为《论语》俄译研究提供了便利的条件。

其三，通过对《论语》俄译及其在俄罗斯接受的研究，有助于我们揭示中俄文化交流的特点与存在的共性。18 世纪，由于俄国国内政治及在中国传教的需要，又加之受西方的影响，俄罗斯人开始译介儒学。最初，他们对孔子学说的理解和研究囿于少数文化精英和上层贵族社会，范围很小。随着社会的发展和中俄间来往的密切，越来越多的俄罗斯人开始知晓孔子及其学说。如今俄罗斯社会各个阶层对孔子学说的兴趣日趋浓厚，对《论语》思想的认识也更加全面而深入。可以说，孔子学说的译介与研究贯穿了俄罗斯对中国文化认识的全过程。正如贝列罗莫夫所言："正是这种透过孔子学说对中国心灵文化认知的传统，自普希金、托尔斯泰、阿列克谢耶夫，甚至到二十世纪下半期止，从未中断过。"苏联解体后，"俄罗斯民族进入了一个前所未有的危机时代。正因为如此，俄罗斯的学者、人民甚至政治精英们都不同程度地开始对孔夫子学说表现出迷恋和兴趣"。② 现有研究表明，俄罗斯人对孔子学说的兴趣在很大程度上体现在对《论语》的译介与研究上。所以，通过对《论语》俄译的研究，可以从侧面了解俄罗斯对中国文化的需求所在，从而为中俄之间的文化交流寻找契合点。

其四，俄罗斯《论语》研究可以为中国的《论语》和儒学研究提供一些域外研究视角。受自身文化背景的影响，俄罗斯学者对《论语》及儒学的认知与

---

① Переломов Л. С. Конфуцианское четверокнижие. М., 2004. C. 399.
② （俄）列·谢·贝列罗莫夫：《孔夫子学说在俄罗斯的过去、现在与未来》，陈开科 译，载《云梦学刊》，2000 年第 6 期，第 36 页。

研究有自身的特点，他们的见解与阐释可为中国的《论语》研究提供借鉴与启发。这样，我们不仅可以透过"他者"的解读反观自身，而且还可以为国内的研究探索新的意义，正所谓"他山之石，可以攻玉"。

目前为止，中国和俄罗斯学界尚未出现研究《论语》俄译和接受的专著。研究者大都从概观上论述《论语》俄译状况、评价《论语》俄译本特点，同时对《论语》在俄罗斯影响的研究也比较薄弱。这种现状与中国文化在俄罗斯传播的重要地位和蓬勃发展的《论语》俄译现状很不匹配。因此，本书拟以《论语》俄译为研究对象，在学习和借鉴他人研究的基础上，考察《论语》在俄罗斯译介和传播的历史轨迹，揭示与之相应的历史语境之间的关系。通过对比《论语》原文本与俄译文本，我们可以探究《论语》俄译的各种问题。

二、中国和俄罗斯《论语》俄译研究现状

《论语》是"中国文化的核心"[1]，因此俄罗斯汉学家非常重视《论语》的译介和研究。事实上，《论语》俄译是一项非常复杂的学术活动，涉及翻译学、哲学、文学、阐释学等多个学科。因此，中国与俄罗斯学界对《论语》俄译开展了不少研究，并取得了一定的研究成果。但由于学术背景和出发点的差异，国内外学者的研究方法、重点等不尽相同，下面分而述之。

1. 中国国内《论语》俄译研究现状

我国学界对《论语》俄译的关注和研究起始于 20 世纪 90 年代。目前，学者们对《论语》俄译概况的关注相对较多，对《论语》俄译策略、关键词翻译等方面的研究取得了一定的成果，对《论语》译本在俄罗斯的传播及影响也有一定的研究。综合来看，主要分为以下几个方面：

(1)《论语》俄译状况研究。从现有资料来看，国内《论语》俄译研究主要着眼于史料梳理，着重介绍《论语》的俄译情况。李明滨在《中国文化在俄罗斯》中从"俄罗斯的《论语》研究""苏联的《论语》研究"及"第一部研究《论语》的专著"三个方面简明介绍了《论语》在俄罗斯、苏联时期的研究状况[2]。马祖毅与任荣珍在《汉籍外译史》(1997)、蔡鸿生在《俄罗斯馆纪事》(2006)、阎国栋在《俄罗斯汉学三百年》(2007)等书中对《论语》的俄译历史和译本状况作了简洁扼要的概述。此外，黄心川《沙俄利用宗教侵华简史》(1980)、中国社会科学院文献情报中心编写《俄苏中国学手册》(1986)、赵春

---

① Переломов Л. С. Конфуцианское четверокнижие. М., 2004. С. 12.
② 李明滨：《中国文化在俄罗斯》，北京：中国国际广播出版社，2012 年。

梅《瓦西里耶夫与中国》（2007）及李伟丽《尼·雅·比丘林及其汉学研究》
（2007）等书中的个别内容也提及了《论语》的俄译历史和译本状况。总体来
看，这些著作对于《论语》俄译状况的研究是概观性的、基础性的。

除专著外，一些期刊文章也值得注意。郭蕴深在《1851—1917 年中国文化
在俄罗斯的传播》一文中写道："在俄国，最早翻译《论语》的是瓦西里耶夫。
1884 年，他在其编撰的汉语教科书《中国文选》第 2 册的注释中就曾译注了
《论语》的部分篇章。1889 年，他最后完成了《论语》的翻译任务，出版了
《论语》的第一部俄语译本。后来，瓦西里耶夫的学生、著名汉学家 П. С. 波波
夫①（1842—1913）又重译了《论语》，并于 1910 年以《孔子及其门徒的格言》
为名出版，这是俄语的第二个译本。"② 其实，这个梳理性介绍并不全面，因为
在瓦西里耶夫之前，已经有汉学家如沃尔科夫、比丘林等翻译了《论语》，只是
未出版而已。陈开科在《〈论语〉之路——记历代俄罗斯汉学家对〈论语〉的
翻译与研究》③ 中对柏百福、阿列克谢耶夫、克里夫佐夫（В. А. Кривцов，
1921—1985，中文名克立朝）和贝列罗莫夫的《论语》译本进行了比较分析，
指出他们译本的特点及翻译方法。朱仁夫的《中国儒学在俄罗斯》④ 主要介绍
了儒学在俄罗斯的走向以及俄国汉学家对儒学的研究与翻译，并以时代发展为
脉络，分析了帝俄时期瓦西里耶夫与柏百福的《论语》译本、苏联时期阿列克
谢耶夫和克里夫佐夫的《论语》译本。另外，他还简要介绍了阿列克谢耶夫院
士的俄译本特征以及俄罗斯时代贝列罗莫夫的《论语》译本。王灵芝《〈论语〉
在俄罗斯的译介历程》⑤ 以时代为脉络，对《论语》在俄罗斯的译介史进行了
梳理，并对典型译本的特点进行分析。刘丽芬的《〈论语〉翻译在俄罗斯》⑥ 以
时间为顺序，介绍了 8 个具有代表性的《论语》译本的特点。此外，还有一些
论文涉及《论语》的俄译状况，如郭蕴深《19 世纪下半叶中俄文化交流史大事
记》（1999），郑天星《俄国汉学：儒佛道研究》（2003），叶琳、郭海澜《儒家

① 这里的波波夫其实就是柏百福，波波夫是 П. С. Попов 的音译，而柏百福是他给自己取
的汉语名字，不少学者在自己的作品中称其为波波夫。在本作品中，我们采用柏百福。
② 郭蕴深：《1851—1917 年中国文化在俄罗斯的传播》，载《学习与探索》，2011 年第 6
期，第 126-127。
③ 陈开科：《〈论语〉之路——记历代俄罗斯汉学家对〈论语〉的翻译与研究》，载《汉
学研究》第六集，2001 年，第 139-152 页。
④ 朱仁夫：《中国儒学在俄罗斯》，载《东方论坛》，2006 年第 3 期，第 1-9 页。
⑤ 王灵芝：《〈论语〉在俄罗斯的研究历程》，载《孔子研究》，2011 年第 1 期，第 108-
116 页。
⑥ 刘丽芬：《〈论语〉翻译在俄罗斯》，载《中国外语》，2014 年第 5 期，第 96-103 页。

典籍"四书"在俄罗斯的译介与研究》（2014），王灵芝《"四书"在俄罗斯的译介历程》（2018）及孙婵娟《儒家文化在俄罗斯的传播与影响》（2017）等。由此言之，《论语》俄译状况已经受到国内相关学者的关注。当然，这些研究还需进一步深入，也需一种体系性建构，以便于形成被广泛认可的文化语境。

（2）《论语》译本翻译策略研究。国内学者对于《论语》翻译策略的研究相对较为深入，使得《论语》俄译中的得与失得到彰显。连玉兰的《〈论语〉三个俄译本的翻译策略分析研究》① 从翻译目的和文本体裁对翻译策略的制约出发，分析比较了柏百福、西门诺科（И. И. Семененко，1947— ）和贝列罗莫夫译本的翻译策略。钟雪、王金凤② 指出消除文化空缺是翻译中的一大难题。她们以贝列罗莫夫的《论语》译本为例，列举了直译法、组合法、替换法、音译法、音译加注释法和注释法等六种补偿文化空缺的翻译方法。此外，她们二人在《〈论语〉英俄译本中文化因素的翻译策略对比分析》③ 中指出翻译文化因素的两种策略——归化与异化，由于译者身份和翻译目的的不同，阿瑟·韦利的《论语》英译采取了以"归化"为主的翻译策略，贝列罗莫夫则采取了以"异化"为主的策略，不过在翻译过程中，为了最大限度地传递异域文化，译者会同时采用这两种策略。牛蕊④ 运用英国翻译理论家卡特福特（J. C. Catford）的翻译转换理论，分析了贝列罗莫夫的《论语》译本。这些论文试图寻找《论语》俄译活动中的最佳译法或策略，以便在译入语中更好地彰显《论语》本真的内涵。

（3）《论语》核心概念翻译研究。由于《论语》中的核心概念内涵丰富，其译介自然就关系到对儒家思想的整体把握，因此不少人对它们的俄译展开研究。王灵芝⑤ 对《论语》核心概念"仁"和"礼"的俄译问题进行了研究。由于这两个概念不仅内涵丰富，而且蕴含着深厚的文化背景，所以用意译的方式很容易导致对它们原初意义的误读。为了解决这个问题，王灵芝认为最好采取

---

① 连玉兰：《〈论语〉三个俄译本的翻译策略分析研究》，上海外国语大学硕士论文，2014年。

② 钟雪、王金凤：《以〈论语〉俄译本为例谈文化空缺及其翻译补偿》，载《吉林省教育学院学报》（上旬），2015年第2期，第140-142页。

③ 钟雪、王金凤：《〈论语〉英俄译本中文化因素的翻译策略对比分析》，载《内蒙古工业大学学报》（社会科学版），2015年第1期，第65-69页。

④ 牛蕊：《翻译转换理论视角下贝列罗莫夫〈论语〉俄译本浅析》，辽宁师范大学硕士论文，2015年。

⑤ 王灵芝：《〈论语〉核心概念"仁"的俄译概况》和《〈论语〉"礼"的俄译问题研究》，分别载《中国俄语教学》2011年第2期第91-94页和2015年第4期第79-83页。

音译加注释的方法进行翻译。此外，娜日莎《从阐释学视角看〈论语〉俄译本中文化负载词的翻译》（2014），钟雪、王金凤《对比分析〈论语〉英俄译本中文化负载词"仁"字的翻译》（2015），耿海天、邹立辉《浅析〈论语〉中"仁"的俄文翻译》（2015），赵欣欣《论"仁"在〈论语〉俄译本中的诠释》（2017），冯坤《文化翻译理论视域下文化负载词的翻译研究——以〈论语〉俄译本为例》（2017），孙宇《〈论语〉"忠"的俄译策略研究——以波波夫、谢缅年科①和贝列罗莫夫译本为例》（2018），韩悦《〈论语〉英俄译本中核心概念文化负载词"义"的翻译对比研究》（2019）等论文对《论语》核心概念的俄译问题也提出了自己的见解。也许随着中俄文化交流的深入，这些核心概念的翻译会越来越广泛地得到关注。

（4）《论语》在俄罗斯的影响研究。刘亚丁在《德必有邻：儒学在俄罗斯的传播》② 中介绍了200多年来儒学主要是《论语》在俄的传播及影响情况，指出儒学对帝俄时期的知识界产生过一定影响，而且如今对学术界也产生一定的积极影响。孙婵娟③分析了儒家文化对俄罗斯政治家、汉学家和作家所产生的影响以及原因。从研究现状来看，儒学及《论语》在俄罗斯的影响研究还有待于进一步深入。

（5）《论语》译者主体研究。就译者而言，其个人经历、文化背景、时代特征以及思想认知等方面对于《论语》俄译有着较深的影响。因此，关注译者主体的认知与世界就显得非常重要，它是形成《论语》俄译不同形态和诠释的内在因素。田雨薇④从译者主体角度分析了柏百福和贝列罗莫夫的译本，指出造成译本不同阐释的主要原因是译者的客观世界和认知世界的不同。就目前国内学界来看，从这方面入手去研究《论语》俄译的学者较为少见。但是，这个问题应该是今后需要加强研究的重要方面。

2. 俄罗斯《论语》俄译研究现状

尽管《论语》俄译已有200余年的历史，但俄罗斯学者对《论语》俄译的研究却比较薄弱。据笔者目前所能见到的资料来看，俄罗斯《论语》俄译研究主要包括以下几方面：

（1）《论语》译本概评。俄罗斯学者对《论语》俄译的研究多散见于一些

---

① 本书中，把谢缅年科统称为西门诺科。
② 刘亚丁：《德必有邻：儒学在俄罗斯的传播》，载《中国社会科学报》，2016-2-18。
③ 孙婵娟：《儒家文化在俄罗斯的传播与影响》，黑龙江大学硕士论文，2017年。
④ 田雨薇：《从翻译主体的"两个世界"看〈论语〉俄译》，载《外语学刊》，2018年第4期，第90-94页。

译本的序言或后记中，也有极少量的学术文章。在深入研究比丘林的"四书"译稿后，戈尔巴乔娃（З. И. Горбачева）指出："包括王西里和柏百福（П. С. Попов）译本在内的所有现存译本都未必能够超越比丘林的译本。"① 米亚斯尼科夫（В. С. Мясников）和波波娃（И. В. Попова）也写道："比丘林是第一个认识到中国注疏文献对理解中国历史和文化意义并第一个尝试将反映孔子和朱熹这些著名注疏家思想体系的'四书'的多层注释翻译出来以飨读者的西方汉学家。"② 从这些评语中可以看出他们对比丘林译本质量的高度认可。西门诺科认为，"19 世纪个性非凡的 Н. Я. 比丘林和 В. П. 瓦西里耶夫有关儒学的著作别具一格、研究深刻，在很大程度上确立了当时与今后俄国汉学发展的面貌"，他们的研究成果"是我们研究中国学的骄傲"。当然，西门诺科也非常客观地指出了比丘林和瓦西里耶夫儒学研究中存在的一些局限和不足，"他们的创作有他们那个时代和自身个性的痕迹，对他们留下来的遗产也不能完全认同。例如，很早就有人指出，瓦西里耶夫的怀疑主义态度，以及他对资料近乎苛刻的要求。不过这些并不能抹杀他们劳动成果所具有的永恒价值"。因为"雅金夫神父（比丘林）和 В. П. 瓦西里耶夫用自己创造性的语言论述儒学，用一条鲜活的线把遥远的过去和差异甚大的文化连接在一起"。③ 贝列罗莫夫高度概括性地评价了俄罗斯 5 个代表性的《论语》译本特点。他指出："在《论语》的俄译历史上，В. М. 阿列克谢耶夫做出了极其伟大的贡献，尽管他只翻译了该书的前三篇，但是他的伟大创举却是后来任何翻译家都无法超越的。"随后，贝列罗莫夫写道："为了使儒教的基础能为更多的普通俄罗斯读者所理解，比丘林还将朱熹为《四书》所做的注释全部翻译成俄文。"对于柏百福的译文，他这样评价："……读者不仅能感受到一种译者高超的职业素养，也能体会出这一阶层人士对宗教经典所特有的关爱态度。"④ 贝列罗莫夫认为，马尔德诺夫（А. С. Мартынов，1933—2013）的《论语》译本是"把科学研究与通俗阐述较好结合起来的译本"，而卢基扬诺夫（А. Е. Лукьянов，1948—2021）的《论语》译本则把"翻译与哲学分析结合起来"。⑤ 如果说贝列罗莫夫对以往《论语》译本的评价是整体性的，那么马斯洛夫（А. А. Маслов，1964— ）在《吾无隐乎尔》

① 转引自阎国栋：《俄罗斯汉学三百年》，北京：学苑出版社，2007 年，第 42 页。
② Мясников В. С., Попова И. Ф. Вклад о. Иакинфа в мировую синологию // Вестник РАН. 2002. Т. 72. № 12. С. 1104.
③ Семененко И. И. Конфуций. Я верю в древность. М., 1995. С. 177-178.
④ Переломов Л. С. Конфуцианское четверокнижие. М., 2004. С. 155.
⑤ Там же. С. 397-398.

（《Я ничего не скрываю от вас》）中则专门探讨了柏百福的《论语》译本。他首先指出柏百福在 20 世纪初第一个完整地将《论语》译成俄语，肯定是困难重重，因此他的译本是俄罗斯汉学史上的一大功绩。马斯洛夫认为，柏百福的《论语》译本"既有绝妙之处，也有明显错误；既有未加工的概念术语，也有明显地把孔子语言变为东正教语言的试图"①。其中一个明显之处就是柏百福把"心"译为"душа"。总之，虽然俄罗斯学者对《论语》译本的评论较为简短，但还是有真知灼见的，从某种程度上抓住了问题的本质。

（2）《论语》核心概念俄译研究。一些汉学家意识到儒学核心概念俄译的重要性，因此论述了核心概念的翻译问题。果洛瓦乔娃（Л. И. Головачёва，1937—2011）在《论中国早期儒学典籍〈论语〉中"仁""知""学"之间的相互关系》（О взаимосвязи понятий "жэнь" - "чжи" - "сюэ" в раннеконфуцианском памятнике "Лунь юй", 1983）中探讨了"仁""知""学"的意义及俄译问题。贝列罗莫夫在《〈论语〉及其俄译问题》（《Лунь юй》и проблема перевода на русский язык）一文中重点讨论了儒学核心概念的俄译问题。他认为："摆在每个研究者面前的一个重要问题就是真实再现术语的初始意义。"② 通过不同词典对 20 个常见儒学术语的翻译（阐释）说明术语翻译的困难，但同时又指出术语翻译在典籍翻译中的重要性。尤尔盖维奇（А. Г. Юркевич）的《俄罗斯汉学家概念视野下的儒家"四书"》（Конфуцианское "четверокнижие" в концептуальном видении российских синологов）③ 对 2004 年俄罗斯首次出版的全套"四书"中译者对儒学概念如"礼""道""德"等的理解与翻译进行论述，指出译者译介与理解的正确之处与局限性。由此可见，《论语》核心概念作为翻译的一个支点，对于整体文本的译介以及儒学思想的传播具有重要作用。当然，这些核心概念的译介还应涉及更多，这样才能使儒学思想更为完善地呈现出来。

（3）《论语》俄译策略探讨。翻译的方法或策略直接关系到译本结果，因此几乎每个译者在翻译前都要考虑这一问题。瓦西里耶夫认为，须从原始资料直接俄译、不得转译，翻译要"忠于原文"。柏百福在《论语》译序中明确指

① Маслов А. А., Я ничего не скрываю от вас. http：//www. nnre. ru/filosofija/suzhdenija_ i_ besedy/p1. php#metkadoc20, 2020-4-11：

② Переломов Л. С. Конфуций :《Лунь юй》. М., 1998. С. 201.

③ Юркевич А. Г. Конфуцианское "четверокнижие" в концептуальном видении российских синологов // Вестник РУДН, сер. Философия. 2016. №1.

出自己的翻译目标是"尽可能地为读者提供一个容易理解的译本"①，这也决定了他采用通俗易懂的语言进行翻译的策略。此外，还有一些汉学家撰文专门讨论翻译问题，其中涉及儒学的翻译方法问题，最具代表性的人物是阿列克谢耶夫。他写了一系列关于中国典籍俄译问题的文章，如《中国古典诗歌〈诗经〉俄译的前提》（《Предпосылки к русскому переводу китайской древней канонической книги "Шицзин"（"Поэзия"）》）、《文艺翻译的原则》（《Принципы художественного перевода с китайского》）、《中国作品翻译的一些特点》（《О некоторых особенностях перевода с китайского》）等。在《中国古代经典俄译的新方法与新风格》② 一文中，阿列克谢耶夫认为在翻译中国典籍时，"需要解决的最重要的问题是译者所运用的语言、风格和翻译方法的问题"，当然，不同的人在"解决这一问题时采用的方法是不同的"。他把这些人分为三类，其中"一类人如瓦西里耶夫、柏百福和卫礼贤等认为，中国经典作品的古文可以用现代标准语翻译，而且也应该这样翻译。因为思想和形式可以在任何一种语言、任何一种风格里存在"。阿列克谢耶夫认为"这样的翻译虽然在某种程度上接近原文，但可惜已经不是活的语言了"。他反对逐字逐句的翻译，认为这种翻译是把中国文化简单化的表现，他主张借助中国注疏家尤其是朱熹的注疏翻译儒家经典，并将注疏一并翻译。俄罗斯译者对翻译策略的探讨对于《论语》俄译的顺利达成无疑具有积极的促进作用。

（4）还有一些文章涉及儒学在俄罗斯的传播及影响问题。阿列克谢耶夫在《普希金与中国》中认为，普希金在描写叶甫盖尼·奥涅金时就引入了孔子的教育观点。贝列罗莫夫的《孔夫子学说在俄罗斯的过去、现在与未来》③ 涉及儒学对俄罗斯文化界、政治界的影响。尽管这方面的研究较少，但却是《论语》在俄罗斯翻译与接受的一个重要方面。

从上面的综述不难看出，国内外学者已开始关注《论语》俄译问题，并做了一些富有成果的研究。但总的说来，国内外汉学界对《论语》俄译本研究在以下几个方面还需进一步加强。

（1）《论语》俄译历程研究不够系统。无论是我国学界还是俄罗斯学界，对《论语》的俄译历程尚未进行全面系统的梳理和研究。虽然我国不少学者在

① Попов П. С. Изречения Конфуция, учеников его и других лиц. СПб., 1910. С. Ⅱ.
② Алексеев В. М. Труды по китайской литературе. Кн. 2. М., 2003. С. 121-135.
③ （俄）贝列罗莫夫：《孔夫子学说在俄罗斯的过去、现在与未来》，陈开科译，载《云梦学刊》，2000年第6期，第35-38页。

一些专著中涉及《论语》的俄译概况或历程，但要么停留在简要的介绍阶段，要么是在介绍其他研究成果时涉及该问题。综合来看，他们大都是简要论述了在不同时代都有哪些人翻译了《论语》，而对《论语》译成俄语后在思想内容、语言形式、文化内涵等方面的传达几乎没有研究，对译文的翻译特点、译本的正误和译者的策略等问题也研究得较少。在俄罗斯，目前我们也没有发现有人做过相关的系统性研究。可见，国内外学界对《论语》的俄译历程还缺乏全景式、整体化、系统性的研究。

（2）《论语》俄译研究的视角需要进一步扩展。《论语》内容丰富，其翻译涉及哲学、文化、语言学与翻译学等内容，但目前国内的研究多集中在翻译的语言层面。诚然，翻译最终需要落实到语言层面，然由于语言、文化差异及译者主体意识等的客观存在，任何译文都不可能原汁原味地再现原文，任何译文都不可避免地存有流失和偏离现象。我们要辩证地看待这一翻译现象。要言之，目前《论语》俄译研究仍然主要停留在语言层面，而较少从文化的角度去分析译文。因此，我们应该扩大研究视角，从文化、哲学、传播学等层面对《论语》进行多角度阐释。

（3）《论语》俄译的学术性价值少有研究。我们知道，一些《论语》俄译本不仅仅是翻译产品，而且本身就是一种学术成果，也为俄罗斯后来的汉学家或其他有意愿了解儒学的学者的学术研究提供了重要文献资料。但很少有学者对《论语》俄译本的学术性和意义进行研究，这是需要进一步加强的。

三、研究思路和方法

1. 研究思路

翻译研究的"文化转向"拓宽了人们的研究视野，使人们认识到翻译从来都不是单纯的语言之间的转换，而是受多种外在因素制约的一种"暴力"行为。翻译活动是一个充满至少包括两种文化的多种文化相互角逐的文化交流活动，是一个存在误读与变异的活动。在研究过程中，我们将不再拘泥于传统的忠实标准、翻译策略等翻译观念上，而是从文化的角度出发，运用翻译文化学派的观点，探讨诸如意识形态、翻译目的、译者身份等因素对《论语》俄译的影响。任何翻译都不能脱离文化语境的限制而在真空中完成。也就是说，译者不可能离开特定的历史文化语境从事翻译活动，他会受到来自自身及其他如文化、语言、历史等诸多因素的制约。如在比丘林看来，"基督并不比孔夫子高明"，这种把孔子与基督相提并论的做法本身就说明他对儒学的理解带有东正教的痕迹。

　　在中国和俄罗斯学者研究的基础上，在跨文化交流的背景下，我们确立了如下研究目标：（1）试图以时代为脉络全面系统地梳理《论语》在俄罗斯的译介历程、典型译本的特点及传播状况。（2）探讨不同时代俄罗斯人对《论语》及孔子学说的认识和解读。（3）深入研究《论语》对俄罗斯政治、经济及文化等领域所产生的影响。为此，我们将研究分为两大部分：第一部分主要研究《论语》的俄译历程、典型译本特点。为了从整体上把握《论语》俄译的背景，我们将会对不同历史时期《论语》俄译的背景、主要代表译者、翻译策略及译本在当时的影响予以研究。该部分属于《论语》俄译史的研究，这有助于我们从整体上认识《论语》在俄罗斯译介的状况与流变轨迹。

　　第二部分主要研究俄罗斯学者对以《论语》为代表的儒学的认识、《论语》在俄罗斯产生的影响及意义。主要包括《论语》儒学术语研究、《论语》学研究、不同历史时期俄罗斯人对《论语》关注的侧重点的异同、俄罗斯文化对解读《论语》产生的影响以及《论语》在俄罗斯产生的影响、《论语》在俄罗斯得以经典化和被认同的原因等。该部分属于文化传播与接受研究。我们知道，翻译绝不是一个从原本开始到译本结束的封闭过程，而是一个从原本开始、经由译本再到译入语国家传播与被接受的开放过程。对《论语》在俄罗斯传播和影响的研究可以揭示出文化传播的一些共性问题，从而为中国文化"走出去"提供一定的借鉴。

　　总之，我们期望该研究能够比较完整地呈现出《论语》从原文到译文再到其在俄罗斯接受的面貌，揭示我国文化不仅要"走出去"（翻译成外语），还要"走进去"（被译入语文化接受）的完整过程，从而比较全面地呈现出典籍外译的整体面貌和文化交流的复杂性。

　　2. 研究方法

　　翻译研究的"文化转向"打破了原文译文二元对立的束缚，让人们摆脱了"如何译"的研究模式。从文化研究的角度出发，研究者愈来愈关注影响译文生成的制约因素以及译文对文化交流所起的作用。我们正是在"文化转向"的指导思想下对《论语》俄译展开探讨和研究的。在研究过程中，拟以描述翻译学为原则，从文化传播学的角度，运用接受美学理论、阐释学理论、翻译功能学派的观点以及解构主义思想，研究《论语》在俄罗斯的译介、传播和接受状况，探讨其在俄译介历程中受到的外来因素的影响及其对译入语国家的影响，从而揭示出翻译不仅仅是"换易言语使相解也"的语言层面的转换，更是文化的翻译，但由于语言、文化等方面存在差异，翻译过程中难免出现偏差。为此，在研究的过程中，我们采用如下方法：

（1）比较分析法。比较分析法是翻译研究中常用的一种方法。有比较分析才有鉴赏，我们在研究中既有原文和译文之间的对比分析，又有不同时代不同译本之间的对比分析。为更好地对译文与原文进行对比分析，就需要透彻地理解《论语》原文的思想内涵、言语特色，为此研读诸多注疏版本是必不可少的。《论语》成书于两千多年前，言语精练，内容丰富，给历代读者留下了巨大的阐释空间，是故《论语》自成书之日以来，便有很多注疏版本。为了客观地评价《论语》俄译本，我们拟以杨伯峻的《论语译注》①为主要参阅对象，同时交叉参阅其他多种注疏版本，主要包括朱熹《四书集注》、程树德《论语集释》、杨树达《论语疏证》、钱穆《论语新解》、李泽厚《论语今读》、南怀瑾《论语别裁》等《论语》译注本。在原文与译文的对比中，我们会对照原文指出译文的不当和误译之处。这样做的目的并不是吹毛求疵、专门挑错，而是找出造成这种现象的原因，并提出自己的看法，供将来的译者参考。其次，在对《论语》俄译本分析对比时，选择现有译本中比较有代表性的几种译本，如柏百福、阿列克谢耶夫、贝列罗莫夫、西门诺科、马尔德诺夫和卢基扬诺夫等人的全译本。通过对《论语》译本与原本及译本间的对比分析，旨在客观描述各个译本的真实面貌，探寻《论语》俄译在俄罗斯的流变轨迹，并寻找制约译本变化的因素。同时，我们也会对文本层面之外的内容如译者的序跋、注释等进行研究，因为这是译者操纵译本的重要方式之一。

（2）宏观微观结合法。纽马克（P. Newmark）认为，翻译研究是"理论概括与翻译实例的一种恒常互动"②。《论语》俄译研究既涉及具体而微的词句层面的问题，又涉及宏观层面的文化、意识形态、认知等问题，同时传统文化、认知等因素又会作用于译文语言层面的具体操作上。所以，在研究过程中，我们将尽量把语言分析和宏观研究结合起来，从而实现"既不会因一味强调权利、意识形态和赞助者，而忽略了必要的典型文本的实例分析，也不会满足于细致的文本语言分析，粗略笼统地讨论研究的语境"③。因此，一方面为了摆脱空洞说教的嫌疑，另一方面为了避免使研究陷入句词的琐碎，我们采用述论结合的方法，在阐述宏观层面时尽量用翻译实例作佐证，而在分析具体译例时追溯其文化语境的根源。

---

① 杨伯峻：《论语译注》（2 版），北京：中华书局，2008 年。
② 转引自胡庚申：《翻译适应选择论》，武汉：湖北教育出版社，2004 年，第 12 页。
③ K. Harvey "Translating Camp Talk: Gay identities and Cultural Transfer", *The Translation Studies Reader*. Ed. Lawrence Venuti. London and New York: Routledge, 1998/2000, p. 466.

（3）跨学科研究法。翻译研究具有明显的跨学科特点，涉及语言学、文艺学、传播学、阐释学、社会学等理论。加之《论语》内容非常丰富，因此在研究过程中我们还采用了多学科的研究方法，其中包括译介学、接受美学、阐释学、形象学、传播学等领域的理论，为的是从不同角度理解和丰富本研究的内容。

第一章 《论语》俄译的开端

　　《论语》不仅在中国影响深远，而且具有世界意义，被翻译成各种语言。早在公元 3 世纪，《论语》就传到了日本等中国的周边国家。自 16 世纪末，《论语》被译介成拉丁、法、英、德等文字。明末清初，来华的耶稣会士因传教的需要开始尝试理解中国文化。由于儒家思想是中国封建社会的正统思想，对中国的政治、文化、日常礼仪、风俗习惯及民族性格的形成等产生了重要而深远的影响，所以研究儒家思想成为他们走进中国文化核心的重要途径。罗明坚（Michele Ruggieri, 1543—1607）在 1579 年抵达澳门，1593 年他选译的《大学》问世。利玛窦于 1582 年 8 月来到澳门，不久之后就开始翻译"四书"，并于 1594 年完成了《大学》《论语》及《中庸》的拉丁语翻译。1687 年，柏应理（Philippe Couplet, 1623—1693）等人译的《中国哲学家孔子》 （*Confucius Sinarum Philosophus*）的拉丁文译稿在巴黎出版，该译本包括部分《中庸》《大学》和《论语》译文。《中国哲学家孔子》出版后在欧洲曾轰动一时，并先后被转译为法文、英文，其中法译本于 1688 年出版，英译本于 1691 年出版。在俄罗斯，直接从汉语译介"四书"的时间比较晚。雅·沃尔科夫最早（18 世纪 40 年代）在老师罗索欣的指导下把"四书"译成俄语（译稿），译稿名为《Книга Сышу или Шан лун пюу китайского кунфудзыского закону философическия разныя разсуждения》。1815 年，"俄国汉学奠基人"比丘林开始翻译"四书"，不过他的译本至今未刊。之后，瓦西里耶夫、柏百福等人相继翻译了《论语》。整体来看，这些译介对于《论语》在俄罗斯的传播与接受具有奠基性作用。

第一节 帝俄时期"儒学热"的兴起

一、俄国使团来华与俄罗斯馆的设立

18 世纪,继欧洲之后,俄国也兴起了"中国热",并在 18 世纪下半叶达到高潮。阎国栋认为,俄国"中国热"的源头有四①:一是欧洲的"中国热",这是俄国"中国热"的主要源头;二是中俄贸易助长了俄国"中国热";三是俄国宫廷尤其是叶卡捷琳娜二世对中国的迷恋以及念念不忘向东方包括中国扩张的野心促使其更加关注中国;四是中国使团出访俄国,将中国形象直观地带给了俄国人民,从而激发了俄国社会对中国的兴趣。在俄国"中国热"期间,不少中国文明成果传播到了俄国。

其实,早在很久以前,中俄之间就已开始交往,"据瑞典地质学家安特尔生对彩陶的研究记载,新石器时代,黄河流域以北地区便已与俄国南部地区及多瑙河流域有了文化来往"②。到了汉代,中国的丝绸之路经过莫斯科和彼得堡。不过当时两国并未发生直接的交往,而是以他国为中介进行的间接交往。公元 10 世纪,"中国的丝绸、锦缎等商品已经传入欧俄境内"③。公元 13 世纪,成吉思汗及其子孙们相继西征。1243 年,拔都在伏尔加河下游的世袭之地建立了钦察汗国(亦称金帐汗国),由此开始了对古罗斯的统治。同时,蒙古人把中国的印刷术、制铜技术以及茶叶等带到了俄罗斯。但当时两国间的交往多限于商贸往来,关于交往的具体情况也没有留下详细的史料。"双方的接触,见诸史籍记载的更是微乎其微。据目前所知,就俄罗斯文献而论,其中最早提到中国的是十四世纪的编年史中关于蒙古人征服中国的寥寥数语的实录,以及 15 世纪末尼基京在《三海航行记》中对中国的极为简略的记闻,中国《元史》中也只记载了蒙古大汗以俄虏为禁卫军之一部驻屯京北及数次增补兵员的情况。"④事实上,在《三海航行记》(《Хождение за три моря》)中,尼基京(А. Никитин)

---

① 阎国栋:《俄罗斯汉学三百年》,北京:学苑出版社,2007 年,第 12—18 页。
② 阎纯德:《汉学和西方的汉学世界》,https://www.sohu.com/a/126318942_501342.
③ 王希隆:《中俄关系史略》,甘肃:甘肃文化出版社,1995 年,第 4 页。
④ 孙越生:《俄苏中国学概况》,选自《俄苏中国学手册》(上),北京:中国社会科学出版社,1986 年,第 2 页。

对中国的描述只有一句话："那里出产瓷器，而且所有的东西都不贵。"①

　　17 世纪初，随着俄国政府向西伯利亚甚至太平洋的不断东扩，俄国人开始重视中国。1608 年，沙皇舒伊斯基（В. Шуйский，1552—1612）曾下令派使团前往中国，但使团未能完成任务。1616 年，沙皇罗曼诺夫（М. Ф. Романов，1596—1645）再次派出使团，任务是先到阿勒坦汗（Алтын-хан），然后再到中国，但使团抵达阿勒坦汗后并未继续前行。不过，俄国对前往中国的兴趣有增无减，之后又多次派遣使团和商队来中国。1618 年，沙皇派彼特林（И. Ф. Петлин）带领使团前来中国，经过长途跋涉后，该使团最终成功地来到北京。但因未携带贡品，使团未能见到当时的明朝皇帝，于是在张家口停留一个月后便又返回了莫斯科。彼特林此行虽未能与中国建立稳定的联系，但回国后，他将途中所见所闻详细地记录了下来。他的笔记在当时俄国和欧洲引起了广泛关注。最为重要的是，他开辟了一条通往中国的较为便捷的道路。后来，"从西伯利亚以及前来莫斯科和托博尔斯克贩卖中国货的布哈拉商人那里，不断传来中国强大和富有的消息，这促使俄国同中国建立稳固的贸易和外交关系"②。1654 年，俄国派出了第一个出使中国的官方使团，团长是拜科夫（Ф. И. Байков），使团的任务是"了解通往中国的所有道路、中国国内的贸易情况以及俄罗斯同中国进行贸易的可能性"③。1675 年，为了和中国建立正常的贸易和外交关系，俄国政府又派出了准备缜密的使团，团长为斯帕法里（Н. Г. Спафарий）。1692 年，为了协商中俄两国于 1689 年签订的《尼布楚条约》中的贸易细则问题，彼得大帝派义杰斯（Э. И. Идес）前来北京。康熙帝接见了义杰斯，但清政府拒绝与俄国进行正式谈判，也未接受彼得大帝的国书，因为国书中将康熙帝的名号置于俄国沙皇的名号之下。从后来的结果看，俄国派出的这三个外交使团都未能完成俄国政府制定的出使中国的任务。王开玺认为，中俄两国 17 世纪交往的失败，主要是两国国情的隔膜，特别是国情的差异引起的在外交礼仪上发生争执与冲突而导致的。他认为，中俄外交礼仪之争的焦点有四：一是礼物与国书的呈送方式，二是俄使觐见清帝是否行跪拜之礼，三是俄使以何种方式代表俄皇接受清帝赠物，四是中俄两国国书的形式及内容问题。④ 不过，这些只是导致中俄交往失败的外在因素，而更深层的原因在于清政府的国家领土安全遭到

---

① Скачков П. Е. Очерки истории русского китаеведения. М.，1977. С. 15.
② Там же. С. 19.
③ Там же.
④ 王开玺：《略论十七世纪中俄外交礼仪之争与两国关系》，载《黄河科技大学学报》，2006 年第 2 期，第 65—70 页。

威胁，"出使中国的俄国外交使团的失败，基本原因是由于在黑龙江上形成的某种政治形势"①。说到底，俄外交使团失败的根源在于当时的俄国政府侵犯了清政府的国家利益。

北京俄罗斯馆的设立，为东正教使团提供了立足之地，也为俄国政府将殖民扩张和宗教传播相结合提供了活动基地。"在康熙二十四年（1685 年）攻克雅克萨之前三十多年间，清军历次战役'总得罗刹近百人'。这批沙俄战俘和降人，被安置到北京东直门内胡家圈胡同，编入镶黄旗满洲第四参领第十七佐领……清政府容许俄罗斯佐领保持东正教信仰，拨给庙宇一座，权充教堂，听其作礼拜。"② 由于该庙宇为"罗刹"所设和使用，因此北京人称其为"罗刹庙"，而俄国人自己却称为圣尼古拉教堂。1698 年，维尼乌斯（А. А. Виниус）给彼得大帝写了一封信，信中说在北京修建了教堂，而且还有不少中国人在里面做祈祷。闻知此讯的彼得大帝非常高兴，他给维尼乌斯回信道："此事甚好，为上帝起见，行事须小心谨慎，不可鲁莽，以免激怒中国官员和在当地经营多年的耶稣会士。为此我们需要的不是博学多才，而是深谙世故人情的神父，避免像在日本那样，因傲慢而使我们神圣的事业一败涂地。"③ 1700 年，彼得大帝给基辅都主教雅辛斯基（В. Ясинский，1627—1707）传递谕旨，让他选派得力神父前往西伯利亚行政和宗教中心托波尔斯克主持教务，目的是"逐步使中国和西伯利亚那些愚妄无知、执迷不悟的生灵，皈依真正的上帝"④。"为了换取俄国同意中国使团假道俄国慰问位于伏尔加河下游的土尔扈特部"⑤，康熙皇帝准许沙皇政府派司祭来北京主持圣事。就这样，俄国东正教使团于 1715 年进驻北京，开始了他们在中国的传教生涯。1727 年，中俄签订了《恰克图条约》（Кяхтинский трактат）。该条约除允许俄国商队来中国贸易外，第五条还规定："俄使请造庙宇，中国办理俄事大臣等帮助于俄馆盖庙。现在住京喇嘛一人，复议补遣三人，于此庙居住，礼佛念经，不得阻止。"⑥ 俄国新盖的这座庙宇位于原玉河馆，被称为"奉献节教堂"，即俄罗斯馆。1732 年落成后，罗刹庙内的圣像迁到新馆，罗刹庙也被纳入新馆的体制，俄罗斯馆遂成了东正教传教士团

---

① 王开玺：《略论十七世纪中俄外交礼仪之争与两国关系》，载《黄河科技大学学报》，2006 年第 2 期，第 69 页。

② 蔡鸿生：《俄罗斯馆纪事》，北京：中华书局，2006 年，第 13 页。

③ Скачков П. Е. Очерки истории русского китаеведения. М., 1977. С. 37.

④ 蔡鸿生：《俄罗斯馆纪事》，北京：中华书局，2006 年，第 14 页。

⑤ 阎国栋：《俄罗斯汉学三百年》，北京：学苑出版社，2007 年，第 3 页。

⑥ 蔡鸿生：《俄罗斯馆纪事》，北京：中华书局，2006 年，第 18 页。

活动的中心。这样，俄国在北京进行传教的愿望得以实现。

当时，来华俄国传教士团担负着三方面的任务："直接受俄国东正教教会领导进行传教活动；受俄国外交委员会亚洲司和西伯利亚总督的控制完成政府常驻中国外交使团的任务；受圣彼得堡科学院的严格监管，搜集中国各种信息以及帮助俄国政府制订和实施对华政策。"[1] 其实，传教不是俄传教士团的主要任务，他们最重要的任务是借传教之名搜集中国情报，为俄政府的对华政策服务。这也解释了俄国传教士汉学家自诞生之日起就对中国制度、地理特别感兴趣的原因。由此可知，俄国"中国热"的兴起和其对外扩张政策即向中国扩张密切相关。正如黄心川在《沙俄利用宗教侵华简史》一书中所写："俄国东正教会是沙俄在华推行殖民主义的工具，而传教士则是一批钻入中国大门涂了圣油的沙俄警犬。"[2] 这种说法在一定程度上揭露了传教士团的不纯动机和在中国境内进行的一些违背教义的行径。不过，对中俄文化交流来说，《恰克图条约》中最有价值的部分是允许俄国派遣学生来京学习满汉语言。1727 年，使团第一批学生共 4 名随商队来到北京。1729 年，第二届东正教使团来北京时又带来了 3 名学生[3]。这些学生同传教士一起居住在俄罗斯馆。这样，北京俄罗斯馆除担任传教和外交职能外，还担负着培养俄国汉学人才的职能。可以说"俄国汉学或汉学俄罗斯学派的历史，在 19 世纪 60 年代以前的一个半世纪里，是与俄国驻北京布道团的活动连成一体的"[4]。这些传教士汉学家为俄国汉学的发展奠定了坚实的基础，对中国文化在俄罗斯的传播作出了重大贡献，俄罗斯馆也因此被认为是培养俄罗斯汉学家的摇篮。

二、帝俄时期的"儒学热"

我国传统文化是儒、释、道三位一体、互融互补的文化。佛、道文化对中国文化几乎产生了和儒学一样深远的影响，为什么当初来华的俄国传教士和俄国国内的一些学者对儒家文化情有独钟呢？我们认为，原因如下：

其一，受欧洲"儒学热"影响。欧洲在 17—18 世纪兴起了"儒学热"，但欧洲"儒学热"的形成有一个历史过程。首先，早期来华的欧洲传教士译介儒家典籍。接下来，这些被译介的作品传到欧洲后，因其思想内容符合当时启蒙

---

[1] 何培忠主编：《当代国外中国学研究》，北京：商务印书馆，2006 年，第 308 页。
[2] 黄心川：《沙俄利用宗教侵华简史》，沈阳：辽宁人民出版社，1980 年，第 4 页。
[3] 这 3 名学生分别是罗索欣（И. Россохин）、舒尔金（Г. Шульгин）和波诺马廖夫（М. Пономарев）。
[4] 蔡鸿生：《俄罗斯馆纪事》，北京：中华书局，2006 年，第 77 页。

思想家的需要而受到认可和欢迎。在一些启蒙思想家的宣扬下，欧洲逐渐形成了"孔子热"。那么，为什么早期来华的耶稣会士率先翻译儒学而不是其他中国学说呢？还有，儒学为什么会受到欧洲进步人士的青睐呢？

事实上，最初来华的传教士要解决的首要问题是语言问题。最早确定耶稣会在中国传教路线的范礼安（Alexander Vanlignan，1538—1606）认为，传教工作"最重要之条件，首重熟悉话语"①。罗明坚认为学习汉语、了解中国风俗是教化中国人的"必有步骤"，为的是"以便日后用中文著书，驳斥中文书中（有关宗教方面的）谬误。希望将来能为天主服务，使真理之光照耀这个庞大的民族"②。在中国生活一段时间后，他们发现儒学在上至皇帝、达官权贵，下至平民百姓的生活与观念中影响重大。而且，长期的教化和浸润已经在中国人的头脑中形成了根深蒂固的儒学观念。鉴于此，传教士们决定抛弃那种在其他国家采用的"一手拿着十字架，一手拿着宝剑"的粗暴生硬的传教策略，而采用了适应中国文化需要的间接传教策略。要言之，即融入中国生活，尽量在避免与儒学发生思想冲突的条件下传播基督教。利玛窦在这方面为西方耶稣会士做了很好的榜样。来到中国后，利玛窦先在澳门学习汉语，发现这样做并不能融入中国生活，于是干脆穿上袈裟，充当起了和尚，之后发现即便如此依然收效甚微，于是又改穿儒服，研究儒家经典，期望在儒学中寻找基督教的影子或踪迹。《中庸》中有"郊社之礼，所以事上帝也"的句子，《诗经》中曾多次提到"上帝"，如"皇矣上帝，临下有赫，监观四方，求民之莫"句以及"维此文王，小心翼翼，昭事上帝"句，等等，于是利玛窦穿凿附会，说中国也存在上帝，把西方的"God"译为"上帝"。我们知道，中国的"上帝"和西方的唯一神"God"存在着本质区别。徐复观指出，"到了《诗经》时代，宗教的权威，渐渐失坠"③，此时的"上帝"已逐渐失去人格神的性质，转而更具有道德法则的意味，而西方的"God"为最高神，创生万物，主宰万物。利玛窦却故意抹杀两者之间的区别，把自己的宗教信仰融入到儒学中，进行儒耶糅合，最终为其顺利在华传教服务。为使后来的来华传教士尽快了解儒学，认识中国，实现顺利传教，翻译儒家典籍遂成为他们传教的重要策略。对此，理雅各指出："为了让世界真正了解中国这一伟大帝国，尤其是为了顺利开展我们在中国的传教事业并获得永久的成功，这样的学术研究是必不可少的。我认为，将孔子所有的

① （法）费莱之：《在华耶稣会士列传及书目》（上册），冯承钧译，北京：中华书局，1995年，第21页。
② （意）利玛窦：《利玛窦书信集》，罗渔译，台北：光启出版社，1986年，第413页。
③ 徐复观：《中国人性论史》，上海：华东师范大学出版社，2005，第28页。

著作（儒家经典）翻译并加上注释出版，会为未来的传教士们开展传教工作带来极大的便利。"①

中国文化流派众多，耶稣会士为什么会选择译介儒学作为其传教活动的手段呢？这是因为，在儒、释、道等学说中，只有儒学与基督教教义具有一定的相通性，因此他们试图采用比附的方法寻求基督教教义与儒学之间的相通之处，从而为他们的传教活动做好思想上的准备。"儒家与道家相比，更容易和基督教和平共处。耶稣会神父们有理由将儒家视为'接受福音的极佳准备'。虽然孔子只关注现世，并且拒绝猜想前世和来世的事，但他也因此不提供任何有关宇宙本源的理论，这就避免了和上帝创世说发生矛盾。相反老子对宇宙起源做了自己的解释和猜想，认为宇宙是从混沌中自发产生的，与现代科学中的大爆炸说倒颇相似。宇宙自我完成的说法从根本上排斥了存在创始者的可能性。此外，老子的自然神论也不能为传教士所接受，难怪利玛窦毫不妥协地反对道教和佛教，视之为应该全盘否定的偶像崇拜哲学宗教体系。"② 此外，儒学的包容性和宗教品格也是他们选择儒学而不是其他学说的一个重要原因。李泽厚指出："儒学不重奇迹、神秘，却并不排斥宗教信仰；在'三教合一'中，它不动声色地渗入其他宗教，化为它们的重要内容和实质成分。而儒学之所以能如此，其原因又在于它本身原来就远不止是'处世格言''普通常识'，而具有'终极关怀'的宗教品格。"③

传教士们的相关著作和译著给西方世界带来了具有东方魅力和异域风情的中国文化，在一定程度上迎合了他们对东方世界的想象需求。此时，欧洲正值文艺复兴及启蒙运动，启蒙思想家需要寻求有助于支撑自身理论的其他学说。经由传教士译介而传入欧洲的有关中国的信仰、政体、伦理道德等看起来非常完美，他们把这种在译介作品中形成的中国误认为是现实的中国，从而认为中国是一个"智慧的、道德完美"的国家，而中国的这种"完美"正是由于运用了孔子学说的结果。莱布尼茨（G. W. Leibniz）、伏尔泰（Voltaire）、魁奈（F. Quesnay）等人从译介的儒家作品中认为中国的专制只不过是假象，实际上中国是一个圣人的国度，一个在各方面都比欧洲先进的理想国度。苦于缺乏理论依

---

① 金学勤：《〈论语〉英译之跨文化阐释：以理雅各、辜鸿铭为例》，成都：四川大学出版社，2009 年，第 68 页。

② 钱满素：《爱默生和中国——对个人主义的反思》，北京：生活·读书·新知三联书店，1996 年，第 62 页。

③ 李泽厚：《论语今读·前言》，北京：世界图书出版有限公司北京分公司，2019 年，第 3 页。

据的启蒙思想家利用这一契机，把儒学作为批判宗教独裁的武器。结果，他们把中国作为学习的楷模，对此伏尔泰写道："跟他们一道在北京生活，浸润在他们的文雅风尚和温和法律的气氛中，却比在果阿宗教裁判所系身囹圄，最后穿着涂满硫磺、画着魔鬼的罪衣出狱，丧命在火刑架上，更妙得多。"① 不少启蒙思想家如孟德斯鸠（Montesquieu）等认为中国的哲学是无神论的，中国的儒学亦是无神论的，这对欧洲的宗教统治无疑造成了强大的冲击力。此外，儒学所提倡的政治制度、道德伦理等主张更是契合了启蒙运动的理论诉求。

对欧洲思想产生很大影响的伏尔泰非常崇拜孔子，"他对孔子的仰慕完全发自内心，他不仅在著作中竭尽全力推崇孔子，鼓吹孔子的学说，而且对孔子怀有一种近乎宗教心理的虔诚，把他视为崇拜的对象"②。在伏尔泰看来，孔子的道德主张是中华民族两千年来屹立不败的有力保证，孔子是"唯一从不骗人的立法者"，孔子的治国思想是最高的行为准则，儒学或儒教是他心目中理想的宗教。伏尔泰根据法国传教士马若瑟（Joseph de Prémare）的《赵氏孤儿》法译本创作了剧本《中国孤儿》（*L'Orphelin de la Chine*，《китайский сирота》）。在该剧本中，伏尔泰极力刻画了中国人民高尚的道德情操，其根本目的——按照他本人的说法，就是通过该剧本来表达孔子的道德。

彼得大帝和叶卡捷琳娜二世都是具有很强的西化倾向的君主，欧洲的"儒学热"自然引起了叶卡捷琳娜二世对儒学的关注。所以，当时一些俄国译者把欧洲传教士翻译、创编的关于儒学的作品转译成了俄语（详见下文）。同时，俄国人还翻译了不少欧洲著名思想家有关儒家典籍的作品。叶卡捷琳娜二世非常推崇伏尔泰，称其是自己的"法国老师"，而伏尔泰称她为"北方的一颗明星"。自1763年起，两人一直保持联系，直到伏尔泰去世。在此情况下，伏尔泰的作品一经问世就会被译成俄语。伏尔泰对中国文化与制度的歌颂、对孔子的尊崇促使俄国人对中国文化另眼相看。伏尔泰在《自然法则颂》中把许多宗教领袖批判成"群众的欺骗者"，但却把孔子描写成"伟大的中国哲人，是一个大自然的信使"。《自然法则颂》问世后，很快被维纳格拉多夫（И. И. Виноградов）译成俄语。1759年，苏马罗科夫从德语选译了《中国孤儿》，当时名字为《中国孤儿的悲剧》（《Изъ китайской трагедіи, называемой сирота》）。1788年，涅恰耶夫（В. Нечаев）用诗歌形式翻译的《中国孤儿》

---

① 许明龙主编：《中西文化交流先驱——从利玛窦到郎世宁》，北京：东方出版社，1993年，第193页。

② 许明龙：《欧洲十八世纪"中国热"》，北京：外语教学与研究出版社，2007年，第164页。

在彼得堡出版，并于 1795 年再版。1770 年，柏鲁宁（Ф. Полунин,？—1787）把伏尔泰的《巴比伦公主》译成俄语，译名为《瓦西龙斯卡娅公主》（《Принцесса Василонская》），书中高度赞扬了中国皇帝的公正与开明。尽管柏鲁宁的翻译有不足之处，但却在 1781 年、1788 年、1789 年等多次再版。

"18 世纪俄国共出版有关中国的书籍和论文 120 余种，其中汉学家的著作只占约六分之一。不仅如此，汉学家的多数作品只出版过一次，印数有限。与之相比，某些欧洲作品不仅被翻译出版，而且发行数量大，有的甚至同时拥有几个译本。"① 由此可知，在 19 世纪前，无论是在数量上，还是在流行度上，俄国汉学家的作品远远不及那些从欧洲转译成俄语的关于中国的作品。可以说，当时俄国人对孔子及其学说的认识在很大程度上来源于欧洲。

其二，俄国统治者政治策略的需要和民主意识的觉醒。众所周知，彼得大帝在位期间进行了一系列改革，改革的一个主要目标是建立权力高度集中的专制制度。"专制比较突出的特点就是权力被集中在一个人手中，这个人就是那个绝对的君主——沙皇，在政治上，实行强硬的中央集权制，加强贵族阶层在社会中的统治地位。"② 这就需要寻找专制者拥有无限权力的依据，于是一些学者开始从西方介绍有关权力集中的理论，也有学者著书立说，解释和宣扬帝王权力无限大的概念。1760 年至 1770 年期间，俄国进入了被后人称为"俄国启蒙运动时期"的快速发展阶段。这一时期，人民的民主意识开始觉醒，要求摆脱束缚、获得自由的愿望日益强烈。叶卡捷琳娜二世为了巩固自身统治，实行"开明专制"政策，从而证明自己是"开明"君主。执政伊始，她就"声称要采取开放言禁，强调法治，严惩贪污等一系列措施"③。为了让人们相信"开放言禁"并不是掩人耳目的幌子，她创办了讽刺杂志《万象》（Всякая всячина），作为自己"开明专制"的见证。在这种状况下，中国诸子的文章被介绍到俄国，如 1770 年，诺维科夫（Н. И. Новиков）在自己创办的杂志《雄蜂》（Трутень）和《爱说闲话的人》（Пустомеля）上先后发表了列昂季耶夫翻译的《中国哲学家程子给皇帝的劝告》和《中国皇帝雍正给儿子的遗嘱》两篇文章，前篇文章强调了"君治立而天下治"的思想，后篇文章是雍正教导自己的继承者要"诘奸除暴，惩贪黜邪，以端风俗，以肃官方"。由于杂志比较畅销，所以

---

① 阎国栋：《俄罗斯汉学三百年》，北京：学苑出版社，2007 年，第 12 页。
② （俄）格奥尔吉耶娃：《俄罗斯文化史——历史与现代》，焦东建、董茉莉译，北京：商务印书馆，2006 年，第 171 页。
③ 宋昌中：《诺维科夫与程颐和雍正的两篇俄文译文》，载《国外文学》，1985 年第 1 期，第 127 页。

更多的俄国读者能够通过这两篇文章了解中国文化。这两篇文章的刊登说明"远在十八世纪俄国的进步人士不仅注意中国,并且运用中国人写的文章作武器向沙皇统治挑战,这是历史上一次有意义的中俄文字之交"①。不过,这种表面的"开明"并不能掩盖当时俄国日益尖锐的地主与农民之间的矛盾。1773 年,处在水深火热的农民在普加乔夫(Е. И. Пугачёв, 1742—1775)的领导下爆发了大规模的农民起义。起义被镇压后,叶卡捷琳娜二世开始了更为独裁的专制统治。她从那些译介到俄国的儒家典籍中看到了中国对君权绝对专制的肯定,因此竭力从中国典籍中寻求专制政权的合理性依据。当时,列昂季耶夫译的《中国思想》(《Китайские мысли》)出版了 4 次,《格言》出版了 2 次,这一方面反映了当时俄罗斯人对中国哲学的兴趣,但更为重要的是"中国哲学使社会意识接受绝对君权专制正确性的观念:君为臣友,朝堂上臣子的任务是通过自己的谏言帮助君主获得盛名"②。1779 年,列昂季耶夫译的《三字经》由圣彼得堡皇家科学院出版。"《三字经》包含的那套中国封建伦理和道德说教,与所谓'开明专制'的政治气氛颇为协调,因此,俄国官方喉舌《圣彼得堡通报》即于次年发表书评,将这本'诗体箴言'推荐给俄国公众。"③ 在叶卡捷琳娜二世看来,"拿着皇权的美德和拥有美德的政府的紧密结合"正是自己所需要的。在这种情况下,儒学典籍在俄罗斯的译介与传播的力度逐步加大。

其三,俄国汉学家对儒家典籍的译介与研究逐步深入、系统。俄国东正教传教团进驻北京后,发现儒家文化在中国文化中占有重要地位,是封建王朝的正统思想。经过观察,他们还发现,儒家思想还深刻影响着普通百姓的言行举止、风俗习惯等生活的方方面面。可以说,儒学已经"通过学校的教育渗透到民众各个阶层的各个层面,就像水渗透到海绵中一样"④。这种现象引起了来华传教团团员的注意。为了更好地适应中国生活,获得上层社会的认可和青睐,就需要了解儒学,于是他们对儒家学说产生了极大兴趣,并着手学习、翻译和研究儒家典籍。1741 年,罗索欣从北京回到俄国后,被派到彼得堡皇家科学院汉满语班担任教学和翻译工作。在教学上,"罗索欣采用了在中国一直持续到 19 世纪初的传统启蒙教学方法。在中国,学校常要求背诵《千字文》《三字经》和'四书'。罗索欣也仿照这样的教学模式。他从中国带回了他在北京时做教材

---

① 同上,第 132 页。

② Скачков П. Е. Очерки истории русского китаеведения. М., 1977. С. 74.

③ 蔡鸿生:《俄罗斯馆纪事》(增订本),北京:中华书局,2006 年,第 95 页。

④ Бичурин Н. Я. Китай, его жители, нравы, обычаи, просвещение. СПб., 1840. С. V.

的满汉对话读本，教学中他还使用了自己翻译的《三字经》《千字文》"①。从使用的教材上可以看出，他主要采用儒家典籍教授学生。值得欣慰的是，他的学生没有辜负老师的辛勤付出。1750 年，他教授的包括沃尔科夫在内的几名学生谈到自己的学习成果时，说学了"不少学业上用的汉满语书籍：先是各种词汇和对话，还有 4 部分组成的'四书'和《三字经》，另外还读了各种中国历史书籍，现在可以自己阅读和理解，并学着将其译成俄语"②。在翻译的书籍中，罗索欣翻译了不少儒学相关作品，如《三字经》《名贤集》《二十四孝》等。继罗索欣之后，列昂季耶夫成为俄国汉学史上的又一巨匠。他翻译了大量中国典籍，幸运的是他的大部分作品在当时就得以出版，甚至被转译成其他西方文字。正如斯卡奇科夫所言："列昂季耶夫完全可以称得上是 18 世纪汉学的领军人物，在当时俄国出版的 120 部（篇）有关中国的书籍和文章中，有 20 本书和 2 篇文章为列昂季耶夫所写或译。"③ 在列昂季耶夫众多的译著中，有一些译著译自儒家典籍。他直接从满汉语《四书解义》把《大学》和《中庸》译成俄语，并分别于 1780 年和 1784 年由彼得堡皇家科学院出版。其实，1779 年，皇家科学院《科学院通报》出版了冯维辛（Д. И. Фонизин）从法文转译的《大学》（《Тагио, или Великая наука》）。列昂季耶夫呼吁人们将这两个译本进行比较："如果好奇的译者将这两个译本进行比较，将会得到很大的乐趣。"④ 1780 年，《彼得堡通报》刊登了一位匿名作者对"四书"译本评价的文章。在文章中，该作者指出："中国典籍很少译成欧洲语言，列昂季耶夫的翻译在俄国和其他国家都广受赞誉。"⑤ 而且，这位作者对中国文化的评价也是充满溢美之词。需要指出的是，列昂季耶夫的《大学》《中庸》译本不仅包括正文，还有详细的注释。列昂季耶夫还率先将《易经》译为俄语，当时书名为《中国典籍即易经中阴阳的双重作用》（《О двойственных действиях духа Инь Ян из китайской книги, И Гин называемой》）。儒家典籍的俄译，激发了俄国民众对儒学的兴趣，从而促进了儒学在俄罗斯的传播。

最后，俄国文学界对儒学的推崇助推了俄国"儒学热"的形成。除了俄国汉学家的译介之外，俄国文学界对孔子形象的描绘和儒学的推崇也对儒学在俄国的传播起了一定的促进作用。杰尔查文（Г. Р. Державин，1743—1816）从钱

① Скачков П. Е. Очерки истории русского китаеведения. М.，1977. С. 44.
② Там же. С. 46.
③ Там же. С. 76.
④ Там же. С. 73.
⑤ Там же. С. 74.

德明（Joseph-Marie Amiot，1718—1793）的《孔子传》中获得灵感，创作了《一个英雄的纪念碑》（《Памятник герою》），诗中塑造了一个公正诚实的孔子形象。拉季舍夫（А. Н. Радищев，1749—1802）在 1802 年创作的诗作《历史之歌》（《Песня историческая》）中，把孔子描写成天国的凡人。普希金曾在《叶甫盖尼·奥涅金》第一章写道："中国的圣贤，/教导我们尊重青年——/为防止他们迷途，/不能急于加以责难。/只有他们肩负着希望……"[1] 托尔斯泰非常推崇孔子，认为孔子是一位具有"不同寻常道德高度"的人，对他影响"很大"。从 1882 年写给斯特拉霍夫（Н. Н. Страхов）的信中可知，他已经搜集有孔子的书[2]。1884 年，托尔斯泰已经开始研究中国先哲老子、孔子和孟子的学说了。在 2 月底写给切尔特科夫（В. Г. Чертков）的信中他激动地写道："我在读孔子著作，这已是第二天了。真难想象，他达到了异乎寻常的精神高度。"[3] 在 3 月的日记中，他又多次谈到自己阅读孔子著作和孔子思想带给自己的感受。这一年，他写了《孔子的著作》一文，还翻译了《大学》的部分内容。1900 年，他第二次选译了《大学》，同时还选译了《中庸》。另外，他根据"子在川上曰，逝者如斯夫，不舍昼夜"创作了小说《川逝》。

三、18—19 世纪俄国儒学译介概况

清雍正、乾隆期间，学人谢梅庄（原名谢济世，1689—1757）说俄国政府"遣俊秀入我国学，受四子书以去"。这表明，当时俄国人非常重视"四书"。帝俄时期，沃尔科夫是最早（18 世纪 40 年代后）[4]将"四书"译成俄语（手稿）的人。"在俄罗斯汉学史上，雅·沃尔科夫是第一位翻译'四书'的人，这份手稿的篇名为《Книга Сышу или Шан лун пюу китайского кунфудзыского закону философическия разные разсуждения》（沃尔科夫，No. 1），最后一页

---

① Алексеев М. П. Пушкин и Китай // Пушкин и Сибирь. Иркутск，1937. C. 125.

② Толстой Л. Н. Полное собрание сочинений. Т. 63. М.，1934. C. 98.

③ Толстой Л. Н. Полное собрание сочинений. Т. 85. М.，1935. C. 30.

④ 有人认为，沃尔科夫是在 1729 年翻译"四书"的，其实这并不准确。因为 1729 年，罗索欣作为东正教驻北京传教团学员刚来到北京。"1741 年 8 月 10 日，4 名学生从警备部队学校来到了罗索欣的学校：雅·沃尔科夫、列·萨维里耶夫（Леотий Савельев）……""在雅·沃尔科夫、列·萨维里耶夫 1746 年 8 月 6 日的呈文中，还可以看到他们学习满汉语的一些情况：'我们这些人从 1741 年起学习汉语，现在对汉语已经掌握不少……'"（见 Скачков П. Е. Очерки истории русского китаеведения. М.，1977. C. 44-45）。由此可知，沃尔科夫绝不可能是在 1729 年翻译"四书"的，至少是在他 1741 年进入彼得堡科学院满汉语班后才开始翻译活动的。

上写着'由雅·沃尔科夫译成俄语'。"① 其实，沃尔科夫总共译了"四书"中的 436 段，准确地说是《论语》中的一些内容，且译文的质量不是很高。但不管怎样，他的译文是俄罗斯汉学史上最早的"四书"译文。随后，不少儒学典籍相继被译成俄语。下面，我们以时间为序，对帝俄时期儒学典籍译介和研究情况作简要介绍②：

其一，俄国国内从满汉语译成俄语的儒学典籍。

（1）1741—1745 年③，罗索欣翻译了《三字经》（《Трисловное нравоучение》）和《孝经》（《О черезвычайном почтении родителей》），可惜当时未能出版。

（2）1776 年，列昂季耶夫（А. Л. Леонтьев，1716—1786）翻译的《格言》（《Ге янь，то есть умные речи》）在彼得堡出版，并于 1779 年再版。1779 年，列昂季耶夫翻译的包括《三字经》和《名贤集》的合编本《三字经名贤集合刊本》出版。1780 年，列昂季耶夫翻译的《大学》出版，俄文书名为《四书解义集注》（《Сы-шу-геы，т. е，четыре книги с толкованиями》）。1784 年，他翻译的《中庸》（《Джун-Юн，т. е. закон непреложный. Из преданий китайского философа Ку Дзы》）出版。

（3）1815 年，比丘林开始翻译"四书"，其译文手稿现保存在俄罗斯科学院东方学研究所彼得堡分所东方学者档案中。1829 年，比丘林翻译的《三字经》（《Саньцзыцзин или Троесловие》）由彼得堡根茨印书馆出版，该译文还附有中文原文。

（4）1884 年，瓦西里耶夫选译的《论语》收编到《中国文选》第二卷，由彼得堡大学出版社出版。

（5）1876 年，莫纳斯德列夫（Н. Монастырев）翻译的《春秋》（《Конфуциева летопись Чунь-цю》）在彼得堡出版。

（6）1893 年和 1895 年，小西增太郎（Д. П. Кониси，1862—1940，日本人）翻译的《大学》（《〈Великая наука〉Конфуция》）和《中庸》

---

① Скачков П. Е. Очерки истории русского китаеведения. М.，1977. С. 44.
② 所列举儒学在俄国的译著和研究作品主要来源于蔡鸿生《俄罗斯馆纪事》（2006），Скачков П. Е. Очерки истории русского китаеведения（1977）和 Скачков П. Е. Библиография Китая（1960）.
③ 科学院办公厅要求罗索欣提交自己已经完成的工作总结，罗索欣列出了自 1741 年以来他所完成的工作，其中包括《三字经》和《孝经》的翻译，可惜当时未能出版。见 Скачков П. Е. Очерки истории русского китаеведения. М.，1977. С. 47.

（《Середина и постоянство》）先后在《哲学和心理学问题》杂志上发表。

（7）1904 年，柏百福翻译的《孟子》出版，书名为《中国哲学家孟子》（《Китайский философ МЭНЪ-ЦЗЫ》）。1910 年，柏百福翻译的《论语》在彼得堡出版，书名为《孔子及其弟子们的格言》（《Изречения Конфуция, учеников его и других лиц》）。

其二，俄国国内有关儒学的著作和文章。

（1）1826 年，《亚洲通报》（Азиатский вестник）刊发了《中国哲学家孟子》（《Мын-дзы, китайский философ》）一文。

（2）1828 年，西维洛夫（Д. П. Сивиллов, 1798—1871①）翻译了《中国哲学家孔子的哲学》（《Любомудрие Конфуция, славного Китайского философа》），后来，根据自己对儒释道的研究，著有《中国儒释道三教述要》（《Краткое обозрение трёх существующих в Китае вероисповеданий, известных под именем конфуцианского, даосского и фоевского [буддийского]》）一书。

（3）1839 年，比丘林的《孔子首创的中国史法》（《Основные правила китайской истории, первоначально утвержденные Конфуцием и принятые китайскими учеными》）在《祖国之子》报发表，该文讨论了春秋笔法。1844 年，他写了《儒教概述》（《Описание религии ученных》），不过该书直到 1906 才出版。

（4）1851 年，佐迈尔（Н. Зоммер）发表在《喀山大学学术集刊》的《论近代中国哲学的原则》（《Об основаниях новой китайской философии》）一文探讨了儒学对中国历史的影响。

（5）1873 年，瓦西里耶夫的专著《东方宗教：儒、释、道》在彼得堡出版。同年，他为贝列津（И. Н. Березин）编的《俄国百科辞典》撰写《儒学》辞目。1880 年，瓦西里耶夫撰写的《中国文学史纲要》（《Очерк истории китайской литературы》）在彼得堡出版，书中讨论了儒学在中国文学上的地位及影响。

（6）1876 年，莫纳斯德列夫的《孔子的春秋及古代注疏家的札记》（《Заметки о Конфуциевой летописи Чунь-цю и ее древних комментаторах》）在彼得堡出版。

---

① 我们发现，人们对西维洛夫生卒年的认识有异议，俄罗斯一些资料显示他出生于 1789 年，去世于 1877 年。

（7）1888 年，格奥尔吉耶夫斯基的巨著《中国的生活原则》（《Принципы жизни Китая》）在彼得堡出版，该书共 12 章，其中 5 章用来论述儒学。1890 年，他的《研究中国的重要性》（《Важность изучения Китая》）出版。该书是他的巅峰之作，论述了儒学是中国进步的动力。

（8）1895 年，克洛斯托维茨（И. Я. Коростовец，1862—1933）的《孔子及其学说》（《Конфуций и его учение》）发表在《俄罗斯通报》上。

（9）1897 年，科良金（К. М. Корягин）的《孔子生平和哲学活动》（《Конфуций，его жизнь и философская деятельность》）在彼得堡出版。

（10）1903 年，布朗热（П. Бланже）的《孔子生平及学说》（《Жизнь и учение Конфуция》）由莫斯科“中介人”出版。并于 1910 年再版。

（11）1906 年，克雷姆斯基（К. Крымский，1796—1861）的《孔学义解》（《Изложение сущности конфуцианского учения》）由北京“东正教使团”出版。

（12）1908 年，莫列纳尔（Г. Моленар）的《孔子》（《Конфуций》）刊发在《知识通报》（Вестник знания）上。

（13）1913 年，《中国布道录》刊发了《孟子》（《Мын-цзы》）一文，对孟子的生平进行了介绍。

其三，从其他语言转译成俄语的儒家作品。

（1）1779 年，《科学院通报》刊载了冯维辛从法文转译的《大学》。

（2）1780 年，莫斯科大学译印了耶稣会士柏应理和郭纳爵（Inacio da Costa，1606—1666）等人的《中国哲学家孔子》一书。

（3）1790 年，在彼得堡出版了法国耶稣会士钱德明的《孔子传》（《Житие Кунг-Тсеэа или Конфуциуса》）。这本书是由当时著名译者维廖夫京（М. И. Веревкин，1735—1795）于 1789 年译成俄文的。在《孔子传》中，钱德明把孔子描述为中国最负盛名的哲学家和中国学说的复兴者。

（4）1791 年，法国人迪斯卡仑（Jean Castillon，1718—1799）于 1774 年出版的《亚洲各民族传说和故事集》被译成俄语（《Китайские，японские，сиамские，тонквинские и прочие анекдоты》），书中描写了亚洲各民族的风俗、传统、宗教等，其中有不少篇幅描写孔子。

（5）1793 年，巴斯托列（Pastoret）的法文著作《琐罗亚斯德、孔子和穆罕默德的比较研究》的俄译本（《Зороастр，Конфуций и Магомет，сравненные，как основатели вер，законодатели и нравоучители，с приобщением табелей их догматов，законов и нравственности советником приказа публичных пошлин》）在莫斯科出版。

（6）1794 年，彼得堡出版了列昂季耶夫从拉丁文翻译的《古代中国人的哲学经验》（《Опыт древней китайцов философии о их нравоучении и правлении》）一书。该书主要比较了孔子学说与古希腊犬儒学派、斯多葛派和阿里斯提普斯学说。

（7）1814 年，《东方通报》刊登了从法文译成俄文的论述孔子学说的《君王与彗星》。

（8）1832 年，《北方艺术女神》（《Северная Минерва》，ч. 2, 8. С. 65—73）刊载了从法文译成俄语的《孔子传》（《Жизнь Конфуция》）。

（9）1894 年，《百名伟人传》（《Сто великих людей. Зороастр. Будда. Конфуций. Магомет》）第一册在彼得堡出版，其中《孔子传》（《Конфуций, его жизнь и учение》）译自《大英百科全书》（《Британская энциклопедия》）。

（10）1899 年，哈夫基娜（Л. Б. Хавкина）从英文翻译了《伟大的东方宗教》（《Великие религии Востока》），并在莫斯科出版。该书由两部分组成，其中第二部分开篇就论述了孔子及其学说。

（11）1901 年，缪勒（Friedrich Max Muller, 1823—1900）的《中国宗教》（《Религия Китая》）俄文版在彼得堡出版，雅诺夫斯基（А. Е. Яновский）为之写了序，该书第一篇论述了儒学。

（12）1914 年，《中国布道录》（Китайский благовестник）发表了从法文转译的《祭孔》（《Жертвоприношение Конфуцию》）一文。

当然，上面作品只是列举了部分俄国儒学译介与研究的状况，但这也从侧面反映了俄国对早期儒学（主要是孔子学说）的重视。由上文不难看出，在 18 世纪 50 年代之前，从欧洲译介的儒学作品居多，在俄国即便有不少人翻译"四书"，但能够出版的不多。到 18 世纪下半期，这一状况发生了转变，俄罗斯儒学作品的译介与研究主要由俄罗斯汉学家完成，这说明了俄国汉学发展已经到了一个新阶段。总之，自 18 世纪开始，俄国译介和出版了不少儒家典籍，一些研究儒家典籍的作品也相继问世，这极大地促进了儒学在俄国的传播。同时，我们也应该注意到，这个时期的译介无论是在数量上、质量上还是范围上都非常有限，可以说是俄国儒学研究的起始阶段。

第二节 《论语》译介的开端

最初，来华的俄国传教士汉学家似乎已形成一种共识，即研究儒学必须研究儒家经典著作《论语》。"孔子的话语，首先指的是《论语》，在过去几百年里，任何略微受过教育的人都知道这本书。成为经典后，《论语》就成了中国传统文化的核心。"① 在这种认识下，传教士汉学家开始翻译《论语》。从某种意义上说，儒学在俄罗斯的传播与影响正是从《论语》等典籍的译介与诠释开始的。

在俄罗斯汉学史上，沃尔科夫是"四书"俄译第一人，他的译稿保存至今。1815 年，比丘林开始翻译"四书"，但因种种原因他的译稿也未能出版。1840—1842 年，西维洛夫在喀山大学任教时，翻译了"四书"（未版）。1884 年，瓦西里耶夫翻译了《论语》的部分内容，编入《中国文选》第二卷，并把它作为彼得堡大学汉语专业学生的教科书。1910 年，柏百福的《论语》译本出版。这是俄国汉学史上第一个得以出版的《论语》全译本，被编入彼得堡大学东方语言系丛书。

一、沃尔科夫：《论语》俄译的先行者

沃尔科夫是俄罗斯第一个翻译《论语》的人。目前，关于他的资料比较少，而且多局限于他在皇家科学院满汉语班学习期间。1728 年，他出生于一个军官家庭。1741 年，他被选拔到彼得堡皇家科学院学习满汉语言。在当时的 4 名学员中，沃尔科夫是最有能力的一位学员，他在老师罗索欣的指导下翻译了"四书"。

2019 年，茨维特科夫（Д. В. Цветков）在《〈论语〉首个俄译本的特点》中对沃尔科夫的《论语》译本进行了分析。他指出："通过对比可知，整体上，沃尔科夫的译文与原文的内容相符，但也存在一些出入。"② 如《学而》篇中"子夏曰：贤贤易色；事父母，能竭其力；事君，能致其身；与朋友交，言而有信。虽曰未学，吾必谓之学矣"句，沃尔科夫译为 "Говорит Кундзы

---

① Переломов Л. С. Конфуцианское четверокнижие. М., 2004. С. 12.

② Цветков Д. В. Особенности первого перевода конфуцианского текста《Луньюй》на русский язык // Книговедение. 2019. №2. С. 67.

（Учитель）ежели кто будет тою любовию любить всякое добро, которою любит красоту, родителей своих столько почитать, сколько возможность его допустить, государю своему не щадя живота своего служить, а между дружеством слово свое верно держать, то хотя никто такого человека за учонаго не признал. Но я онаго всемерно учоным назову". 显然, 这句话是孔子弟子子夏所言, 但沃尔科夫误认为是孔子所言, 故译为"Говорит Кундзы（Учитель）"。另外如《公冶长》篇"子曰: 伯夷, 叔齐不念旧恶, 怨是用希", 沃尔科夫译为"Говорит Кундзы Ию и Шунь не помнили стараго зла и для того редко на них жаловался", 把伯夷、叔齐译为"Ию и Шунь（尧、舜）", 显然是理解错误。经过一系列分析后, 茨维特科夫对沃尔科夫的《论语》译本得出如下结论: 一是译文中一些章节的人名、地名有误, 二是译文中漏译了原文的一些章节, 三是译文中多出了一些原文中没有的章节, 四是译文把原文中一些独立的章节合在一起, 五是在译本中没有后四篇的内容。令茨维特科夫疑惑的是沃尔科夫的译本为什么会与原文有如此多的不同, 因为"显然, 沃尔科夫翻译《论语》的目的是掌握儒学的基础知识", 而且"译稿也不像是草稿, 里面没有批注、涂改和修正等等。可以假设, 我们研究的手稿只是翻译的雏形, 但这还是不能解释译本与原文存在较大差异的原因。还有一种无法证实的可能, 就是使用的《论语》底本的问题"。① 其实, 无论沃尔科夫选择什么样的《论语》作为底本, 都不应该出现如此多明显的错误。我们认为, 造成沃尔科夫《论语》译本与原文本不符的原因有二: 一是历史时代的限制。沃尔科夫所在的时代是俄罗斯汉学研究刚刚起步的阶段, 俄国人对中国尤其是中国传统文化的了解非常有限, 因此缺乏理解中国传统文化的大的语境, 所以很难理解深奥的中国古代典籍。二是沃尔科夫本人的满汉语言水平和文化理解力有限。1741 年, 沃尔科夫进入满汉语班学习。假使他一直学习到满汉语班关闭, 即1751 年, 他共学习了 10 年。10 年期间, 能否学好满汉两种语言, 是一个问题。再加上《论语》内容的复杂性, 会对他的理解造成困难。这种情况下, 即便罗索欣给他们讲解过"四书"②, 他们也未必能够完全听得懂, 加上没有"四书"俄译本可供借鉴, 故会出现理解和表达上的错误。也正因为如此, 沃尔科夫只是部分地翻译了"四书"。

① Там же.
② 1741 年, 罗索欣开始在彼得堡皇家科学院教学时, 也才 24 岁, 他对儒家典籍的理解和把握如何, 是一个问题。

在翻译方法上，沃尔科夫主要采用了直译法。除上文例子外，我们再举一例："子贡问曰：'孔文子何以谓之"文"也?'子曰：'敏而好学，不耻下问，是以谓之"文"也。'"（《公冶长》），沃尔科夫译为"《Вопросил Дзы-гун Кун Вень дзы для чего назван ваном（князь）. Сказал ему Кундзы он был остроумен и любил науку. А у подлых совету требовать не стыдился，и для того назван ваном》"。这里，沃尔科夫显然理解有误，把"文"理解成"Ван"（王）。就其表达方式而言，我们可以看出他的译文紧贴原文，几乎是亦步亦趋。其实，两种文化交流之初，在没有任何可以借鉴的翻译经验和译本的情况下，为了忠实原文，译者通常会采用直译法。但在术语的翻译上，沃尔科夫采用了归化的方法，如把"仁"译为了宗教色彩浓厚的 милость（仁慈、慈善）。

沃尔科夫的《论语》译本不完整，还有不少错译、漏译的地方，不过这是文化交流之初不可避免的现象。由于文化语境的不同，两种语言文字间尤其是典籍的外译难免会出现错误。随着交流和研究的不断深入，翻译中的问题会不断得到纠正，译文的准确度也会日渐提高和不断完善。

二、比丘林与"四书"俄译

1. 比丘林生平及其学术成就

1777 年 8 月 29 日，比丘林出生在喀山的一个神父家庭里，1786（或 1787）年进入喀山神学院学习，1799 年毕业后留校任教，1800 年皈依东正教，成为修士，取法号雅金夫（Иакинф）。1801 年，比丘林被任命为喀山约阿诺夫斯基修道院院长，1802 年晋升为修士大司祭。1807 年，他担任第九届俄国东正教驻北京传教团团长，于 1808 年抵达北京。比丘林在北京工作了 14 年，1821 年动身返回俄国。1822 年，比丘林回到彼得堡，发觉圣主教公会对自己很不满。1823 年 9 月，比丘林被宗教法庭以"12 年未进教堂，变卖教会财产，完全疏忽传教士职责，对属下监管不力"等多项罪名[1]流放到瓦拉姆修道院（Валаамский монастырь）[2]。1826 年 11 月，比丘林在多方的帮助下获释。之后他回到彼得堡，住进了亚历山大涅瓦修道院（Александро-Невская лавра）。同时，他被推荐到外交部亚洲司工作。亚洲司每年为他提供 1200 卢布的薪资和 300 卢布的资料费，基本上解决了他的生活和研究经费问题。1853 年 5 月 23 日，比丘林在亚历山大涅瓦修道院凄凉离世，并被安葬于此。

---

① Скачков П. Е. Очерки истории русского китаеведения. М.，1977. C. 97.
② 当时，瓦拉姆修道院其实是一个关押犯下各种宗教罪行的罪犯的监狱。

　　比丘林对俄罗斯汉学的教育和发展作出了突出贡献。1831 年，为满足中俄贸易的需要，比丘林应商人的要求创办了恰克图华文馆。他亲自任教，制订了详细的教学计划。为满足华文馆汉语教材的需求，比丘林编撰了《汉文启蒙》（《Хань-вынь-ци Мынъ. Китайская Грамматика》，1835）。《汉文启蒙》对俄国人学习汉语帮助颇大。俄作家兼东方学家波列沃伊（Н. А. Полевой）写道："亚金甫神父的语法打碎了欧洲语法学家给汉语套上的枷锁，展现了一种轻松的方法。借助于这种方法可以很容易学会阅读、理解并翻译汉语文字。"① 这部词典不仅在当时被用作恰克图华文馆的教材，后来还被喀山大学和圣彼得堡大学东方系用作语法教材。事实上，比丘林的研究领域很广，撰写了多部关于中国哲学、历史和文化等方面的著作，如《儒教概述》、《中国及其居民、风俗、习惯、教育》（《Китай，его жители，нравы，обычаи，просвещение》）、《中华帝国详志》（《Статистическое описание Китайской империи》）和《中国民情与风尚》（《Китай в гражданском и нарвственном состоянии》）。此外，比丘林还翻译了多部著作。其中，中国历史地理方面的书籍有《西藏志》（《Описание Тибета в нынешнем его состоянии》）、《蒙古纪事》（《Записки о Монголии》）等；儒家典籍有"四书"、《三字经》等。对于自己取得的汉学成果，比丘林曾在一封信②中这样描述："自己 13 年来的中国研究，自己一个人作出的成就比过去 100 年间所有东正教使团取得的所有成就还要大 5 倍。"③ 比丘林并没有夸大其词，事实的确如此。他取得的巨大汉学研究成就使他获得了"俄国汉学奠基人"的称号。斯卡奇科夫指出，比丘林"是俄国汉学的荣誉和骄傲"，因为"比丘林对俄国社会思想史意义巨大：他关于中国的著作丰富多样，他对书刊上关于这个国家的虚假信息给予尖锐公正的批判，吸引了更多俄国人关注中国历史和文化中过去不为人知的方面，让人们重新审视由西方引入的不正确看待中国的态度"④。

　　2. 比丘林的儒学翻译与研究

　　"四书"是儒家思想的主要载体。比丘林认为，"'四书'是把中国典籍译

① 见阎国栋：《俄国汉学史（迄于 1917）》，人民出版社，2006 年，第 183 页。
② 1823 年 9 月始，比丘林被羁押在瓦拉姆修道院。后人发现了他在被羁押期间写的两封信，一封信是写给希林格（П. Л. Шиллинг，1786—1837）的，另一封信未写收信人姓名，这封信是一封希望能获得谅解的信，即上面提到的信。
③ Скачков П. Е. Очерки истории русского китаеведения. М., 1977. С. 98.
④ Там же. С. 122.

成其他语言的关键"①。1816年，在给圣主教公会的信中，比丘林再次强调学生必须学好"四书"，因为"掌握了'四书'后，就可以读任何中国书籍"②。正是认识到"四书"的重要性，在来到北京后的第7年即1815年，比丘林开始翻译"四书"，并连同翻译了朱熹的注释。"四书"俄译不仅有助于后来的俄国学生学习汉语和认识中国文化，而且加深了比丘林自身对中国文化的认识。遗憾的是，比丘林花费大量心血翻译的"四书"译本至今仍未能出版。"在比丘林的手稿中有数种《四书》译本，其中一个经过了细心的核定并加了译者注释，现保存在俄罗斯科学院东方学研究所圣彼得堡分所东方学者档案中。"③1829年，比丘林译的《三字经》出版。这是俄罗斯出现的第一个汉俄语对照的《三字经》译本。该译本形神兼备，在传达原文丰富内容的同时，还保留了原文简练押韵的风格。为了更好地传达《三字经》的内容，比丘林在译文中做了103条注释，以至于注释篇幅占了整个译本的三分之二，远大于译文正文。比丘林的《三字经》译本问世后，立刻引起了不少人的关注，"从1829年底至1830年初就有四家报刊载文加以评介"④。之后，还成为恰克图华文馆、喀山大学和彼得堡大学东方系的教材。比丘林的《三字经》在当时很好地促进了中国文化在俄罗斯的传播。"事实证明，这本中国传统的蒙学小书，在俄国比在西欧留下了更深的历史痕迹。"⑤ 目前，比丘林的《三字经》已广为俄罗斯汉学家和民众所熟知。

除译介"四书"和《三字经》等儒学典籍外，比丘林在多部作品中论述了儒学。1842年，比丘林的《中华帝国详志》出版。在这本书中，他专节论述了儒教（религия ученных）。首先，他论述了中国人对宗教的认识，"中国人认为宗教的意义是教义本身，即在敬神和道德方面的某种思想形式。因此，中国所有宗教都被称为'教'，意指一种学说、一种流派，换言之，是某种宗教在仪式和精神方面的阐述"⑥。比丘林认为，儒教的开端与中华民族的起源同步，并与之一起产生和发展。舜在位时，确立了当时统治中国的名为"儒教"的宗教仪式。在《儒教概述》的"儒教起源"部分，比丘林认为，中国存在六种宗教，即儒教、佛教、道教、黄教、萨满教和回回教，其中儒教占据首位。"儒教是政

① Там же. С. 94.
② Там же. С. 96.
③ 阎国栋：《俄国汉学史（迄于1917年）》，北京：人民出版社，2006年，第185页。
④ 李明滨：《中国文化在俄罗斯》，北京：中国国际广播出版社，2012年，第13页。
⑤ 蔡鸿生：《俄罗斯馆纪事》（增订本），北京：中华书局，2006年，第96页。
⑥ Бичурин Н. Я. Статистическое описание китайской империи. Пекин, 1910. С. 29.

府的宗教，是全中国人民的宗教，甚至一定程度上是满人和蒙古人的宗教，因为中国所有的官员都必须执行国家法律的规定。"① 他认为儒教起源于"人性本身"。"人作为世界的一环，同样受自然规律的影响，但与其它生物相比，人有理性，因此，他首先应该遵循道德法则，并使自己的言行举止与其协调一致。"② 比丘林认为的道德法则主要是指天赋予人的仁义礼智信五种美德。关于儒教的作用，他这样写道："儒教的道德思想是以自然法则为基础而产生的，并构成了统治阶层的基础。"③ 儒教宣扬人民应该像对待父母那样对待国君，父母在时要无条件服从父母，父母不在时要怀念他们。这说明他已经认识到了儒教把家庭层面的"孝"延伸到国家层面的"忠"，从而赋予儒教以教化人民和治理国家的社会功能。

在论述儒教宗教性的同时，比丘林也意识到了儒学的哲学性。如他言之："儒教思想与其哲学紧密相关，主要表现在人性本善，即心灵无邪。人性里蕴含着自然法则，人的行为应该符合这一法则。这一法则就是中庸、正直、仁爱和公正。但教育、体质与个人欲望会使一个人偏离法则正途，诱其作恶，其灵性光辉便蒙受黑暗。不过，不时也会出现一些精神和体格都不同寻常的人，这些人不会偏离自然法则。他们在意识深处始终以中庸处世、正直为令、仁爱为愿、公正行事。这些人就是圣人，他们保持了本性中的心灵纯洁，将自然性与天融为一体，他们是天与自然法则的化身。无论他们想什么，总是符合自然法则；无论他们做什么，都是依本性而为。"④

综上所述，比丘林认为儒教起源于人性的需要，是同中华民族一同产生的，祭祀是其宗教性的表现。我们知道，祭祀天地、山川和百神是古人对变化无穷的自然的敬畏的表现，儒家只是比较推崇这一做法，所以不仅主张"畏天命"，而且还主张"畏大人"和"畏圣人言"，但这不等于说儒学是宗教。再有，儒学乃春秋战国时期孔子所创，绝不是产生于舜在位期间。另外，各种祭祀及其仪式只是儒家推崇的"礼"的一部分，而不是其全部。所以，将祭祀等同于宗教，将儒学产生的时间无限期地往前推进都是一种错误的认识。

3. 比丘林"四书"译本特点

由于比丘林译的"四书"未能出版，所以不能对其译本贸然评价。不过，

---

① Бичурин Н. Я. Описание религии ученых. Конфуций: Я верю в древность"// Сост., перевод и коммент. И. И. Семененко. М., 1995. С. 250.

② Там же. С. 251.

③ Бичурин Н. Я. Статистическое описание китайской империи. Пекин, 1910. С. 30.

④ Там же. С. 31.

根据见过他"四书"译本的俄罗斯学者的评价、比丘林的翻译态度和他的《三字经》译本，我们可以窥知其"四书"译本的一些特点。

戈尔巴乔娃认为："包括王西里和柏百福译本在内的所有现存译本都未必能够超越比丘林。"① 在认真研究他的"四书"译稿后，米亚斯尼科夫和波波娃指出："比丘林是第一个认识到中国注疏文献对理解中国历史和文化意义的汉学家，是第一个尝试把反映孔子和朱熹这些著名注疏家思想体系的'四书'中的多层注释翻译出来以飨读者的汉学家。"② 从这些评价中，我们可得出如下结论：一是他的译作水平较高，二是注释详细，三是竭力全面反映儒学思想。

根据比丘林的翻译原则和对中国文化的态度，我们可以看出其"四书"译本的一些特点。俄罗斯科学院院士潘克拉托夫（Б. И. Панкратов）在《翻译家比丘林》一文中详细分析了比丘林的翻译原则、态度等。他指出，比丘林对欧洲汉学界随意剪裁和扭曲中国史料的做法非常不满，认为这是造成错误认识中国的来源。为避免欧洲汉学界的错误做法，比丘林追求资料的真实性，"在研究之前，比丘林首先会把准备工作做好，换言之，搜集真实可靠的完整的原始资料"③，这是他翻译的基本原则。为了确保能够完整地传达原文信息，他力求全面忠实地翻译原文，而不是采用表达自己意图的转述方式。比丘林说："为了给学术界呈现原文的完整面貌，我不敢多加一个单词，也不敢做任何语言上的改变。尽管我也意识到为了行文流畅、连贯，需要稍做改变。但是翻译远古的历史典籍，精确是其第一要求。任何稍微的添加和改变都有可能导致错误的结论"④。由此可知，在翻译时，他竭力保留原文的语言表达方式和风格。在俄罗斯汉学史上，比丘林是第一个严厉批评西欧一些学者任意阐释中国文化的汉学家。他认为，西欧一些学者在译介中国文本时存在着明显的造假嫌疑。他毫不隐讳地指出，这些基督徒故意"夸大中国坏的一面"，认为他们在翻译和研究中用尽一切办法"把基督教的神圣性凌驾在异教之上"⑤；还有一些西方研究者根本就没有掌握中国的语言和史料，而是用自己的思维解释他们并不知道的一切。比丘林极其反对这些人的做法，他建议俄国学者不要盲目地运用欧洲人的观点，

① 转引阎国栋：《俄国汉学史（迄于1917年）》，北京：人民出版社，2006年，第186页。

② Мясников В. С., Попова И. Ф. Вклад о. Иакинфа в мировую синологию // Вестник РАН. 2002. Т. 72. № 12. С. 1103.

③ Панкратов Б. И. Н. Я. Бичурин как переводчик // Проблемы Дальнего Востока. 2002. № 4. С. 150.

④ Там же. С. 150—151.

⑤ 当时一些欧洲学者如德国的基尔谢（Athanasius Kircher，1602—1680）认为中国文字源自埃及的象形文字。

因为写这些观点的人别有用心，他们甚至根本不知道自己讨论的对象是什么。"比丘林的这种见解十分重要，19 世纪上半叶，在俄罗斯出现了大量歪曲事实的关于中国的译作。"① 比丘林的翻译态度和学术品格确保了他在翻译"四书"时，不会或者很少会随意阐释原文的思想内容。

比丘林译的《三字经》堪称经典。可以说，时至今日，依然鲜有译者能够超越。他的《三字经》译文由两部分组成，左边页面是俄文译文，右边页面是对应的中文原文，两相对照，一目了然。这样排版的好处是"所有真懂和假懂中文的人皆可将译本与原文核对比较，说话不再是猜测，而是根据事物的实质，根据明显的、无可争议的证据，即凭手中的两种文本"②。下面我们通过例子来看比丘林《三字经》译本的特点。

原文：人之初，性本善。性相近，习相远。

译文：Люди раждаются на свет

Собственно с доброю природою。

По природе взаимно близки,

По навыкам взаимно удаляются.

在这段译文中，比丘林分别对"人之初，性本善"和"性相近，习相远"做了注释。"人之初，性本善"的释义是："这是确立教习的基础，行为的开端。故也是人自出生之日起就开始思考人之为人的原因。人是上天的作品。上天赋予他的称之为性，这是一种与生俱来的善。人首先知道的是自己的母亲，最先开口叫的是自己的父亲。孟子曰：没有儿子不亲近自己父母的，随着年龄的增长也没有不尊敬自己兄长的（亲其亲，长其长）。朱熹云：人性本善。"在注释后，比丘林又批注道："Природа，汉语读作 син，这个字既包含人的道德天性，又包含事物的本质。按中国人的思维，人的天性变坏的原因在于教育得不好。Учение，汉语读作 цзяо，是对行为规范的描述，中国人也用这个字表示其他民族的信仰和教派。"③ 此外，为了加深译文读者的理解，比丘林还对原文中的一些术语或字词或采用文内加括号的方式进行解释，或用星号"＊"标注，然后把解释放在脚注的位置。概言之，比丘林的译文正文用语简洁，富有韵律；内容忠实，可谓是形神具备。同时，详尽的注释，加深了译文读者对原文的理解。

在翻译中国典籍时，力求形神兼顾，最大化地传达原文内容，这也许是比

---

① Скачков П. Е. Очерки истории русского китаеведения. М., 1977. С. 96.
② 李明滨：《中国文化在俄罗斯》，北京：中国国际广播出版社，2012 年，第 14 页。
③ Бичурин Н. Я. Сань‐цзы‐цзин, или Троесловие с литографированным китайским текстом. СПб., 1829. С. 28.

丘林翻译"四书"时把朱熹的注释也一并翻译的原因。过犹不及，他这种通过语言对应而严格追求译文忠实的态度也存有弊端。对此，潘克拉托夫写道："应该指出，追求最大化的忠实性是比丘林在翻译实践中严格遵循的原则，可有时候完全采用直译的方式并不能出现好的结果。完全准确的翻译可以实现原文与译文的等同，但不是逐字逐句地直译。"①中俄两种语言差异巨大，一味追求形式上的等同有时会出现以辞害意的结果。不过，无论如何，比丘林的翻译观和翻译态度在当时已经是很大的进步了。

三、瓦西里耶夫《论语》译本：首个出版的俄译本

在俄罗斯，瓦西里耶夫是继比丘林之后的又一位伟大汉学家，他"造就了俄国汉学史上第一个汉学学派"。1818 年，瓦西里耶夫出生于下诺夫哥罗德，1834 年进入喀山大学语文系东方班学习，1837 年毕业后留校任教。1840 年，他随同第十二届传教团来到中国，当时的身份是使团学员。他拥有极高的语言天赋，在北京的十年（1840—1850）里掌握了汉、满、蒙、藏语，此外还通晓日语、朝鲜语、突厥语和梵文。十年的文化浸润，加上勤奋好学，使瓦西里耶夫对中国的了解颇为深入，研究也甚是透彻。瓦西里耶夫的研究兴趣非常广泛，他曾说："我不能完全献身于哲学，因为我还得当名历史学家；我并非历史学家，因为我应作个地理学家；我并非地理学家，因为我还应懂文学；我并非文学史家，因为我不能不接触宗教；我并非神学家，因为还得鉴赏古董。"②事实证明，瓦西里耶夫在很大程度上实现了自己的目标，在中国历史、文学、宗教学等众多学术领域取得了非凡的成就。1884 年，他选译的《论语》译本刊登在《汉语文选第 2 卷释读》（《Примечания на второй выпуск китайской хрестоматии. Перевод и толковании Лунь-юй'я》）上，这是首个在俄罗斯出版的《论语》俄译本。

1. 翻译目的：传播俄国文明

瓦西里耶夫认为，研究中国非常重要。1850 年 10 月，从北京返回到俄国后，他给喀山大学东方系的学生做了一个讲座，讲座的名称是《论东方特别是中国的意义》（《О значении Востока вообще и Китая в особенности》）。他深感俄国人对中国了解得非常不够，"难道我们可以对站在我们面前的巨人浑然不知

---

① Панкратов Б. И. Н. Я. Бичурин как переводчик // Проблемы Дальнего Востока. 2002. No 4. C. 152.

② 蔡鸿生：《俄罗斯馆纪事》（增订版），中华书局，2006 年，第 87 页。

吗？难道我们可以不但否定它的现在，而且还要否定它在未来接纳文明、变得强大并成为推动人类进步的巨大力量吗？难道我们对这一切不感到羞愧吗"①。因此，他呼吁俄国学者对中国的各个方面开展研究。在《东方宗教：儒、释、道》中，他指出包括俄国人在内的欧洲人来中国的目的是传播欧洲文明。而传播欧洲文明首先需要认识其传播对象，为此必须对包括中国在内的东方文明进行了解。瓦西里耶夫认为，了解东方文明的最佳切入点是宗教，因为"没有什么比宗教能够使我们更好地认识一个人"②。所以，"俄国人对研究东方和东方宗教有着特别的兴趣，它所激发的不是对科学的肤浅的认识，对我们而言是根本性的要求。向东方传播文明是俄国的使命，这绝不是一句空话"③。在书中，他流露出西方文明优于东方文明的观点，认为中国两千多年来一直保持着不变的生活方式，目前"正处于政治、思想和道德上的衰落期，如果不接受新的启蒙曙光，东方必将在封闭中消亡"④。换言之，在他看来，中国只有接受西方文明，才能够发展。他的这种观点其实是"莫斯科是第三罗马"的体现，是走上资本主义道路后的俄国试图在世界舞台上扮演强国愿望的彰显。

事实上，瓦西里耶夫研究儒家文化的目的和西方其他传教士研究中国文化的目的是一致的。众所周知，《论语》西传的历程最早是由传教士完成的。为了传教活动的顺利进行，来华传教士需要主动适应并融入中国儒家文化，以期补充和超过儒家文化。"开创耶稣会中国传教会的利玛窦神甫的成功奥秘正是他谦虚谨慎地接受中国文化，适应中国文化，然后用中国人能接受的语言和方式来传播他的教义。"⑤ 在华期间，传教士不仅"学汉语、穿儒服、结交中国朋友"，而且研究和翻译中国典籍，以期寻找到基督教是真理的有力证据。正如古莱神父所言："翻译的目的不在于把中国智慧带给欧洲学者，而是用来当作工具，使中国人皈依基督。"⑥

若向中国传播西方（俄国）文明，就需要了解中国的文化和民族心理，而"儒学……无论过去还是现在，其对中国生活的方方面面（日常生活、经济、政治、思想以及文学）都具有更大的影响"。可以说，"整个中国文明以及浩如烟

---

① Скачков П. Е. Очерки истории русского китаеведения. М., 1977. С. 198.

② Васильев В. П. Религии Востока: конфуцианство, буддизм и даосизм. СПб., 1873. С. 1.

③ Там же. С. 3.

④ Там же. С. 9-10.

⑤ 王立新：《美国传教士与晚清现代化》，天津：天津人民出版社，1997年，第436页。

⑥ 马祖毅、任荣珍：《汉籍外译史》，武汉：湖北教育出版社，1997年，第35页。

海丰富多彩的中国文学的基础是儒学"。① 所以，为了更好地实现自身的政治使命，他的多部著作如《东方宗教：儒、释、道》、《中国文学史纲要》（《Очерк истории китайской литературы》，1880）和《中国文学史资料》（《Материаы по истории китайской литературы》，1887）等都对儒学进行了深刻且影响深远的研究。当然，研究儒学，离不开研究《论语》，瓦西里耶夫也意识到了这一点。在《中国文学史纲要》中，他指出："《论语》是认识古代儒学命运以及这种学说的进程和发展的最珍贵的典籍。"② 正是认识到《论语》在儒家典籍中的重要性，他在圣彼得堡大学东方系做汉语教研室主任时，把《论语》作为汉学专业学生的必读课本，让二至四年级的学生练习翻译《论语》。他制定的1863年至1865年的教学大纲就包括以下内容，"节译的《四书》俄译本，儒家学说的意义，孔子生平和儒家学说在汉初之前的传播史"③。

2. 译本特点：直译为主、译释结合

和当时西方一些传教士汉学家随意剪裁中国文化的做法相比，瓦西里耶夫非常尊重中国文化和典籍。他注重对原始资料的占有和积累，不轻易使用二手资料。他在《中国文学史纲要》中写道："我所提及的著作，没有一本是我未曾读过的……征引那些自身尚需受到批判、说明、补充或者驳斥的文章，实在是得不偿失。"④ 在当时西方众多研究中国的作品中，他认为："只有理雅各所译《中国经典》称得上是一部巨著，并且在未来相当长一段时间里无需修订。这部著作虽尚未完成，但已经有收录了汉字文本的八大巨册问世，配有精确的译文，尽可能符合中国注疏家的解读，附注翔实，导言（preliminary essays）尤佳。"⑤ 理雅各（James Legge，1815—1897）是非常著名的英国汉学家，《中国经典》第一卷出版后，轰动了欧洲汉学界。儒莲（Stanislas Julien，1797—1873）称他为"我们时代最伟大的汉学家之一"⑥。时至今日，理雅各的《中国经典》依然是儒家典籍英译无法绕过的一座高山。由此可见，瓦西里耶夫对理雅各《中国经

① （俄）王西里：《中国文学史纲要：汉俄对照》，阎国栋译，北京：中央编译出版社，2016年，第21页。
② 同上，第108页。
③ Скачков П. Е. Очерки истории русского китаеведения. М.，1977. С. 207—220.
④ （俄）王西里：《中国文学史纲要：汉俄对照》，阎国栋译，北京：中央编译出版社，2016年，第22页。
⑤ 同上，第23页。
⑥ 转引自王琰：《汉学视域中的〈论语〉英译研究》，上海：上海外语教育出版社，2012年（2013重印），第49页。

典》的评价非常中肯。其实，这两位大汉学家有不少相同之处：其一，二人年龄相当，而且几乎是在同一时间来到中国。瓦西里耶夫是 1840 年 10 月来到北京，而理雅各是 1840 年 1 月到马六甲英华学院并任院长，1843 年来到香港。其二，二人都对中国传统文化非常感兴趣。瓦西里耶夫非常重视《论语》等儒家典籍及其承载的儒家思想；理雅各到香港后，就被《论语》所代表的中国传统文化所折服，并立志要深入研究中国文化，最后决定通过翻译典籍实现自己的目标。其三，二人的翻译观念相契合。瓦西里耶夫认为，只有在整体上把握儒学后，才能够翻译《论语》等儒家典籍，他批评其他欧洲学者"拿到一部中国教科书，便开始一卷一卷地出版儒家经典，完全不考虑还有很多注疏家根本不同意此教材中的观点"①。理雅各也非常重视儒家原始文献的研究，而且是有计划地开展中国典籍的翻译活动，将自己翻译的系列儒家典籍命名为《中国经典》（*The Chinese Classics*）。1861 年《中国经典》第一卷《论语》《大学》《中庸》的译文和第二卷《孟子》译文在香港出版。其四，研究儒学的目的相似。瓦西里耶夫的目的是向中国传播俄国文明，理雅各的目的也是传教尤其是对他之后的传教士工作的顺利进行提供帮助，同时也是为了更好地认识中国文化。其五，二人对儒学的研究皆对后世产生了深远的影响。瓦西里耶夫对儒学的认识引起了俄罗斯汉学界对儒学是否为宗教的争论，理雅各的《中国经典》确立了"四书五经"在英语世界中的中国经典地位。

不过，他们二人在典籍的翻译方法上却存在着很大的区别。理雅各的《中国经典》学术性很强，在翻译策略上采取了直译加详细注释的方式。而瓦西里耶夫的《论语》译本则通俗易懂，他主要采取了译中有释、译释结合的翻译方法。瓦西里耶夫虽然很重视原始资料，但在叙述过程中却不喜欢引经据典，甚至不愿引用原始资料，他喜欢通俗、简洁的风格。在《东方宗教：儒、释、道》中，他写道："作者是为大众而写这本书的，是告知他们那些连学界也不知道的很多东西……"② 接下来写道："已故的雅金夫神父和一些欧洲人把自己的作品搞得枯燥又可笑，就是因为他们不用简洁的文笔，而是采用照搬照抄的方式进行叙述。"③ 在《中国文学史纲要》中，他再次写道："在我们的著作中，知识普及或许第一次不是源于以往的著作……我在这部概述性的作品中将不会转述摘录其他欧洲学者著作中的文字，而是扼要地介绍自己的文章和授课讲义。这

① （俄）王西里：《中国文学史纲要：汉俄对照》，阎国栋译，北京：中央编译出版社，2016 年，第 23 页。

② Васильев В. П. Религии Востока: конфуцианство, буддизм и даосизм. СПб., 1873. С. 3.

③ Там же. С. 37.

些讲义的参考文献绝大部分都是汉文书籍。"① 从这些文字可知，他是为普通读者而不是为专家进行创作的，所以在书中他尽量避免采用艰深的、学术性较强的叙述方式。在翻译《论语》时，他秉承了为普通读者翻译的原则，在译文中按照自己的理解翻译原文，将原文中模糊、含蓄的地方具体化、明晰化，从而便于读者的理解。下面我们看几个例子②：

原文：有子曰：其为人也孝弟，而好犯上者，鲜矣；不好犯上，而好作乱者，未之有也。君子务本，本立而道生。孝弟也者，其为仁之本与！（《论语·学而》）

瓦西里耶夫：Ю-цзы сказал：《Мало бывает таких, которые, будучи почтительны к родителям и старшим в роде, захотели бы восстать на высших; и никогда не бывало, чтобы тот, кто не любит, восставал против высших（т. е. государя или правительства）, захотел произвести возмущение. Для благородного мужа всего важнее основание; когда основание положено, то рождаются и правила（поступков или законы, коим должно следовать）; а почтительность к родителям и уважение к старшим в роде — это-то и составляет, кажется, основание человеколюбия》.

理雅各：The philosopher Yu said, " They are few who, being filial and fraternal, are fond of offending against their superiors. There have been none, who, not liking to offend against their superiors, have been fond of stirring up confusion. The superior man bends his attention to what is radical. That being established, all practical courses naturaly grow up. Filial piety and fraternal submission, —are they not the root of all benevolent actions?"

这段文字涉及"孝弟""君子""本""道""仁"等儒学核心术语，是儒学之要义。"发于仁心，乃有仁道。而此心实为人性所固有。其先发而可见者为孝弟，故培养仁心当自孝弟始。孝弟之道，则贵能推广而成为通行于人群之大道。"③

---

① （俄）王西里：《中国文学史纲要：汉俄对照》，阎国栋译，北京：中央编译出版社，2016年，第22页。

② 遗憾的是，笔者未能找到1884年出版的瓦西里耶夫的《论语》译本，但在网站http://www.lunyu.ru上找到了他的电子版《论语》译本。同时，该网站上还有柏百福、克里夫佐夫、西门诺科和卢基扬诺夫的《论语》译本。

③ 钱穆：《论语新解》，北京：生活·读书·新知三联书店，2002年（2007重印），第7页。

首先，从形式上来看，瓦西里耶夫的译文与原文相比有以下两个特点：其一，译文形式紧贴原文，甚至可以说是逐字逐句。其二，将原文模糊之处用括号加注的形式将其明晰化、具体化。如原文中"不好犯上"句，原文并没有明示"上"的具体内容，而译文中采用文内注的方法指出"上"是"国君或者政府（государь или правительство）"，把"本立而道生"句中的"道"译为"правила"，并具体化为"应遵守的做事准则或法律法规（поступков или законы, коим должно следовать）"。在《论语》译本中，凡是他认为需要进一步阐释的地方，均以"也就是说/即（т. е.）"的方式表达予以阐释的内容，可以说这是他的《论语》译本的一大特点。瓦西里耶夫的这种译法，一方面体现了他力求忠实原文的翻译原则，另一方面体现了他对译文读者负责的良苦用心。但缺陷是在把原文中模糊不清的地方具体化的同时，缩小了原文的内涵，并丧失了原文的含蓄美。理雅各的译文则几乎保留了原文的形式，同时对应地译出每一个字。理雅各认为，尽可能忠实原文的直译是比较负责任的翻译。

其次，看二人对核心术语的翻译。二人对"孝弟"的翻译都比较符合原义。对于"本"，瓦西里耶夫都译为"основание"（根据、基础），理雅各则采用不同的词进行翻译。对于"君子"，瓦西里耶夫译为"благородный муж"（品德高尚或出身高贵之人），非常符合"君子"的原意；理雅各译为"superior man"（优等人），不是很恰当。最后看"仁"，瓦西里耶夫译为"человеколюбие"（仁慈、慈爱），孔子所言"仁者爱人"，человеколюбие 由 человек 和 любить 两部分组成，义即爱人，因此比较符合"仁"之本义；理雅各译为"benevolent actions"（慈爱的行为），也传达了原文的含义。

原文：子曰："道之以政，齐之以刑，民免而无耻；道之以德，齐之以礼，有耻且格。"（《论语·为政》）

瓦西里耶夫：Кун-цзы сказал:《（Если）руководить（народом только）посредством（законов）правления и уравнивать（т. е. как бы сглаживать и исправлять преступления）посредством наказаний, то народ（будет стараться）избегать（наказаний）и не будет стыдиться;（но если править）руководить добродетелями, уравнивать（т. е. дать всему свое место, стройный порядок）посредством церемоний,（то народ）будет（знать）стыд и при том оформится（просветится, образуется к лучшему）》.

瓦西里耶夫在译文中以括号的方式将原文中模糊的地方具体化，而且补充了原文中所缺乏的主语，如在"有耻且格"前添加了"народ"。但如果去掉括号内的词语，不难发现，瓦西里耶夫的译文在形式上紧贴原文，甚至是亦步亦趋。下面我们再看一个例子。

原文：子曰："君子不器。"（《论语·为政》）

瓦西里耶夫：Кун-цзы сказал: 《Благородный муж не (какой-нибудь) сосуд (который имеет свое особенное значение и не может быть заменен один другим, но усовершенствованный), на все способен, не обладает непременно только одной какой способностью или умением》.

原文简简单单四个字，被瓦西里耶夫翻译后，变成了相当长的一段话。在译文中，瓦西里耶夫首先解释了"器"的含义："有自己特殊的用途，不能被取代，但非常完美。"接下来，他进一步解释"君子不器"的内容："不是只有一种能力或技能，而应该无所不能。"他的注解应该是依朱熹对"君子不器"的注而来，朱熹注为："器者，各适其用，而不能相通。成德之士，体无不具，故用无不周，非特为一才一艺而已。"①

由上可知，瓦西里耶夫翻译《论语》的态度非常认真。不过由于《论语》言简义丰，他唯恐译文读者不理解译文内容，因此在译文中对原文进行了一定的解释。无疑，他把译文具体化、明晰化的做法能够减轻译文读者的阅读负担，帮助他们更好地理解原文。然而，这种译法也有很大的弊端。首先，破坏了《论语》原文简洁含蓄的风格，使译文看起来呆板、啰唆。其次，原文郎朗上口，可读性极强，而译文行文则缺乏文采。再次，《论语》中众多的箴言警句在译文中变成了一些枯燥乏味的说教。最后，《论语》中鲜活丰满的人物形象不见了，只剩下喋喋不休、恪守陈规、爱好说教的"极端的布道者"或一些乏味的空谈者。由此，阿列克谢耶夫批评道，"他把中国人变成了知识肤浅的中学生，只知道一味地逐字逐句地进行翻译"②。不过，我们认为，不能够过于苛刻地评价瓦西里耶夫的《论语》译本。在中俄文化交流之初，俄国读者对中国文化知之甚少，此时理解是最大的任务。瓦西里耶夫的《论语》译文用语浅显、易懂，非常便于读者理解。所以，从文化传播的角度来说，瓦西里耶夫的《论语》译文在当时还是比较成功的。

---

① 朱熹：《四书集注》南京：凤凰出版社，2005年（2006重印），第59页。
② Алексеев В. М. Труды по Китайской литературе. М., 2003. С. 126.

第三节　柏百福译本：首个《论语》俄译全译本

一、"俄罗斯儒学研究奠基人"柏百福及其《论语》翻译

1842 年，柏百福出身于一个牧师家庭，1853 年在库尔斯克神学院学习。因学习成绩优异，他免试进入库尔斯克神学院研修班，之后转到彼得堡神学院进修。进修期间，他对东方文化尤其是中国文化开始入迷，于是在 1866 年转学到彼得堡大学东方系学习汉语，研究中国文化。当时彼得堡大学东方系的主任是从喀山大学转过去的瓦西里耶夫，他为东方系制定了一条不成文的规则，那就是为了打消同学们轻视汉语的思想，授课老师会在第一堂课上告诉学生学习汉语的困难。"你们考虑好你们所从事的这项事业的难度了吗？要知道你们即将学习的这门语言没有语法，没有字母，有的只是多达四万个稀奇古怪的汉字……"[1] 瓦西里耶夫也会告诫学生："汉语很难学，甚至是不可克服的难学。"[2] 但这些"吓人的话"并没有让柏百福退却，在一些精通汉语的老师如瓦西里耶夫、佩旭罗夫（Д. А. Пещуров）、斯卡奇科夫（К. А. Скачков）、扎哈罗夫（И. И. Захаров）等的教授下，柏百福打下了牢固的中文基础。1870 年，柏百福毕业，获得副博士学位，之后被派到亚洲部工作，很快又被派到俄国驻北京外交公使团任翻译官。在随后的岁月，柏百福官运亨通，1886 年，根据外交部的最高指示，他成为俄国驻北京总领事。1902 年，在北京任职期满后他回到俄国，受邀到彼得堡大学东方系任教，直到 1913 年去世。

来到北京后，柏百福发现，俄国人急需俄汉俗语词典，于是编撰了《俄汉合璧字汇》（《Русско-китайский словарь》），"以满足在侵华进程中俄国人学习汉语及与中国人交往的需求"[3]。1879 年，《俄汉合璧字汇》在彼得堡出版，出版之后很受欢迎，"这部字典在很长的时间里无可替代，先后出版了 3 次"[4]。柏百福还增补和完善了巴拉第（П. И. Кафаров）编撰的词典《汉俄合璧韵编》（《Китайско-русский словарь》）。在他的不懈努力下，该词典于 1888 年出版。《汉俄合璧韵编》是俄国第一部系统完备的汉俄词典，在俄国汉学史上具有重要

---

[1]　Попов П. С. Китайский Философ Мэн-цзы. М., 1998. С. 263.

[2]　Там же. С. 264.

[3]　阎国栋：《俄国汉学史（迄于 1907 年）》，北京：人民出版社，2006 年，第 462 页。

[4]　Скачков П. Е. Очерки истории русского китаеведения. М., 1977. С. 7.

的学术意义。1890 年，柏百福在给奥斯汀-萨根（Ф. Р. Остен-Сакен）的信中写道："为了增补和完善这部著作，6 年里我必须每天辛苦工作 5 个小时。这还不算出版前近两年为了它的问世而要处理的很多琐碎的事情。"从这封信中可知，他为了这部词典付出了非常艰辛的努力。有付出才有收获，柏百福的工作得到了同时代人的高度赞扬。1888 年，瓦西里耶夫给他写信说："您现在真算得上是我们这个大家庭的一家之主了，成了这个大家庭的核心。"① 奥斯汀-萨根也在给柏百福的回信中写道："您所做的是真正有益的事情，体现了自我牺牲精神和对科学的无限尊敬。"②

由于工作性质的缘故，柏百福对中国的政治制度非常关注。在中国任职期间，他翻译了《蒙古游牧记》（《Мэн-гу ю-му цзы》），写了《中国政府制度》（《Государственный строй Китая》）、《中国宪法和地方自治制度》（《Конституция и земские учреждения в Китае》）等书。柏百福还是首位关注中国维新运动的俄国汉学家，并在《欧洲通报》上发表了一些相关文章。他对中国人民的遭遇非常同情，虽然义和团起义期间他曾遭到围困，但他认为正是欧洲人对中国人可恨的态度导致了义和团起义。他写道："坦率地讲，看看近 60 年外国人同中国的关系史，中国没有任何理由友好地对待外国人……我说这一切不是因为我想偏袒中国。"③ 此外，他还在俄国的多个报刊上发表文章，主题思想是打破当时流行的中国是"一个停滞的国家"的观点，并试图消除欧洲中心论的论调。

在彼得堡任教期间，为了满足教学需要，柏百福着手翻译《孟子》和《论语》。1904 年，他的《孟子》译本出版。1910 年，他的《论语》译本出版。和理雅各与中国人合作翻译中国典籍（如与王韬合作翻译《中国经典》）不同，柏百福很少向中国人求助，他依靠自己扎实的中文功夫和不懈努力，独自完成了《论语》的翻译工作。《论语》《孟子》是儒家文化的主要典籍，所以他的译本为俄罗斯读者开启了一扇了解中国古典作品进而了解中国传统文化的大门，意义非凡。"从此以后，俄罗斯的学术界终于有了属于自己语言的儒家经典读本，也使俄罗斯的文化精英们结束了差不多两个世纪的、靠自己的非凡天才直觉地感受中国文化精髓的艰难状态。"④《孟子》和《论语》译本的出版为柏百福赢得了"俄罗斯儒学研究奠基人"的称号。

---

① Там же. C. 238.
② Там же. C. 237–238.
③ Там же. C. 239–240.
④ 陈开科：《巴拉第的汉学研究》，北京：学苑出版社，2007 年，第 254–255 页。

二、柏百福译本：尽显严谨忠实译风

柏百福翻译《论语》《孟子》的目的是为彼得堡大学东方系汉语专业的学生提供教材。当时东方系的培养计划中写道："三年级的学生学习《孟子》和《十八史略》中的秦汉史……四年级的学生要读《论语》和1881年的《圣彼得堡条约》文本。"① 但当时的俄国并没有出版《孟子》译本，瓦西里耶夫的《论语》译本也只是选译。所以，为了满足教学需要，工作之余柏百福开始翻译《孟子》和《论语》。为实现上述目的，柏百福制定了相应的翻译目标，并为之采取了一系列翻译措施。

1. 翻译目标：力求易懂

在《论语》译序中，他明确指出自己的翻译目标是"尽可能地为读者提供一个容易理解的译本"②。其实，柏百福的翻译目标和他的翻译目的是一致的，或者说是他的翻译目的决定了他的翻译目标。正是由于要把《论语》译本当作教材，教材的读者或学习者是对中国文化知之不多的一些汉语专业的三、四年级的学生，这就决定译本不能太过深奥，要通俗易懂。为此，他采取了以下翻译措施：

（1）在语言方面，尽量使用浅显的语言。在柏百福的《论语》译本中，很难找到特别深奥的词语，大都是一些比较常见的俄语词汇，这样便于文化程度不高的读者进行理解。

（2）根据语境需要，采用灵活的方式翻译儒家术语。在翻译《论语》中众多核心术语如"仁""礼""君子"时，柏百福通常根据上下文语境的需要把术语译成不同的俄语对应词，如"仁"分别译为 гуманность（仁慈、仁爱）、гуманист（人道主义者）、гуманизм（人道主义）、человеколюбие（爱人）、любовь（爱）等；把"礼"译为 церемония（仪式）、правило（法则、规则）、норма（准则、规范）、благопристойный（体面的）、вежливый（有礼貌的）；把"君子"译为 благородный муж（高尚的人）、совершенный человек（成德之人）、достойные и почтенные лица（贤德可敬之人）、достойный человек（贤人）、человек, занимающий высокое место（占据高位之人）、высокопоставленный человек（位高之人）、благородный государь（高尚国君）、правитель（统治者）等。

---

① Скачков П. Е., Очерки истории русского китаеведения. М., 1977. С. 261.

② Попов П. С. Изречения Конфуция, учеников его и других лиц. СПб., 1910. С. Ⅱ.

（3）意译为辅。尽管柏百福主张采取忠实于原文的直译法，但是对于《论语》这样的典籍而言，完全做到直译是不可能的。为便于读者理解，柏百福在一些地方采用了意译法。比如"子贡问曰：'赐也何如?'子曰：'女，器也。'曰：'何器也?'曰：'瑚琏也。'"（《论语·公冶长》）句，柏百福的译文为"Цзы-гунь спросил: А я（Цзы）каков? Ты полезный сосуд, сказал философ. Какой сосуд? Жерственный сосуд для хлеба в храме предков"。柏百福对"瑚琏"没有音译，而是意译为"Жерственный сосуд дря хлеба в храме предков"（宗庙里祭祀时用来盛粮食的器皿）。再如"刑罚不中，则民无所措手足"（《论语·子路》）句，柏百福译为"когда наказания будут извращены, то народ не будет знать, как ему вести себя"（"当惩罚不当时，人们就不知如何表现自己"）。虽然把"手足"这一意象略去了，但逻辑清晰，很好地传达了原文的意义。

2. 翻译方法：直译为主

柏百福认为，只有先忠实原文形式，才能忠实原文内容。正如马约罗夫（В. М. Майоров）所言："柏百福不仅要让俄文读者知晓原文说些什么，而且还要给俄文读者留下原文是如何说的思考空间，为此忠实原文文本的形式比文学性更重要。"[1] "原文是如何说的"指的是语言的使用，即语言的表达形式。这一层面的"形"恰恰反映出文本的个性特征，在一定程度上决定了文本的内容和价值。也许为了让俄文读者尤其是汉语专业学生了解原文的语言特色和行文方式，柏百福在译文中力保原文的风格、句序和表达方式，为此他采取了一定程度的直译。

（1）直译为主。在译文中，为了保留原文的句型结构和行文方式，绝大多数情况下，柏百福在兼顾俄语语法的前提下进行了直译，甚至是一一对应的逐字译。如"君子欲讷于言而敏于行"（《论语·里仁》）句，柏百福译为"Благородный муж желает быть медленным на слова и быстрым на дела"。再看一例，《论语·学而》："有子曰：'其为人也孝弟，而好犯上者，鲜矣；不好犯上，而好作乱者，未之有也。君子务本，本立而道生。孝弟也者，其为仁之本与!'"柏百福的译文是："Юй-цзы сказал: Редко бывает, чтобы человек, отличающийся сыновнею почтительностью и братскою любовью, любил бы возставать против старших, и никогда не бывает, чтобы тот, кто не любит

---

[1] Майоров В. М. Введение // Конфуцианское《четверокнижие》（《Сы шу》）. М., 2004. С. 224.

возставать против высших, захотел произвести возмущение. Совершенный муж сосредоточивает свои силы на основах; коль скоро положены основы, то являются и законы для деятельности. Сыновняя почтительность и братская любовь—это корень гуманности." "爱亲, 孝也; 敬兄, 弟也。儒家学说, 欲使人本其爱亲敬兄之良知良能而扩大之, 由家庭以及其国家, 以及全人类, 进而至于大同。所谓亲亲而仁民, 仁民而爱物也。然博爱人类进至大同之境, 乃以爱亲敬兄之良知良能为其始基, 故曰孝弟为仁之本。《孟子》谓亲亲敬长, 达之天下则为仁义, 又谓事亲从兄为仁义之实, 与有子之言相合, 此儒家一贯之理论也。"① "孝弟"本是家庭私德的范畴, 孔子在此将其推广延伸, 认为"孝弟"之人不好犯上, 不好作乱, 是"仁"之根本, 遂使孝弟之道成为人群之大道。把原文和译文对比一下, 我们不难发现, 凡是原文中有的汉字译文中都有相对应的俄语单词。他把"孝弟"译为 сыновняя почтительность и братская любовь; "君子"译为 совершенный муж; "道"译为 законы для деятельности (做事的准则), 而不是像一些西方翻译家那样将之翻译为颇具宗教意味的путь; 把"仁"译为 гуманность。柏百福的这种译法和他对中国文化的尊重有很大关系。另外, 他把"鲜矣"和"未之有也"分别译为 редко бывает 和 и никогда не бывает。需要指出的是, 这里"鲜"的意思是数量上的"少", 即"孝顺爹娘, 敬爱兄长, 却喜欢触犯上级, 这种人是很少的"②, 而不是频率上的"少", 即触犯上级的次数少, 故将"鲜"译为 редко 似有不妥, 最好译为 мало。

（2）保留原文的修辞手法, 如排比、比喻等。如《论语·子罕》:"子曰:'知者不惑, 仁者不忧, 勇者不惧。'"柏百福译为: "Конфуций сказал: умный не заблуждается, гуманист не печалится и мужественный не боится." 很明显, 柏百福的译文无论从结构、词序还是修辞上, 与原文几乎一致。

（3）保留原文的语气。如把"天之未丧斯文也, 匡人其如予何?"译为 "Следоват, оно не хочет погубить его; в таком случае, что же могут сделать мне Куанцы?"。词序一一对应, 语气也非常到位。

（4）原文中的专有名词如人名、地名, 以及一些文化载体词和儒学术语在译文中大都采用音译或音译加注的方式予以保留。这种例子很多, 不再列举。

---

① 杨树达:《论语疏证》, 上海: 上海古籍出版社, 2016 年, 第 4 页。
② 杨伯峻:《论语译注》, 北京: 中华书局, 2007 年, 第 2 页。

3. 注释特点：非常详尽

上文提到，柏百福尽可能通过忠实于原文形式而忠实于原文内容，因此采取了直译为主的翻译策略，但这对于中俄文化交流之初的俄国读者来说难免造成阅读障碍。为解决这一问题，柏百福添加了大量注释。总的说来，柏百福的注释主要由以下几个方面组成：

（1）在个别章节的开头用简明的语言概括本章的主旨。如在《论语·公冶长》篇正文译文前，译者写道："本篇主要包括对孔子之前以及孔子时代不同人的性格、行为的评价。据胡安国的观点，此篇多为子贡之徒记载。"

（2）文内加注。对于一些造成理解困难或不够明晰的地方，采用文内加注的方法予以消除。这样的例子译文中比比皆是，不再举例。

（3）把原作中一些他认为重要的字词和众多的儒家术语罗列出来，标注出发音，写出其俄语意义，有时甚至从词源学出发进行解释。如"为政以德，譬如北辰，居其所而众星共之"（《论语·为政》），他的注解为 Это символ правителя, украшенного всеми добродетелями, влияние котораго на столько преобразило народ в смысле нравственнаго совершенства, что он сам, без всяких понуждений охотно исполняет свои обязанности, так что правителю не остается ничего делать（这是那些有德之为政者的象征，他们对人民的道德完善有很大的影响，以至于不需要任何外在强制的力量，人民就心甘情愿地完成自己的义务，所以为政者不需要任何努力）。解词部分先写出需要解释的汉字，然后用俄文标出读音，紧接着用俄文解释它们的含义。如他对该段的解词：为政 вэй-чжэнъ, делать правление, управлять. 以 и, посредством при помощи. 譬如 би-жу, например, уподобляться. 北辰 бэй-чэнь, северное созвездие, северная полярная звезда, около которой по понятиям китайцев вращаются все звезды, а она сама остается неподвижною...（"北辰 бэй-чэнь，北极星，根据中国人的理解，所有的星星围绕它旋转，而它自己却不动……"）

（4）提供相关历史背景知识。《论语》记录了孔子及其弟子言语行事的片段，但对与之相关的语境及历史背景则没有记载，这对缺乏中国历史文化知识的译文读者的理解造成了很大障碍。因此，要想理解《论语》中话语的涵义，必须理解相关的文化背景。柏百福在注释中很好地解决了这一问题。如"子见南子，子路不说。夫子矢之曰：'予所否者，天厌之，天厌之。'"（《论语·雍也》）俄国读者也许会对"子见南子"有诸多不解，如"南子是谁""孔子为什么见南子""孔子见南子为什么会引起子路的不满"等等，柏百福的注释为俄国读者解答了这些疑惑。他对南子的注释是："Нань - цзы известная развратница, жена Вэйскаго князя Лина." 意思是"南子，卫灵公的妻子，一个有名的荡妇"。南子虽是个不道德的人，但毕竟是卫灵公之夫人，所以孔子见她。但因南子道德低下，所以子路对老师见她感到羞辱，故不悦。

（5）参引多家注释。注释部分除了中国古代程子、朱熹及其他注疏家的注疏外，间或有他本人的见解。如在翻译《论语·述而》"亡而为有，虚而为盈，约而为泰，难乎有恒矣"句后，就指出根据朱熹的注释，这句话是说"эти три действия суть прояления хвастовства; то люди, имеющие эти недостатки, без сомнения, не могут соблюдать постоянства"（三者皆虚夸之事，凡若此者，必不能守其常也）。在翻译"岂若匹夫匹妇之为谅也，自经于沟渎而莫之知也"（《论语·宪问》）时，他在注释中表达了自己的看法："Толкователи почему то слова 为谅 вэй лянъ думать, считать, объясняют словами 小信 'малая верность', тогда как и без этой натяжки перевод вышел бы совершенно понятный и естественный в след. виде: ' Разве можно считать их за простых мужиков и баб, которые…' " 义即不明白一些注疏家为什么把意为"想""认为"（думать，считать）的"为谅"解释为"小信"（малая верность），这一解释实在牵强，如果没有这一解释，则译文会自然和易于理解得多。按照柏百福的理解，"为谅"应理解为"认为""当作"，这样这段话就可以译为"难道能够把他们看作普通的村夫村妇吗，自杀于山沟中而无人知晓"。其实，他忽略了孔子强调的是成大事者不拘小节，只有匹夫匹妇才局限于小信小节。尽管柏百福的理解有偏差，但无论如何，他在注释中表明了自己的认识。

4. 译本质量：比较准确

我们知道，柏百福翻译《论语》的初衷是为汉语专业的学生提供教材，而准确性是教材的首要要求。可喜的是，柏百福大学时期受过严格的汉语训练，毕业后又在中国工作 30 余年，还编纂过词典，翻译过中国作品，写过时政述评。这些学术活动非常有助于他对中国语言和文化的正确认识和把握，为他正确解读《论语》提供了必要的基础知识。尽管如此，柏百福在翻译时依然非常谨慎、认真。他明确指出：《论语》的语言既不完善也不精湛，句子极其简洁、不明和模糊，常常使高明的中国注释家也陷入困境，以致有时不得不放弃对它们的解释。因此顺利地翻译出既通俗易懂又准确的译文远非易事。如果不弄清楚中国语言的结构规律就去研究《论语》，那是不谨慎的行为。"[1] 在翻译《论

---

① Попов П. С. Изречения Конфуция, учеников его и других лиц. СПб., 1910. С. Ⅰ－Ⅱ.

语》时，他用了一个日语文本为底本，上面有朱熹、程子和其他注疏家的详细注疏，同时还有该书主人写的心得和体会。值得一提的是，熟知英文的柏百福在翻译时还参考了理雅各的《论语》译本，这一点从他引用理雅各的英文译文可知。正是在这种谨慎和博观约取的基础上，柏百福的理解比较深入透彻，其注释和解词比较符合原文含义，从而使译文内容比较准确。下面，看一则译例。柏百福把《论语·泰伯》"三年学，不至于谷，不易得也"译为"не легко отыскать человека, который бы, проучившись 3 года, не стремился к жалованью"（很难找到学习三年却不致力于去做官的人），注释部分为"говорятъ вместо 至 надобно читать 志 чжи, стремиться. 穀 гу, хлебъ —— здесь значитъ 禄 лу, жалованье; вероятно потому, что въ древности оно выдавалось хлебомъ"，意思是"至为志，追求。谷，粮食，这里指禄，俸禄，也许是因为古代用粮食来发放俸禄"。杨伯峻对这句话的译文是"读书三年并不存做官的念头，这是难得的"。对"至""谷"的注释为"至"指"意念之所至"，"谷——古代以谷米为俸禄（作用相当于今日的工资），所以'谷'有'禄'的意义"[1]。

尽管柏百福的初衷是为译文读者提供通俗的译本，但直译为主的策略、详尽的注释让他的译本具有浓厚的学究气。他的学生阿列克谢耶夫认为，他的译本像"晦涩呆板的公文"一样，毫无灵动之气。这种评价虽然过于严苛，失之偏颇，但在一定程度上反映了柏百福译本的一些特点。我们认为，造成他的译本有这种特点的原因如下：

其一，与柏百福的家庭背景相关。柏百福"出身于牧师家庭，从小就形成了对东正教经典文学的热爱"[2]。因此，他在翻译《论语》时怀着一颗虔诚的心，这种文化态度决定了他采取紧贴原文的直译法或异化策略。

其二，一定程度上受到了理雅各翻译风格的影响。理雅各的译文紧扣原文，力求保持原作的语言特色和独特的表达方式，同时还附加了详尽的注释和自己的见解。他的《论语》译本至今仍被奉为标准译本，并被西方学者广泛引用和参考。当柏百福翻译《论语》时，理雅各的《中国经典》已经出版，而且受到西方汉学界的好评。所以，柏百福翻译《论语》时，不可避免地受到理雅各译风的影响。如柏百福在翻译"不忮不求，何用不臧？"（《论语·子罕》）句时，

---

① 杨伯峻：《论语译注》，北京：中华书局（2版），1980年（2008重印），第82页。

② Переломов Л. С. Послесловие // Попов П. С. Китайский философ Мэн-цзы. М., 1998. C. 264.

插入了理雅各的译文"What can he do but what is good"。①

其三，柏百福的翻译方法受到帝俄时期流行的"乾嘉学派"学术氛围的影响。"乾嘉学派"来源于朴学或考据学，原指汉代经学家对先秦儒家经典著作进行注释、考证、训诂等工作而言。两宋之后，一些学者对大批儒家典籍的作者、成书年代和内容等作详细考证和注疏。到了清朝，这门学问就形成了专门的考据学。清乾嘉时期，考据学达到了登峰造极的地步，并形成专门的学派，故称"乾嘉学派"。柏百福之前的比丘林、瓦西里耶夫等对资料准确性的要求以及考证，对柏百福的治学态度影响很大。

其四，与早期俄国汉学家对《论语》的尊重和他们对中国的奇异想象有关。早期的汉学家和文学先驱把中国想象成一个充满智慧的"圣人国度"。在这个国度中，一系列历史人物是"智者"，君王是"智者"，甚至作家笔下的人物也是"智者"。他们对这个充满"智者"的国度非常尊敬，自然不会随意阐释。因此，为了忠实地传达原文的含义，译者大多采用逐字逐句的直译法。

最后，受译者编撰词典的影响。柏百福编撰了《俄汉合璧字汇》，还花费六年的时间对巴拉第生前没有完成的《汉俄合璧韵编》进行增补和修正，这不能不对他以后的翻译活动产生影响，造成他在译文中添加大量的注释。

三、柏百福译本的影响

柏百福不仅翻译了《论语》全文，而且为尽可能地向俄国读者传达《论语》的真实思想，在力求译文内容准确的同时兼顾译文的易懂性。他这种不厌其烦的翻译方式可以让俄国读者更为直观地接触《论语》，帮助他们从不同的侧面和角度认知儒学，从而使不了解儒家文化的俄国读者能够更加客观准确地掌握儒家文化的精神内涵。注释中大量的汉字能够让译文读者对汉字有直观的视觉感受，了解汉字和汉文化的独特性和异质性，从而激发一些读者的好奇心和兴趣，进而产生学习和研究汉语和汉文化的冲动和愿望。同时，这些与俄语格格不入的汉字也时刻提醒着译文读者，他们阅读的是译作。所以，柏百福的译法能够让初步接触中国文化的俄国读者更好地了解中国儒学以及中国古代独特的学术传统——注释。毫无疑问，对那些对中国文化感兴趣的俄国读者来说，他的译文不啻为一本学习汉语的入门书。同时，对那些专门学习或研究《论语》的读者也有很大的参考价值。总之，他的译本不仅可以为译文读者提供异国情调，而且有助于充实和丰富本国文化，这对文化交流之初的中俄来说是十分必

① Попов П. С. Изречения Конфуция, учеников его и других лиц. СПб., 1910. С. 52.

要且十分有益的。

柏百福的译本虽然有很多可取之处，为人称道，但也存在一些不足。阿列克谢耶夫认为他的译本在语言上"太过肤浅，没有说服力"。当代俄罗斯汉学家马斯洛夫认为他的译本"既有绝妙之处，也有明显错误；既有未经加工的概念术语，也有明显地把孔子语言变为东正教语言的试图"①。"事实上，无论是《论语》还是《孟子》，没有哪一个译者的哪一部译本能够做到十全十美。"② 纵览柏百福的《论语》译本，主要是以下方面令人不尽满意：

一是行文呆板。我们知道，《论语》不仅含有丰富深刻的哲理，而且具有很强的文学性，一些章句含蓄隽永，富有诗意，读起来朗朗上口。在翻译过程中，柏百福力求通过形似实现其"忠实"的目的，因此采用了紧扣原文语言形式的逐字翻译，鲜有增减。但是中俄两种语言毕竟属于两种不同的语系，在修辞、语法、句法等层面存在很大的差异。紧贴原文的逐字翻译导致他的译文有些生硬、呆板。难怪阿列克谢耶夫认为他把"孔子学说和其他学说译成了晦涩呆板的公文文章"③。

二是哲理性的弱化。当初，柏百福翻译《论语》的目的是做教材用，由此确立了通俗易懂的翻译目标。为实现这一目标，他采用了浅显的语言。这样做的结果导致了原作哲理性的弱化。虽然柏百福把孔子译为"философ"（哲学家），但他又认为，孔子首先是一位"智者"（мудрец），孔子学说的目的不是对抽象的哲学真理的论证，而是为了"教化心灵"。因此在翻译《论语》里的术语时，他并没有像翻译哲学书籍那样，严格保持这些术语的逻辑性、一致性。阿列克谢耶夫认为他的译文太过浅显、幼稚，结果把充满哲理的孔子学说译成了儿童读物。

三是存在一些误译。受译者自身文化修养、所参考的底本以及当时俄国汉学发展水平的影响，在柏百福的《论语》译本中存在一些误译。如《论语·八佾》中"仪封人请见……出曰：'二三子何患于丧乎？天下之无道也久矣'"，杨伯峻把"出曰"译注为"他辞出以后，对孔子的学生们说"④。钱穆的译注为

---

① Маслов А. А. Я ничего не скрываю от вас. http：//www. nnre. ru/filosofija/ suzhdenija_ i_ besedy /p1. php#metkadoc20.

② 金学勤：《通俗简练　瑕不掩瑜——评戴维·亨顿的〈论语〉和〈孟子〉英译》，载《孔子研究》，2010 年第 5 期，第 122 页。

③ Алексеев В. М. Китайская литература. М.，1978. С. 427.

④ 杨伯峻：《论语译注》，北京：中华书局（2 版），1980 年（2008 重印），第 33 页。

"他出后，对孔子的弟子们说"①。可见，这句话应该是辞别孔子后仪封人所说，但柏百福却译为"По удалении его Конфуций сказал"，即"他（仪封人）走远后孔子说"。再如，"为仁由己，而由人乎哉"（《论语·颜渊》）句，柏百福译为"Быть гуманистом зависит ли от себя，или от людей?"（为仁人是由自己还是由别人呢），其实这句话是"为仁由自己，哪里决于外人?"的反问句，从侧面表达"为仁由己"的肯定观点，但柏百福却译成了选择问句。

四是具有宗教色彩。柏百福出身于牧师家庭，又曾在神学院学习，多年的浸润使他在翻译《论语》时有意或无意地融入了基督教的观念，从而导致他的译本具有一定的宗教色彩。第一个表现是对术语的基督教化翻译。《论语》中"心"一共出现6次②，在不同的上下文中，"心"的含义不同，但无论如何都与俄语中"душа"的意义相差甚远。"在柏百福的理解中，孔子是一位基督教宣传者，翻译时他不去寻找翻译汉语概念的新词，而是用已知的俄语概念……如他率先把'心'（直译'сердце'，人的精神和心理品质的总和）译为сердце и душа，从而赋予'心'基督教的色彩……而中国的'心'与精神、肉体之外的存在以及上帝没有任何关系。"③此外，他还用基督教色彩的"любовь"（爱）译"仁"，用"путь"译"道"。第二个表现是将孔子塑造成了基督的布道者。如《论语·乡党》"迅雷风烈必变"句表示孔子"敬天意之非常"④，柏百福译为"Во время грозы и бури онъ непременно менялся в лице"（暴雷疾风时，他必定颜色大变）。逐字翻译，本也无错，但他加注道："Мало того，если это было ночью，то он вставал，одевался в парадное платье，так и сиделся дураком"⑤（此外，若恰逢夜间，他一定起床并穿上正式服装，像个愚人那样坐着），结果把孔子变成了行为怪诞的人。贝列罗莫夫将其译成"Во время грозы и бури он всегда менялся в лице"（打雷刮风之际，他总是颜色大变），并进一步解释"высказывая благоговейный страх перед возмущенным Небом"⑥（表现对上天的极度敬畏），这样就很好地传达了原文的本意。

① 钱穆：《论语新解》，北京：生活·读书·新知三联书店，2002年，第81页。
② 杨伯峻：《论语译注》，北京：中华书局（2版），1980年（2008重印），第224页。
③ Маслов А. А. http://www.nnre.ru/filosofija/suzhdenija_i_besedy/p1.php#metkadoc20.
④ 钱穆：《论语新解》，北京：生活·读书·新知三联书店，2002年，第268页。
⑤ Попов П. С. Изречения Конфуция, учеников его и других лиц. СПб., 1910. С. 58.
⑥ Переломов Л. С. Конфуций《Лунь юй》. М., 1998. С. 373.

当然，对于柏百福译本的不足我们应该持一种包容的态度。正如郑海凌所言："中国文化典籍的翻译是一件极为困难的事情，我们不能对译者期望过高。"① 虽然柏百福的《论语》译文存在一些不足，但瑕不掩瑜，他开创性地翻译了《论语》，促进了《论语》在俄罗斯的传播，这无疑是俄国汉学史上的一大功绩。

不过，由于受历史条件限制，他的《论语》译本在当时影响有限。18 世纪是俄罗斯汉学的萌芽与草创时期。虽然该时期涌现出了罗索欣和列昂季耶夫这样成绩卓著的汉学家，但整体而言，俄国人对中国文化的了解还是极其有限的。我们说过，对早期来华的俄国传教士来说，传教只不过是一个幌子，他们的首要任务是"执行俄国政府的对华政策，其工作内容是对中国的政治、经济、文化进行全面的研究，并及时向俄国外交部报告中国政治生活中的重大事件。俄罗斯正教驻北京传教士团实际上是沙皇手中直接掌握的工具，它完全服务于俄罗斯帝国的利益。确切地说，它相当于俄国沙皇政府派驻中国的外交使团"②。历史证明，"在中俄关系史上，特别是在两次鸦片战争期间，俄国传教团曾经扮演过极为重要的角色，成为俄国侵华政策的得力帮凶"③。传教士团的很多成员在来华之前并未受过正规的学术训练，也不通晓汉语，而且素质低下，"起初几届传教团成员大都是来自各修道院的修士或神品中学的学生，文化素质低，没有进取心，许多人有酗酒的恶习，经常滋事，有时甚至还需理藩院协助维持秩序"④。传教士团员涣散的、不学无术的行为最终导致教务荒废，用比丘林的话来说就是他们"既没有对科学，也没有对艺术带来任何益处"⑤。据统计，从1715 年第一届传教士团到 1805 年初第 8 届传教士团离开，共有 87 人来到北京，其中世俗人员 29 人，这些人就像一滴水滴进沙漠，很快就被中国人同化了。

自第 10 届起，传教团成员的文化素质和知识水平有所改善。为了改变之前传教团成员文化素质不高的状况，俄国政府开始从神学院或俄国大学中挑选优秀的大学生，把他们编为传教团学员，而且还给他们提供了比以前优厚的待遇，如"学生每年可从俄国政府领到 500 卢布的薪金，加上清政府提供的 73.5 卢

① 郑海凌：《老子道德经释译研究》，天津：南开大学出版社，2014 年，第 45 页。
② 佟洵：《试论东正教在北京的传播》，载《北京联合大学学报》，1999 年第 2 期，第 12 页。
③ 阎国栋：《俄罗斯汉学三百年》，北京：学苑出版社，2007 年，第 2 页。
④ 阎国栋：《俄国汉学史（迄于 1917 年）》，北京：人民出版社，2006 年，第 52 页。
⑤ Скачков П. Е. Очерки истории русского китаеведения. М., 1977. C. 95.

布，在北京的衣食可确保无虑。回国后学生可以得到 500 卢布恩给金……医生则每年可以得到 700 卢布的恩给金"①。这就消除了他们的经济之忧，让他们可以把精力用到研究中国文化上。后来，为了满足俄国对中国扩张所带来的汉语人才的需求，1831 年恰克图华文馆成立，1837 年喀山大学建立汉语教研室，1844 年该校开设了满语课程，这标志着喀山大学成为东方学研究的中心，从此结束了俄国本土不连贯的汉语教学状态，是高等学府系统培养汉学人才的开端。到了 1855 年，彼得堡大学东方系成立，喀山大学东方系并入彼得堡大学。不过，当时在校学习汉语的人非常少，"1855 年第一届汉满班学生仅 3 人，1859 年招生 5 人，1860 年招生 8 人（当年四个年级总计才 11 人），1867 年招生 11 人，1875 年招生最多，也才 15 人。淘汰率又高，平均每年仅有 1、2 人毕业"②。到了 19 世纪末，由于侵华的需要，俄国急需大量的汉学人才，但当时彼得堡大学培养的人才远不能满足国家需求，"1887—1900 年共有 26 名毕业生，还不够当时需要量的百分之一"③。于是沙皇政府于 1899 年又在海参崴成立了东方学院，从成立之日起到 1916 年，在不到 20 年的时间里就培养了 500 多名汉语人才，多少解决了汉学人才极度缺乏的问题。在此过程中，作为了解中国文化必修课的《论语》自然引起了人们更多的关注。柏百福的《论语》俄译本就是在这种背景下产生的。因为有需要，所以需要花费时间与精力去学习与了解，故撇开政治因素，单纯从学术的角度来讲，柏百福的译本引起的反响要比比丘林、瓦西里耶夫的《论语》译本大得多。

从翻译史的角度来说，在柏百福之前，比丘林虽然把"四书"译成俄文，但只是译稿，瓦西里耶夫的《论语》也只是选译。所以，柏百福的《论语》译本是俄罗斯汉学史上的一个里程碑。从译者的主体来看，柏百福的译本是从传教士汉学家翻译中国典籍到学院派汉学家翻译中国典籍的过渡。柏百福之前的《论语》译者都是传教士，柏百福虽不是传教士，但由于出身和当时的历史环境，他的译本多少带有一些基督教色彩，而后来的译者则能更多地从中国文化出发，更为客观地译介《论语》。从文化交流的角度来看，柏百福的译本为俄国读者认知汉语、阅读中国典籍，从而更深层地理解中国文化提供了直观的材料，并为后来苏联汉学家的儒学研究奠定了基础。柏百福言之："每一个新译本都是

---

① 阎国栋：《俄罗斯汉学三百年》，北京：学苑出版社，2007 年，第 5-6 页。
② 李明滨：《中国文学在俄苏》，广州：花城出版社，1990 年，第 12 页。
③ 同上。

译者个体认知真理的一种尝试，都无疑是一种有益的探索。"① 事实上，柏百福的《论语》译本因"风格简洁，语言浅显，表达比较准确"②，在当今依然具有较强的生命力，被多次再版。据不完全统计，2004 年，莫斯科、彼得堡和罗斯托夫的三家出版社同时出版了柏百福的《论语》译本。2010 年后，他的《论语》译本被多家出版社再版。截至目前，他的《论语》译本是再版次数最多的俄译本之一。

小结

17 世纪以后，俄国政府对中国的兴趣有增无减。1715 年，俄国政府向北京派遣传教团。传教团虽然名义上是传教，但更重要的任务是收集中国情报。为更好地完成这一任务，就要会讲汉语，了解中国文化。儒学作为中国文化的重要组成部分，自然引起了早期来华团员的注意。于是，不少传教士汉学家如列昂季耶夫、比丘林都进行了儒经的研究和翻译。后来，瓦西里耶夫、柏百福也在儒经研究和翻译方面取得了很大的成就。瓦西里耶夫和柏百福翻译《论语》的初衷是为俄国国内汉语专业的学生提供教材，因此把忠实原文当作翻译的第一要义。如何忠实原文，他们认为忠实原文首先要忠实原文形式，所以都不约而同地采取了直译的方法。不同的是，瓦西里耶夫采用文内阐释的方法，柏百福则采用每段译文后加注的方法。这种译法，虽然在一些学者看来显得有点儿笨拙，但却是文化交流之初必不可少的。因为，当时的译文读者（包括汉语专业学生）对中国文化知之甚少，而且又很难找到儒学的相关资料。这时，译本中将原文含义清晰化，或译本中出现详细的注释就显得十分重要。帝俄时期，汉学家对《论语》的译介与研究积累了宝贵的资料和丰富的经验，为后来汉学家的儒学研究提供了坚实的基础。

---

① Попов П. С. Изречения Конфуция, учеников его и других лиц. СПб., 1910. С. Ⅱ.
② 阎国栋：《俄国汉学史（迄于 1907 年）》，北京：人民出版社，2006 年，第 468 页。

第二章　《论语》俄译的发展

苏联时期，《论语》俄译和研究获得了一定的发展。但同时也应该注意到，由于受中苏两国政治关系、中国国内对孔子学说的态度以及苏联内部意识形态体制化等因素的影响，《论语》的俄译经历了一个受打压而陷入沉寂、后又逐渐发展的过程。20 世纪 20 年代，阿列克谢耶夫被迫中断翻译《论语》。之后，相当长一段时间内无人从事《论语》的译介工作，直到五六十年代才出现了两个篇幅较少的选译本。到 80 年代后，中苏关系回暖，儒学重新回到苏联汉学界的研究视野中。这个时期出版了研究儒学的文集、论文以及专著，也出现了不少《论语》译本，还出版了研究《论语》的专著《孔子的箴言》。

第一节　《论语》俄译文化历史背景和译本特点

一、文化历史背景

1. 中国：从厌弃到科学对待儒学

庞朴曾言："《论语》与孔子随着时代的变迁，也曾遭遇毁灭性打击……在现代，中国受西方思潮影响，极左派高举'打倒孔家店'旗帜，曾一度将孔子与《论语》踩在脚下；在新中国成立后的'文革'时期，'四人帮'又搞什么'评法批儒'，把孔老二与《论语》等视为封资修的黑货批倒批臭，作为一切祸害之根源予以铲除。"① 其实，在中国，人们对孔子及其学说的评价一直因时代变化、立场不同而发生变化。

19 世纪末 20 世纪初，儒学成了思想文化冲突与意识形态斗争的工具。1919 年，五四运动爆发，并提出了"打倒孔家店"的口号，开展了批孔运动。1928

---

① 庞朴等：《先秦儒学研究》（导论），武汉：湖北教育出版社，2003 年。

年，时任"中华民国"大学院院长的蔡元培发布了废止学校祀孔的通令。不过当时也有不少学者如梁漱溟、熊十力和冯友兰等提出在吸收西方文化的同时，还需吸收自身民族文化，尤其要弘扬中国传统文化的重要组成部分儒家文化。蒋介石也希望利用儒学为自己的统治服务。1929 年，南京国民政府决议在每年的阳历 8 月 27 日举行"孔子诞辰纪念会"，这其实是蒋介石试图借用儒学标榜国民党统治正统性的一种意图，是其试图垄断政治话语权的一种手段。蒋介石的这种政治手段遭到宋庆龄、胡汉民等人的坚决反对。所以，直到 1934 年，先师孔子诞辰纪念典礼才得以举行，并持续到 1945 年。国民党举办的祀孔典礼受到一些有识之士的强烈反对。1934 年，张申府发表了《尊孔救得了中国吗》的文章。文中指出"藉崇孔子以恢复民族自信，但谈何容易"。1935 年，傅斯年在《论学校读经》一文中也明确指出"特别在这个千孔百疮的今日中国，应该做的是实际的事，安民的事。弄玄虚是不能救中国的"①。我们知道，鲁迅更是对儒学进行了激烈的批评，认为它是愚昧人民的最大元凶，是"吃人的礼教"。

新中国成立后，人们对孔子及其学说的认识发生了不断变化。在 80 年代前特别是"文化大革命"期间，孔子成为人们批判的对象和靶子，被冠以不少莫须有的罪名。如，1974 年人民教育出版社出版的《孔子是反革命复辟的祖师爷》和《破与立》（现在《齐鲁学刊》）第一期刊发的文章《从〈圣迹图〉看孔丘的反动一生》等。80 年代后，人们才从思想研究的角度出发，开始客观、科学地对待包括儒学在内的传统文化，反思儒学的利与弊，去其糟粕，取其精华，使其为我国的社会发展做出应有的贡献。

2. 苏联：不断重视儒学研究

1917 年，俄国爆发了十月革命，推翻了旧的君主制度。苏联成立后，在列宁的领导下，对原有的政治、经济、文化等领域进行了一系列改造。列宁非常重视文化建设，把它作为社会主义建设的重要内容之一。早在 1905 年，列宁就指出，"文学事业应当成为无产阶级总的事业的一部分"，应成为"社会民主主义机器的'齿轮和螺丝钉'"。② 在这种思想指导下，原来的"东方学家必须按照马克思列宁主义改造自己的思想，调整甚至放弃原有的研究对象、理论和方法，建设全新的苏联东方学"③。在对待异质文化上，苏联政府采取了非我即敌

---

① 见李俊领：《抗战时期国民党与南京国民政府对孔子的祭祀典礼》，载《社会科学评论》，2008 年第 4 期，第 56 页。

② 《列宁全集》（第一卷），北京：人民出版社，1963 年，第 647-648 页。

③ 阎国栋：《俄罗斯汉学三百年》，北京：学苑出版社，2007 年，第 121 页。

的方针，不仅排斥西方资本主义文化，而且排斥一切持不同政见者的文化。因此，那时的译者只能翻译那些符合苏联主流意识形态的文化作品。

　　苏联初期，在"全世界无产阶级联合起来"的口号下，率先建立社会主义国家的苏联以老大哥自居，对世界上的无产阶级运动提供"积极"帮助。当时中国正在兴起新文化运动，运动的内容包括批孔和打倒孔家店，可以说儒学在当时的中国是被厌弃的对象。受中国这股思潮的影响，加上苏联当局认为研究中国现实问题如革命运动、民族问题、经济发展等才具有现实意义，因此开始禁止国内的汉学家研究儒学。其中，最典型的例子莫过于阿列克谢耶夫的汉学研究遭遇。1921 年，阿列克谢耶夫翻译了《论语》的前三篇，结果有人在《真理报》上发表文章，批判他一天到晚地研究"反动"的孔子，于是他被迫中断了《论语》的翻译工作。可见，"翻译活动绝不是文人雅士书斋里面的消遣或文字游戏，翻译的过程受各种权力话语的制约从而使译本成为一种人为操纵的产物，是一个以译者为一方面以目的语社会意识形态和诗学为另一方面谈判的产物"①。然而，事情并未到此结束，还有一些人批判阿列克谢耶夫只研究中国古典文学，给他扣上了不关心中国新文化运动的帽子，结果在 1936 年至 1938 年的苏联肃反时期，这差点儿成为他的一大"罪状"。1938 年 5 月，《真理报》上刊登了《苏联院士中的伪学者》一文，"文中称阿列克谢耶夫院士为反动学者，不仅歪曲中国人民的历史还仇视新中国。其在巴黎出版的有关中国文学的著作被称为是'反动读物和政治毒瘤'"②。

　　1930 年 12 月 9 日，斯大林就 20 年代中后期苏联理论界发生的"机械论者"与"辩证论者"之间的争论举行了"与哲学和自然科学红色教授学院党支部委员会就哲学战线上的形势的谈话"活动。在斯大林看来，不存在与"政治"无关的"理论问题"，这次谈话标志着"'苏联哲学'和'苏联意识形态'从此开始彻底'政治化'的进程"。通过这次谈话，"斯大林开创了由国家和党用'政令'（即'行政手段'）来'介入'和'干涉'学术研究和争论的先例，开创了由党的最高领导人一个人'裁决''理论争论'对与错、马克思主义与反马克思主义的先例"③。1931 年，斯大林公开发表了《给"无产阶级革命"杂志

　①　吕俊：《翻译研究：从文本理论到权力话语》，见顾嘉祖主编《新世纪外国语言文学语文化论集》，2001 年，第 98 页。

　②　（俄）В. Г. 达岑申：《俄罗斯汉学史：1917—1945》，张鸿彦译，北京：北京大学出版社，2019 年，第 238 页。

　③　林杉：《斯大林一九三〇年十二月九日"谈话"与"苏联哲学"和"苏联意识形态"的"政治化"》，载《读书》，1999 年第 3 期，第 109-110 页。

编辑部的信——论布尔什维克主义历史中的几个问题》，矛头直接指向了发表《布尔什维克论战前危机时期的德国社会民主党》（《Большевики о германской социал-демократии в период её предвоенного кризиса》）一文的作者——历史学家斯卢茨基（А. Г. Слуцкий, 1894—1979）。斯大林的这封信开创了"由党和国家最高领导人亲自出面，公开著文，讨伐一个普通学者，给一批人定罪的可怕先例"①。1932 年 4 月 23 日，联共（布）中央作出决议，解散"拉普"（俄罗斯无产阶级作家协会）和一切文艺派别及团体，分别成立由中央统一领导的全国统一组织——苏联作家协会和各艺术协会。至此，苏联完成了意识形态的大转变，最终形成了斯大林文化专制主义。苏联最终形成了文化体制高度集中化、行政命令绝对化的局面，其结果是"动辄下令对书籍和各种出版物进行审查……查禁书刊，勒令停演影视剧已成司空见惯的事"②。结果，20 年代和 30年代初苏联各文艺派别和艺术流派并存和互相竞争、互相探讨的生动活泼的学术场面不复存在，取而代之的是学术思想日趋僵化、领导人的意志成为文学事业风向标的状况，并出现了用简单粗暴的行政手段干涉文学事业的怪现象。意识形态的教化功能演变成一种强制性的思想控制，成了对人民思想整齐划一的追求，出现了"思想国有化"的奇特现象，并导致了根据意识形态的需要而裁定现实的意识形态教条化的情景。"意识形态被教条化之后，就是意识形态的神圣化和政府的每一项政策、每一个行为都是不能批评的。用意识形态裁断一切和思考一切，成为苏联政治生活的'常态'……而任何不同的声音，甚至是善意的批评，都被视为是异端邪说，并对之大加讨伐，施以思想的、物质的种种限制。"③ 学术争论被政治斗争所取代，在这种高压的政治氛围中，苏联文化界出现了万马齐喑的悲哀境况。

20 世纪 30 年代末，苏联汉学界也受到了当时内部大规模政治镇压活动的严重影响。大批优秀的汉学家被冠以各种反苏维埃的罪名遭到镇压和迫害。"大部分俄罗斯汉学家的身心受到摧残，许多人被长时间停职，而其余幸存的学者则与世隔绝、相互嫌恶。镇压导致许多汉学方向的研究停止，大量著作和科学收藏惨遭毁灭。"④ 在俄罗斯汉学还未能从政治镇压的浪潮中恢复过来的时候，又

---

① 马龙闪：《苏联剧变的文化透视》，北京：中国社会科学出版社，2005 年，第 209 页。
② 同上，第 213 页。
③ 干敏敏：《论意识形态对苏联政治生活的影响》，载《俄罗斯文艺》，2007 年第 1 期，第73 页。
④ （俄）В. Г. 达岑申：《俄罗斯汉学史：1917—1945》，张鸿彦译，北京：北京大学出版社，第 246 页。

发生了第二次世界大战，大量汉学研究和培养机构遭到破坏，导致这一时期的儒学研究陷入了停滞。

1949 年中华人民共和国成立后到 50 年代末，中苏两国经历了一段蜜月期。其间中苏文化交流取得了巨大进步，苏联出版了近千种研究中国文化、经济、革命问题的书籍，同时成立了不少学院与研究机构。如 1958 年发行了杂志《苏联东方学》，次年并入《东方学问题》，1961 年改名为《亚非人民》，该杂志虽被称为《亚非人民》，但主要刊登的是讨论中国问题的文章。苏联这样做的目的无疑是培养汉学人才，研究中国。这个阶段可以说是苏联中国学的黄金期。但鉴于当时中国国内对儒学的态度比较激进，这给当时苏联汉学家的研究带来一定的冲击，他们把研究的重心放在了中国当代文学、古典文学与古代诗词以及中国的历史和革命运动等问题上，对儒学的研究随之减弱，对《论语》的译介亦呈下降趋势，直到 1959 年和 1963 年才出现了两部《论语》的节译本。

从 20 世纪 50 年代末开始，中苏关系交恶，苏联当局对苏联汉学研究采取了一些极端措施。如 1960 年，关闭了中国学研究所，下令停止出版《苏联中国学》杂志。1966 年 9 月，为更强有力地与中共和中国对抗，苏联成立了研究中共党史和中国革命史的远东研究所。受当时政治形态的影响，不少汉学家充当了反华言论的御用文人，因而此时的中国学研究没有太大的学术价值。在这种畸形的政治氛围下，一批有操守的汉学家把研究方向转到了中国文学尤其是古典文学，翻译了不少现代和古典文学作品。另外，苏联当局为了弄清楚中国如火如荼的"文化大革命"的性质和发生的原因，命令一部分人研究孔子学说。在这一思潮影响下，克里夫佐夫翻译了《论语》，但受时代的限制，他只对《论语》进行了节译，而不是全译。可以说，在 80 年代之前，苏联对儒学的研究无论是在质量上还是在数量上都非常有限。正如波兹涅耶娃（Л. Д. Позднеева）所言："对中国、西方汉学和俄罗斯学界而言，在儒学研究方面既没有发现新的问题，也没有对已有的问题进行深入探讨。尽管儒学研究是当今的迫切问题，但是事情不但没有取得进展，似乎还倒退了……"①

从 20 世纪 80 年代起，中苏关系回暖。1989 年戈尔巴乔夫访华后，中苏两国关系重新步入正常的轨道。在这种良好的政治氛围中，苏联的中国学研究迎来了春天，汉学家开始客观理性地研究中国文化。就苏联内部而言，戈尔巴乔夫改革的失败最终把苏联推向了崩溃的深渊。经过这次代价惨痛的教训之后，

---

① Позднеева Л. Д. Некоторые замечания по поводу идеализации Конфуцианства // Проблемы советского китаеведения. М., 1973. С. 162.

俄罗斯发现西方模式并不适用于俄罗斯。受西方"中国中心观"和中国以及儒家文化圈经济腾飞的影响，他们再次把目光投向了中国，开始研究中国古代文化，认为可以从中国古代典籍尤其是儒家典籍中找到对当今俄罗斯社会发展有益的思想，力图做到古为今用，他为我用。在这种思想的指导下，越来越多的俄罗斯汉学家开始研究儒家学说尤其是儒家元典《论语》。1982 年，《中国儒学：理论与实践问题》在莫斯科出版。该书共收录了 12 篇不同汉学家对儒学研究的文章，这些文章分别分析了不同历史阶段儒学的发展问题、中国传统思想的哲学基础、儒学和法家学说的相互作用以及 20 世纪初反儒学的社会政治意义等问题。1987 年，西门诺科的《孔子的箴言》(《Афоризмы Конфуция》) 在莫斯科出版，这是俄罗斯汉学史上第一部研究《论语》的专著。20 世纪 80 年代后，儒学之所以重新受到重视，在很大程度上是中苏关系发展的需要，也是苏联内部了解中国文化的需要。一些苏联汉学家认为，如果想了解当今之中国，就必须了解中国之传统。正如杰柳辛（Л. П. Делюсин，1923—2013）所言："如果仅仅研究当前中国所发生的事情，那么中国之问题便是不可解的。若想正确、客观地理解中国的问题，研究者须在分析中国现代性的同时，还要熟知中国历史的发展特点、政治和军事斗争的传统方法以及古代社会政治思想的主要流派。"① 由此可见，苏联时期的儒学研究在很大程度上受到了当时意识形态、政治因素和社会需求等外部宏观因素的影响。

二、《论语》俄译特点：选译本

20 世纪 50 年代前，由于国际形势和苏联内部如意识形态政治化、国家机构对汉学研究支持力度的削减等各种原因，导致苏联儒学研究很不景气，只有阿列克谢耶夫翻译了《论语》的前三篇。在 50 年代尤其是 80 年代后，情况有所改善，出版了多个《论语》译本，主要有康拉德（Н. И. Конрад，1891—1970）、波兹涅耶娃、克里夫佐夫、波美朗采娃（Л. Е. Померанцева，1938—2018）、苏霍鲁科夫（В. Т. Сухоруков，1898—1988）和西门诺科等译者的译本。此外，高辟天（А. М. Карапетьянц，1943—2021）、科布泽夫（А. И. Кобзев，1953—）等学者也部分地翻译了《论语》。在众多的《论语》译本中，影响较大的是阿列克谢耶夫、克里夫佐夫和西门诺科的译本。和帝俄时期相比，苏联时期的《论语》译本具有以下特点：

其一，所有译本都是节译本。由于历史和政治原因，1921 年，阿列克谢耶

---

① Делюсин Л. С. Конфуцианство в Китае: проблема теории и практики. М., 1982. С. 3.

夫只翻译了《论语》的前三篇，1978 年，在他女儿的努力下才得以出版。继阿列克谢耶夫之后的相当长一段时间，《论语》俄译归于沉寂。1959 年，《中国文学选》（《Избранные произведения китайской литературы》）出版，里面收有康拉德的《论语》选译。1973 年，《东方古代诗歌散文》（《Поэзия и проза Древнего Востока》）一书出版，康拉德的《论语》译文作为中国文学的一部分再次被选入。1963 年，《东方古代文选》（《Хрестоматия по истории Древнего Востока》）出版，里面收录有波兹涅耶娃的《论语》（她当时将《论语》译为《Изречения》）选译章节。需要说明的是，波兹涅耶娃的《论语》译文特别少，仅占全书 1 页纸张。1972 年，《中国古代哲学》（《Древнекитайская философия》）收录了克里夫佐夫翻译的《论语》（《Беседы Конфуция》）[①] 译文。1984 年，《古代东方文学：伊朗、印度、中国》（《Литература древнего Востока. Иран, Индия, Китай》）出版，里面的《论语》译本是波美朗采娃完成的。1987，苏霍鲁科夫的《论语》译本收录在李谢维奇编撰的《中国古代散文》（《Проза Древнего Китая》）中。同年，西门诺科的《论语》译文随《孔子的箴言》出版，译文约占原文的一半。

其二，《论语》俄译策略的多样化。帝俄时期，瓦西里耶夫和柏百福都采用了直译法翻译《论语》。苏联时期，译者的译法出现了多样化。阿列克谢耶夫的《论语》译文除了正文外，连同朱熹的注释一同翻译。康拉德和波兹涅耶娃的译文是作为中国文学的一部分而译的，他们在翻译时尽量保留原文的形式和句法结构，注释很少。克里夫佐夫的译本是作为哲学文本而选入《古代中国哲学》的，因此他的译本除采用直译的方法外，在正文和注释中侧重哲学化，对术语的解释也带有较强的哲学色彩。而西门诺科试图把握《论语》的内在含义，传达其整体的模糊性和思想内涵，因此他没有采用紧扣原文形式的直译，而是采用了押韵的诗歌体，从而在俄译本中保留了原文独有的诗意风格。

第二节　阿列克谢耶夫：被中断的《论语》译者

一、阿列克谢耶夫的翻译观

1881 年，阿列克谢耶夫出身在彼得堡一个比较贫困的职员家庭，12 岁那年

---

①　1997 年，俄罗斯科学院（РАН）出版了《东方古代文选》（《Хрестоматия по истории Древнего Востока》），该文选收录了克里夫佐夫的《论语》译文。

因为成绩优异作为公费生进入喀琅施塔德男子寄宿学校学习，17岁考入圣彼得堡大学东方语言系，学习汉语和蒙古语。1902年大学毕业，之后留在中国和满洲文学史教研室工作。1904年至1906年，阿列克谢耶夫被派往法国、英国、德国的图书馆、博物馆做研究工作。1906年来中国继续学习汉语，1907年与法国著名汉学家沙畹（Edouard Chavannes，1865—1918）一起在华北地区进行民俗文化考察，1908年应中东铁路中俄学校的邀请担任俄语教师，1909年进入京师大学堂学习汉语。1916年，他以《论诗人的长诗——司空图的诗品》为毕业论文通过硕士答辩，1923年被选为苏联科学院通讯院士，1929年获得语文学博士学位，并当选为院士。阿列克谢耶夫主要研究中国文学、文化，尤其是在中国诗歌研究方面颇有建树。

　　阿列克谢耶夫非常用功、治学严谨。辛勤的劳动终于迎来非凡的学术成就，他一生中共著有260余种汉学作品，几乎涉及了所有的汉学研究领域。凭借自己的努力，他被认为是"苏联汉学的领导人（奠基人），并且在世界汉学史上也占有显著的地位"[1]。阿列克谢耶夫对中国的诗歌非常感兴趣，著有关于司空图的《二十四诗品》的巨著《论诗人的长诗——司空图的诗品》，编译《中国古典散文》和《中国古典诗歌》两个文集，其中共包括865篇中国古文精品。《中国古典散文》共收录了22位中国古代著名辞赋散文大家的文章，如屈原、宋玉、司马迁、王羲之、陶渊明、王勃、刘禹锡等人。1926年，阿列克谢耶夫在法兰西学院和吉美博物馆就中国文学问题先后用法文作了六次学术讲座，1937年这六次讲座内容结集成书，名为《中国文学》，在法国出版。阿列克谢耶夫翻译了《聊斋志异》，他的译文成为中国文学作品俄译的典范。李福清高度赞扬阿列克谢耶夫的译本，说："俄国读者能够欣赏到短篇巨匠蒲松龄的作品，主要应当感谢阿列克谢耶夫的精彩译文。"[2] 我国著名翻译家曹靖华先生看了阿列克谢耶夫的《聊斋志异》译本后，倍加赞赏，在给阿列克谢耶夫的信中写道："译书是似易而实难的一件事，第一要'信'，第二要'达'，第三要'雅'。平常能做到第一二种功夫已属难能可贵，而在先生译文中这三层难关均迎刃而破，更是在翻译界仅见的了！"[3] 阿列克谢耶夫的研究领域非常广泛，他对中国民间文化同样怀有浓厚的兴趣，对中国年画、戏剧和民俗等方面也做了深入研究。不

---

[1] 参见陈开科：《巴拉第的汉学研究》，北京：学苑出版社，2007年，第253页。

[2] （俄）李福清：《中国古典文学研究在苏联》（小说、戏剧），田大畏译，北京：书目文献出版社，1987年，第51页。

[3] 李明滨、李淑卿：《俄国蒲松龄研究巡礼》，载《蒲松龄研究》，2000年第Z1期，第451页。

仅如此，阿列克谢耶夫提出了苏联汉学研究的方法，如注重实际考察和资料的考据、把研究和译介相结合、进行跨文化比较研究等。这些方法为苏联汉学研究拓宽了研究思路，在苏联汉学研究中发挥着主导作用。同时，多年的执教工作为苏联培养了大批优秀的汉学家，如大家耳熟能详的研究中国哲学的楚紫气、阿·彼得罗夫，研究中国文学的费德林、艾德林、李福清等。可以说，阿列克谢耶夫继往开来，为苏联汉学的发展做出了卓越贡献。

1919 年，阿列克谢耶夫列了一份翻译大纲，里面包括《诗经》《春秋》《论语》等多部他认为应该翻译成俄文的中国作品。① 事实上，阿里克谢耶夫不仅从事大量的翻译活动，而且还对翻译活动进行了深刻的思考，逐渐形成了对翻译的认识，提出了自己的翻译原则。2003 年，李福清主编的阿列克谢耶夫的《中国文学论集》（《Труды по китайской литературе》）下卷出版，该卷由 6 部分组成，其中"翻译问题"部分的系列文章是阿列克谢耶夫对翻译的认识。他不仅关注中国典籍作品的俄译问题，而且还关注俄国作品的汉译，写有《俄罗斯作品的汉译》（《Русские писатели в китайских переводах》）、《普希金在中国》（《Пушкин в Китае》）等文章。1907 年，在中国旅行时，他对翻译进行思考，说自己"憎恨喜欢对中国书籍改头换面的人"，同时也反对"逐字直译"，因为这样致使"活生生的文字变成了没有色彩、没有文采、枯燥无味的外国货色"。他主张"在追求准确、科学转达原义的同时，不能忽略展示词义的细腻之处"，这些细腻之处主要是原作的韵律和风格。当然，这就要求译者首先是个"语言通"② 在《谀词与铭文中的孔子》（《Конфуций в гимне и эпиграфике》，1935）一文中，阿列克谢耶夫提到，"关于将作品从汉语译过来，其难度来自很多原因，其中主要原因无非是译著风格无法完全符合原作风格，特别是保持韵律和节奏的一致，即使是大体上的一致"③。1944 年，在《译者的汉学目标》（《Синологические установки переводчика》）一文中，阿里克谢耶夫认为，汉语的困难并不在其字形，而在于中国思想的"理很深"（глубина китайской мысли）。"读者对一件事认识得越多，翻译也就越容易、译文也越易解"，而现实是"我们对中国一无所知"。而俄国的读者只喜欢那些不需要任何注释的读物，这样就形成了一个恶性循环：因不知而不去了解，因不了解而不愿去认知。

① 见 Алексеев В. М. Труды по китайской литературе. Кн. 1. М.，2002. С. 90-91.
② （俄）阿列克谢耶夫：《1907 年中国纪行》，阎国栋译，昆明：云南人民出版社，2016 年，第 146-147 页。
③ （俄）В. Г. 达岑申：《俄罗斯汉学史：1917—1945》，张鸿彦译，北京：北京大学出版社，2019 年，第 212 页。

文中，阿列克谢耶夫将翻译分为科学翻译（научный перевод）和科学—艺术翻译（научно-художественный перевод）。1945 年，阿列克谢耶夫发表了文章《关于中国古代经典俄译的新方法和新风格》（《Новый метод и стиль переводов на русский язык китайских древних классиков》）①。在该文中，阿列克谢耶夫首先强调了翻译中国古代经典的重要性，明确提出"无须讨论要不要翻译中国经典这一问题，尤其是直接从汉语翻译成俄语的问题"，因为翻译中国典籍的重要性是毋庸置疑的。接下来，他指出由于中国古代经典已经被不止一次地译成欧洲语言，苏联读者完全可以直接阅读这些译本，这样就可以省去理解原文、选择术语对应词和研究中国注疏的麻烦。那么这是否表明俄译者可以不用再劳神费力地翻译中国古代经典呢？他的回答是否定的。因为在他看来，为中国文化遗产而奋斗就是为世界文化遗产而奋斗。阿列克谢耶夫不无痛心地指出："必须承认，从科学甚至从文学的性质来说，这项事业在俄国至今仍未开始，因为 В. П. 瓦西里耶夫的逐字翻译（《汉语文选第二卷释读》中的《论语》和《汉语文选第三卷释读》的《诗经》）以及后来稍微好些的 П. С. 柏百福的翻译（《论语》和《孟子》译文）均不能胜任这项工作。"② 俄国的汉学已经有 150 多年的历史了，也应该译出像样的译本了，尤其是翻译经典文本，它里面的每一个字、每一个符号都对中国文学的发展产生了深远影响。要想掌握中国文化，就必须掌握中国的经书，而且不能像国外的翻译那样仅仅是简单的入门翻译，因为这样不能使我们正确地理解它们。总的说来，阿列克谢耶夫主张的翻译的"新风格和新方法"主要包括以下三点③：

其一，翻译中国古代经典"只能从汉语直接翻译，而不能从其他任何语言转译"。这是因为直接翻译尚不能曲尽原作内容，如果从其他语言转译，会造成二次错误。

其二，翻译中国典籍时，译者应再现原著的风格。译者需要"提供给非中国读者一个没有任何异国情调的读本，需要保持原文的风格和节奏，而不是笨重的词汇的拼凑体"。在翻译过程中，"译者没有权利拥有自己的风格和选择（在词和句子方面），因为他不是自己在写信件、诗歌和文章"。但事实上，不同

---

① 阿列克谢耶夫的《论语》俄译是按照他所主张的新方法来翻译的，他的《论语》前三篇的俄译是在 1921 年完成的，由此可知，他提出的这些主张应该在 1921 年之前就已经形成，只是文章发表的时间较晚。

② Алексеев В. М. Труды по китайской литературе. Кн. 2. М.，2003. С. 121.

③ 本节以下引用来自 Алексеев В. М. Труды по китайской литературе. Кн. 2. М.，2003. С. 122-135.

国家的译者翻译时所使用的风格和方法是不同的，阿列克谢耶夫把这些人分为三类："一类人（如瓦西里耶夫、柏百福和卫礼贤①）认为，可以用现代标准语翻译中国古代经典作品，而且也应该这样翻译。因为思想和形式可以在任何一种语言、任何一种风格里存活。另外一些人（如理雅各）则相反，认为如果没有注疏家（或团体）帮助译者理解原文的话，现代语言（甚至是专业的语言，如《圣经》语言）是无力传达中国古文思想和形式的。第三类人（如顾赛芬②）认为，用一种现代语言（如法语）是不够的，他们还借用了最接近于欧洲的拉丁语表达古文思想和古文形式。因为现代语言已经丧失了和欧洲文明古文基础的鲜活联系，因而是无法表达古文思想和形式的。"在阿列克谢耶夫看来，所有这些汉学家的译本都不能让人满意：理雅各的英译本因为没有任何风格而令人难以信服（译文既不简练，也不是转述）；法国译者顾赛芬的法语－拉丁语双语译文也没有带来任何观感，因为读者需要自己做出结论；卫礼贤的德文译本尽管在风格上显得很完善，用了现代高明的手法，而且还运用了现代手法宣传中国古代智慧，以达到更加完善德国智慧的目的。当然，这样做是不会有科学结果的；В. П. 瓦西里耶夫和 П. С. 柏百福在自己的翻译过程中试图和西方的译者厘清界限，走自己的道路，但是他们的翻译太浅显，且没有说服力。阿列克谢耶夫认为所有的译者都犯了一个错误，那就是不能正确地传达中国典籍的风格，"理雅各几乎把中国人变成了咿呀学语的孩子，顾赛芬把中国人变成了空谈玄理的天主教徒，卫礼贤把中国人变成了反抗的异教徒，瓦西里耶夫逐字翻译，结果不但把中国人变成了知识肤浅的人，而且把原文里的中国人变成了极端的布道者"。当然，不是所有的译者译得都不好，在众多的中国典籍的译者中，阿列克谢耶夫认为韦利（Arthur Waley，1888—1966）、辜鸿铭与林语堂的译本尽管也有不足，但总体还是令人信服的。

其三，在翻译方法上，主张通过注释家的注释翻译中国古代经典。在把中国经典典籍译成俄语时，译者如何才能做到一方面避免原作俄化，另一方面又没有中国色彩即无意或有意添加异国情调呢？还有，如何才能避免一系列虚假的翻译风格呢？阿列克谢耶夫认为，注疏在中国古代典籍外译中的作用举足轻重，若不阅读古代注释家的注释就想理解原文并译出理想的译文，那简直是不可能的。在众多的中国古代注释家中，阿列克谢耶夫对朱熹评价极高。如他言

---

① 卫礼贤（R. Wilhelm，1873—1930），德国著名汉学家，译有《论语》《孟子》等。

② 顾赛芬（S. Couvreur，1835—1919），法国著名汉学家，译有"四书"、《诗经》、《礼记》等。

之：“朱熹，哲学家、注释家，他系统地整理了孔子的思想，是中国新儒家的杰出代表，他创立的独特的哲学体系是中国最杰出的哲学体系之一。从 12 世纪到 20 世纪初，他一直是中国参加科举考试的人的导师……死后他被尊崇为文公和太师（Просвещенейший；Величайший Учитель），七百多年来一直是中国学生的老师。大约在世界上还没有哪一门抽象的学说，也没有哪一门学说能够像朱熹的学说体系那样对中国的政治、言论、实践产生巨大影响，并在此基础上建立了整个儒家关于政府的抽象学说。”“如果允许的话，我会用这样的比喻，朱熹的注释就像现代工程意义上的一座精雕细琢的桥梁，尽管这座桥梁是不可见的，但它连接着虽看不见却又不断发展着的地球两岸。没有岸的存在，桥是没用的，但如果想到达岸边，桥又是必不可少的，这个河岸是由现代人完成的。”极力称赞朱熹后，阿列克谢耶夫得出如下结论：“若想成功翻译儒家典籍，就要深信朱熹是儒家思想发展的新阶段，他绝不只是一块跳板、一座桥梁。”换言之，阿列克谢耶夫认为，朱熹的注疏不仅是注疏，也是儒家典籍不可或缺的意义组成部分，是孔子学说的第二个抄本和发展的副本，他的注释和典籍正文一起构成了儒学图画的整体。因此，参考并翻译朱熹的注释不仅可以避免西方汉学家因自我主观想象所带来的后果和译者强烈的主观色彩的痕迹，而且还可以避免译者因逐字翻译所带来的译文臃肿的弊端。

在文末，阿列克谢耶夫再次强调了注释对译者的重要性。“有人说，注疏只是一块跳板，并没有思想性，因此可以忽略。可是在东方却不是这样，注疏家不是跳板和附属品，而是哲学家和个性鲜明的大作家，是思想体系的载体。”最后，阿列克谢耶夫指明了自己的翻译方法：“a）显而易见，逐字翻译是行不通的，6）需要注释，в）译者的注释也是翻译，г）传统注释应该翻译，而不是转述。”他还进一步指出，朱熹的注释应该单独译出。

当然，我们要辩证地看待阿列克谢耶夫的“新方法和新风格”。

对于第一点，中国古代作品要直接从汉语译成俄语，不能从别的语言转译，这无疑是正确的。中国古代经典言简意深，直接翻译尚有许多造成隔阂的地方，更不用说转译了，这只能会造成“二度隔阂”，进一步遮蔽原文的内容和形式。但由于当时历史条件的限制，一些俄国汉学家和学者从欧洲尤其是法国转译中国作品，转译作品的结果正如梁实秋所言：“转译究竟是不大好，尤其是转译富有文学意味的书。本来译书的人无论译笔怎样灵活巧妙，和原作比较，总像是搀了水或透了气的酒一般，味道多少变了。若是转译，与原作隔远一层，当然气味容易变得更厉害一些。"① 由于转译会造成"二度隔阂","气味变得更厉害一些",因此由欧洲转译成俄语的中国作品难免有失真的地方。再说,欧洲有关中国的作品中原本就有不少遗漏和歪曲之处,所以转译到俄国的有关中国的作品并非十分可信和正确。

对于第二点,译者应尽量不流露个人色彩,这也是正确的。尽管在翻译中,译者不可避免地会发挥再创造能力,会不自觉地流露出自己的风格,但是译者需要有克制功夫,努力克制自己创作的冲动,尽量传达原文的真实面貌,竭力给译入语读者呈现忠实的译本。译者不应该用自己的风格遮蔽原文的风格,这样做只能误导译入语读者,让他们失去认识原文真面目的机会,因为译者阅读译本的初衷是通过译本认识源语国家的文化。

对于第三点,译者要通过注释来翻译中国古代经典的看法无疑也是正确的。先秦典籍年代久远,给现代人的理解造成很大困难,因此历代注疏家的注疏无疑为解读古文提供了便利。不过,阿列克谢耶夫唯独钟情于朱熹,认为朱熹正确地阐释了孔子学说,这一点却令人难以认同。首先,朱熹的确发展了孔子学说,是新儒学的奠基人,可是朱熹的注释也有不少错误之处,他"有意地利用《论语》的注释来阐述自己的哲学思想,因之不少主观片面的说法;同时,他那时的考据之学、训诂之学的水平远不及后代,所以必须纠正的地方很多"②。其次,更重要的是朱熹在训诂的基础上注重义理的阐发即"通经以求理","经之有解,所以通经。经既通,自无事于解,借经以通乎理耳。理得,则无俟乎经"③。他的这一理念造成他的注释具有浓厚的理学特点。因此,翻译《论语》时若过分倚赖朱熹注释的话,译本呈现给读者的不少是朱熹的思想而非孔子的原意,从而误导译入语读者,让他们把朱熹的言语、思想误认为是孔子的言语和思想。整体而言,阿列克谢耶夫对翻译的认识对中国典籍的外译具有一定的参考作用。

二、译本特点:结构复杂的三重翻译

阿列克谢耶夫具有浓厚的儒学情怀,这一点从他的书房名"不愠斋"及墓碑上镌刻的"不愠"二字就可以看出。我们知道,"不愠"出自《论语·学而》

---

① 梁实秋:"翻译",见黎照编著《鲁迅梁实秋论战实录》,北京:华龄出版社,1997年,第543页。

② 杨伯峻:《论语译注》(例言),北京:中华书局,1980年(2008重印),第35页。

③ 朱熹:《朱子全书》(第14册),朱杰人等编,上海:上海古籍出版社,2002年,第350页。

"人不知而不愠，不亦君子乎"。其实，阿列克谢耶夫对包括《论语》在内的中国典籍俄译问题的关注由来已久。1907 年在中国进行学术考察时，他就指出："俄国的汉学家们也该思考一下翻译中国古典文献的方法问题了，以便将其纳入世界文学遗产。解决翻译的形式问题就非常迫切，更不用说对儒家遗产进行复杂的哲学阐释了。情况确实如此，孔子的书以及他遗留下来的古代经典目前有数十种译本，但没有一个译本的语言值得称道，孔子因而成了一个前言不搭后语的奇怪之人。我们对中国文化及科学的奠基人缺乏了解的原因在某种程度上就是因为那些译自汉语的译本。比如，这些译本将孔子的箴言（《论语》）变成了完全不可理解和错误的东西，这是因为，将 2500 年前的文章'简单'地翻译成某种（不知是何体裁的）文字，只能给人以假冒的感觉，引起人们对满口童言（由译者译文导致的印象）的孔子的不信任。"①在 1907 年之前，《论语》俄译本主要有比丘林的手稿和瓦西里耶夫的译本。对于 1910 年出版的柏百福的《论语》译本，阿列克谢耶夫同样表达了不满，认为他的译文太过呆板。所以在《关于中国古代经典俄译的新方法和新风格》中，阿列克谢耶夫不止一次地批评他们的《论语》译本。在《译者的汉学目标》中，阿列克谢耶夫指出："对瓦西里耶夫和柏百福而言，典籍翻译并不是他们终生的事业，他们不是解决问题，只是为那些懵懂无知的学生提供一些学习资料。对那些没有词典的学生来说，瓦西里耶夫的翻译是费解的逐字翻译②；柏百福的译文既没有传达孔子的世界观，语言也不准确③……比丘林的翻译往往随意、不准确，跳过他不理解的地方，而且还是用半宗教的语言翻译的。"④

由于对之前的《论语》译本都不满意，阿列克谢耶夫决定按照自己的"新风格和新方法"重译《论语》。为了保留原文的语言艺术，传达中国典籍的教化功能，在译文中避免把原文中严肃的充满哲思的色调变成孩童般幼稚的言论，1920—1921 年，他开始翻译《论语》。在译文中，阿列克谢耶夫尽量把《论语》原文、朱熹的注释和他本人的注释区分开来。为再现原文风格，阿列克谢耶夫

---

① （俄）阿列克谢耶夫：《1907 年中国纪行》，阎国栋译，昆明：云南人民出版社，2016年，第 143–144 页。

② 如瓦西里耶夫把"觚不觚，觚哉！觚哉！"译为"Сосуд не сосуд！Вот сосуд，вот сосуд！"。

③ 如柏百福把"迅雷风烈必变"句译为"Во време грозы и бури он непременно менялся в лице"，注释为"Мало того，если это было ночью，то он вставал，одевался в парадное платье，так и сидел дураком"（此外，如果是发生在夜间，他就站起来，穿上朝服，像傻子一样坐在那里）。

④ Алексеев В. М. Труды по китайской литературе. Кн. 2. М.，2003. С. 151–152.

在用词和语调上严格选择，优先选择具有教导意味的词，并竭力保留原文的韵律。对于朱熹的注释，阿列克谢耶夫不只是把它们看作跳板，而是看得与《论语》原文同等重要，因此也进行完整翻译。这样，《论语》原文、朱熹的注释和译者自己的注解就构成了一幅完整的图画。1920—1921 年，阿列克谢耶夫完成了《论语》前三篇的翻译。由于有人批评他研究反动的孔子，于是中断翻译工作。1937 年，阿列克谢耶夫请求为满足学生的学习需要印刷 50 份他翻译的《论语》译文，但在当时，这一简单的愿望也未能实现。直到时隔 50 多年后的 1978 年，他的《论语》译文才得以出版。下面我们看阿列克谢耶夫《论语》译本的特点：

其一，从结构上而言，阿列克谢耶夫的《论语》译文由三部分组成：正文译文、朱熹注释的译文和他自己的注解。这三部分结合在一起，使得他的译文结构异常复杂。

原文："君子务本，本立而道生，孝弟也者，其为仁之本与！"（《论语·学而》）

译文：*2. 2. Достойнейший человек все свое усердие обращает к корням. Когда корни заложены, то рождается сам Путь. Служение же сына и брата и есть, по-видимому, корень проявленного истинно человеческого начала.*

上面斜体部分是《论语》正文的译文。整体而言，译者是按照原文的语序进行翻译的，但同时又兼顾俄语表达习惯，因此读起来比较流畅。最为重要的是，他采取的往往是一些书面或文雅之词。接下来是对朱熹注释的翻译：

Истинно человеческое[16] — это идея любви, душевное благое достижение.

Проявление человеческого — разумеется, в поступках.

Последняя фраза имеет оттенок нерешительности, скромного отступления, уклонения от прямых слов.

Под словом Путь здесь разумеется *Путь* стремлений, в частности, говоря о служении старшим как о корне деятельного человеческого начала; здесь речь идет о рождении из этого корня и всего дальнейшего Пути развития[17].

Вот как об этом у Чэн-цзы:

Служение родителям и братьям— это добродетель скромной покорности. Вот почему такой человек не захочет идти против своих властей, а тем более против законных норм и человеческих постоянств, сея в последних смуту. Добродетельное начало имеет корни. Когда они упрочились, то и дальнейший Путь[18] развивается во всю мощь. Сначала в семье человека действует служение родным. Затем человеческое начало и любовь распространяются на всех живых по известному принципу: любить родных и быть человечно-добрым к людям мира. Вот почему человеческое начало имеет свои корни в любви сына и брата. Если ж судить о самой нашей внутренней природе, то здесь, наоборот, общечеловеческое начало является основой любви сына и брата...

　　由于篇幅所限，我们仅仅把接下来阿列克谢耶夫本人要注解的朱熹注释的译文摘录出来。朱熹的《论语集注》"先注音，次释字义，次释大旨，次引诸家论说，次列己见"，这里的"引诸家论说"指的是将"二程说解《论语》……的文字'蒐辑条疏，以附本章之次'，又兼采张载、范氏、二吕氏、谢氏、游氏、杨氏、侯氏、尹氏等九家之说，以佐证二程之说"①。阿列克谢耶夫除了未翻译朱熹注释中的注音部分，其余的注释逐一翻译，所以朱熹《论语集注》中注释部分的译文占据《论语》译文的很大篇幅。需要指出的是，朱熹对《论语》每章的注释有时分若干点，阿列克谢耶夫就以朱熹划分的点为单位进行翻译、排版。如《论语·学而》"学而时习之……不亦君子乎？"句，朱熹对其注释为三点，阿列克谢耶夫就将译文分为1.1、1.2、1.3三个部分。同时，还可以看到朱熹注释部分的译文的一些地方有上标数字（如上面朱熹注释译文中的16、17、18），凡是标有上标数字的地方，皆是阿列克谢耶夫自己要注解的地方，具体如下：

[16]Здесь впервые появляется это слово *жэнь*, являющееся краеугольным камнем конфуцианской проповеди и не менее яркой насмешкой в устах Лао-цзы. Одно другого лучше определения этого слова — у китайских писателей, и в частности у того же Чжу Си. Минуя разногласия и варианты, а тем более европеизмы вроде: человеколюбие, гуманность, человечность, альтруизм и пр., можно решиться на суммарное и в то же время четкое определение *жэнъ* как истинно человеческого начала в противоположность (в уме Конфуция) эгоизму, потаканию первобытному инстинкту и (в уме Лао-цзы) астрально-воздушной естественности неземного идеального существа, объятого истиной отвлеченного божества *дао*...

　　在他的《论语》前三篇的译文中，阿列克谢耶夫本人的注解共计322条，主要是表达他自己对一些儒家术语或儒家观点的看法。层层注释让阿列克谢耶夫的《论语》译文结构非常复杂，篇幅极其冗长。"《论语》的每一小节仅仅几

---

① 彭林：《前言》，朱熹《四书集注》，南京：凤凰出版社，2005年，第5页。

句话，被他一翻译，简直成了一篇学术论文。"①

其二，从译文内容来看，阿列克谢耶夫对原文内容的理解非常独特。他把"君子务本，本立而道生，孝弟也者，其为仁之本与!"的"君子"译为"Достойнейший человек"（仁人、贤人等）。阿列克谢耶夫对"君子"的解释为"君主之子、道德高尚的人，是儒家学说的基本术语，可以译为：高尚的人（благородный человек）、绅士（джентльмен），最好的人（лучший человек）、仁人（достойнейший человек）。最终他选择了离'完美'阶段最近的译词翻译君子"②。《论语》中"仁"出现了 109 次，是使用次数最多的儒家术语，是儒家的伦理道德体系之一，所以儒学有时被称为"仁学"。此处，阿列克谢耶夫用"истинно человеческое начало"翻译"仁"，义即"人的初始"。他很清楚"仁"在儒学中的地位，所以称其为孔子学说的"基石"（краеугольный камень），同时也指出其是道家嘲讽的对象。他认为，"человеколюбие（爱人），человечность（人道主义），альтруизм（利他主义）等词都具欧洲主义色彩"，所以，决定把层次多样但又意义明确的"仁"译为"与（孔子认为的）自私自利和（老子认为的）放纵原始欲望相对的 истинно человеческое начало"③。这里，有两点需要注意：一是阿列克谢耶夫把儒道之"仁"进行了对比。在《道德经》中的确有不少地方显示道家对"仁"的不屑和批评，如"大道废，有仁义""绝仁弃义，民复孝慈""失道而后德，失德而后仁"等。二是阿列克谢耶夫应该是赞同"人之初，性本善"的，所以把"仁"译为"истинно человеческое начало"。阿列克谢耶夫把"孝弟"译为"служение же сына и брата"（儿子与兄弟的效劳）也是别具一格。把"道"译为"Путь"，而且在注解中明确指出，儒家之"道"与道家之"道"有很大区别。在译文中，将儒家与道家共同使用的术语作比，是阿列克谢耶夫译文的特点之一。

其三，从译文的形式上看，阿列克谢耶夫在很大程度上保留了原文的措辞和句法。不过在一些地方添加了自己的理解，如上文"君子务本"句的翻译。再如：

仪封人请见，曰："君子之至于斯也，吾未尝不得见也。"从者见之。出曰："二三子何患于丧乎? 天下之无道也久矣，天将以夫子为木铎。"（《论语·八佾》）

---

① 陈开科：《巴拉第的汉学研究》，北京：学苑出版社，2007 年，第 259 页。

② Алексеев В. М. Труды по китайской литературе. Кн. 1. М., 2002. С. 164.

③ Там же. С. 166.

译文：Иский пограничник просил дать ему свидание, говоря так:《Когда благородные и достойные люди сюда приходили，я никогда не упускал случая с ними свидеться!》Шедшие за ним，Учителем，дали с ним свидеться. Пограничник вышел и сказал:《Господа，сколько вас：двое，трое? Зачем вы беспокоитесь об этой утере? Долго уже длится беспутство в нашей Поднебесной! Небо намерено сделать вашего Учителя деревянным колоколом!》

可以说，阿列克谢耶夫这段译文在语序上和原文几乎完全一致，在表达上也保留了原文的表达方式。如，把"二三子"译为"двое（二），трое（三）"，"丧"译为"утеря（损失）"，"木铎"译为"деревянныий колокол（木质的大铃）"。其实，"木铎"并不是木质的铃子，杨伯峻注为"铜质木舌的铃子"①，钱穆注为"金口木舌，故称木铎"②。虽然二人对"木铎"的注解不完全相同，但肯定的一点是"木铎"不是木质的铃铛，而是其舌为木。阿列克谢耶夫把"木铎"译为"деревянныий колокол"应该是属于误译。我们将其与贝列罗莫夫的译文相比，就更能看出阿列克谢耶夫译文的特点。

贝列罗莫夫：Начальник пограничной службы в И，желая встретиться［с Учителем］，сказал:

—Когда сюда прибывали благородные мужи，я встречался с каждым. Ученики попросили［Учителя］принять его.

Выйдя от Учителя，он сказал:

— Почему вы так обеспокоены，что нет у вас чиновничьих постов? Поднебесная уже давно лишилась Дао－Пути，скоро Небо сделает Вашего Учителя колоколом.

贝列罗莫夫的译文无论在语序上还是在用词上，都与阿列克谢耶夫的译文有较大的区别。"二三子"译为"вы（你们）"；"丧"译为"нет чиновничьих постов（没有官职）"，杨伯峻注"丧"为"没有官位"③，钱穆注为"失位"④，李泽厚注为"丧失什么"⑤。可见，贝列罗莫夫将"丧"具体化了。"木

---

① 杨伯峻：《论语译注》，北京：中华书局，1980年（2008重印），第33页。
② 钱穆：《论语新解》，北京：生活·读书·新知三联书店，2002年（2007重印），第81页。
③ 杨伯峻：《论语译注》，北京：中华书局，1980年（2008重印），第33页。
④ 钱穆：《论语新解》，北京：生活·读书·新知三联书店，2002年（2007重印），第81页。
⑤ 李泽厚：《论语今读》，北京：世界图书出版有限公司北京分公司，2019年，第63页。

铎"只译为"колокол",没有说明材质。相比阿列克谢耶夫的译文,贝列罗莫夫的译文更易于读者理解。

其四,阿列克谢耶夫的译文资料丰富、考据精细。《论语》中的人名、地名以及一些专有名词他全部音译出来,并进行了详细的注释(他本人的注释)。在这些注释中,他运用了大量的资料解释朱熹注释中出现的各种问题。这种特点在阿列克谢耶夫的译文中随处可见,此处不再赘述。阿列克谢耶夫这种重视考据的微观研究法与他的老师沙畹有很大关系。1904 年,阿列克谢耶夫为深造来到了欧洲,在巴黎法兰西学院聆听了沙畹的中国历史讲座,"内容有关孔子、孔子哲学、祭礼及孔子编写的最早的中国编年体史书《春秋》。当然,还讲授关于司马迁的课程"①。精彩的课程让未来著名的汉学家受益匪浅,"每次听他的课我都能获得许多思想……对我来说,做沙畹的学生是一种永远愿意体验的美好享受"②。沙畹的研究非常精密、科学、全面,他的《史记》译本就附有极其详尽的注释。为考察碑铭为主的汉代古迹,他在 1907 年专门来中国进行了计划缜密的考古,拓印了大量的碑铭。可以说,沙畹的治学精神和翻译方法对阿列克谢耶夫产生了很大影响。

其五,阿列克谢耶夫的译文和注释用语比较复杂、艰深,长句居多,而且常用主动和被动形动词、副动词等表示句子之间的成分关系。他本人说③,如果译文让所有人都看得懂的话,就不是翻译,而只是转述。1911 年,在翻译李白和司空图的诗时他曾做过这样的尝试,结果所有人都喜欢他的翻译,但是他本人却不喜欢,因此就放弃了这种译法。

总之,阿列克谢耶夫的《论语》译文显示出他深厚的古文功底和修养,同时也显示出他严谨认真的翻译态度。可惜的是,受当时政治因素的制约,他仅仅翻译了《论语》的前三篇,且直到他逝世后即 1978 年才得以出版。尽管他只翻译了《论语》的前三篇,但是"他选择了一条最艰苦的道路,翻译经典文献的同时,还全部翻译了朱熹对《论语》前三篇的注释"④。阿列克谢耶夫的《论语》译本在《论语》俄译史上占有重要的地位。正如贝列罗莫夫所言:"在《论语》的俄译历史上,阿列克谢耶夫作出了非常重要的贡献,尽管他只翻译了

---

① Рифтин Б. Л. Путешествия русского китаеведа в Китай // Вестник НГУ. 2012, том 11. выпуск 10. С. 92.

② (俄)阿列克谢耶夫:《1907 年中国纪行》,阎国栋译,昆明:云南人民出版社,2016 年,第 4 页。

③ 参见 Алексеев В. М. Труды по китайской литературе. Кн. 1. М., 2002. С. 147.

④ Переломов Л. С. Конфуцианское четверокнижие. М., 2004. С. 398.

前三篇，但是他的伟大创举是后来的任何翻译家都无法超越的。"①

第三节　克里夫佐夫译本：浅显易懂

一、克里夫佐夫及其《论语》导言

克里夫佐夫是苏联时期另一位《论语》俄译的代表人物。1921 年，克里夫佐夫出生在莫斯科。1949 年，他毕业于莫斯科东方学院，1963 年，获得哲学副博士学位。1970 年，他又获得历史学博士学位。1951—1955 年，克里夫佐夫在中国大使馆工作。1960—1962 年，出任过上海苏联领事馆总领事。1963—1966 年，再度来中国大使馆工作。回国后，克里夫佐夫曾在莫斯科大学东方语言学院、苏联外交学院、苏共中央社会科学院等地方任教。1968 年，任苏联科学院远东研究所副所长和中苏友好协会副会长。他的主要研究领域是中国的美学思想、政治和传统文化等，并取得了不小的成就。美学方面的成就有《中国古代的美学思想（公元前 6 世纪至公元 2 世纪）》（《Эстетическая мысль Дрвенего Китая（VI. в. до н. э. -II в. н. э.）》，1963）和《道家美学》（《Эстетика даосизма》，1993）。政治方面的研究成果有《中苏关系（1949—1973）》（《Советско-китайские отношения（1949-1973 гг.）》，1973）和《毛泽东思想：理论起源问题》（《Маоизм：проблема идейных истоков》，1977）。1978 年，他主编的《新中国的文化命运（1949—1974）》（《Судьбы культуры КНР (1949-1974)》）在莫斯科出版。儒学方面的研究成果主要有文章《毛泽东思想与儒学》（《Маоизм и конфуцианство》）和《论语》译文。他的《论语》译文收录在 1972 年杨兴顺（Ян Хин-шун）主编的《中国古代哲学》（卷 1）里。据笔者统计，克里夫佐夫共翻译了 270 小节，占《论语》原文一半以上的内容，其中有整篇的省略（如第十八篇和第十九篇只字未译），也有章节的省略。但无论如何，这是苏联时期《论语》译文篇幅最长的译本。1997 年，维加辛（A. A. Вигасин）主编的《东方历史文选》（《Хрестоматия по истории Древнего Востка》）在莫斯科出版，《论语》译文选用的是克里夫佐夫的译本。在这部文选中，中国文学只占了其中的一部分，所以《论语》部分只选录了其中 9 个章节的译文。

---

① Там же. С. 155.

　　克里夫佐夫在译文前写了简短的导言。他开门见山地指出："《论语》是唯一一部或多或少直接表达孔子观点的中国经典文学。"接下来向读者介绍了《论语》中孔子思想不系统性和内容重复性的原因，主要是因为"孔子的言论是其弟子在其去世后记载和收集的，各有所记"。紧接着克里夫佐夫指出了孔子学说创建的历史背景和主要内容。孔子生活在一个战乱的历史时期，各诸侯国之间连年征战，诸侯国内部也动荡不安。在此情况下，政治的稳定性、治理国家的方法和如何获得财富并强大起来是当时面临的尖锐问题。中国古代的思想家对此纷纷提出自己的见解，孔子便是其中的一位。孔子把国家比作一个大家庭，把国君的政治权力比作父权，这样他创立了一套伦理－政治体系，并由此奠定了中国父权制的基础。"根据孔子的观点，社会中所有的关系都应该严格按照一定的准则来运转，这些准则就是保证幼对长、臣对君无条件地服从。由此，一个人应时时遵照各种各样复杂的伦理规则行事。"孔子一系列的伦理－政治学就记载在《论语》中，所以"《论语》是我们了解古代儒学最为重要的典籍。《论语》对中国人的生活发挥了巨大的作用，是中国人在读小学时就必须背诵的书籍之一，之后会影响他们一生。由于这一点，该书对中国的影响巨大。在近两千年的时间里，《论语》和其他儒家经典一起形成了中国人的社会观。因此，毫不夸张地说，离开《论语》是不可能真正地理解中国人的传统观和社会心理的"①。他还介绍了《论语》的版本问题，说《论语》历史悠久，写于公元前5世纪左右，经过多人编纂而成，秦朝时被禁止阅读，并惨遭焚烧。汉代初期，出现了三个版本：《鲁论语》二十篇，《齐论语》二十二篇和《古文论语》二十一篇，汉代的注疏家试图统一《论语》的风格，但并未成功。克里夫佐夫的导言对俄读者了解《论语》的主要内容、语言特点及其在中国文化中的作用有很大的帮助。翻译时，底本的选择非常重要，为了确保底本的真实性和正确性，他选择了1935年上海出版的《诸子集成》中的《论语》为底本。

二、忠于原语的直译模式

　　任何翻译都是一项有目的的活动，翻译目的决定了翻译策略。克里夫佐夫翻译《论语》的目的是和编撰《中国古代哲学》的总目的一致的。布罗夫（В. Г. Буров）和季塔连科在《中国古代哲学》序言中写道："认识另一个民族文化的最佳途径是把这个民族的文化典籍翻译为母语。哲学在任何一个民族的精神

---

① Древнекитайская философия. М., 1972. С. 139-140.

文化中占有重要地位。"① 他们指出，虽然之前已经出现了对于当时而言水平较高的《论语》译文，如柏百福的《论语》译文，但是该译本并不能满足苏联人民的需要，所以需重新翻译《论语》。在翻译中国典籍时遇到了语文学上的困难，"古汉语的简洁性导致很多句子难以进行对等翻译，因此不得不进行展开性翻译，即将原文中含蓄不明的地方进行明晰化处理，并在译文中用方括号的形式标明其是原文本中没有的句子成分"②。翻译的另外一个困难是术语的翻译，这些术语反映了中国古代的社会生活，而且含义丰富，很难在俄语中找到对等的表达方式，对此应该采用音译加注的方式进行翻译。由此可知，翻译《论语》的目的是帮助苏联人民认识中国文化。为便于苏联读者理解中国文化，译者采用了通俗的语言和明晰化的翻译方式。同时，为了最大限度地再现中国文化的特质，在术语的翻译上采用了音译加注的方式。

1. 直译为主的翻译方法

为了最大限度地再现原文的表达方式和思想特质，克里夫佐夫的《论语》译文整体上采取了直译的翻译方法。这主要表现在以下几个方面：

其一，章节的名称、《论语》中的人名地名、名物制度等都采用了音译，而音译是直译的典型代表。此外，在译文后几乎对所有的专有名词都进行了简单的注释。

其二，对《论语》正文采取了按照原文词义、保留原文句序的直译为主的翻译方法。为了说明问题，下面我们看几个这方面的例子：

原文：子曰："道之以政，齐之以刑，民免而无耻；道之以德，齐之以礼，有耻且格。"（《论语·为政》）

译文：Учитель сказал:《Если руководить народом постредством законов и поддерживать порядок при помощи наказаний, народ будет стремиться уклоняться[от наказаний]и не будет испытывать стыда. Если же руководить народом постредством добродетели и поддерживать порядок при помощи ритуала, народ будет знать стыд и он исправиться》.

台湾学者张振玉对直译的定义是"依照原文单字、片语、子句之顺序，并依照其字面之意义，不增不减之译法"③。换言之，译者首先按原文字面意义翻译，其次要按照原文的顺序排列译文，最后要不增不减。汉语属于汉藏语系，

---

① Там же. С. 75.

② Там же. С. 76-77.

③ 张振玉：《翻译学概论》，南京：译林出版社，1992年，第347页。

俄语属于印欧语系；汉语重意合，俄语重形合。因此，它们在语义、语法、语序等方面存在巨大的差异，完全按照张振玉的定义来翻译的话，是行不通的。不过，从译文中不难看出，克里夫佐夫虽然在一些地方补充了一些词语，从而使逻辑更加清晰，如把"民免"中"免"译为"народ будет стремиться уклоняться［от наказаний］（免受惩罚）"。但整体而言，他是按照原文的字面意思、依照原文的顺序而翻译的。再如：

原文：子曰："默而识之，学而不厌，诲人不倦，何有于我哉？"（《论语·述而》）

译文：Учитель сказал：《Безмолвно хранить［то，что знаешь］，учиться без пресыщения，просвещать без устали，—что из этого я осуществляю？》

按照原文的顺序，克里夫佐夫几乎对应地译出了每一个字和词的意思。不过，为使译文更加易于理解，译者以"［］"的形式在译文中不少地方补充了主语、补语和一些简单的语境，这些在上述例子中皆有体现。

紧贴原文的直译不仅体现了译者对文化差异的认可，而且表现了译者对源语文化的尊重。直译的优点在于不仅可以为译文读者提供异国情调，还可以充实和丰富本国的文化和表达方式。正如鲁迅所言："不但在输入新的内容，也在输入新的表现法。"① 这是鲁迅"拿来主义"在翻译活动中的表现。当然，如果两种语言在词义、语序、修辞等方面一致的情况下，直译可以做到形神兼备。但是在不一致的情况下，一味地逐字逐句翻译，只能导致文笔生硬，甚至会出现以文害辞、以辞害意的结果。所以，若想把辞约意丰的《论语》译成叠床架屋式的俄语，势必需要作出一定的表达上的变通。克里夫佐夫意识到了这一问题，因此在译本中的一些地方采用意译法，一些地方添加了俄语中必不可少的句子成分。

如果将克里夫佐夫和理雅各的《论语》译文进行对比，不难发现，克里夫佐夫的译文在很大程度上有理雅各译文的影子。如《论语·学而》"其为人也孝弟，而好犯上者，鲜矣；不好犯上，而好作乱者，未之有也"句，理雅各的译文是"They are few who, being filial and fraternal, are fond of offending against their superiors. There have been none, who, not liking to offend against their superiors, have been fond of stirring up confusion"。克里夫佐夫的译文是"Мало людей，которые，будучи почтительными к родителям и уважительными к старшим братьям，любят выступать против вышестоящих. Совсем нет людей，которые

---

① 罗新璋、陈应年编：《翻译论集》（修订本），北京：商务印书馆，2009 年，第 346 页。

не любят выступать против вышестоящих, но любят сеять смуту". 在这段译文中, 两人无论是在语序上, 如把"鲜矣"提到句首; 还是在语法上, 如在翻译"其为人也孝弟, 而好犯上者, 鲜矣"时, 理雅各使用 being filial and fraternal 做状语, 同时使用 who 引导的定语从句, 克里夫佐夫则使用 будучи почтительными к родителям и уважительными к старшим братьям 作条件状语, 然后使用 который 引导的定语从句; 抑或是在词意的翻译上, 如两人都把"鲜矣"译为"少"(few, мало), 都出奇的一致。对"不好犯上, 而好作乱者, 未之有也"句的翻译, 两人也完全相同, 此不赘述。理雅各的《论语》译文被奉为经典, 并多次再版。所以, 克里夫佐夫从理雅各的译文中有所借鉴也在情理之中。

其三, 克里夫佐夫的《论语》俄译是作为中国哲学作品来翻译的, 因此对儒学术语的解释侧重哲学方面。如对"仁"的注释为"是儒学中最为重要的伦理-哲学概念。仁对理解孔子学说有着重要意义。在孔子这里, 仁首先是指父亲、儿子和兄弟、国君、官员和朋友之间的关系。其次才是指所有人之间的关系"①。系统性和自觉性是哲学的主要特征。克里夫佐夫对儒学核心概念的解释从来不是孤立的, 而是把其放在大的理论框架下进行虽简要但又系统的解释。再如对"道"的注释为"是儒学的主要伦理概念之一, 把其他概念都统摄到自己之中。在儒家看来, 是正确的伦理道路的体现; 如果一个人拥有道, 则他已经完成了自己的使命"②。

2. 克里夫佐夫译本的不足

我国学者陈开科肯定了克里夫佐夫《论语》译本的贡献, 如他把"孔子"译为"учитель (老师)", 比较贴近历史。同时, 也认为他的译本存在"结构单一, 文笔生硬, 而且实际上残缺不全"③ 等不足之处。说他的译本残缺不全, 主要在于他未完整地翻译《论语》, 大约翻译了全书54%的内容。我们认为, 造成译文内容残缺不全的原因不在于他本人, 而是与《中国古代哲学》总的编撰要求有关, 更主要的是与当时苏联学术必须为政治服务的时代背景有关。事实上, 克里夫佐夫译本的主要不足在于他的译本中存在一些误译。如:

原文: 子曰: "不仁者不可以久处约, 不可以长处乐。仁者安仁, 知者利仁。"(《论语·里仁》)

---

① Древнекитайская философия. М., 1972. С. 313.

② Там же. С. 316.

③ 陈开科:《巴拉第的汉学研究》, 北京: 学苑出版社, 2007年, 第259页。

译文：Учитель сказал：《Человек, не обладающий человеколюбием, не может долго жить в условиях бедности, но он не может долго жить и в условиях радости. Человеклюбивому человеку человеколюбие приносит успокоение. Мудрому человеку человеколюбие приносит пользу》.

总体而言，克里夫佐夫对"不仁者不可以久处约，不可以长处乐"的翻译是正确的。不过，他对"仁者安仁，知者利仁"的翻译就有待考查了。杨伯峻对这句话的注解是："有仁德的人安于仁［实行仁德便心安，不实行仁德心便不安］；聪明人利用仁［他认识到仁德对他长远而巨大的利益，他便实行仁德］。"① 钱穆认为，"安仁""谓安居仁道中"，"利仁"是"知仁之可安，即知仁之为利。……安仁者，此心自安于仁，如腰之忘带，足之忘履，自然安适也。利仁者，心知仁之为利，思欲有之"②。李泽厚把其译为："仁爱的人自然地归属仁，聪明的人敏锐地追求仁。"③ 朱熹注"利"为："利，犹贪也，盖深知笃好而必欲得之也。"④ 程树德《论语集释》《皇疏》说："约，犹贫困也。……乐，富贵也。……禀性自仁者则能安仁也。……智者，谓识昭前境，而非性仁者也。利仁者其见行仁者若于彼我皆利，则己行之；若于我有损，则使停止，是智者利仁也。"⑤ 众多注释表明，"仁者安仁"即安于仁，"智者利仁"句，杨伯峻和《皇疏》注为利用仁，钱穆、李泽厚、朱熹注为追求仁（或拥有仁），其实追求或拥有的目的都是为利用仁。克里夫佐夫的译文是"Человеклюбивому человеку человеколюбие приносит успокоение. Мудрому человеку человеколюбие приносит пользу（仁为仁者带来安宁，仁为智者带来利益）"，显然在逻辑关系上与原文不符。贝列罗莫夫对"仁者安仁，智者利仁"的翻译为"Человеколюбивый находит покой в человеколюбии, мудрый человек извлекает пользу из человеколюбия（仁者在仁中获得安宁，智者从仁中获得益处）"，符合原文含义。再看一例：

原文："富与贵，是人之所欲也；不以其道得之，不处也。贫与贱，是人之所恶也；不以其道得之，不去也。"（《论语·里仁》）

译文：《Люди желают богатства и знатности. Если не руководствоваться

---

① 杨伯峻：《论语译注》，北京：中华书局，1980 年（2008 重印），第 35 页。
② 钱穆：《论语新解》，北京：生活·读书·新知三联书店，2002 年（2007 重印），第 84 页。
③ 李泽厚：《论语今读》，北京：世界图书出版有限公司北京分公司，2019 年，第 66 页。
④ 朱熹：《四书集注》，南京：凤凰出版社。2005 年（2008 重印），第 72 页。
⑤ 程树德：《论语集释》，北京：中华书局，2013 年（2017 重印），第 265 页。

правильными принципами, их не получишь. Людям ненавистны бедность и знатность. Если не руководствоваться правильными принципами, от них не избавишься».

这段话反映了孔子的利欲观。孔子说，每个人都不喜欢贫贱，都希望功名富贵，但是这一切必须通过正当的方法获得。克里夫佐夫把"富与贵，是人之所欲也；不以其道得之，不处也"中的"不处也"译为"их не получишь（得不到它们）"，杨伯峻对"不处也"的译文为"不接受"①，李泽厚解"不处也"为"不接受"②。"得不到"和"不接受"是两个概念，"得不到"重点在客观上压根没有获得，而"不接受"是可以"得到"但主观上"不接受"，两者是条件和结果的关系。再看"贫与贱，是人之所恶也；不以其道得之，不去也"句，克里夫佐夫把此处的"贱"仍然译作"знатность（贵）"，显然是错误的。再看一例：

原文："丘也闻有国有家者，不患寡而患不均，不患贫而患不安。盖均无贫，和无寡，安无倾。"（《论语·季氏》）

译文：Я слышал о том, что правители царств и главы семей озабочены не тем, что у них мало людей, а тем, что［богатства］распределены неравномерно, озабочены не бедностью, а отсутствием мира［в отношениях между верхами и низами］. Когда богатства распределяются равномерно, то не будет бедности; когда в стране царит гармония, то народ не будет малочислен; когда царит мир［в отношениях между верхами и низами］, не будет опасности свержения［правителя］.

这是《论语》中非常有名的大家耳熟能详的一段话，反映了孔子的政治主张。对于"不患寡而患不均，不患贫而患不安"句，克里夫佐夫译成：" не тем, что у них мало людей, а тем, что［богатства］распределены неравномерно, озабочены не бедностью, а отсутствием мира［в отношениях между верхами и низами］［不患人口少，而是财富分布不均；不患贫穷，而是在（上下阶层之间）缺乏和平］"。杨伯峻对"不患寡而患不均，不患贫而患不安"注解为"不必着急财富不多，只需着急财富不均；不必着急人民太少，只需着急境内不安"③。钱穆认为，"不患寡而患不均，不患贫而患不安"当作

① 杨伯峻：《论语译注》，北京：中华书局，1980 年（2008 重印），第 36 页。
② 李泽厚：《论语今读》，北京：世界图书出版有限公司北京分公司，2019 年，第 68 页。
③ 杨伯峻：《论语译注》，北京：中华书局，1980 年（2008 重印），第 173 页。

"不患贫而患不均，不患寡而患不安。下文云均无贫，承上句言。和无寡，安无倾，承下句言"，所以应该译为"不要愁贫乏，只愁财富不均。不要愁民户寡少，只愁其不相安"①。

虽然克里夫佐夫的《论语》译本存在一些不足，但这毕竟是苏联时期出版的第一个比较系统的《论语》译本，加上他的译文用语比较浅显，注释简洁，比较适合普通读者阅读。克里夫佐夫的译本对于苏联读者了解中国传统文化有重要作用，故在《论语》俄译史上，他的译本无论如何应占有一席之地。

第四节 西门诺科的诗歌译本

苏联时期，西门诺科在《论语》研究与翻译方面取得了很大的成绩。1947年，他出身于一个工程师家庭，1965年考入莫斯科大学东方学院（现亚非学院），1974年，获得语文学副博士学位，后为亚非学院中国语文教研室老师，并在1984—1989年担任亚非学院语言系主任。西门诺科曾在1991—1992年来北京大学进修一年，2017年获得莫斯科大学功勋教师称号。他的研究方向为中国文学、中国哲学和艺术思想等，在上述领域取得了一系列研究成果。目前，已出版的与儒学相关的著作和译作有《孔子的箴言》、《信而好古》（《Я верю в древность》，1995，2016）、 《孔子〈论语〉》 （《Конфуций. Лунь Юй. Изречения》，2006，2009、2011，2015）、《孟子新译》（《Мэнцзы в новом переводе с классическими комментариями Чжао Ци и Чжу Си》，2016）、《早期儒家作品〈论语〉〈孟子〉》（《Ранняя конфуцианская проза："Лунь Юй""Мэнцзы"》，2016）等。其中，《孔子的箴言》是迄今为止俄罗斯研究《论语》的唯一一部专著，后面附有他的《论语》译文。

一、《论语》专论:《孔子的箴言》

在《孔子的箴言》中，西门诺科指出，已经出版了大量的研究孔子的书籍和文章，孔子学说也被译成不同的语言。在这种情况下，很难再说出孔子研究存在哪些不足，但"现如今人们对孔子学说的研究多局限于一定的模式，即强调细节……苏联汉学界还没有出现研究孔子的专著，这无疑加大了客观评价孔

---

① 钱穆:《论语新解》，北京:生活·读书·新知三联书店，2002年（2007重印），第428-429页。

子学说的难度"①。也就是说，人们对《论语》的解读大都流于局部而缺乏整体研究。令他痛心的是，苏联汉学家没有进行专门的孔子学说研究，于是他决定开展这项工作。他认为，打破长时间以来形成的固定研究模式，是研究孔子学说的任务之一。所以，他决定从孔子生活的历史语境中寻找孔子学说的内在逻辑，同时研究孔子学说与他之前的文化传统以及其他中国古代学说之间的关系，从而重建孔子学说的完整性，因为只有这样才能发现孔子学说的宇宙观和儒家学说独有的特点。在众多的儒家典籍中，《论语》具有特别的意义，因此他决定选择它作为研究孔子学说的切入点。为了揭示《论语》的内在联系，西门诺科抛弃了前人把孔子简单地划分成"人、政治家、伦理学家、学者、老师、哲学家"的研究方法，也不再把孔子学说粗浅地拆分为"经济的、政治的、哲学的、美学的等"② 各种内容，因为这样的研究方法把孔子塑造成了一个具有现代精神的人：一个充满魅力的、幽默的、有艺术家气质的人。同时，孔子学说也被解读得支离破碎。

西门诺科多次强调自己的研究是从《论语》出发，注重《论语》的文本性和内在性，从而系统地论述、分析《论语》的思想内容、象征意义与历史背景。《孔子的箴言》除引言、结语和部分《论语》译文外，正文共分为七章。第一章：先行其言。该章主要分析孔子对语言和言语的态度。第二章：神秘剧的世界。在本章中通过对《论语》内容的详细分析，他揭示了孔子学说与中国古代神话及礼仪的密切关系。第三章：时间探寻。该章分析孔子对时间的认识以及时间概念在儒学中的内涵。第四章：从形象到神话。他主要分析了《论语》中塑造的人物形象特点。第五章：人性。通过分析《论语》中孔子常用的一些词语，他剖析了孔子对人性的认识以及对与人性相关的道德的理解。第六章：圣愚辩护。该章运用俄罗斯文学中常见的圣愚形象分析《论语》中一些怪异的人物形象以及逗乐的文化现象。第七章：通往天国的路。这一部分的内容主要分析了孔子的政治观点和主张。由此可知，西门诺科对《论语》的解读视角非常独特。这些独特的解读视角带有浓厚的宗教色彩，同时也具有深厚的俄罗斯宗教文化的痕迹。在西门诺科看来，宗教性是儒学的主要特征，它的这一特征与儒学的其他特点相结合，使儒学成为中国封建王朝的统治思想。同时，他也指出，孔子学说是一门独特的宗教，"该宗教的最大特点就在于它把超自然和自然

---

① Семененко И. И. Афоризмы Конфуция. М., 1987. С. 6.

② Там же. С. 16.

结合在一起，从而赋予这种学说以理性因素，抹去了俗世和宗教之间的清晰界限"①。

二、再现情感的诗歌形式

和其他译者的译文相比，西门诺科《论语》译文的一大特点是简洁含蓄、诗味十足。他采用诗歌的形式翻译《论语》和他的翻译目的密不可分。如他言之："全部译文都采用诗歌形式的目的是传达饱含情感的、舍己精神的氛围，这一精神贯穿《论语》全文。孔子的每一句箴言以及与箴言相关的每一种语境都是先师孔子充满激情的从未中断的独白的更新，更是其在自我牺牲精神下迸发的成为恢复世界的创造者的使命体现。由于这个原因，我们选择翻译的每一个片段本质上不仅仅是哲学-宗教的象征，更是诗性的倾诉。这种倾诉要求采用特别的译法进行翻译，而不是译成纯粹的哲学文本。"② 由此可知，西门诺科采用诗歌形式翻译《论语》的主要目的是再现孔子在礼崩乐坏情况下忧心忡忡的焦灼心态和他为恢复礼乐而自我牺牲的精神。在众多的文学体裁中，诗歌无疑是最能表达强烈情感的一种形式，因此译者选用了诗歌形式进行翻译。下面我们试举例说明：

原文：有子曰："其为人也孝弟，而好犯上者，鲜矣；不好犯上，而好作乱者，未之有也。君子务本，本立而道生。孝弟也者，其为仁之本与!"（《论语·学而》）

译文：

Юцзы сказал:

Редко бывает,

Чтобы человек, почтительный к родителям и старшим,

Любил бы нападать на высших,

И не бывает вовсе,

Чтобы тот, кто не любил бы нападать на высших,

Любил бы затевать смуты.

Благородный муж трудится над корнем,

С установлением корня рождаетсяи путь.

Сыновняя почтительность и уважение к старшим—

---

① Там же. С. 253.

② Там же. С. 300.

Это и есть корень милосердия!

原文共由四句话组成，前两句用递进的形式列举了"孝弟"的重要性，可以避免"犯上"，免于"作乱"。后两句同样采取了递进的形式说明"孝弟"是"仁"之根本，原句围绕"孝弟"这一宗旨层层展开，读起来"不仅不觉得乱，反而觉得轻快，活跃，舒展，自如，犹如一股清泉在岩石上流淌一般"①，从而强化了说理的效果。西门诺科的译文并没有刻意追求押韵，也不追求诗行音步的等同，而是采用散文诗的形式，抑扬顿挫，朗朗上口。汉语的一个特点是叙述现象在先，结论在后，如"鲜矣""未之有也"放在了句尾。俄语的一个特点是先说结论，而后论述现象，因此译者把这两句话提到句首。更重要的是，译者保留了原文的简洁性，几乎没有添加多余的字眼。当然译文也有不妥的地方，就是对"弟"的翻译，"弟"是对待兄长友爱、尊敬的态度，这和孔子倡导的以家庭为根本的伦理主张密切相关。西门诺科把"弟"译为"уважение к старшим（尊敬比自己年纪大的人）"，这样就扩大了"弟"的外延，泛指一切长者。但无论如何，译文句式工整、流畅自然，没有生硬的痕迹。这点和克里夫佐夫的译文相比，效果会更明显。

Ю - цзы сказал: 《 Мало людей, которые, будучи почтительными к родителям и уважительными к старшим братьям, любят выступать против вышестояших. Совсем нет людей, которые не любят выступать против вышестоящих, но любят сеять смуту. Благородный муж стремится к основе, когда он достигает основы, перед ним открывается правильный путь. Почтительность к родителям и уважительность к старшим братьям—это основа человеколюбия》.

克里夫佐夫的译文紧跟原文，可以说是亦步亦趋。我们不能说他的译文不对，甚至一些地方比西门诺科的译文还要准确，如对"弟"的翻译。不过，在他的译文中，原文的语言美几乎消失殆尽，只留下枯燥的说教，曾参由此变成了一个毫无文采的说教者。下面我们再看一个例子：

原文：子曰："富与贵，是人之所欲也；不以其道得之，不处也。贫与贱，是人之所恶也，不以其道得之，不去也。君子去仁，恶乎成名？君子无终食之间违仁，造次必于是，颠沛必于是。"（《论语·里仁》）

译文：

---

① 陈葵阳：《从意合形合看汉英翻译中句子结构的不对应性》，载《安徽农业大学学报》（社会科学版），2005 年第 4 期，第 125 页。

Учитель сказал:

Знатность и богатство —

Это то，чего так жаждут；

Если я их обретаю незаслуженно，

Ими не пользуюсь.

Убожество и бедность —

Это то，что люди ненавидят；

Если я их обретаю незаслуженно，

Ими не гнушаюсь.

Как может благородный муж добиться имени，

Если отвергнет милосердие?！

Благородный муж даже на время трапезы не забывает о милосердии，

И в спешке — непременно и тогда，

И под угрозой — непременно и тогда.

"富与贵，是人之所欲也；不以其道得之，不处也。贫与贱，是人之所恶也；不以其道得之，不去也"是由四句间隔而成的长短句，从而构成了整齐的形式美。在发音方面，以"也"字收尾，于是形成了押韵的效果，具有韵律美。形式美和韵律美二者相叠加，有力地表达了孔子的利欲观。同样，"造次必于是，颠沛必于是"，以"于是"收尾，构成同字押韵的效果。《论语》中有大量这样的句子，真的是读之上口，视之悦目，思之深邃，韵味悠长，不仅增加了原文的条理性，而且增强了情感的力度。显然，西门诺科意识到了《论语》语言的艺术美，是"诗性的倾诉"，翻译时有意保留这一特点。译者不仅保留了原文的长短句形式，还传达了其音韵美，把"所欲也"译为"жаждут"，"所恶也"译为"ненавидят"，都以词尾"т"结尾；"不处也"译作"Ими не пользуюсь"，"不去也"译为"Ими не гнушаюсь"，词尾都以"юсь"结尾；"造次必于是，颠沛必于是"中"必于是"都译成"непременно и тогда"。同时，有两点需要指出：其一，原文中的"不以其道得之"的主语是泛指，即这是一条普适性的原则，而西门诺科在译文中添加了主语"я（我）"，好像是孔子自己在言志。其二，"贫与贱，是人之所恶也；不以其道得之，不去也"句中的"得之"应该是"去之"。因为贫与贱是大家所厌恶的，不可能想"得之"，想必是古人不经意处的错误，但中国读者阅读古文时有大量的历史常识或注释为背景，因此会自动校正自己的认识。西门诺科却仍然翻译成"Если я их обретаю незаслуженно（以不当的方式获得它们）"，显然会让没有中国文化背景的俄语读者感到迷茫，因为没有人愿意获得"贫与贱"。另外，把"不去也"句译成"ими не гнушаюсь（不嫌弃它们）"和"不去也"的原意也不相符。后来，贝列罗莫夫将"贫与贱，是人之所恶也，不以其道得之，不去也"译为"Бедность и презрение — вот что ненавидят все люди. Если не установить им Дао-Путь для избавления от этого, то они от этого так и не избавятся（贫与贱，是所有人都憎恶的，如果不以道摆脱它们，那么人们是不会去掉的）"，显然更符合原文本意。

西门诺科不仅对《论语》中的整齐句式采用诗歌的形式翻译，即便是书中的对话他也翻译成诗歌形式。如："子谓子贡曰：'女与回也孰愈？'对曰：'赐也何敢望回？回也闻一以知十，赐也闻一以知二。'子曰：'弗如也；吾与女弗如也。'"（《论语·公冶长》）西门诺科的译文如下：

Учитель спросил Цзыгуна:

— Кто из вас лучше, ты или Хуэй?

Цзыгун ответил:

— Как смею я равнять себя с Хуэем?!

Хуэй, услышав об одном, уж знает остальные десять,

А я, услышав об одном, еще лишь знаю о втором.

Учитель сказал:

—Не равен,

Я согласен,

Ты ему не равен.

此外，对于《论语》中纯粹的事件记述，西门诺科也翻译成诗歌形式。如："孺悲欲见孔子，孔子辞以疾。将命者出户，取瑟而歌，使之闻之。"（《论语·阳货》）西门诺科对这段话的译文是：

Жу Бэй хотел увидеться с Конфуцием.

Конфуций отказался, сославшись на болезнь,

Но только посланный стал удаляться со двора,

Взял гусли и запел,

Чтоб тот его услышал.

的确，《论语》语言非常优美，"美的节奏音韵，读之郎朗上口；美的整齐句式，诵之津津乐道；美的生动化形象化，给人启迪无穷；美的叠句重语，令人寻绎不尽"①。孔子本人非常注重语言的艺术作用和表达效果，他反对"巧言"，认为"巧言乱德""文胜质则史"，主张"辞达而已矣"。由此可知，虚浮的辞藻是孔子所不认同的。但同时，他也反对过于朴实的语言，认为"质胜文则野"。《春秋左传·襄公二十五年》记载孔子说过这样的话："《志》有之，'言以足志，文以足言'。不言，谁知其志？言之无文，行而不远。"② 这段话反映了志、言、文之间的关系，只有把"志"说出来，才能让人知道，但是"言"的时候必须有"文"，否则虽然能行，但不能及远。所以，理想的境地是"文质彬彬"。正是孔子认识到言、文对于志的重要性，因此非常注重言文之间的关系，这也是形成《论语》语言艺术美的根源。《论语》中大量对比、对偶、排比和重语等的运用，造成了《论语》简练齐整的行文，增强了《论语》的可读性、人物形象的丰满性和思想的深刻性。由此，为了增强情感的表达力度，西门诺科用诗歌的形式翻译无可厚非。为尽可能地"展示原文的韵律，以及每一个字、一句话的作用，我们尽可能在译文中不加注释，而是采用尾注的方式加注"③。为了再现原文工整对仗的风格，再现每一个字、每一句话自身的力量和作用，西门诺科一是没有将原文含蓄之处明晰化、具体化，而是保留了原文的模糊性、简洁性；二是注释极其简单，仅简明扼要地交代一下《论语》中一些重要人物的关系或地位。如对"有子"的注释是"孔子的学生有若"；对"曾子"的注释是"孔子的学生曾参，《论语》中只有他和有若被尊称为'子'（учитель）"；对"孟懿子"的"注释"是"鲁国的一个官员"。

但是，《论语》毕竟是部语录体作品，主要以语录和对话的形式记录了孔子及其若干弟子的言语行事。这样就造成了如下问题：一是篇章之间的关联性不紧密，二是一些句子在不同的篇章中重复出现，三是记述的方式不一致。这些形成了《论语》思想的不系统。西门诺科对《论语》的这些特点有着清晰的认识，指出《论语》给当代读者的印象是"不系统性、片段性、言语不明，总之，极其的言简意赅"④。所以，采用简洁的诗歌形式和较少的注释，有时未免造成意义不明，给译文读者造成理解上的困难。

---

① 章沧授：《〈论语〉的语言艺术美》，载《安徽教育学院学报》（社会科学版），1986 年第 3 期，第 85 页。

② 李学勤主编《十三经注疏·春秋左传正义》（中），北京：北京大学出版社，1999 年，第 1024 页。

③ Семененко И. И. Афоризмы Конфуция. М., 1987. С. 300.

④ Там же. С. 8.

另外，细读西门诺科的译文，不难发现，里面还有一些误译。举一个比较典型的例子，如把"女奚不曰，其为人也，发愤忘食，乐以忘忧"（《论语·述而》）句译成"Почему ты не сказал, что я из тех людей, /Кто, страдая, забывают о еде, /когда радуются, забывают горести"。显然，译者把"愤"理解为"悲愤、郁闷"了，那么这里的"愤"究竟是什么意思呢？杨伯峻对"发愤忘食"的译注为"用功便忘记吃饭"①。钱穆对"发愤忘食"的解释是"他心下发愤，连吃饭也忘了"。为什么会"心下发愤"，因为"凡从事于学，必当从心上自知愤"②。由此可知，这里的"愤"是"用功"的意思，而不是"悲愤、痛苦"。

小结

苏联时期，随着社会形态的改变，苏联汉学的研究对象也随之发生了变化。"二三十年代，中国传统文化研究退居次要位置，中国革命成为最具有现实意义的研究内容，研究方法和视角受到意识形态和斯大林等苏共领导人言论与思想的深刻影响。"③ 此时，中国的经济、历史、革命、政体等成为苏联汉学家关注的焦点，当代文学成了苏联汉学研究的重心，而中国古代典籍则成了批判的对象。在用政治标准衡量学术研究的社会情况下，苏联汉学界的古代典籍研究可谓是举步维艰。不过，仍有一些汉学家冒着被批判甚至拘禁的风险，致力于中国古代典籍的翻译和研究，如阿列克谢耶夫翻译了《论语》的前三篇。随着第二次世界大战爆发，苏联进行了卫国战争，导致许多东方学学校和机构受到严重影响。可以说，这段时间的苏联汉学研究几乎完全陷入了停滞状态。

二战结束后，苏联汉学迎来了新发展。1949 年，新中国成立后，中苏关系进入快速发展时期。随着中苏交往日趋频繁，交流不断深入，苏联对汉学人才的需求也不断增加。在此背景下，苏联汉学进入繁荣期。20 世纪 60—80 年代，中苏关系恶化，苏联汉学的发展受到了各方面的影响。需要说明的是，苏联当局对当时中国发生的"文化大革命"感到迷惑不解，不知道中国为什么要"批

---

① 杨伯峻：《论语译注》：北京：中华书局，2007 年，第 81 页。
② 钱穆：《论语新解》，北京：生活·读书·新知三联书店，2002 年（2007 重印），第 181–182 页。
③ 阎国栋：《俄罗斯汉学三百年》，北京：学苑出版社，2007 年，第 140 页。

孔"。为了弄明白中国这场运动的性质，苏联当局命令一些汉学家研究孔子和儒学。到 20 世纪 80 年代，中苏关系开始正常化，意识形态的作用不再被过分彰显，苏联汉学研究重回正常轨道。中国国内在对待传统文化的态度上也发生了改变，开始用更为客观、冷静的态度重新审视传统文化，由原来的批儒、反儒到后来的合理化运用儒学。这些举措使曾遭到批判的儒学重新走进人们的视野，为低迷的儒学研究注入了新的活力。同时亚洲一些经济发展迅速的国家也把经济腾飞的原因归结为对儒家学说的运用，这在一定程度上促使一部分俄国政治、经济精英重新把目光转向中国，进一步关注儒学。尤其是近年来，俄罗斯学习西方模式的失败和中国所取的巨大成就形成了鲜明的对比。俄罗斯上层人士对中国的关注与日俱增，民众也有着强烈了解中国文化的愿望。在这种情况下，俄罗斯汉学家对中国典籍的翻译投入了较大的精力。所以，苏联解体后，儒学研究重新回到俄罗斯汉学家的视野中，在俄罗斯出版了大量的儒学译作和研究作品。当然，《论语》也重获青睐，迎来了译介与研究的高潮。

第三章 《论语》俄译的繁荣

20 世纪 90 年代以来，中国经济发展迅速，综合国力不断提高，国际影响力日渐增加。不少俄罗斯人在惊叹中国取得的辉煌成就的同时，开始思索中国迅速发展的原因，认为中国传统文化对中国的发展起了很大的助推作用。其中，儒学的作用不可低估。于是，俄罗斯社会各阶层对儒学的兴趣与日俱增。同时，不少西方学者也认识到了儒学的丰富内涵，希望能从中找到它的当代价值，因此也兴起了儒学研究热。就这样，作为儒学元典的《论语》受到俄罗斯社会前所未有的关注，《论语》俄译和研究迎来了高潮。不仅出现了众多的新译本，而且译本形态多样。

第一节 《论语》俄译的高潮和多元

一、《论语》译介状况及特点

苏联解体后，《论语》俄译迎来了繁荣，主要表现如下：

其一，《论语》新译本数量不断增加。该阶段出现了 10 多个《论语》译本，按时间顺序排列如下：1992 年，杂志《边界》（《Рубеж》）第二期刊登了果洛瓦乔娃的《论语》译文。果洛瓦乔娃对中国传统文化尤其是儒学和道家学说及其在当代社会中的作用研究颇多。她的《论语》译本拉开了当代俄罗斯《论语》译介的序幕。同年，马良文（В. В. Малявин，1950-）的专著《孔子传》（《Конфуций》）出版，里面附有他翻译的部分《论语》译文。1994 年，西门诺科的《论语》（《Изречения》）在莫斯科出版，这是继 1987 年《论语》译本后他的第二个《论语》译本。1994 年，卢基扬诺夫的《中国古代哲学的起源》（《Начало древнекитайской философии》）出版，里面有部分《论语》译文。2000 年，他的《论语》（《Беседы и суждения：Луньюй》）全译本出版。1998

年，贝列罗莫夫的《论语》全译本出版，这是目前学界公认的译文质量最高的《论语》译本。2000年，马尔德诺夫的专著《孔子·论语》在彼得堡出版。该书既有对孔子生平和思想的介绍和论述，又有《论语》的全译本，出版后非常畅销。2001年，马尔德诺夫在之前孔子学说研究与《论语》俄译的基础上，再次推出《儒学·论语》，表达自己对儒学的新认识。2013年，布罗尼斯拉夫（В. Б. Бронислав，1957-，中文名魏德汉）的《论语》译本出版。2017年，鄂登堡（С. Ф. Ольденбург，1863-1934）的《孔子：生平、活动和思想》出版，该书后面附有部分《论语》译文。2012年，卢基扬诺夫、阿布拉缅科（В. П. Абраменко）和俄罗斯远东科学研究院的黄立良共同为俄罗斯的学生翻译了《论语》，较好地满足了青年一代认识儒学的需求。2017年，俄罗斯远东科学院同时推出了《论语》的学术性散文体译本和诗歌体译本，学术性译本是由卢基扬诺夫翻译的，诗歌体译本是由阿布拉缅科翻译的。阿布拉缅科通篇以诗歌形式翻译《论语》，这在俄罗斯汉学史上还是第一次。卢基扬诺夫指出，阿布拉缅科之所以采用诗歌的形式翻译《论语》，原因有二："首先，早期哲学思想都是以诗歌的形象来表述的。其次，人刚刚一出生是从母亲的摇篮曲开始的，孩子是人间的神，诗歌是他们的语言，老子和孔子保留了这样的语言，即使在最具有散文性的语言中也暗藏着韵律性。"① 除上述译本外，佐格拉芙（И. Т. Зограв）、格里高利耶娃（Т. П. Григорьева，1929-2014）等也译有《论语》。

其二，不少《论语》俄译本多次再版。不仅柏百福的《论语》译本被多次再版，而且90年代后出现的《论语》译本也被多次再版。西门诺科的《论语》（1994）译本曾多次再版，如1995年他编著的《孔子：信而好古》、2007年莫斯科出版的《孔子·论语》、2008年布柳门克朗兹（М. А. Блюменкранц）主编的《孔子·智慧讲堂》（《Конфуций：уроки мудрости》）（2016年再版）和2009年出版的《四书》等作品中，均收录了他的《论语》译文。另外，卢基扬诺夫的《论语》译本也在2000年再版，马良文的《论语》译本在2001年再版，贝列罗莫夫的《论语》译本分别于2000、2001、2004年（收录《四书》俄译本）、2009年等多次再版。马尔德诺夫的《论语》译本也被多次再版。1999年，《晶体》（Кристалл）出版社出版了自瓦西里耶夫以来的所有《论语》译本合集，并于2001年再版。当然《论语》俄译本的再版次数远不止我们所列，这充分说明当前俄罗斯对以《论语》为代表的儒学的兴趣极其浓厚，因此产生的

---

① 刘亚丁：《中俄文化的相遇与相互理解——对话俄罗斯著名汉学家卢基扬诺夫》，http://www.cssn.cn/zx/201701/t20170105_3369866_3.shtml，2020-8-5.

《论语》译本需求量也不断加大。

其三，《论语》译本形态多样化。布托梅耶夫（В. П. Бутромеев）等编撰的《孔子·智慧箴言》（《Конфуций. Афоризмы мудрости》）① 一书是俄罗斯汉学史上首个彩色插图文本，本书主要包括前言、《论语》译本、孔子生平事迹、结语4个部分。其中译文部分使用的是柏百福的《论语》译本，在《论语》译本正文中，每页都有一幅或者几幅插图，插图内容如下：①根据《论语》某一章所描述的内容插图。②根据《史记》内容或其他中国史书记载的孔子的事迹进行相应的插图。③插有一些中国古代著名画家如赵孟頫、恽寿平的风景画。④插有一些反映中国风俗的特色发型、服装的图画。⑤插有国外一些画家所画的孔子肖像、孔子生活及活动场面的版画，等等。该书活泼有趣，非常适合普通读者尤其是青少年阅读。2019年，该书再版。2008年，Лю Фаньцзы② 编撰了《孔子经典名言》（《Каноны Конфуция в притчах》）一书，里面的《论语》译文使用的是柏百福的译本。该书把孔子的名言分成12个方面，分别是：高尚之士、孔子之路、论人、圣人出仕否、修己、吾忧也、遵道、礼、求知、知之乐、君子、仁。每一标题下是《论语》中相应的言简意赅的警句醒言的译文。该书省去了复杂的历史语境以及文化知识，译文简洁易懂，也没有任何注释，这种做法可以帮助普通读者更快速地了解孔子思想的精华。此外，该书附有插图，图画主题随着名言内容的变化而变化，力求与名言内容相吻合，如"孔子之路"部分是一些"高士行走在路途中"的图画，"修己"部分的插图是"八仙"。布罗尼斯拉夫的《论语》译本也非常精美，每篇开头都插入了一幅八大山人朱耷的画。笔者曾经问过他，中国优秀画家众多，为什么选择八大山人的画作为译文的插图，他说八大山人是很能代表中国传统精神的一位画家，他的作品也很能反映中国特有的精神，而《论语》也蕴含有中国传统精神和文化内涵，故把它们二者结合在一起。八大山人的花鸟山水自成一体，尤其是其落款，常把"八大山人"四字连缀起来，仿佛"哭之笑之"，借此表达他的心情。此外，他译本的每一页都盖有自己中文名字"魏德汉"的印章。打开他的译本，一股浓厚的中国气息扑面而来。

和之前相比，20世纪90年代后的《论语》俄译与研究具有以下特点：

首先，译者多为研究儒学的专家。贝列罗莫夫就是研究儒学的专家，对儒学作了系统深入的研究，出版了许多儒学领域的作品，主要有《孔子对"和"

---

① Бутромеев В. В. Конфуций. Афоризмы мудрости. М.，2007.

② 读作 Liu Fanzi，由于未能找到该学者的汉语名字，故以俄文名字代替。

的理解及朱熹解释是否得其本意》（1993）、《孔夫子与俄罗斯文化》（1994）、《中国政治历史上的儒家与法家》（1981）、《孔子言论》（1992）、《孔子：生活、学说及命运》（1993）、《论语译解》（1998）、《孔子与中国的战略方针》（2007）、《孔子与儒学：从远古到当代（公元前5世纪至公元21世纪）》（2009）。在这些文章和著作中，贝列罗莫夫向世人讲述他对儒学的研究心得和看法，讲述儒学中的治国方略。同时在创作的过程中，贝列罗莫夫逐步积淀了深厚的儒学底蕴。在自认为掌握了足够的知识储备后，他开始翻译《论语》。深厚的学术素养和精湛的翻译技巧，使得他的《论语》译本达到了一个新的高度。此外卢基扬诺夫、马尔德诺夫等译者也对儒学作了深入的研究。

其次，《论语》翻译和研究相结合。译者"不仅要研究文字上的翻译，也要从事研究工作者所要做的事：研究原著风格、内容、背景，以及原作者的思想、生平、贡献、成书背景等。并撰写论文放在译文之前，使读者能够透彻地了解译著和原作者"①。许多俄译者在译文序言中，对孔子的生平、思想以及《论语》中一些重要概念范畴予以阐释，这为读者的阅读和理解提供了方便。如马尔德诺夫在《论语》译本之前，对儒学进行了详细的论述。经过分析，他认为尽管儒学中也存在祭祀，但不存在超自然因素，所以儒学是一种世界观，而不是宗教。卢基扬诺夫在《老子与孔子：哲学道》的序言中不仅介绍了孔子生平、《论语》在"四书""五经"中的地位，而且还对孔子与《易经》、孔子与老子的关系进行对比、分析，探讨儒家哲学的起源、发展以及与道家哲学的异同，寻找儒家哲学的术语名称，揭示儒学的概念内容。卢基扬诺夫这种把翻译和哲学分析结合起来的方法，使得他的研究别具一格，自成一体。

再次，译者对儒学思想的认识和把握比较客观，竭力摆脱文化结构对解读儒学的影响。所以，相比帝俄时期的宗教立场和苏联时期以意识形态为主的认识，20世纪90年代后期的俄罗斯汉学家更多的是以开放、平等的姿态认识儒学，力图从儒家文化内部出发，发掘其思想蕴含的当代价值和发展前景。

不过，虽然译者都努力还原儒学固有的思想，忠实再现原作的思想内容和语言风格，但因自身身份、翻译目的等的不同，导致这一时期的《论语》译本呈现出多元化的特点。首先，译者身份的多元化。除汉学家这一共同身份外，卢基扬诺夫受过系统的哲学训练，因此他还是一名哲学家，在翻译时主要从哲学角度出发。贝列罗莫夫作为一名俄罗斯新儒学的代表学者，更多地关注孔子思想与当代政治、文化之间的联系。其次，翻译目的的多元化。卢基扬诺夫从

---

① 刘靖之：《和谐的乐声》，武汉：湖北教育出版社，2002年，第50页。

哲学角度出发，试图在俄语中再现孔子学说的哲学特点；贝列罗莫夫则试图从《论语》中为俄罗斯的政治精英们提供可资借鉴的治国智慧，因此着重挖掘孔子思想与当代存在的现实问题的关联。马尔德诺夫的译本面向一般读者，力图将孔子思想传递给普通大众。最后，译本风格的多元化，由于译者的表达习惯、文化教育背景和出发点等的不同，译者的翻译策略、译语的选择和运用、注释和前言内容等也不尽相同，从而导致译本风格的多元化。如卢基扬诺夫的哲学性《论语》译本，马尔德诺夫的阐释性译本，阿布拉缅科的诗歌体译本等。

二、《论语》俄译繁荣的原因

汉斯·弗米尔（H. J. Vermeer）认为："任何形式的翻译行为，包括翻译本身，顾名思义，都可以看作是一种行为，任何行为都有一个目标或一个目的。Skopos 这一词专指翻译的目的。而且，一种行为会导致一种结果、一种新的情景或事件，也可能是一个新的事物。"① 在目的论看来，翻译作为一种人类行为，有其自身目的。译者会在特定目的的指导下选择特定的文本。苏联解体后，俄罗斯汉学家之所以对包括《论语》在内的儒学感兴趣，一定程度上是为了满足国内社会发展的需要。正如乐黛云所言："任何文化接纳外来文化，都会摈除自己难于接受的部分而只作有选择的认同。这种选择往往出自本土文化的需要。"② 具体说来，20 世纪 90 年代后《论语》在俄罗斯出现译介高潮的原因如下：

其一，中俄两国之间交往和合作的不断深化。中俄两国山水相依，地缘优势促进了两国人民交流的愿望不断加强，两国之间在政治、经济、文化方面的关系逐步深入。尤为重要的是，随着两国文化交流的频繁，中国文化不断走进俄罗斯人的生活之中。同时，新一代汉学家不断成长，尤其是莫斯科大学成立了研究中国语言文化的哲学学派，学派内的汉学家对先秦哲学非常感兴趣。为了满足俄罗斯人对中国文化的深层需求，不少汉学家进行了《论语》翻译。近年来，俄罗斯孔子学院及孔子学堂③的建立、"一带一路"文化交流活动的开展、中国孔子基金会在俄罗斯举办的"孔子文化世界行"等活动，都很好地促

---

① （德）诺德：《译有所为——功能翻译理论阐释》，张美芳、王克非主译，北京：外语教学与研究出版社，2005 年，第 15 页。

② 乐黛云：《文化交流的双向反应》，"中国文学在国外"丛书总序，广州：花城出版社，1990 年，第 2 页。

③ 在俄罗斯，自 2006 年 12 月 21 日远东联邦大学设立第一个孔子学院以来，截止到 2021 年底俄罗斯共有 19 个孔子学院和 4 所孔子学堂。

进了孔子文化在俄罗斯的传播。

其二，中国综合国力的不断增强以及东亚儒学文化圈的崛起为《论语》走向世界提供了现实动力。当今中国社会快速稳定的发展，促使现如今发展相对缓慢的俄罗斯进行反思。反思的结果之一是，"俄罗斯是一个欧亚国家，不能不考虑中国文明的经验。在此条件下，俄罗斯政治家开始重视孔子学说以及儒学在该国现代化过程中所扮演的角色。至于俄罗斯社会，其本身就是期盼能在孔子学说中找寻到有助于自己更有前瞻性的复兴途径"①。"中国领导人——邓小平、江泽民、胡锦涛善于弘扬民族传统精神，首先是先秦儒学思想（小康、以德治国、亲民等），将其服务于大众，并且取得了经济成就。中国的榜样，不可能不对俄罗斯的政治精英产生影响。"②与此同时，东亚儒学文化圈内的经济腾飞更加使西方国家和俄罗斯坚定了孔子学说在经济发展中的重要作用。波斯别洛夫（Б. Поспелов）在《作为经济发展因素的儒家文化和西方文化的综合》一文中指出，日本以及新兴工业化国家和地区——韩国、中国台湾、中国香港、新加坡取得了非常可观的经济成就，预计到 2000 年这一地区的人口将达到两亿，占世界工业产值的 20%。他论述了仁、义、孝、忠、礼的内容，认为它们是儒家文化处理人际关系、人与国家关系的基本准则，在当今社会仍具有很大的价值。接下来他分析了儒家文化与西方文化在这些国家和地区相互影响的状况："在西方意识形态和道德规范的影响下，儒家学说的体系已发生了变革。在日本、韩国和中国，变革的形态不同，但应该指出，恰恰是在东亚大多数国家。两种社会文化相互影响的结果形成了现代工业文明最重要的因素。这种工业文明被称为'人性化的事实'，保障了这些国家进入经济发达的行列。"③ 可以说，儒学强大的现实意义促使俄罗斯整个社会包括政治家、文化家和普通民众都对孔子学说产生了很大的兴趣。

其三，俄罗斯欧亚主义的重新兴起。苏联解体后，俄罗斯原有的传统价值观遭到颠覆，而新的价值观又未形成。对于精神陷入迷茫的俄罗斯人来说，当务之急是建立新的价值理念。于是，俄罗斯到底属于东方还是西方的问题又重新提上日程。苏联的解体宣告了西方模式在俄罗斯行不通，加上西方世界对俄罗斯傲慢甚至敌视的态度让俄罗斯很多民众感到十分失望和不满，因此他们把目光转向东方、转向中国，试图从中找到拯救自身的良方。在这种情况下，形

---

① Переломов Л. С. Конфуций《Лунь Юй》. М., 1998. С. 282.

② Переломов Л. С. Конфуцианское четверокнижие. М., 2004. С. 399.

③ Поспелов Б. Ситез конфуцианской и западной культур как фактор экономического роста // Проблемы Дальнего Востока. 1991. No. 5.

成于 19 世纪 20 年代的欧亚主义作为一种社会思潮在俄罗斯重新兴起。欧亚主义的主要观点是："1. 俄罗斯横跨欧亚，地理位置特殊，俄罗斯既不是欧洲，也不是亚洲，而是欧亚大陆；俄罗斯人既不是欧洲人，也不是亚洲人，而是欧亚人。2. 俄罗斯在文化上受东西方文化的影响，是将两种文化融于一体的第三种文化，即欧亚文化。3. 俄罗斯肩负特殊的欧亚使命，这个使命的重心偏向东方，俄罗斯宁为亚洲鸡首，不为欧洲凤尾。"① 苏联解体后，在一些欧亚主义者看来，俄罗斯不但要向西方学习，也要向东方国家尤其是中国的孔子思想学习。如今，欧亚主义不但是一种独特的社会思潮，甚至被看作是"俄罗斯文化战略与发展模式的理论基础"②。一些学者如贝列罗莫夫指出，俄罗斯当前的困境主要是领导人一味学习西方的结果，俄罗斯是一个欧亚国家，不能不考虑中国的经验。他甚至认为："至于俄罗斯，其二十一世纪在亚太地区的战略政策能否取得成功，大部分将取决于国家的领导阶层是否了解孔子学说的精髓。"③贝列罗莫夫认为，记载孔子言论的《论语》是中国的《圣经》，是中国文化的根，"孔子的话语，首先是指《论语》，在过去几百年里，任何稍微受过教育的人都知道这本书。成为经典之后，《论语》就成了中国传统文化的核心"④。俄罗斯若想借鉴中国经验，首先要正确地了解、认识《论语》。

其四，俄罗斯意识形态政治化的倾向不断弱化。诚然，意识形态无处不在，任何人都不能摆脱意识形态的限制而自足存在。正如阿尔都塞（Louis Althusser）所指出的那样，意识形态是"个体与其现实存在境遇的想象性关系的'再现'"。也就是说，意识形态已不再是认识论意义上的所谓观念、思想，而是拥有了和人的存在密切相关的本体论意义。其实，人生活在这个世界上并不像自己想象的那样自由，而是要受现存各种思想体制的制约和束缚。换言之，人永远不可能是自足的存在体，而只是有意无意中的"屈从体"，即屈从于各种外来压力和自身压力之合力的个体。当然，意识形态是以人这一主体为存在条件的，没有主体的存在就不可能有意识形态的存在。意识形态总是通过某种召唤来诱导主体无形中屈服自己，从而证实自己的存在。苏联解体后，意识形态屈服政治需求的压力逐渐减弱，学术氛围较为轻松自由，汉学家对自己的研究对象拥有较大的选择权。所以，一些痴迷儒家学说的汉学家投身到儒学研究当中去。

其五，受西方世界"中国中心观"（China-centered approach）的影响。20

---

① 陆人豪：《俄罗斯从来不是东方》，载《俄罗斯文艺》，2003 年第 4 期，第 49 页。

② 《人民日报》，1997 年 7 月 12 日。

③ Переломов Л. С. Конфуций《Лунь Юй》. М., 1998. С. 473.

④ Переломов Л. С. Конфуцианское четверокнижие. М., 2004. С. 12.

世纪 80 年代以来，西方社会遭遇了文化危机和许多难以解决的社会问题。一些人开始对"西方中心主义"思潮产生怀疑，同时期望从他者文化中找到解决自身一系列问题的答案，蓬勃发展的中国成了他们的首选。所谓"中国中心观"就是"以中国本身为出发点，深入精密地探索中国社会内部的变化动力和形态结构，并力主进行多科性协作研究"①。也就是说，研究者应抛弃自身的文化偏见，沉下心来，深入到中国文化中来。研究发现，当今之中国是在以前之中国的基础上发展而来的，即现代中国的文化、思想与它以前的思想文化密不可分。若想理解当今之中国，必须研究中国的历史。其中，儒学在中国传统文化中一直占据着重要地位。所以，必须对儒学进行深入研究。《论语》是元典，最能反映孔子学说，自然受到汉学家的关注。更为重要的是，《论语》里所讨论的各种问题在当今社会依然具有很强的现实意义。德国汉学家卜松山（Karl–Heinz Pohl, 1945—）指出："70 和 80 年代人们注意到，尽管伊斯兰教社会比较早地开始了现代化活动，其中的部分国家还有滚滚而来的石油美元，却失去了现代化的机遇。东亚国家正相反，他们将西方政治和经济结构与儒家的伦理因素相结合，却获得了空前的经济发展……正如人们对'东亚经济奇迹'已经做过的充分研究的那样，儒家思想中有一系列派生的道德观念（如守纪律，忍耐精神，和谐）和较高的成就意识、勤俭节约、强烈的集体意识等等，都有利于促进经济现代化。"② 结果，《论语》成为西方汉学家的首选。20 世纪 90 年代后，除了华人的译本外，英语世界出现了多个《论语》全译本。西方世界对《论语》的兴趣，使得一直效法西方的俄罗斯加强了儒学研究和译介。

综上所述，"翻译传播是一种社会性行为……它并非是一种由艺术生产到艺术消费的单纯的流通，而有可能是经过经济选择、政治选择、宗教选择和伦理选择等重要过滤的复杂过程"③。俄罗斯对《论语》的青睐恰恰是经过多重选择的结果，是俄罗斯自身发展需要的结果。

---

① 林同齐：《"中国中心观"：特点、思潮与内在张力》，见柯文：《在中国发现历史：中国中心观在美国的兴起》，林同齐译，北京：中华书局，2002 年，第 5 页。
② （德）卜松山：《与中国作跨文化对话》，刘慧儒、张国刚译，北京：中华书局，2000 年，第 41 页。
③ 俞佳乐：《翻译的社会性研究》，上海：上海译文出版社，2006 年，第 77 页。

第二节　西门诺科的散文译本

一、西门诺科对《论语》的再认识

关于西门诺科的译本，前面在写苏联时期的《论语》译本时已有论述。1994年，他重译的《论语》译本出版。在这个译本中，他不仅完整地翻译了《论语》的全部内容，而且较之1987年出版的《论语》译本还做了很多改动。形式上，他放弃了之前的诗歌形式的翻译法，改用为散文体进行翻译。内容上，对之前译文中错误的地方予以修改。注释上，新版《论语》译文的注解比之前更加详细。人名地名的翻译上，把原来直译（音译）的地方改为意译。1995年，他的《孔子：信而好古》出版，该书由三部分组成：第一部分"孔子之谜"，主要介绍孔子的生平事迹以及思想主张。第二部分为"《论语》译文"，主要内容是致读者、《论语》译文以及相关注释。第三部分为"穿越世纪的对话"，内容包括活的语言、《孔子世家》（司马迁）、《论孔子》（伏尔泰）、《中国学说概要》（托尔斯泰）、《儒学》（瓦西里耶夫）、《儒教概述》（比丘林）以及《孔子：即凡而圣》（芬格莱特）。其中，《孔子世家》和《孔子：即凡而圣》中的俄语译文是西门诺科完成的。

在译序"致读者"中，西门诺科向读者介绍了《论语》的重要性和特点。首先，他论述了《论语》的重要性。他指出，摆在读者面前的"是一个人的话，他的话滋养了中国文化两千多年"，这些充满智慧的珍贵话语就记载在《论语》一书中。其次，他介绍了《论语》的特点。一是《论语》的非系统性。由于《论语》是在孔子去世后有其追随者在不同的时间编辑而成，而且编撰者还对其进行了文学加工，所以导致《论语》结构上的无序性。"《论语》让当今读者吃惊的地方是它外在的非系统性、无序性以及片段性。"当今，《论语》每篇以前两个字来命名，这就更加凸显了这种无序性。"《论语》中存在着像穿堂风一样贯穿全文的大量碎片，这些碎片把各个片段弄得支离破碎，从而强化了文本的混乱性。这样，使得《论语》文本显得极具开放性，并且使其无论是内在还是外在都显得极不紧凑。"二是《论语》语言的简洁性。《论语》语言异常简洁，如孔子试图用一句话概括《诗经》的所有诗篇，"《诗》三百，一言以蔽之……"，"参乎，吾道一以贯之……"，语言的简洁导致孔子的很多话语焉不详，使当时他自己的很多学生（当然还有后来的研究者）陷入困境。此外，很多话语还没有语境，这更增加了理解的难度。三是儒学术语意义的不确定性。"孔子最喜欢的事是用概念术语，而这些概念术语远不止一个意思，其具体意思取决于他谈话的对象和场景"，这就造成理解上的混乱。四是孔子反对巧言。在孔子看来，言和行是一样重要的，或者是对等的。"作为礼不可分割的一部分，言语已不仅仅是言语，还是行动"，这也是《论语》文本的特点。正是因为孔子惜言、慎言，"在一些人看来，《论语》显得很单调、陈腐，但如果你读到简单的字眼时，不把其当作简单的字眼，而当作一种神圣的礼的行为时，这种情况就会改变。《论语》要求读者成为神圣行为的参与者，而这些行为是由孔子倡导的"①。

二、译本特点：简洁含蓄

西门诺科深知孔子对于"言"的态度，那就是"辞达而已矣"。所以，在翻译过程中，他最大限度地保留了原文简洁含蓄的风格，即没有把原文模糊、含蓄的意义具体化。如《论语·学而》中"《诗》云，'如切如磋，如琢如磨'"句，他的译文是：

-В Песнях есть строки：

Он словно выточен, гранен,

Шлифован и отполирован.

这句话来源于《诗经·卫风·淇奥》："瞻彼淇奥，绿竹猗猗。有匪君子，如切如磋，如琢如磨。瑟兮僩兮，赫兮咺兮。有匪君子，终不可谖兮。"这里的"如切如磋，如琢如磨"是用来形容前面的"君子"的，周振甫将此句译为"如切如磋治骨器，如雕玉石美如许"②。《诗经》语言的一大特色是四言以及叠字的运用，读起来琅琅上口，情感上跌宕回旋。《论语》中并没有给出"切、磋、琢、磨"的受体，西门诺科用"Он（他）"指受体，其实和《诗经》中的"君子"相通，下面用 4 个被动形容词短尾，保持了原文的整洁、含蓄。克里夫佐夫将该句译为"Говорится в《Ши цзин》：[слоновую кость] в начале режут, а затем отделывают, [яшму] вначале вырезают, а затем отшлифовывают."，把"切、磋"的对象具体到"слоновая кость（象牙）"，"琢、磨"的对象具体到"яшма（碧玉）"，"切磋，治骨曰切，治象牙曰磋"，

---

① Семененко И. И. Конфуций. Я верю в древность. М.，1995. С. 47-54.

② 周振甫：《诗经译注》（修订本），北京：中华书局，2010 年，第 73 页。

"琢磨，治玉曰琢，治石曰磨"。① 从这个角度而言，克里夫佐夫对原文的理解还是很准确的，而且译文也有助于读者理解，只是这样一来，原文的简洁性和诗性就荡然无存了。需要指出的是，《论语》中凡是出自《诗经》的语句西门诺科都译成诗歌的形式，再如《论语·八佾》中的"巧笑倩兮，美目盼兮"句：

Смеясь, чарует ямочкой на щечке,

Очей прекрасных ясен взгляд.

在行文上，西门诺科对原文的次序进行了一些调整，使其更符合俄语的逻辑。再如他把"丘也闻有国有家者，不患寡而患不均，不患贫而患不安。盖均无贫，和无寡，安无倾"（《论语·季氏》）译为"Я слышал, что того, кто правит государством или возглавляет знатный род, тревожит не отсутствие богатства, а его несоразмерное распределение, тяготит не малочисленность народа, а отсутствие благополучия. При соразмерности нет бедности; когда царит гармония, нет недостатка в людях; где утверждается благополучие, там не бывает потрясений"。

从形式上来看，他根据俄语的行文习惯采用不同的动词翻译"患"。同时，译文中尽量保留原文的句式。原文两个大句，每个句子有三组小句组成，后面三个小句用排比递进，句式整齐，译者也采用了三个小句，层次分明。从内容上来看，译者这里把"不患寡而患不均，不患贫而患不安"译为"тревожит не отсутствие богатства, а его несоразмерное распределение, тяготит не малочисленность народа, а отсутствие благополучия（不担心财富少，而担心分配不均，不苦恼人口少，而苦恼不安宁）"，这样就和后面的"均无贫，和无寡，安无倾"在逻辑上保持一致。

西门诺科在忠于原文内容的基础上采用地道的俄语进行翻译，同时力求传达原文简洁的风格，因此他的《论语》译文条理清晰、行文简洁、韵律感强，在很大程度上摆脱了逐字逐句翻译而导致的译文呆板的缺陷，可读性较高。当然，西门诺科一些内容的翻译尚待斟酌，主要表现如下：

一是一些译语过于含蓄、笼统。如《论语·八佾》"周监于二代，郁郁乎文哉，吾从周"句，西门诺科的译文是"Дом Чжоу зрел примеры двух предыдущих царствований, поэтому он так блистает просвещенностью. Я следую за Чжоу"。这里，西门诺科把"文"译为"просвещенность"（学问；

---

① 同上，第74页。

文明；开明）。杨伯峻译为"周朝的礼仪制度是以夏商两代为根据，然后制定的，多么丰富多彩呀！我主张周朝的"①。钱穆注："文指礼乐制度文物，又称文章。郁郁，文之盛茂。历史演进，后因于前而益胜，礼乐日备，文物日富，故孔子美之。"② 李泽厚译为"周代借鉴了夏、殷两个朝代，礼乐制度多么完美文雅呀。我遵循周代"③。也就是说，这里的"文"主要指礼乐制度。西门诺科用"просвещенность"进行翻译，概念过于宽泛。同时，西门诺科也没有指明文中的"二代"具体指哪二代，也没有任何注释，这会让一些读者不知所以。需要指出的是，《论语》中的"文"，西门诺科几乎通篇译为"просвещенный"或"просвещенность"，甚至把"夫子之文章，可得而闻也"中的"文章"也译为"просвещенность"，杨伯峻对"文章"的注为"文章——孔子是古代文化的整理者和传播者，这里的'文章'该是指有关古代文献的学问而言。在《论语》中可以考见的有诗、书、史、礼等等"④，钱穆的注释为"文章：指诗书礼乐，孔子常举以教人"⑤，李泽厚认为"文章"是"诗书礼乐、古代文献"⑥，朱熹注"文章，德之见乎外者，威仪、文辞皆是也"⑦。可见，把这里的"文章"也译为"просвещенность"，虽不算错，但到底不甚恰当。也许是为了保持"文"的译法的统一性贯穿全文，他把一些谥号带"文"的称谓也译为"просвещенный"，如"孔文子"译为"Кун Просвещенный"，"臧文仲"译为"Цзан Просвещенный"，"季文子"译为"Цзи Просвещенный"。对于人名，我们认为最好是采用音译的方式，至于谥号的意思，可以采用注释的方式解释。

二是一些内容的翻译有偏差。如"君子周而不比，小人比而不周"句，西门诺科译为"Благородрый муж участлив, но лишен пристрастности. Малый человек пристрастен, но лишен участливости"，"周"译为"участлив（участливость）"（同情、体贴），而这里的"周"是"周全"，朱熹注为"普遍也"，杨伯峻注"是以当时所谓道义来团结人"，钱穆注为"忠信"。可见，西门诺科的翻译并不十分贴切。再如，西门诺科把中"管仲之器小哉！"（《论

---

① 杨伯峻：《论语译注》（2 版），北京：中华书局，1980 年（2008 重印），第 28 页。
② 钱穆：《论语新解》，北京：生活·读书·新知三联书店，2002 年（2007 重印），第 67 页。
③ 李泽厚：《论语今读》，北京：世界图书出版有限公司北京分公司，2019 年，第 55 页。
④ 杨伯峻：《论语译注》（2 版），北京：中华书局，1980 年（2008 重印），第 47 页。
⑤ 钱穆：《论语新解》，北京：生活·读书·新知三联书店，2002 年（2007 重印），第 122 页。
⑥ 李泽厚：《论语今读》，北京：世界图书出版有限公司北京分公司，2019 年，第 90 页。
⑦ 朱熹：《四书集注》，南京：凤凰出版社，2005 年（2006 重印），第 83 页。

语·八佾》），译为"Гуань Чжун был небольших способностей（管仲能力不大）"。我们知道，管仲为齐桓公相，名夷吾，齐桓公尊称其为仲父，是我国历史上著名的政治家之一。在他的辅佐下，齐国进行了一系列改革，最终国力大增。时机成熟后，齐桓公打着"尊王攘夷"的旗号，率先称霸诸侯。《论语》中，孔子曾多次评价这位早于自己近百年的政治家。《论语·宪问》："子曰：'桓公九合诸侯，不以兵车，管仲之力也。如其仁，如其仁'。"紧接着，当子贡问他管仲仁还是不仁的问题时，孔子回答道："管仲相桓公，霸诸侯，一匡天下，民到于今受其赐。微管仲，吾其被发左衽矣。岂若匹夫匹妇之为谅也，自经于沟渎而莫之知也?"从中不难看出，孔子对管仲的评价非常高，盛赞其丰功伟绩。一个能力小的人绝不可能做出这么大的功绩，所以这里的"器"应指"器量、器度"即胸襟。钱穆对"器"的注解为"言器量，或言器度。器之容量有大小，心之容量亦有大小。识深则量大，识浅则量小……管仲器小，由其识浅……"①，朱熹注："器小，言其不知圣贤大学之道，故局量褊浅，规模卑狭，不能正身修德以致主于王道。"② 本章孔子之所以讥讽管仲器小，主要是因为管仲虽然帮助齐桓公完成了霸业，但他以功业自满，不知俭，僭越礼。孔子说管仲不知俭是因为"管氏有三归，官事不摄"，说他僭越礼是因为"邦君树塞门，管氏亦树塞门。邦君为两君之好，有反坫，管氏亦有反坫"（《论语·八佾》）。但总的说来，孔子对管仲的赞许多于批评，因为"仁"是"礼"之根本，是高于"礼"的。在孔子看来，"霸诸侯"和结束"被发左衽"的丰功伟绩远远大于失小节和个人私德的缺陷。正如李泽厚指出的那样，"孔子批评管仲不懂'礼'，却称许管仲'仁'。肯定大于否定，不仅可见'仁'高于'礼'，而且造福于民的功业大德高于某些行为细节和个人小德。这与宋明理学以来品评人物偏重个人私德的标准尺度很不一样"③。这里译者之所以将"器"译为"能力、才能"，恐怕和《论语》中多次出现"器"有关。在《论语·为政》篇中，孔子提出了"君子不器"的理念。在《论语·公冶长》篇中，孔子说自己的学生子贡是"器也"。这些地方的"器"都是指"器物"，即能力。

　　除上述不足外，西门诺科对原文中历史文化信息及术语等的注释较少，这在一定程度上会造成源语文化信息的流失。但无论如何，他的《论语》译文为俄语读者提供了一种新的解读方式。

---

①　钱穆：《论语新解》，北京：生活·读书·新知三联书店，2002 年（2007 重印），第 77 页。

②　朱熹：《四书集注》，南京：凤凰出版社，2005 年（2006 重印），第 69 页。

③　李泽厚：《论语今读》北京：世界图书出版有限公司北京分公司，2019 年，第 61 页。

第三节 贝列罗莫夫的学术性译本

一、贝列罗莫夫——"莫斯科的孔夫子"

列·谢·贝列罗莫夫，俄罗斯历史学博士，自然科学院院士，俄罗斯孔子基金会主席，国际儒学联合会理事会顾问，不仅"举止温文尔雅，待人亲切谦和，颇有'夫子'的风度（也许是有中国血统或受家庭影响使然）"①，而且在儒学研究方面硕果累累，被尊称为"莫斯科的孔夫子"。1928 年，贝列罗莫夫出生在符拉迪沃斯托克（海参崴）。他的父亲嵇直是中国人，参加过俄苏革命。母亲是俄罗斯人，因此他的中文名是嵇辽拉。或许是受父亲的影响，他自幼对中国文化、哲学和历史兴趣浓厚。1946 年，他考入莫斯科东方学院，1951 年毕业。1951-1972 年在苏联科学院东方学研究所工作，并于 1954 年和 1970 年先后获得副博士和博士学位。1973 年后，他主要在远东研究所工作，致力于中国政治和传统文化的研究。

其实，贝列罗莫夫在学术生涯初期主要研究秦汉史和法家学说。20 世纪 50 年代，中苏关系交恶，由于他的父亲是个中国人，而且还是高级干部，这导致苏联政府不是很信任他，故限制了他的学术活动。"嵇辽拉不得不经受诸多方面的限制，苏联当局不仅对其不再信任与重视，而且不允许其出国，除第一禁区中国外，他也不能到西方国家参加学术活动，这是他学术生涯荆棘丛生的阶段，所幸，当局并没有剥夺其学术研究权。"② 于是他便潜心研究中国的古历史和古文化，撰写了《秦国——中国第一个中央集权国家》（《Империя Цинь — первое централизованное государство в истории Китая》，1962）和《商君书》（《Книга правителя области Шан》，1968、1993、2007）等。

后来，中国发生"文化大革命"，运动的内容之一是"批孔"。一些"四人帮"拥护者听说苏联有人研究儒家文化，便恼羞成怒，勒令"中国一家大报撰文并通过电台广播，题曰《孔老二在莫斯科》，对那边包括辽拉在内的一批宣扬儒学的人大张挞伐"③。不过，当时的苏联政府对中国进行"文化大革命"的意

---

① 李明滨：《莫斯科的孔夫子》，载《岱宗学刊》，1997 年第 1 期，第 55 页。
② 嵇钧生：《莫斯科的孔夫子嵇辽拉》，载《俄罗斯学刊》，2013 年第 4 期，第 71 页。
③ 李明滨：《莫斯科的孔夫子》，载《岱宗学刊》，1997 年第 1 期，第 56 页。

图不清楚，也不知道为什么要批孔，于是"此时就焦急起来了，便想起了辽拉，1973 年就把他从东方学研究所调到远东研究所，企望他在解答当代问题的研究中效力"①。进入远东研究所后，为了满足苏联当局弄清楚中国"批孔"原因的需要，他于是"从法家研究过渡到孔子和儒学研究。这期间发表的许多论文都是对比法家和儒家的思想，以及法家和儒家对古代中国和现代中国的经济、文化、生活等各方面的影响"②。这一时期的学术活动为贝列罗莫夫后来的儒学研究打下了深厚的学术基础。

20 世纪 80 年代以后，中苏关系回暖，学术氛围变得比较自由、轻松。贝列罗莫夫不仅来中国进修，搜集儒学资料，还多次参加国际儒学会议，与同行们交流研究心得和经验。多年的心血最终使贝列罗莫夫在儒学研究领域取得了一系列令人瞩目的成就，出版了多部专著，如《中国政治历史上的儒家与法家》（《Конфуцианство и легизм в политической истории Китая》，1981）、《孔子言论》（《Слово Конфуция》，1992）《孔子：生活、学说及命运》（《Конфуций：жизнь，учение，судьба》，1993）。其中，《孔子言论》和《孔子：生活、学说及命运》的印数都是 1 万本，这样大的发行量在以前是不多见的。不但如此，这两本书的发行还引起了众多学术杂志的关注，如《历史问题研究》（1994 年第 4 期）、《远东问题研究》（1993 年第 4 期）以及《东方研究》（1994 年第 3 期）都发表了述评。同时，传媒界也予以关注。1993 年的《独立报》和《首都画报》，甚至连经贸杂志《企业人》都发表了相关评论。对莫斯科居民来说，"最喜爱的广播电台《莫斯科回声》甚至将《孔子：生活、学说及命运》一书列为该电台最有趣的书籍之一"③。可以说，这样的情景和殊荣是空前的。1998 年，贝列罗莫夫翻译的《论语》译本出版，该译本被公认为是目前俄罗斯质量最好的《论语》译本。2007 年，他出版了《孔子与当代中国的战略方针》（《Конфуцианство и современный стратегический курс КНР》）。2009 年，出版了《孔子与儒学：从远古到当代（公元前 5 世纪至公元 21 世纪）》（《Конфуций и конфуцианство с древности по настоящее время（5 в. до н. э. -XX1в）》）。与此同时，他不顾年事已高，还担任《中国精神文化大典》第四卷《历史思想·政治与法律文化卷》的主编。2010 年，时任中国国务院总理的温家宝在莫斯科给贝列罗莫夫等人颁发了"中国语言文化贡献奖"，以

---

① 同上，第 56 页。
② 嵇钧生：《莫斯科的孔夫子嵇辽拉》，载《俄罗斯学刊》，2013 第 4 期，第 73 页。
③ Переломов Л. С. Конфуций《Лунь Юй》. М.，1998. C. 282.

此表彰他们为中俄文化交流做出的突出贡献。

2018 年 9 月，贝列罗莫夫去世。纵观他的一生，是致力于中国古代思想尤其是儒学研究的一生。60 余年，先生辛勤耕耘、呕心沥血，为中国传统文化在俄罗斯的传播和中俄两国之间的友好交往做出了不可估量的贡献。

二、翻译目的：寻找俄罗斯"复兴途径"

"翻译活动，包括关于翻译的论述，带有功利的色彩，受到时代亦即当时民族文化的制约。"① 可见，翻译与译入语国家的文化需求密切相关。为满足译入语文化的特定需求，译者通常会采取一定的措施，如"个别之处按下不提，装聋作哑一番，或只是轻描淡写，敷衍了事。如果需要，也可竭尽渲染之能事，浓墨重彩地突出与之意识形态相吻合的部分"②。贝利罗莫夫翻译《论语》，一方面固然与其热爱中国传统文化、希望把中国圣贤思想介绍给俄罗斯人有关；另一方面又不是单纯地对儒家思想作认知性研究活动，而是一种实践性活动，希望借助翻译《论语》来挖掘儒家思想中所蕴含的当代价值，为俄罗斯的政治精英选择正确的道路提供一种参考。他指出："在改革之初，戈尔巴乔夫（M. Горбачев）以及盖达尔（E. Гайдар）③ 均以西方国家的制度，首先是美国的制度为典范，这一制度的特点是实行不受政府干涉的市场经济，结果使俄罗斯陷入了很深的经济、社会危机……正因为俄罗斯的改革家无法选择正确的战略方向，致使俄罗斯现如今处于痛苦的摸索状态。因学习西方模式所导致的不良结果使一部分俄罗斯政治家期望借鉴经济成功发展的远东邻居的经验。他们中的一些人意识到，俄罗斯是一个欧亚国家，不得不借鉴中国的经验，于是开始关注孔子学说和中国现代化进程中儒学的作用。至于俄罗斯社会，则期盼能在孔子学说中找寻更有前瞻性的复兴途径。"④ 这段话包括三层含义：一是借鉴西方经验不成功，结果俄罗斯滑入经济和社会危机的深渊；二是俄罗斯是一个欧亚国家，需要借鉴亚洲尤其是中国的发展经验；三是借鉴中国经验的重点在于正确认识儒学在中国乃至亚洲经济发展中的作用。

其实，俄罗斯的一些政治精英已经注意到孔子学说，并以不同的方式将其运用到政治活动中。如俄罗斯联邦上院副议长道格拉特夫（A. Долголаптев）在

① 王克非编著：《翻译文化史论》，上海：上海外语教育出版社，1997 年，第 7 页。
② 孙艺风：《翻译规范与主体意识》，载《中国翻译》，2003 年第 3 期，第 7—8 页。
③ 俄罗斯著名经济学家和政治家，1992 年 6 月至 12 月任俄罗斯总理，曾竭力推行激进的改革经济的"休克疗法"——笔者注。
④ Переломов Л. С. Конфуций《Лунь Юй》. M., 1998. C. 281-282.

解释叶利钦总统宣布在社会上达成协议政策的原因时指出，"执其两端，而用中于民，这是政治中间主义最大的隐喻，意即我所见过的思维健全的能力"①。此外，一些民众、记者、外交官等在评价儒家文化圈内发生的事情时，常引用孔子的言论。这说明孔子学说已经逐渐被俄罗斯民众所熟知和认可，是中国传统文化在俄罗斯深入传播的表现。

　　但是，一些俄罗斯人甚至一些政治精英对孔子学说的认识存在不当甚至歪曲之处。莫斯科前市长卢日科夫（Ю. М. Лужков）在市政府会议上批评道路修复工程单位工作粗糙，而且还欺骗莫斯科市政府道路工程验收单位。针对这种行为，他指出："根据我们市政府验收单位的数据，60%的市区道路和70%的巷道质量不高。你们算一算，国家一些验收单位的工作有多差……鬼知道你们在做什么！真是哲学捏造和儒家的方法"。② 在卢日科夫看来，儒学是"与生活脱节的哲学"。对卢日科夫这种错误认识，贝列罗莫夫毫不客气地指出："很需要送给他一本《论语》译本。目前，在他的政治理念里，儒家思想是被曲解的。"③ 再如，时任俄罗斯杜马副主席雷日科夫（В. А. Рыжков）在回答记者提问的"您如何看待未来前景"这一问题时，他回答说："在孔子身上发生一件有趣的事。一个弟子问他：'老师，你能说说一百代之后是什么样吗？'孔子回答说：'古代，保持风俗传统，并以此保障自己的未来；下一朝代保持传统，当朝也遵循风俗，因此我能说，百代之后会是什么样。'"④ 贝列罗莫夫很高兴年轻的政治家能够关注孔子学说，不过也指出他所引用的《论语》译文已经脱离了原文。⑤ 普通民众对孔子学说认识的准确度更需亟待提高。最典型的例子是"黑猫"理论，"想在黑屋子里抓住黑猫是很困难的，尤其是当黑屋子里没有黑猫的时候"，很多俄罗斯人认为这句话出自孔子，而事实上这与孔子毫无关系。贝列罗莫夫认为，造成上述错误认识的根本原因在于"俄罗斯迄今尚未有《论语》的学术性翻译作品，其中应可纳入大量孔子学说的注解"⑥。所以，为了满足俄罗斯人对孔子学说了解的愿望，他决定提供一个正确的《论语》译本。

　　贝列罗莫夫期望通过自己的《论语》译本，纠正人们对儒学的错误认识，

---

①　见 Переломов Л. С. Конфуций《Лунь Юй》. М., 1998. С. 282.

②　Там же. С. 282.

③　Там же. С. 461.

④　Там же. С. 283.

⑤　原文：子张问："十世可知也？"子曰："殷因于夏礼，所损益，可知也；周因于殷礼，所损益，可知也。其或继周者，虽百世，可知也。"（《论语·为政》）

⑥　Переломов Л. С. Конфуций《Лунь Юй》. М., 1998. С. 462.

从而为俄罗斯当今社会存在的问题提供可资借鉴的解决办法。正如他在《〈论语〉及其俄译问题》一文中所写的那样："我的任务很具体——努力展示中国人：农民、官员、士、商人，他们是如何理解原文的；《论语》对中国人、朝鲜人、日本人和越南人，换言之，对整个儒家文化圈人的精神和政治的确立以及他们性格的形成有什么样的作用；孔子的价值观念有什么样的作用。在中国，他的观念为什么不仅在建立'儒家资本主义'阶段，而且在建设有'中国特色社会主义'的初级阶段会重获新生。"① 因此，在译序中，贝列罗莫夫详细论述了孔子生平、孔子学说的命运、《论语》的成书过程以及儒学在当今中国和东亚文化圈的作用等，尤其是重点阐释了《论语》中治国御民部分的内容。他重点分析了孔子对"政"的理解，指出"政——字面意思是'治国艺术'、'治国本质'和'政治本质'，当代的研究者通常会把政看作是上层精英的政治文化，因为这些人的兴趣首先是理解和掌握有效的治理机制"。在引用司马迁叙述的孔子与齐景公两次谈话的内容后，贝列罗莫夫继续写道："司马迁在叙述孔子第二次回答时用了节财——字面意思即'节约财富'。但是，这里的财绝不是单指金银财宝，孔子指的是国家的全部财富——特别是指物质和人力资源。拥有至高无上权力的能够支配这些财富的政治家（политик）应该专心致志、精打细算，无论如何也不能耗费国家的财富。"② 齐景公作为一国之君，和现代意义上的政治家（политик）相距甚远，贝列罗莫夫试图通过这种隐晦的"春秋笔法"暗示当今的政治家，期望他们在施政时能够做到孔子所说的"节财"，减少不必要的开支。在 2004 年出版的《四书》译序中，贝列罗莫夫明确指出："为了向俄罗斯那些批判性评价改革少壮派作为的政治精英们提供力所能及的帮助，我不得不增加了介绍儒教资本主义与带有儒教色彩的社会主义（小康）基本内容的章节。"③ 他讨论了儒学与中国现代化的关系，说明了儒学在中国政治、经济生活中的重要性。简言之，贝列罗莫夫不惜花重墨介绍《论语》中有关"政"的内容，并趁机发表自己的政治观点和主张，目的是博取俄罗斯政治精英对儒学的关注。

---

① Там же. С. 210.

② Там же. С. 69–70.

③ Переломов Л. С. Конфуцианское четверокнижие. М., 2004. С. 398.

三、对《论语》俄译问题的研究

在《〈论语〉及其俄译问题》① 一文中，贝列罗莫夫讨论了《论语》的特点和俄译过程中常见的问题。概括起来，该文章主要包括以下三个方面的内容：

首先，《论语》成书与其版本。贝列罗莫夫指出，《论语》是根据孔子弟子们的记录汇编而成的，对不同弟子所提的同一问题孔子的回答常常不同，好像是要从不同的方面说明问题。他通常会选择一些具有象征意义的话语，而且有时选用多义字，这样做的目的也许是为了让众弟子能够独立思考。孔子的回答时而出人意料，时而怪诞到不可理喻。孔子弟子众多，他们来自不同的地方，说着各自的方言，结果是只有来自同一个地方的人能够相互交流。为了向孔子求学，他们需要学习孔子所在地的语言，而来自不同地方的弟子若想交流，只有通过书写的方式。所以，为了做好下节课的预习工作，弟子们只有竭尽所能地记录下孔子所说的一些有趣的言论和问题。因此，当时应该会有很多版本的记录。此外，中国当时的书写方式是自上而下、从右至左，书写的材质是竹简，这给记录带来了不少困难。秦始皇统一中国后，推行了"书同文"的政策，方言开始趋同，导致《论语》版本数量减少。到了汉代，就只流传下来三个版本：《鲁论语》《齐论语》和《古文论语》。贝列罗莫夫指出，《论语》的命运和孔子的命运紧密相连，孔子被神圣化的过程也是《论语》被经典化的过程。

其次，《论语》基本术语的理解与翻译问题。自从《论语》出现后，在过去的多个世纪里，人们对它进行了极多的注疏，并形成了多个流派。当代的译者或研究者在阐释文本的概念术语时需高度认真负责。《论语》中有很多术语是孔子率先提出来的，至今仍被使用。它们不但是中国传统文化的核心，甚至是整个儒学文化圈的核心。对研究者而言，最重要的问题是确定术语最初的原始意义。人们求助注疏字典，期望找到理解术语真谛的钥匙，但结果并不总是令人满意。贝列罗莫夫列举了 20 个主要的儒家术语：仁、义、礼、道、德、智、信、材、孝、悌、勇、忠、顺、和、五常、三纲、君子、小人、中庸、大同。在每个术语后面，贝列罗莫夫对比了 7 本俄罗斯权威词典所给出的不同翻译，一些词典对同一术语的翻译多达十余条。不同词典之间的翻译各不相同，甚至相差甚远。但贝列罗莫夫认为，这并不奇怪，因为"字典只能揭示出术语90%—95%的意义，这能够帮助读者阅读原文，理解中心思想和孔子的一些论

---

① Переломов Л. С. Конфуций：《Лунь юй》. М., 1998. С. 198-210. 本小节引用部分若无特别说明均出自此处。

述，而剩下的 5% 的意义里面包含着更有价值但却最难以理解的信息。失之毫厘，谬以千里，即便是稍稍偏离了术语的本来意义，也会影响到单个概念的理解，甚至是整个学说的理解。复杂性在于，仅仅知道古汉语知识是不够的"。这是因为中国汉字往往是多义的。这种现象的存在给译者带来很大的阐释空间，但却给译入语读者造成了很大困惑。他们不理解为什么不同的译者对同一个术语会有不同的翻译。如《论语》中的"德"（дэ），高辟天译为"одаренности"，克里夫佐夫译为"мораль"和"нравственность"，贝列罗莫夫译为"добродетель"，马尔德诺夫译为"моральная или благая сила дэ"，杨兴顺译作"проявление пути вещи"，库切拉（С. Кучера）译作"моральные качества"、"принципы морали"、"целомудрие"，克拉斯诺夫（А. Б. Красновый）译为"хорошие качества"、"достоинства"和"добродетели"。贝列罗莫夫认为，不同汉学家对同一儒学术语的翻译和解释不同，一定程度上是因为他们对中国古代哲学和伦理-政治文本的内在逻辑结构的理解不同。

尽管苏联时期的汉学家对儒家学说中一些基本范畴的研究取得了一定成果，但始终没有形成一种能够将各种观点统一起来的共识。科布泽夫发现，苏联汉学中存在着两大持不同观点的阵营：一些人如格里高利耶娃、扎瓦茨卡娅（Е. В. Завадская，1930-2002）、马良文等认为，从整体上来说，中国哲学和文化的范畴是隐喻的，它们的最高意义在于"令人迷惑不解的诗性特征"；另一些人如高辟天、斯比林（В. С. Спирин，1929-2002）等认为，中国哲学和文化范畴极具科学般清晰的理性。科布泽夫试图调和这两种极端的观点，他建议把很多来自《论语》的中国传统哲学术语当作"象征性"来对待。他指出，"象征性"概念的特点在于既有诗性语言的特征，又有数学公式般的简洁。中国传统哲学术语的特点在于，它们能建构出既具有隐喻性又有理性的文本。总之，不同的汉学家和流派从自身观点出发，各执己见，这导致了《论语》术语理解的多样性，从而造成翻译的多样性。

最后，贝列罗莫夫提出了自己的翻译任务。他表示自己的任务有三：一是竭力展示中国大众是如何理解《论语》的；二是《论语》对中国人、朝鲜人、日本人和越南人即所有儒家文化圈人民的精神和政治文化以及民族性格的形成所产生的作用；三是孔子的价值理念有哪些以及为什么其不仅在"儒家资本主义"阶段而且在建设有中国特色社会主义初级阶段能够得以二次复兴。

由此可知，贝列罗莫夫对《论语》的认识非常透彻，对它在俄译过程中存在的困难、核心概念词的翻译等都有着清晰的认识，并为自己确定了明确的翻译任务。他的翻译任务和翻译目的是一致的，即探究儒学的思想内容，解释其对中国以及儒学文化圈的影响，帮助俄罗斯的政治精英和普通大众正确认识儒家学说。

四、译文：文雅与忠实并存

"由于俄国对儒家思想真意的了解倾向提高，在客观的过程中，将迫切地需要赠送给俄国人-政治家及普通公民《论语》学术翻译本。"① 也就是说，尽管俄罗斯已经有不少《论语》俄译本，但因各种原因总是存在不尽如人意之处。为了让俄罗斯读者更加准确、透彻地认识儒学，需要重新翻译《论语》。在责任感和使命感的驱使下，他主动承担了这一翻译重任。1998 年，他的《论语》译本出版，因译文质量高，他获得了时任俄罗斯联邦总统叶利钦亲笔签署的"俄罗斯最杰出的科学活动家"金质奖章。整体而言，贝列罗莫夫的《论语》译本内容忠实、用语文雅、层次分明，兼备学术性和大众性。

1. 内容：忠实准确

贝列罗莫夫的《论语》译本内容忠实准确②，对细节的把握和处理非常到位。试看下例：

原文：叶公语孔子曰："吾党有直躬者，其父攘羊，而子证之。"孔子曰："吾党之直者异于是。父为子隐，子为父隐，直在其中矣。"（《论语·子路》）

译文：Шэ-гун сказал, обращаясь к Кун-цзы:

—В моем *дане* есть прямой человек. Когда его отец украл барана, то сын сообщил ［властям］ об этом.

Кун-цзы сказал:

—Прямые люди моего *дана* отличаются от ваших, отцы укрывают детей, дети укрывают отцов — в этом именно и заключается прямота.

《说文》云："证，告也。"《韩非子·五蠹篇》曰："楚之有直躬，其父窃羊而谒之吏，令尹曰：'杀之'！以为直于君而屈于父，执而罪之。"《吕氏春

---

① Переломов Л. С. Конфуций：《Лунь юй》. М., 1998. C. 465.

② 《论语》中存在一些比较有争议的句子，如《论语·为政》："攻乎异端，斯害也已。"学者对这句话的解读见仁见智。概言之，主要有三种解释：第一种是学习异端邪说，是有害的；第二种是攻击异端邪说，则危害可以消除；第三种观点认为这句话体现了儒学求同存异的宽容精神，将其解释为攻击异端邪说，反而是有害的。对于这样的句子，贝列罗莫夫翻译只能选择其中的一种，他将此句译为"Нападать за инакомыслие - губительно"，也就是第三种解释。但他在下面附有详细的注释，仔细讲解了"攻"的含义，同时给出不同注释家的观点以及该句的外文翻译情况。

秋·当务篇》曰："楚有直躬者，其父窃羊而谒之上，上执而将诛之。直躬者请代之。将诛矣，告吏曰：'父窃羊而谒之，不亦信乎？父诛而代之，不亦孝乎？信且孝而诛之，国将有不诛者乎？'荆王闻之，乃不诛也。"①这表明直躬是主动"揭发、检举"其父的。所以，贝列罗莫夫将"而子证之"译为"сын сообщил［властям］об этом（儿子将此事告官）"，非常准确。柏百福把"而子证之"译为"сын явился в качестве доказчика（儿子作为证人出现）"，克里夫佐夫将其译为"сын выступил свидетелем против отца（儿子作证控告父亲）"，西门诺科译为"сын выступил против отца свидетелем（儿子做反对父亲的证人）"，而果洛瓦乔娃译为"сын показал на него（儿子供出了他）"。"сын явился в качестве доказчика""сын выступил свидетелем против отца"，这会给人一种感觉，就是儿子在法庭上指证父亲偷羊的事。而"сын показал на него"语义含混不明，在哪里且向谁供出父亲，都没有交代。孔子对这种"子证父窃羊"的事非常不认同，认为"父为子隐，子为父隐"才是"直"。朱熹注："父子相隐，天理人情之至也。故不求为直，而直在其中。"② 钱穆认为："隐恶而扬善，亦人道之直。何况父为子隐，子为父隐，此乃人情，而理即寓焉，不求直而直在其中。"③ 也就是说，在以父慈子孝为伦理基础的孔子看来，父子相隐才是直。所以他对"子证父窃羊"这事很不认同。《吕氏春秋·当务篇》载："孔子闻之曰：'异哉！直躬之为信也，一父而载取名焉。'故直躬之信，不若无信。"④

再如"管仲之器小哉"句的翻译，贝列罗莫夫将其译为"Душевные качества Гуань Чжуна весьма ограниченны"。其他译者如柏百福译为"Гуань-чжун малоспособный（узкая натура）человек"，阿列克谢耶夫译作"Гуань Чжун как величина мелок"，西门诺科译为"Гуань Чжун был небольших способностей"，卢基扬诺夫译作"Таланты Гуань Чжуна ничтожно малы"。也就是说，除了贝列罗莫夫将"器小"译作"器量狭窄"外，其他译者都是从"能力"大小出发的。我们前面已分析，这里的"器"应该是"器量、心胸"。细节决定高度。贝列罗莫夫不仅吃透了《论语》原文，而且翻译时一丝不苟、严谨认真，加上多年的儒学研究，确保了他的译本质量非常高。

---

① 刘宝楠：《论语正义》（下），北京：中华书局，1990 年（2017 重印），第 536 页。
② 朱熹：《四书集注》，南京：凤凰出版社，2005 年（2006 重印），第 156 页。
③ 钱穆：《论语新解》，北京：生活·读书·新知三联书店，2002 年（2007 重印），第 341 页。
④ 刘宝楠：《论语正义》（下），北京：中华书局，1990 年（2017 重印），第 536 页。

2. 行文：简洁文雅

贝列罗莫夫的《论语》译文"简单明朗，几乎每句话都选用的是俄语中最简洁、最文雅的句子，读起来朗朗上口。虽然是哲学，却没有哲学的涩味；虽然不是文学，但却带有文学的韵味"①。《论语》语言简洁、音韵和谐，在给人启迪之时，给人以美感。由于语言的不同，这种简洁且富含韵味的韵律美很难在俄语中再现。不过他克服了这种障碍，力图保持译文和原文在内容、韵律等方面的一致。

原文：孔子曰："益者三乐，损者三乐。乐节礼乐，乐道人之善，乐多贤友，益矣。乐骄乐，乐佚游，乐宴乐，损矣。"（《论语·季氏》）

译文：Кун-цзы сказал:

— Три вида радости доставляют пользу, и три вида радости причиняют вред. На пользу — радоваться, ［разумно］ исполняя Правила и музыку, радоваться, говоря о достоинствах других людей, радоваться своей дружбе со многими мудрыми людьми. Во вред — радоваться, предаваясь расточительству, радоваться, погружаясь в безделье, радоваться, гуляя на пирах.

原文前两句的句尾出现了同字相韵，后面几句则是句首同字相韵。"同字起头，读来轻松明快，流利爽口，同时，层层叙述，多面例证，把'乐'的不同内容及其所造成的利害相反的结果表述得分明而透彻。"② 贝列罗莫夫的译文紧跟原文，但又不拘泥于形式。原句"益者三乐，损者三乐"，译者并没有机械地照搬过去，而是在不破坏原句对仗的情况下，根据俄文的表达习惯把"三乐"放在了句首，意为"三乐受益，三乐招损"，这样在保留原文意思的同时再现了原文的风格。之后，译者把后面的"益矣""损矣"提至句首，在它们后面分别用三个短句表达哪三乐有益，哪三乐有害。而在用短句传达原文时，译者保留了"乐"（радоваться）字作句首相韵的形式，真可谓丝丝入扣却又浑然天成，既没有斧凿的痕迹，又曲尽了原文的内容和风格。再看一例：

原文：子曰："君子食无求饱，居无求安，敏于事而慎于言，就有道而正焉，可为好学也已。"（《论语·学而》）

译文：Учитель сказал:

---

① 陈开科：《巴拉第的汉学研究》，北京：学苑出版社，2007 年，第 260 页。
② 章沧授：《〈论语〉的语言艺术美》，载《安徽教育学院学报》（社会科学版），1986 年第 3 期，第 85 页。

— Если благородный муж не думает о насыщении в еде, не заботится об удобном жилье, в делах усерден, в речах осторожен, способен сам ради исправления сблизиться с теми, кто обладает Дао-Путем, про такого можно сказать, что он любит учиться.

这一段译文非常简单、读起来也非常流畅，除了"Дао-Путем"让俄语读者感到是术语翻译外，其他地方很难看出来是译文。虽然贝列罗莫夫非常注重在传达原文内容的同时再现原文的韵律，但是他并不局限于字句的翻译。为便于理解，他在一些地方会做出修改。《论语·先进》："莫春者，春服既成，冠者五六人，童子六七人，浴乎沂，风乎舞雩，咏而归。"这段话是《论语》中最为轻松的一段话，抛开了政治上的失意和生活琐事的烦扰，写出了曾点的高雅清华，以及他对融入自然、享受美好春天的憧憬，可谓是描绘出了一个安详自得的世界。在今天看来，"浴乎沂，风乎舞雩，咏而归"是一件再平常不过的事，但在孔子所生活的那样一个动乱的年代，这种愿望也许是一种奢望。所以，曾点之志看似渺小，但却不易实现。朱熹对此注曰："曾点之学，盖有以见夫人欲尽处，天理流行，随处充满，无少欠阙，故其动静之际，从容如此。而其言志，则又不过即其所居之位，乐其日用之常，初无舍己为人之意。而其胸次悠然，直与天地万物上下同流、各得其所之妙，隐然自见于言外。"[①] 贝列罗莫夫将该句译为"В конце весны, в третьем месяце, когда все уже носят легкие одежды. В компании пяти-шести юношей и шести-семи отроков [я бы хотел] искупаться в водах реки И, испытывать силу ветра у алтаря дождя и, распевая песни, возвратиться"。这里，译者把"莫春者，春服既成"译为"В конце весны, в третьем месяце, когда все уже носят легкие одежды（暮春三月，所有人都穿着单衣）"，把"冠者五六人，童子六七人"译为"В компании пяти-шести юношей и шести-семи отроков（和五六个年轻人六七个小孩结伴而行）"。虽然译者做了适当的改变，但是却把暮春之际人们结伴出游的动态场景展现了出来，同时在用词上，用古俄语"отрок"翻译"童子"，则显得非常文雅。

3. 策略：异化归化并举

无论是语言层面的直译和意译，还是后来上升到文化层面的具有政治色彩的归化和异化，都是人们为了表述方便而提出的一对概念范畴，是人类进行的一种文化建构。通常，当社会发展到一定阶段后，为便于认识世界，人们会提

---

① 朱熹：《四书集注》，南京：凤凰出版社，2005 年（2006 重印），第 140 页。

出一些概念范畴，然后再把大千世界的种种，按照预先制定的标准归到某一概念之下。事实上，世界并不像人们想象的那样界限分明、非此即彼，而是相生相克、相反相成的。对于直译和意译的问题，翻译界已经达成共识，那就是"直译不是死译、硬译、呆译，意译不是胡译、乱译；在保证原文语义不流失的情况下，尽量直译，也就是说，能直译时直译，不能直译时意译；直译和意译并行不悖，任何译本都是直译和意译相结合的结果"①。作为直译与意译延伸的异化与归化是否互不兼容呢？其实，越来越多的人认识到，翻译尤其是文学翻译是不可能单纯地采用异化或归化策略的，而是两种翻译策略的综合运用。也就是说，在翻译实践中，译者会同时运用这两种翻译策略，取长补短。上文中我们提到采用紧贴原文直译法的柏百福有时也采用意译，而较多采用归化策略的西门诺科有时则会采用异化策略。当我们说一个译本是异化或归化译本时，我们往往是以其在译文中所占的比例大小而定的。如果异化占主导地位，译者采用的就是异化策略，反之就是归化策略。高明的译者不会拘泥于归化或异化，而是根据原文的需要，把各种翻译方法/策略有机地融合在一起，力求既忠实地传达原文的内容，又贴近原文的风格，而且还符合目的语的语文习惯。我们不妨把这种翻译策略称为并举策略，即把各方面的积极因素统合一处，使之相辅相成地互动式共享提升，从而使分散的作用在联合中让总体效果优于单个效果之和。这是因为两种或两种以上策略的协作、配合，其效果当然要比单独使用一种策略好。两种翻译策略协调并举强调的是随需应变的整体性与全面性的统一，是美与信最大限度的融合，突出的是译文对原文有机的、动态的忠实，对译语读者的忠实。这种翻译策略反映异化、归化策略之间同在、同长、同成的关系，也就是它们之间同时存在、同步生长、同工演成。翻译实践表明，任何策略的单独使用最终会导致译文的失败，只有把两种策略有机地结合起来，才能够圆满调和，译出上乘译文。上面的译例已说明，贝列罗莫夫翻译时采用了归化、异化两种方式，此不赘述。

此外，对于儒家术语的翻译也反映了贝列罗莫夫两种策略并用的特点。如他把"道"译为 Дао-Путь，"文" —— вэнь-культура，"忠恕" —— чжун-верность и шу-снисхождение， "士" —— Ши-книжник， "夷狄" —— [варвары] И и Ди 等。译者的这种译法贯穿全文，保证了这些术语的连贯性，便于俄语读者从整体上认识和把握儒家术语。这样，一方面可让他们意识到儒家术语内涵的丰富性，另一方面也向他们传达了儒学概念以及汉语"语义过载"

---

① 王东风：《归化与异化：矛与盾的交锋?》，载《中国翻译》，2002 年第 5 期，第 26 页。

的现象。更重要的是，这种译法还可以让俄文读者意识到俄语中的儒家术语和它原本的意思存在差异。

4. 注释：博采众长

贝列罗莫夫《论语》译本的注释独具特色，既不像柏百福那样采用《汉俄字典》式的方法注释，也不像阿列克谢耶夫那样把朱熹的注释全部翻译成俄语，而是把译成其他语言的权威译本、俄语译本和中国学者的注释罗列在一起，相互比较，并在比较的基础上提出自己的见解。他所参考的《论语》俄译本主要是柏百福、阿列克谢耶夫、果洛瓦乔娃、西门诺科及马良文的译本，英译本主要是理雅各、韦利及刘殿爵等人的译本，中文本主要是杨伯峻、朱熹、杨树达等人的《论语》译注。另外，还有法译本、韩译本、日译本、德译本。在翻译"学而时习之，不亦说乎"句时，就列举了杨树达、钱穆、杨伯峻、毛子水等对该句的注释，同时列举了不少国外译者的翻译。在这些译注中，一些译者和注释者把"学而时习之"中的"习"理解为"温习、复习"。不过，也有不同的理解，如马良文把"学而时习之"译为"Учиться и, когда придет время, прикладывать усвоенное к делу（学习，待时机成熟把所学用到事业上）"，果洛瓦乔娃则译为"Изучая обычаи предков, в свое время вводить их в привычку（学习先人的风俗，并及时使其成为习惯）"，理雅各译为"...learn with a constant perseverance and application"。在对比分析不少译文和注释后，贝列罗莫夫认为孔子这句话的原意是"只有当一个人把自己所学的知识适时地应用到生活中，才会感到喜悦或幸福"①，故将其译为"Учиться и своевременно притворять в жизнь（学习并及时应用到生活中）"。

贝列罗莫夫《论语》译文中注释的重点是原文中一些存有争议的地方。如《论语·泰伯》"民可使由之，不可使知之"句，他在注释中引用了中国学者诸如郭沫若、杨伯峻、钱穆、陶铸、谢冰莹、邱燮友、毛子水、姚式川、王熙元、胡恺、谢东闵等对该句的注释，同时还引入了一些汉学家如理雅各、韦利、黄继忠、克里夫佐夫、西门诺科、果洛瓦乔娃等对该句的翻译和理解。他们对这句话的理解是不同的，甚至是相反的。一部分人认为孔子把"人民与国家对立起来"，是愚民政策；一部分人认为这和孔子的"教民"原则不符，认为"可与不可"有两重含义，一是应该不应该，一是能够不能够。如果是前者，则是愚民；如果是后者，则只是表达一个事实。贝列罗莫夫列举这么多人不同甚至相反的观点的目的，一是让译文读者知道这句话存在着多样性的理解，二是让

---

①　Переломов Л. С. Конфуций: 《Лунь юй》. М., 1998. C. 294.

译文读者自己判断该句话的含义。

贝列罗莫夫这种批判分析且不拘泥于某一注释家认知观念的注释方法，不仅拓宽了普通读者的阅读视野，帮助他们更好地理解《论语》以及儒学，而且对政治精英、学者等具有很高的参考价值，实现了把《论语》译为学术性译本的初衷。在注释中论述他人见解时，贝列罗莫夫不失时机地阐明自己的观点和主张，正所谓"译者们通过注释实际地参与到《论语》世界中，通过他们的参与，也让作为读者的我们随同他们一道进入文本的世界里。正是在此意义上，传统的注疏被视为一种文学体裁：评注者通过撰写评注得以进入文本与其展开对话，并为其他人的进入打开通道"①。由此可知，译者的注释不仅为读者的阅读提供方便，而且是译者向读者传递自己对所注释字、词、句以及《论语》内涵的看法。

正如宇文所安（Stephen Owen）所说："翻译思想文本，尤其是来自中国的思想文本，翻译的优雅往往表明它对译文读者的概念习惯作了大幅度让步，中国理论究竟说了什么，从那些优雅的译文中，只能得到一个相当粗浅的印象；在中文里原本深刻而精确的观点，一经译成英文，就成了支离破碎的泛泛之谈。"② 其实，他的这一见解同样适用于中国思想文本的俄译活动。简练含蓄、内涵丰富的《论语》译成俄语后，总觉得失去了文本原有的"韵味"和深邃，这种印象不仅表现在形式上，而且表现在思想内容和意境上。这是翻译尤其是典籍翻译无奈而又不得不妥协的客观事实。译者所能做的就是如何减少"韵味"和涵义的流失，最大限度地向译语读者提供尽可能完美的译本。

当然，译本没有最好，只有更好，世上不存在"尽善尽美"的翻译定本。贝列罗莫夫的《论语》译本也存在一些不足，如将原文含混的地方明确化，这样虽然便于理解，但意义却变得狭隘了。另外，译本中极个别地方存在一些错误，如他把《论语·为政》"《诗》三百，一言以蔽之，曰'思无邪'"中的"思无邪"译为"Непорочных мыслей нет（无纯洁的思想）"，意思和原文正好相反。但整体而言，贝列罗莫夫的《论语》译文较忠实地传达了原文的风格、内容和思想，被公认为是目前为止质量最佳的译本。贝列罗莫夫之所以能够取得如此大的成就，概括起来，主要归功于以下原因：

（1）严谨认真的翻译态度。译本质量的高低和译者的翻译态度密切相关。

---

① 金学勤：《〈论语〉英译之跨文化阐释：以理雅各、辜鸿铭为例》，成都：四川大学出版社，2009年，第90页。

② （美）宇文所安：《中国文论：英译与评论》，王柏华，陶庆梅译，上海：上海社会科学院出版社，2002年，导言第5页。

早在一千多年前，我国著名佛经翻译家彦琮（557—610）就提出了译才"八备"，即"诚心爱法，志愿益人，不惮久时，其备一也。将践觉场，先牢戒足，不染讥恶，其备二也。筌晓三藏，义贯两乘，不苦暗滞，其备三也。旁涉坟史，工缀典词，不过鲁拙，其备四也。襟抱平恕，器量虚融，不好专执，其备五也。耽于道术，淡于名利，不欲高衒，其备六也。要识梵言，乃闲正译，不坠彼学，其备七也。薄阅《苍》《雅》，粗谙篆隶，不昧此文，其备八也"①。在这"八备"中，一、二、五、六是对译者人格修养的要求，译者能否耐于清苦、自愿益人，执着于传播文化，会对译文质量的高低产生很大影响。只有一个严谨、认真的译者才能翻译出高水平的译文，若译者马马虎虎，态度不端正，即使他才高八斗，精通语言和文化，也于翻译活动无益。所以，凡是著名的翻译家都有很高的学术品格。傅雷多次强调翻译工作是一项神圣的事业，他在《翻译经验点滴》中写道："由于我热爱文艺，视文艺工作为崇高神圣的事业，不但把损害艺术品看做像歪曲真理一样严重，并且介绍一件艺术品不能还它一件艺术品，就觉得不能容忍，所以态度不知不觉地变得特别郑重，思想变得很保守。"② 贝列罗莫夫对儒学非常敬仰，认为"翻译经典文献，不仅要有很高的职业素养，而且还需抱有珍爱的态度"③。他是在多年研究儒学后才开始翻译《论语》的，这一点从他的译文注释中可窥知一二。

（2）深厚的儒家文化修养。贝列罗莫夫毕业于莫斯科东方学院，致力于中国思想史和政治传统关系的研究。来北京留学期间，他还得到我国著名史学家顾颉刚的指点。在先秦诸子典籍中，他最爱孔子学说。因此，他的研究多集中在与儒学有关的中国典籍上，如"四书""五经"。尤其是《论语》，被他啃了个透。贝列罗莫夫对儒学中的政治内容很感兴趣，关注国家经济、文化、政治之间的关系。他认为，俄罗斯应该借鉴儒学中的治国方法、策略，从而找到俄罗斯摆脱当下困难处境的出路。丰富的儒学知识不仅使他在儒学方面的见解更具有说服力，而且使他的译文也臻于完善，达到了《论语》俄译的新高峰。

（3）强烈的民族责任感。"从目的语文学角度看，所有翻译都会处于某种特定的目的，对原文文本进行某种程度的操纵。"④ 上文讲道，贝列罗莫夫翻译《论语》的最终目的，是纠正人们对孔子学说的错误认识，为俄罗斯的复兴寻找

---

① 罗新璋、陈应年编：《翻译论集》（修订本），北京：商务印书馆，2009 年，第 62-63 页。

② 同上，第 692 页。

③ Переломов Л. С. Конфуцианское четверокнижие. М.，2004. С. 397.

④ 刘军平：《西方翻译理论通史》，武汉：武汉大学出版社，2009 年，第 367 页。

一条可资借鉴的途径。肩负如此重任，所以态度格外端正，结果使他的译文自然、准确、优美。和其他《论语》译者相比，贝列罗莫夫参考的文献是最广博的，几乎囊括了中国历代注疏家与近现代、当代著名注疏家对《论语》的研究成果。与此同时，还参考了其他语言的权威《论语》译本。加之贝列罗莫夫灵活运用多种翻译法及策略，圆满调和，融会贯通，最终为俄语世界提供了一个科学系统、行文优美、内容忠实、层次分明的《论语》译本。

第四节　卢基扬诺夫的哲学译本

一、卢基扬诺夫的中国哲学研究

卢基扬诺夫是当今俄罗斯著名汉学家。1948 年，卢基扬诺夫出生于伊万诺夫城。1975 年，他毕业于莫斯科大学哲学系。1979 年，他以《中国古代哲学的形成》（《Становление древнекитайской философии》）为题目通过论文答辩，获得副博士学位。1991 年，以《道与德：早期道家哲学》（《Дао и дэ: философия раннего даосизма》）为题目通过博士论文答辩，获哲学博士学位。1978-1993 年，他在俄罗斯人民友谊大学（Российский университет дружбы народов）工作。1997 年起开始任俄罗斯科学院远东研究所东北亚文明比较研究中心主任。卢基扬诺夫不仅在中国古代哲学研究方面取得了丰富的成果，而且还参与了《哲学百科词典》的编纂，也是《中国精神文化大典》的副主编。同时，他还是中俄友协副主席、国际儒学协会副主席、国际易经协会成员、中国四川大学当代俄罗斯研究中心学术委员。因其贡献突出，卢基扬诺夫曾先后获得俄罗斯国家奖和中华图书特殊贡献奖。2021 年 4 月 23 日，因不幸感染新冠病毒而辞世，让人无限悲伤和惋惜。

卢基扬诺夫的主要研究领域是中国和印度古代哲学。为了研究中国和印度早期哲学的起源过程，1984 年卢基扬诺夫曾到印度访学，1986-1987 年来中国访学，期间拜访了不少著名的儒道学领域的专家。卢基扬诺夫研究成果颇丰，撰写多篇相关研究论文和专著。论文如《古代中国哲学的出现》（《Возникновение философии в Древнем Китае》）（1978）、《古代中国哲学中人和"成人"世界》（《Человек и "очеловеченный" мир в древнекитайской философии》）（1986）、《道德经：前哲学和哲学》（《Дао-дэ-цзин: предфилософия и философия》）（1989）、《中国第一位哲学家：老子的哲学》

（《Первый философ Китая: фрагмент философской автобиографии Лао-цзы》）（1989）等。主要专著有：1989 年，他的《东方哲学之形成：古代中国与印度》（《Становление философии на Востоке: Древний Китай и Индия》）一书出版，在该书中卢基扬诺夫通过分析中国和印度古代哲学的发展历史，探讨了东方哲学形成的规律以及它们之间的共性和差异，并指出了对其产生影响的各种外在因素。1992 年，他的《道之本源：中国古代世界》一书出版，该书主要研究中国古代文化"道（Дао）"和古印度文化"梵（Ом）"以及古希腊文化"逻各斯（Логос）"之间的关系，在对比分析的基础上，试图揭示中国道家哲学的文化本源。他认为，中国文化"道"是一个鲜活的有机整体，是自然、神祖与人（肉体、精神、思想三体结合）的统一体。在 1994 年出版的《〈易经〉之道》（《Дао〈Книги перемен〉》）一书中，他对八卦和六十四卦的结构与内容进行了分析，努力探寻道的原始形态。此外，还翻译了多部中国古代典籍。1994 年，《古代中国哲学的起源》（《Начало древнекитайской философии》）出版，该书收录了他选译的《易经》《道德经》及《论语》译本。其中，《论语》译本选译了带有"道""德"字眼的全部章节。

卢基扬诺夫将翻译和研究结合起来。2000 年，《老子与孔子：哲学道》（《Лао-цзы и Конфуций: Философия Дао》）出版，该书由"老子之道"和"孔子之道"两大部分组成。在书中，卢基扬诺夫不仅对比了老子学说与孔子学说（主要是道）的区别，而且还将他们的学说与古希腊哲学家赫拉克利特等人的哲学进行对比。这样，读者可以从宏观上把握孔子哲学的特点，而后面的《论语》译文则有助于读者从微观上认识孔子学说。

二、哲学阐释视角

《老子与孔子：哲学道》是卢基扬诺夫研究《道德经》和《论语》的专著，也是他多年儒学研究的总结之作。该书的"孔子之道"部分包括"《论语》与孔子""君子的概念和孔子之道""道的原始概念和天下""孔子、《易经》和老子"，同时附有《论语》译文。卢基扬诺夫非常喜欢《道德经》和《论语》。他说："《道德经》包含了普希金的精神，它让我成为孩童，让我畅游于自然之中；《论语》包含了托尔斯泰的精神，它让我变为成人，让我畅游于社会之中……"① 虽然在卢基扬诺夫之前，已有不少俄罗斯汉学家研究《论语》的风

---

① 刘亚丁：《中俄文化的相遇与相互理解——对话俄罗斯著名汉学家卢基扬诺夫》，http: //www. cssn. cn/zx/201701/t20170105_ 3369866_ 3. shtml, 2020-8-5.

格、语言和思想内容，探索儒学的命运，为俄罗斯的儒学研究作出了贡献。不过，卢基扬诺夫决定另辟蹊径，采用哲学视角研究《论语》。他明确指出："在避免重复和运用现有研究成果的条件下，自己的研究目的是从哲学内容出发，通过对比其与老子之'道'、《易经》之'道'的异同来研究孔子之'道'。虽然这些'道'相距甚远，但共同生长的文化土壤把各种'道'统一了起来。"①由此可知，卢基扬诺夫把道家之道和儒家之道放在一起，虽然重点在探寻它们之间的差异，但是也没有忘记它们之间存在着相同性。卢基扬诺夫认为，孔子把儒家之"道"建立在之前的"道"的基础之上，孔子虽然敬重古代，但他的目的却是在新的社会中创建新的"人"。虽然现在有很多儒家典籍，但《论语》是早期儒学的代表，因此儒学思想主要体现在《论语》中。为了对儒学有整体把握，卢基扬诺夫简单介绍了"四书五经"的主要内容，并指出，虽然这些典籍论述的内容各有侧重，但"道"作为共同的文化基础将它们交织成一个整体。《论语》是"四书五经"的一部分，是它们的中心，根植于它们，从中汲取养分，同时又使它们成为一个理论体系，并从世界观上规范它们。

卢基扬诺夫虽然把《论语》视为哲学作品，但他清楚地知道，《论语》作为哲学文本存在着明显不足。如他所言："无论从体裁、风格或任务来看，《论语》都不足以成为哲学作品。因为《论语》没有叙述哲学问题，只是叙述孔子言论的一部传记。"尽管如此，卢基扬诺夫仍然认为《论语》是哲学文本，原因如下："首先，它有哲学主休——儒家学派或儒家的创造者孔子。孔子的名字是建立在古代不知名的圣人即圣哲之上的，他象征着个人哲学创作的开端。其次，孔子在《论语》中提出了儒家学说的理想人物——君子，君子同时是哲学家——宇宙的子民、官员——国家机关人员、精神导师以及人民领袖。其三，正是君子从氏族家庭关系中建立了精神之道。对个人来说，入道是一个自我完善的过程，在这个过程中他会拥有真正的本性。其四，孔子在《论语》中创建了'道'的观念，并根据五行/五常的模式予以恢复之。但是这种恢复是纯粹的人性之道，需要不断地进行自我完善，孔子开辟了新的人类学意义上的道的时代。"② 可以说，正是"因为孔子的特征以及他在独白和对话中论述了自己的观点，《论语》才得以成为哲学作品"③。也就是说，《论语》中虽然没有假设，没有推论，更没有系统的概念体系，有的只是孔子及其弟子们言语行事的内容和

① Лукьянов А. Е. Лао-Цзы и Конфуций : Философия Дао. М., 2000. С. 214.

② Там же. С. 229-230.

③ Там же. С. 230.

场景，但正是在这些言语和行事中反映了孔子及若干弟子对"道"的认知和践行，从而决定了《论语》所论述的内容和思想是哲学的。

在《论语》中，孔子提出了"好学"，即"十室之邑，必有忠信如丘者焉，不如丘之好学也"（《论语·公冶长》）。卢基扬诺夫认为，中国的"好学"是希腊语"φιλοσοφια"的最佳译词。在字典中，"φιλοσοφια"的意思是"爱智慧""爱知识（求知欲）"和"爱科学"。"正是因为自称爱学问-智慧，孔子是中国古代思想家中率先称自己为哲学家的人。"① 事实上，《论语》中记载的哲学家只有两个人，除孔子外，另一个是他的弟子颜回，"有颜回者好学，不迁怒，不贰过"。那么，什么样的人才有资格成为哲学家呢？孔子的弟子子夏给出了答案："日知其所亡，月无忘其所能，可谓好学也已矣。"当然，孔子的哲学学习也伴随着思考，"学而不思则罔，思而不学则殆"。同时，学习是为了自己，而不是为了他人，即"古之学者为己，今之学者为人"。学习的最终目的是，"君子学以致其道"。但是，当时人们对"道"的概念并没有认知基础。孔子只能转向古代，正是在信古好古中找到了人类之道。所以，《论语》中对"道"的探寻变为了对"道"的学说的创建，即研究哲学。只是"孔子不是和抽象的概念打交道，而是和有生命的人打交道。他活动的场地也不是办公室，而是整个人类天下……孔子的活动是纯哲学的：通过五行/五常②帮助道从人的潜意识中生发，他不是创建而是发现道"③。在选择了探寻道的哲学道路之后，孔子不仅不被周围的人理解，也不被自己的弟子理解，于是只好慨叹道"知我者其天乎"，这说明孔子作为哲学家的孤独。

《论语》中有一些包含智慧意义的概念即"知、智、贤、圣、哲、学"，另外还有两个表示"喜欢"的字即"爱"和"好"。不过只有"好"与"学"组合成为"好学"。其中，"好"与希腊语"φιλεο"相等，而"学"与"σοφια"一致。根据"哲学"的定义，乍看之下，毕达哥拉斯和孔子相距甚远，一个是数学家和唯理论者，一个是道德家和政治家，不过他们二人的哲学都是在伦理需求的基础上形成的。在译文中，卢基扬诺夫对《论语》的哲学性进行了凸显，在行文上尽量采用抽象的哲学语言。其中最突出地表现是，他把《论语》中的"好学"译成"爱智慧"或"哲学家"。《论语》中，"好学"一共出现6次，卢基扬诺夫3次将其译成"философ"（哲学家）。

---

① Лукьянов А. Е. Лао-Цзы и Конфуций : Философия Дао. М., 2000. С. 232.
② 卢基扬诺夫所说的儒学中的五行 \ 五常指的是德、仁、义、礼、信。
③ Лукьянов А. Е. Лао-Цзы и Конфуций : Философия Дао. М., 2000. С. 233.

卢基扬诺夫从纯哲学的角度出发解读《论语》，这与他自身的哲学家身份密切相关。在加达默尔看来，翻译是对文本的再创造，而这种再创造受到对文本内容的理解所指导，所以"翻译所涉及的是解释（Auslegung），而不只是重现（Mitvillzug）"。而解释是一种"突出重点"的性质，他说："如果我们在翻译时想从原文中突出一种对我们很重要的性质，那么我们只有让这同一原文中的其他性质不显现出来或者完全压制下去才能实现。这种行为恰好就是我们称为解释（Auslegung）的行为。"①正是为了突出《论语》的哲学性，卢基扬诺夫对儒学中的"道"、各种类型的人、道与德的关系等进行了系统论述。

其实，儒学有完整的思想体系、比较成熟的认识论和思想方法，所以不少人认为它是哲学。劳思光认为，儒学是中国最早哲学的主要原因在于其系统性和自觉性，并认为孔子是中国最早的哲学家，"乃因孔子最先提出一系统性自觉理论，由此对价值及文化问题，持有确定观点及主张"②。卢基扬诺夫是俄罗斯汉学史上第一个完全从哲学的角度研究、翻译《论语》的汉学家，他的儒学研究和《论语》译文为读者提供了崭新的视角，因此其译本具有独特的意义。

三、翻译策略：适度异化

随着中俄文化交流的深入，俄罗斯读者对中国文化的了解不断加深。在此情况下，为最大限度地保留原文风格和异域文化特质，卢基扬诺夫采取了适度的异化策略。如《论语·学而》"道千乘之国，敬事而信，节用而爱人，使民以时"句，卢基扬诺夫译为"Управляя царством, способным выставить тысячу колесниц, почтительно служи и опирайся на доверие, сокращай расходы и люби людей, используй народ в соответствии с круговоротом времен"。这一章节表达了孔子对治国理政的看法，其中"道千乘之国"中"道"是领导、治理之义，卢基扬诺夫把"道千乘之国"直译为"управляя царством, способным выставить тысячу колесниц"。在古时，"拥有一千辆兵车的国家"自然不是小国。随着中俄文化交流的加深，俄语读者应该能够理解其含义。卢基扬诺夫把"敬事而信"中的"敬"译为"почтительно"。李泽厚认为，"敬"是《论语》中的一个重要范畴，"它既是一种外在态度，更是一种内在情感，源起于巫术礼仪中对上帝鬼神的尊敬畏惧，理性化后转为生活态度和情感要求，成为人性塑

---

① （德）加达默尔：《真理与方法》，洪汉鼎译，上海：上海译文出版社，2004年，第498-499页。

② 劳思光：《新编中国哲学史》（一），桂林：广西师范大学出版社，2005年（2007重印），第75页。

造的一个部分"①。卢基扬诺夫用"почтительно"来翻译"敬",还是能够反映其内涵的。对"使民以时"中的"以时",卢基扬诺夫译为"в соответствии с круговоротом времен",意为"根据季节的更替"。杨伯峻指出:"古代以农业为主,'使民以时'即是《孟子·梁惠王上》的'不违农时'。②所以,稍微有常识的人都应该知道,根据季节的更替役使百姓指的是在农闲时间使用民力。此外,"в соответствии с круговоротом времен"具有书面语色彩,"круговорот"意为"周转、循环",本身有哲学意味。整体而言,卢基扬诺夫严格在词序和用语上紧贴原文,译文没有添加多余的阐释语,也没有使用多余的连接词,但是读起来却流畅、易懂。译者在力求保留原文简洁性的同时,最大限度地传达原文内容。再如"放于利而行,多怨"句,卢基扬诺夫译为"Стремление действовать только из выгоды множит злобу",可以看出,译文非常紧贴原文,没有增加原文没有的单词,回译成汉语即"力求根据利益来行事,会增加怨恨",内容也非常忠实原文。贝列罗莫夫的译文是"Когда действуют лишь личной выгоды, то вызывают сильную ненависть",这样就变成了"只根据个人私利来行事的时候,那么就会招致强烈的痛恨",增加了原文中没有的时间状语(когда)、形容词(личный 和 сильный)和连接词(то)。马尔德诺夫译为"Тот, кто действует [главным образом] ради выгоды, [у всех] вызывает большое недовольство","[ ]"内是原文中没有而译者增加的内容,同时还可以看出,译者采用了主语从句,即增加了主语,这样就变成了"一个主要从利益出发的人,会招致所有人极大的不满"。当然,这里我们无意比较孰优孰劣,只是为了说明卢基扬诺夫紧贴原文的译文特点。

事实上,卢基扬诺夫在翻译时不仅遵循原文的顺序,不增加原文中没有的字,而且在选词上也尽量保留原文中所使用的字眼进行直译。如《论语·卫灵公》"君子病无能焉,不病人之不己知也",他译为"Благородный муж болеет о своей неспособности, но не болеет о том, что неизвестен людям"。其实这句和"不患人之不己知,患其不能也"义同,这里的"病"为发愁、担心之义,西门诺科和贝列罗莫夫将"病"译为"печалиться",马尔德诺夫译为"переживать",都符合原文涵义。卢基扬诺夫译为"болеть",这个词不仅有"生病"的意思,还有"担心"之义。从这一点来看,用"болеть"译"病"

① 李泽厚:《论语今读》,北京:世界图书出版有限公司北京分公司,2019年,第9-10页。
② 杨伯峻:《论语译注》(2版),北京:中华书局,1980年(2008重印),第4页。

可谓是神来之笔。

《论语》的内容虽然缺乏严密的逻辑建构和缜密的思辨体系，但却蕴含着深刻的哲理，而这些深刻的哲理又蕴含着诗性的情感。可以说，《论语》融诗性和哲学性于一体。《论语》中含有大量的排比、对偶、长短句等修辞手法，还有一些本身就富含诗意的句子（如"逝者如斯夫"），正是这些诗性的或韵律性的表达方式造就了《论语》诗性的情感。原文中的一些修辞手法，卢基扬诺夫在译文中都有所保留。如"君子惠而不费，劳而不怨，欲而不贪，泰而不骄，威而不猛"句，他的译文为"Благородный муж добр, но не расточителен; обязывает трудиться, но не вызывает ропота; желает, но без алчности; величествен, но не кичлив; грозен, но не свиреп"。可以说，卢基扬诺夫尽量保留了原文的修辞手法，译文工整、简洁。贝列罗莫夫的译文为"Это когда благородный муж добр, но не расточителен; когда он понуждает народ к труду, но не вызывает его гнева на вышестоящих; когда он желает обрести, но не ради корысти; когда он величав, но не высокомерен; грозен, но не свиреп"，译文内容做了明晰化处理，好处在于便于读者理解。

打开卢基扬诺夫的《论语》译文，读者会发现正文中没有脚注，译文中也几乎没有任何的阐释或解说。对于原文中的人名、地名、朝代名和名物等专有名词，他采用音译加尾注的方式进行翻译。当然，和贝列罗莫夫的注释相比，卢基扬诺夫的注释要简洁得多，他只是简要地介绍书中的人物、交代相关事件背景或器物的用途。如对子夏的注为："孔子的弟子，名为卜商，比孔子小 44 岁，生于公元前 507 年。"[1] 对"八佾舞于庭，是可忍也，孰不可忍也"中的注释为："季氏，是季平子或季桓子（季康子之父），孔子痛心的是，季氏在庭院中用了只有天子才能用的 8×8＝64 人的舞蹈。"[2] 对于儒家术语，译者采用了两种翻译方法，一种是音译，一种是意译。据杨伯峻统计，《论语》中的"道"共出现 60 次，其中作为孔子的术语是 40 次[3]。由于"道"的意义非常丰富，卢基扬诺夫采取了不同的翻译方法，部分音译为"Дао"，部分则采用音译加注释的方式。如"道之以政"句，译者译为"Если осуществлять Дао（правление）посредством политических мер"，以此表明此处的"道"是 правление 即"治理、统治"的意思。一些地方则根据句意进行意译。如"富与贵，是人之所欲

---

① Лукьянов А. Е. Лао-Цзы и Конфуций：Философия Дао. М., 2000. С. 375.

② Там же. С. 375-376.

③ 杨伯峻：《论语译注》（2 版），北京：中华书局，1980 年（2008 重印），第 293 页。

也；不以其道得之，不处也"，卢基扬诺夫译为"Богатство и знатность — вот чего страждет человек；нечестно наживешь их — не удержишь"，把"道"译为"нечестно（不诚实）"。 "德"也采用了音译和意译两种方式，译为"добродетель"和"Дэ"，但总体而言，以音译为主。其他儒学术语如仁、礼、义、君子、士等都采用了意译的方式，分别译为"человеколюбие"，"ритуал"，"долг \ справедливаость"，"благородный муж"和"ученый муж"。

卢基扬诺夫的《论语》译文还有一个其他译文没有的特点，那就是对《论语》中"好学"二字的翻译。据笔者统计，"好学"共出现 6 次，卢基扬诺夫 3 次将其译为"философ"，如"君子食无求饱，居无求安，敏于事而慎于言，就有道而正焉，可谓好学也矣"中的"好学"。其余 3 次如："十室之邑，必有忠信如丘者焉，不如丘之好学也"（《论语·公冶长》）句中的好学译为"любовь к мудрости"；"笃信好学，守死善道"（《论语·泰伯》）句译为"верить в философию"；"好仁不好学，其蔽也愚"（《论语·阳货》）句的"好学"译为"философствовать"。前面已经论述，卢基扬诺夫从哲学角度研究《论语》、翻译《论语》，因此竭力寻找其与哲学的相通之处。在他看来，"好学"就是西方哲学中的"爱智慧"。

总之，卢基扬诺夫的《论语》译本将哲学研究与翻译结合起来，因而具有较强的学术性。在翻译方法上，他以直译为主，谨遵原文的顺序，不添加或极少添加原文中没有的字眼，这就使得他的译本显得简洁干净。由于多年研究中国先秦哲学，因此对《论语》思想理解深刻，所以他在选词用句方面能够较为忠实地再现原文的意义。2017 年，卢基扬诺夫在原有《论语》译本的基础上，重译了《论语》。该译本保留了之前译本的哲学性，但在行文上采取了散文体①形式。和《孔子·哲学道》中的《论语》译文相比，新译本②具有以下特点：

首先，在排版上采用了散文的形式，每句另起一行。如把《论语·阳货》"天何言哉？四时行焉，百物生焉，天何言哉？"译为：

А разве Небо говорит？

Четыре времени года чередуются, вещи рождаются,

а разве Небо говорит？

其次，译文更加简洁。如"其为人也孝弟，而好犯上者，鲜矣"句，原来

① 刘亚丁：《中俄文化的相遇与相互理解——对话俄罗斯著名汉学家卢基扬诺夫》，http：//www. cssn. cn/zx/201701/t20170105_ 3369866_ 3. shtml，2020-8-5.

② Лукьянов А. Е. Древнекитайская философия. Курс лекций. Часть Ⅲ. Раздел 1. Философия конфуцианства —《Четверокнижие》（《Сы шу》）. М.，2017.

译为"Редко встречается такой человек, кто, проявляя сыновнюю почтительность к родителям и преданность старшим братьям, любит выступать против верхов",后来的译文去掉了"сыновнюю"和"преданность",译为:

Редко встречается такой человек,

кто, проявляя почтительность к родителям

и старшим братьям,

любит выступать против верхов.

再次,原来的尾注改成为脚注,这样更便于译文读者的阅读。

卢基扬诺夫的新译本是作讲义用的,受众对象主要是俄罗斯的在校生和对中国文化感兴趣的青少年,而不是那些专门从事学术研究的人。所以,与对儒学专门进行哲学研究的《孔子·哲学道》中的学术性《论语》译本相比,2017年的译本在形式上更加简洁、用语比较浅显。

第五节　马尔德诺夫译本:走近读者

一、马尔德诺夫与儒学研究

马尔德诺夫是俄罗斯著名的汉学家、藏学家、历史学家、语言学家和译者。1957年,毕业于列宁格勒大学语言学专业。1960年,在苏联科学院东方学研究所获得硕士学位。1975年,以毕业论文《17-18世纪西藏在中国政治体系中的地位》(《Статус Тибета в XVII-VIII веках в традиционной системе китайских политических представлений》)获得副博士学位。马尔德诺夫笔耕不辍,在历史、藏学、儒学和佛教等多个研究领域取得了丰富的研究成果。

2000年,莫斯科出版了《经典儒学》(《Классическое конфуцианство》)。该书由上下卷组成,上卷为马尔德诺夫翻译研究的《论语》,下卷为佐格拉芙译介的《孟子》和《荀子》。"正是在《论语》里,孔子思想在与弟子们的交谈中鲜活而直接地展现在我们面前",所以编者选择《论语》作为《经典儒学》的开篇之选。马尔德诺夫的《论语》译本包括两部分:第一部分为序言、孔子生平及学说、主要儒学术语等内容;第二部分为《论语》译文和注释。在序言中,马尔德诺夫指出儒学未来可期,必定会对人类社会起重要作用,"我们确信,与基督教一样，在不久的将来，儒学将成为人类统一道德标准的最重要的组成部分"①。由于儒学术语意义模糊多样，因此"对那些试图竭力掌握古代中国哲学遗产的读者来说，主要困难不在于不了解历史背景或者哲学学说的演化过程，而是对一些中国古代哲学中运用的主要术语的认识模糊不清"②。术语是思想的重要体现，为便于读者把握儒学思想，马尔德诺夫在译文前对德、仁、礼、文予以解说。孔子弟子颜渊曾对孔子极高且深的"道"发出"仰之弥高，钻之弥坚。瞻之在前，忽焉在后"的感叹。马尔德诺夫坦言，他对自己的《论语》译文只有一个希望，那就是不要出现（颜渊）所说的那种看不懂或不理解的情况。为了避免出现颜渊所说的这种情况，马尔德诺夫对《论语》中一些事件或言论的历史背景、孔子弟子情况、儒学术语等俄文读者比较陌生或难以理解的地方进行了详细的"解说"（пояснения）。他指出，之所以不像一般译者那样用"注释"（коменнтарии），而用"解说"，是因为"普通的注释通常仅仅给出文中所涉及的人物、地名或指出翻译的困难，解释则需要让读者清楚孔子哲学讨论的一系列问题，而这些问题读者直到现在也不习惯和完全明白"③。所以，为了让读者清楚孔子表述的内容，就要把读者带到这些概念的语境之中。为了说明"解说"的必要性，他举了"学而（Учиться）"的例子。他说，每个人从小都知道учиться（学习）的重要性，所以"学而"篇给人的第一印象是毫无新意甚至令人厌烦，但是孔子所说的"学"却是我们很久都没有学到的东西，即从一个普通人变为君子的艰难历程。这样一来，《论语》中很多看似庸俗的概念范畴在特定的语境中就变得意蕴丰富且具有现实意义。马尔德诺夫认为，《论语》只有前九篇是儒学原有的思想，而后面的篇章（除第十篇外）和孔子思想没有任何关系，所以第十一到第二十篇采用了非常简略的注解（примечания）。

2001年，马尔德诺夫的《儒学·论语》（《конфуцианство "Лунь юй"》）问世。这本专著正文共包含前言、孔子生平及学说、儒学、儒学的不同视角、结语及作为附录的《论语》译文。本书中，译者不仅详尽地描绘了孔子的生平和学说命运，而且指出了作为历史、伦理、哲学和文学现象的儒学，同时也分析了君子之道以及"仁"和"诚"的概念内涵。由此不难看出，马尔德诺夫并不认为儒学是宗教，而是将其作为一种学说或思想。《论语》是儒学的原始典籍，渐渐地从一粒种子成长为儒家文化中的一棵参天大树，如今和世界上其他

---

① Мартынов А. С. Классическое конфуцианство. Т. 1. М., 2000. С. 8.

② Там же. С. 11.

③ Там же. С. 211.

宗教一道成为人类的精神资源。《论语》算不上常见意义上的哲学作品，它不是为那些爱好形而上学或超验的人准备的。"读者在它里面找不到怪诞色彩的新奇'思想'、找不到奥妙的精神体系"①，《论语》所记述的世界就是当时的人生活的真实世界。令人悲哀的是，在绝大多数情况下，这些人一点也没有为自己幸福安宁的生活而活着。所以，孔子试图劝说同时代的人，尤其是那些有意从政或已有权力的人必须做出彻底改变。如何做出改变和改变什么，正是《论语》谈论的话题。马尔德诺夫指出，《论语》中所讨论问题的现实意义无须证明，自孔子学说诞生之日起已有 2500 多年的历史了，但这期间人的改变却非常有限，到现在一些人也不知道该如何安宁地活着。由此可知，在马尔德诺夫看来，《论语》所论述的诸多问题具有强烈的现实意义。虽然人人都向往安宁的生活，可是在现实生活中，人们的所作所为却与此目的相距甚远。

二、面向广大读者的阐释性文本

在 2001 年出版的《论文》译文正文前，马尔德诺夫写道："该书是为最广大的读者群也就是那些喜欢儒学并把它作为世界精神文化遗产的人而译的，这些人并不是汉学研究者，因此译者试图不采用任何注释来传达《论语》的论述和对话。为了确保思想的正确性，译者不得不在文中直接采用符合俄语表达规范的词语，并用方括号的形式标出。"② 与 2000 年版的《论语》译本相比，2001 年版的《论语》译本中，马尔德诺夫略去了大量的附在后面的解说。不过，马尔德诺夫也很清楚，如果省略大量的解说，势必会对俄文读者的理解造成困难。因此他指出："为了读者能够更好地了解对话与论述事件发生的具体背景，译者认为有必要直接在译文中简要地注明事件发生的地点与人物，并用方括号的形式加以标明，如：［学生］、［鲁国大夫］、［卫国的一个政治家］ 等等。"③ 也就是说，为了大众读者能够更好地理解《论语》，马尔德诺夫用浅显易懂的语言翻译《论语》，同时在译文中增加一些他认为必要的解释性词语，使原文含蓄、模糊的地方得以清晰化，并使译文符合译语的语文习惯，保证句子的通顺和上下文之间的连贯，这样不仅可以帮助读者集中精力了解书中最重要的思想，而且增加了译文的可读性。下面我们看几个例子：

原文：子禽问于子贡曰："夫子至于是邦也，必闻其政，求之与？ 抑与之

---

① Мартынов А. С. Конфуцианство《Лунь юй》. Т. 2. СПб., 2001. С. 210.

② Там же. С. 210–211.

③ Там же. С. 211.

与?"子贡曰:"夫子温、良、恭、俭、让以得之。夫子之求之也,其诸异乎人之求之与?"(《论语·学而》)

译文:Некий Цзы－цинь спросил［у одного из ближайших учеников Конфуция］, Цзы－гуна:《Я знаю, что когда Учитель приезжал в какое－нибудь государство, то он непременно наводил справки о методах местного управления. Спрашивал ли он об этом или люди сами ему рассказывали?》Цзы－гун ответил:《Учитель был мягок и доброжелателен, почтителен, скромен, уступчив. Этим он добивался своего. Поэтому он узнавал о методах управления страной совсем не так, как другие.》

《论语集释》《吕氏春秋》载曰:"孔子周流海内,再干世主,所见八十馀君。"《论语集释》《史记》载云:"仲尼干七十馀君。"① 由此可知,春秋时期,诸侯国众多,孔子为实现的自己政治抱负,周游列国,虽未能如愿,但夫子温、良、恭、俭、让,风度自是卓绝。朱熹《四书集注》曰:"温,和厚也。良,易直也。恭,庄敬也。俭,节制也。让,谦逊也。五者,夫子之圣德光辉接于人者也。"② 正是因为孔子拥有温、良、恭、俭、让的风格和修养,所以他"闻政"的方式与他人不同。细读马尔德诺夫的译文,首先可以发现译文增加了原文中没有的内容,如把"子禽"译为"Некий Цзы-цинь(有一个叫子禽的人)"。关于子禽,郑玄注《论语》认为其是孔子弟子,也有不少人认为子禽不是孔子的弟子,所以这里译为"Некий Цзы-цинь"是正确的。他把"子贡"译为"［у одного из ближайших учеников Конфуция］, Цзы-гуна(其中一个孔子最为亲近的学生)"。我们知道,《论语》所记孔门弟子的言行,数子贡和子路的篇幅最多。他们二人,一文一武,是孔子的左辅右弼。马尔德诺夫对子贡的注释有利于译文读者对子贡有一定的了解。更重要的是,他用"［］"的形式标出来,提示读者原文是没有这句话的,只是为了理解的方便才加上去的。把"闻其政"译为"наводил справки о методах местного управления(询问当地的治理方法)"。其次,没有按照原文的句式翻译,"夫子之求之也,其诸异乎人之求之与?"是一个问句,也就是说子贡并没有给子禽正面答复,而是让子禽自己去思考判断孔子是如何"闻其政"的。然而他却译为"Поэтому он узнавал о методах управления страной совсем не так, как другие(因此他获得治理国家的方法和别人不一样)",是一个肯定句,即直接给出答案。此外,译

① 程树德:《论语集释》(上),北京:中华书局,2013年(2017重印),第47-48页。
② 朱熹:《四书集注》,南京:凤凰出版社,2005年(2006重印),第52页。

者还增加了不少插入语和连接词如"я знаю""то"等。卢基扬诺夫把该章节
译为：

Цзы цинь спросил у Цзы Гуна：

— Учитель，прибывая в какое－либо царство，непременно узнавал о
принципах управления.［Он］сам спрашивал об этом，или же это давалось
ему само?

Цзы Гун ответил：

— Учителю это давалось благодаря тому，что он был мягок，добр，
вежлив，скромен и уступчив. То как это узнавал Учитель，во всем отлично от
того，как это узнают другие，не так ли?

由此可知，卢基扬诺夫紧贴原文形式，几乎是亦步亦趋。句中子禽、子贡
直接音译，原文中"夫子之求之也，其诸异乎人之求之与"是问句，也译为
问句。

贝列罗莫夫认为："马尔德诺夫克服了逐字逐句直译的困难，成功地传达了
《论语》中对话和叙述的主要内容。"① 我们认为，马尔德诺夫的《论语》译法
和辜鸿铭的译法有些相似。两位译者都没有采用直译法，而是采用了向目标语
读者靠近的意译法。他们之间的不同之处是，辜鸿铭的意译有时更倾向于归化
法。辜鸿铭认为理雅各的《中国经典》歪曲了儒学思想，为传播中国传统文化，
于是决定自己翻译儒学典籍。"为了尽可能地消除英国读者的陌生感和古怪
感"②，辜鸿铭追求的是《论语》译本与原文的灵活对等，他的译本向读者靠
拢，译文流畅。但他的译本也有一些不足，如对人名和地名的处理。他的《论
语》译本除提及孔子的得意学生颜回和子路外，剩下的弟子绝大部分译为"a
disciple of Confucius"。另外，他对书中的地名以及各诸侯国名也进行了简化处
理，把"鲁"译成"the native State of Confucis"，对于"齐"则译成"a certain
state"。众所周知，这些专有人名、地名拥有丰富的历史文化内涵，如果略去不
译，势必造成原文文化的流失。此外，辜鸿铭用英语世界的人熟悉的词汇翻译
一些儒家术语，如"子罕言利与命与仁"（《论语·子罕》）句，他把"命"和
"仁"分别译为"religion"和"morality"。不仅如此，他还采用了"以西喻中"
和"以西释中"的方法，如把颜回比喻成"the St. John of the Confucian gospel"。

---

① Переломов Л. С. Конфуцианское четверокнижие. М.，2004. C. 156.

② 辜鸿铭：《辜鸿铭文集》（下卷），黄兴涛等译，海口：海南出版社，1996 年，第
346 页。

而马尔德诺夫的译文几乎保留了所有的人名、地名，对于一些到现在尚未弄明白的地方，他一律用"?"标出，如"太宰问于子贡曰"（《论语·子罕》）句，由于年代久远，这位太宰姓甚名谁，是哪个国家哪个地方的人都已经无从考察，马尔德诺夫将其翻译为"Первый министр（?）спросил Цзы-гуна"。由此可知，译者一方面尽可能地音译专有名词，向俄国读者传达原文所蕴含的"异"质文化；另一方面又尽量用符合俄语规范的语句传达原文，增加原文的可读性。

对那些容易给俄文读者造成理解困难但又不便在正文中加以阐释的地方，马尔德诺夫进行了脚注。如《论语·八佾》载："三家者以《雍》彻。子曰'相维辟公，天子穆穆'，奚取于三家之堂?"马尔德诺夫对"三家"的注释为"три патронимии княжества Лу: Цзи, Мэн и Шу"，即"鲁国的三大家族：季、孟、叔"，对"相维辟公，天子穆穆"的脚注为"Слова песнопения《Юн》из《Книги песен》предпологали исполнение этой религиозной церемонии Сыном Неба, т. е. самим императором"，意谓"《诗经》中《雍》这篇诗歌的意思是应该由天子即皇帝本人来完成这一宗教仪式"。有时则对相关历史人物和背景进行交代，如"子曰：'天生德于予，桓魋其如予何?'"他对桓魋（Хуань Туй）的脚注"Военачальник из княжества Сун, который хотел убить Конфуция"，即"宋国的一个军事长官，想杀死孔子"。这样不仅注明了桓魋的身份，还给出了其想杀孔子的意图。正因为身处有可能丧失性命的险境中，所以孔子才发出了如此感慨。《史记·孔子世家》载："孔子去曹，适宋，与弟子习礼大树下。宋司马桓魋欲杀孔子，拔其树。孔子去。弟子曰：'可以速矣！'孔子曰：'天生德于予，桓魋其如予何！'"[1] 马尔德诺夫的注释虽不及《史记》的详细，但可帮助译文读者对孔子当时的遭遇有一个基本了解。

当然，马尔德诺夫的翻译方法也存在一些值得商榷的地方。如"季氏旅于泰山。子谓冉由曰：'女弗能救与？'对曰：'不能。'子曰：'呜呼！曾谓泰山不如林放乎？'"（《论语·八佾》）马尔德诺夫译为"Род Цзи предпринял восхождение на гору Тайшань. Учитель сказал, обращаясь [к своему ученику] Жань Ю：《Ты что, не смог уберечь их от этого?》[Жань Ю] ответил：《не смог》. Учитель сказал：《Увы! Но неужели дух Тайшань не может сравниться с Линь Фаном?》"

钱穆对"旅于泰山"的解释是："旅，祭名。泰山在鲁。古者天子得祭天下名山大川，诸侯则祭山川之在其境内者。季氏乃鲁之大夫，旅于泰山，不仅僭

---

① 司马迁：《史记》，长沙：岳麓书社，2001年，第321页。

越于鲁侯，抑且僭越于周天子。"① 也就是说，泰山只能由天子来祭，季氏旅于泰山，不仅僭越鲁侯，而且僭越了周天子，因此是僭礼行为。孔子借助"泰山不如林放"，一是用来表达对季氏的不满，一是严厉批评弟子冉由不阻止季氏的僭越行为。马尔德诺夫把"旅于泰山"译为"предпринял восхождение на гору Тайшань"，也就是按照字面意思翻译的。这会让俄文读者不知所以，造成信息流失，这是其一。其二，译者在译文中音译泰山——гора Тайшань，这对不知晓中国历史的俄语读者来说，只不过是一个山名，没有任何意义，译文读者也许会疑惑，为什么要阻止季氏去泰山呢？其三，译文读者还有一个疑问，为什么孔子自己不去阻止季氏，而让自己的学生冉由去阻止？因为译文中并没有向读者传达冉由当时为季氏家宰的信息。最后，译者用的是完成时态，季氏已经去过泰山了，而很多注疏家认为，季氏有去泰山祭祀的打算，孔子听说了此事，故让弟子冉由阻止。贝列罗莫夫则对"曾谓泰山不如林放乎"进行了注释，说明了祭祀泰山的规则以及冉由的身份，这就会解答译文读者的上述疑问，而且把"旅于泰山"译为"собирался совершить жертвоприношение горе Тайшань（打算祭祀泰山）"，就很好地传达了原文的内涵。

尽管马尔德诺夫的《论语》译本存在一些不足，但整体而言，他的译本语言自然流畅、通俗易懂，很适合普通读者阅读，是将"科学研究与通俗阐释较好结合起来的译本"②。

小结

20世纪90年代后，俄罗斯不少汉学家把儒家典籍作为译介与研究对象，导致《论语》新译本不断出现。与帝俄和苏联时期相比，除了译本数量增多、译文质量得到大幅度提高以外，阐释角度也明显出现了多元化的趋势。西门诺科的《论语》译本兼顾了《论语》的文学性和思想性，用凝练优美的语言重现了《论语》的内涵。贝列罗莫夫的《论语》译本详尽细腻、雅俗共赏，实现了学术性译本的目标。他的目的是给当今俄罗斯的复兴寻找一个有效途径，因此对《论语》中治国御民的内容表现出了极大的兴趣，强调它的政治内容和史学价

---

① 钱穆：《论语新解》，北京：生活·读书·新知三联书店，2002年（2007重印），第57-58页。

② Переломов Л. С. Конфуцианское четверокнижие. М. , 2004. C. 398.

值，重视它的教化功能。卢基扬诺夫从哲学角度出发，重在凸显《论语》的哲学性，这在《论语》俄译史上还是第一次。马尔德诺夫的《论语》译本通俗易懂，为广大普通民众的阅读带来了方便。此外，译者的身份、译文风格以及译本评价也显示了多样化的特点。人们不再把传统翻译观中的"忠实"标准作为衡量译本质量的唯一标准，而是将译者的身份背景、翻译目的以及读者接受等因素纳入到翻译标准的体系之中，对译本质量做出多角度的客观评价。

2001年7月，中俄两国签署了《中俄睦邻友好合作条约》，标志着中俄两国长期战略合作的确定。2002年，"俄罗斯孔子基金会"成立，为儒学在俄罗斯的传播提供了经济保障。2006年起，中俄两国开始互办"国家年""语言年"和"旅游年"等众多文化交流活动，极大地促进了两国间的文化交流。孔子学院和孔子课堂的创建，为中俄文化交流提供了一个很好的平台。近年来，俄罗斯人学习汉语的热情不断高涨。目前为止，俄罗斯已经有100多所高校开设中文专业，还有很多学校自发地开设汉语课程。此外，互联网的快速发展也为《论语》在俄罗斯的传播提供了快捷方便的途径。在俄罗斯的网站上很容易搜索到《论语》多个不同版本的译本，甚至有专门的《论语》译本网站和解析。据笔者所知，每年来华的俄罗斯大、中学生游客中就有不少人会说汉语。可以说，孔子和《论语》不仅引起了俄罗斯学界和精英阶层的兴趣，而且成功引起了俄罗斯民众的普遍兴趣。在这种良好的文化语境下，我们有理由相信，将来会有更多的学者加入到儒学的研究和儒家典籍的译介中来，到时还会出现新的《论语》译本和新的儒学研究成果。

第四章　《论语》基本哲学术语俄译研究

一般来讲，术语是整套理论体系中的核心元素。由于对术语的理解关系到对整个理论体系的理解，所以它一直是研究者关注的重点。当然，术语难以翻译也是翻译界的共识。而《论语》中的术语更难翻译，这与中国哲学以及《论语》的特点有关。"西方哲学是二元论，一方面是超越的本体或真理世界，另一方面是现实的世界，因此西方哲学具有强烈的抽象性和理性特征。"① 也就是说，西方哲学往往具有一套完善的抽象的理论体系，这套理论体系具有很强的思辨特点。中国哲学则不同，它与日常生活联系紧密，很多概念就是从日常生活中提炼出来的。"中国超越世界的道和现实世界的人伦日用之间是一种不即不离的关系，两者不是完全隔绝的。中国在相反中看到相成。"② 因此，中国哲学虽然也有理性、抽象性，但较西方哲学而言相对具体，实践性也更强。牟宗三认为，中国哲学以"生命"为中心，由此展开教训、智慧、学问与修行的论述。中国哲学的特质是"主体性（Subjectivity）"和"内在道德性（Inner-morality）"，而西方哲学注重"客体性"，大体以"知识"为中心而展开③。就其实质而言，儒家学说是一种人生哲学，主要内容是国家结构、社会伦理的法则等，突出伦理道德规范，注重实用理性，主张"道在伦常日用之中"，这一特点决定了儒学术语和日常生活用语联系紧密。儒学中绝大多数术语如"仁""礼""君子"来源于生活，但经过文人的阐发后便具有了哲学意义，之后再次回到日常生活，指导生活，同时从生活中不断丰富自身。如此循环往复，最终导致儒学术语意义的丰富性、模糊性和宽泛性，这是重纯粹理性的西方哲学所不具备的。

从这个意义上来说，阐释者对儒学术语的理解，直接关乎对《论语》文本以及整个儒家思想的把握。如果对这些术语的理解出现偏差，则会导致对儒学

---

① 余英时：《〈士与中国文化〉序言》，上海：上海人民出版社，2006年。
② 同上。
③ 牟宗三：《中国哲学的特质》，上海：上海古籍出版社，2007年，第4页。

理解的偏差，从而影响儒家思想在俄罗斯的传播效果。俄罗斯文化虽具有东西方的特点，但与中国文化相比，毕竟属于另一种不同的文化。尽管历代俄罗斯译者都非常关注儒学术语的翻译问题，但由于中俄文化及哲学之间存在着较大的差异，儒学中的核心术语在俄语中并没有相等的对应词。那么，如何在俄语中寻求这些核心术语的最佳近似值便成了各个译者首先要解决的任务。通常在翻译时，译者一般是"将最先跃入其脑际的、最符合西方语言习惯的、感觉最舒服的词汇视为最贴切的翻译，但这种译法意味着西方人把原本不熟悉的术语未经思索就译出来了"①。这样做的结果是给中国典籍"无形地强加了许多西方的假设"，使之具有了原先没有的涵义，同时也流失或遮蔽了原先所具有的涵义。这一点从柏百福的《论语》译文不难看出，他把"心"译为"душа"（灵魂），不可避免地使儒家术语"心"有了基督教的色彩。不少汉学家和译者已经意识到术语外译过程中这种经常出现的问题和现象。所以，为了最大限度地忠实于原作思想，负责任的译者通常会非常谨慎地对待术语的翻译问题。正是出于此种考虑，我们在下面将对《论语》中一些基本哲学术语的俄译情况进行研究，试图找到一种更为贴切而合理的术语翻译方法。

第一节 《论语》哲学术语的特点

首先，与其他儒学典籍相比，《论语》中的术语有其自身特点。刘耘华在《孔子对古代传统的双重阐释》一文中对《论语》术语的特点进行了比较全面的研究。他指出《论语》术语有以下特点："第一，它使得不少原本是一般词汇的词语上升到（道德）哲学的层面，如'知'字，《诗经》里出现47次，都是作动词解，而在《论语》里则成了辅助仁、义的一个概念，所谓'知以利仁'、'知者不惑'等等，均是在此层意义上使用……第二，《论语》中的一些词汇，字面含义看起来没有太大新意，然而置于《论语》的意义整体之中加以考量后，则会发现它们也经过了孔子的改造，并具有十分重要而独特的地位。……再如'恕'字，《论语》虽然仅出现两次，但其所含意味至为关键：一是曾子所云'夫子之道，忠恕而已矣'，这是针对'一以贯之'来说的；一是子贡发问'有一言而可以终身行之者乎？'孔子作答'其恕乎！己所不欲，勿施于人。'《左

---

① （美）安乐哲：《和而不同：比较哲学与中西会通》，温海明 等译，北京：北京大学出版社，2009 年，第 6-7 页。

传》中'恕'字6见，都可作'推己及人'解……《论语》的创造性又何在呢？在于孔子把'恕'紧紧地与'忠'联系在一起了……第三，思想体系的变化，导致思想核心的改变……德、命、天，虽说仍然还是《论语》的重要概念（但经由孔子的创造性诠释而另具新义），然而它们在《尚书》中的核心地位，到《论语》里面却已被更重要的'仁'和'礼'（合而为'道'）取而代之了。"① 第一层含义是说，《论语》中不少术语来源于日常生活，而后得到道德或哲学意义上的提升。这样，术语既在日常生活中使用，又在思想理论阐述中运用，因此它们既有具体可感的鲜活性，又有抽象思辨的理论性。第二层含义是说，孔子通过改造，赋予原先已经存在的术语以独特地位，读者应对这些术语地位的变化有最基本的考量和认识。第三层含义是说，《论语》中众多术语被孔子赋予了新的内涵，这些术语之间相互阐释、相互制约，构成了新的独立的思想体系。这些独立的思想体系与孔子创立的意义整体息息相关。总体来看，《论语》中术语的这些特点，使孔子思想变得丰富而多元。

其次，《论语》术语除自身特点外，还有一些因中国语言而导致的普遍性特点，即语义的多样化和模糊性。《论语》中很多术语如仁、义、礼、智、信、忠、君子、道、命、天等都不止一层含义，这就造成不同语境中的同一个术语意义不同。更为复杂的是，即便同一句话中的同一个术语也难以进行清晰的界定。如"朝闻道，夕死可矣"中的"道"就有多个解释。杨伯峻将其译为"真理"②，钱穆认为此处之"道"为"人生之大道"③，但具体哪方面的"道"，并未明指。李泽厚译为"真理"，但进一步指出此处的"真理""主要不作知晓解而作体验人生意义、宇宙价值解"④。《十三经注疏·论语注疏》注为："言将至死不闻世之有道……正义曰：此章疾世无道也。设若早朝闻世有道，暮夕而死，可无恨矣。言将至死不闻世之有道也。"⑤ 也就是说，这里的"道"主要是"有道"，即政治清明。程树德《论语集释》云："……依何解，年已垂暮，道犹不行，心甚不慰，世治而死，乃无憾也。"⑥ 从这些论述中可知，这里的"道"被理解为真理（道理）、人生意义、宇宙价值、"有道"或为孔子的政治主张，即

---

① 刘耘华：《孔子对古代传统的双重诠释》，载《中国文化研究》，2002年夏之卷，第101–102页。

② 杨伯峻：《论语译注》（2版），北京：中华书局，1980年（2008重印），第37页。

③ 钱穆：《论语新解》，北京：生活·读书·新知三联书店，2002年（2007重印），第92页。

④ 李泽厚：《论语今读》，北京：世界图书出版有限公司北京分公司，2019年，第70页。

⑤ 李学勤主编：《十三经注疏·论语注疏》，北京：北京大学出版社，1999年，第50页。

⑥ 程树德：《论语集释》（上），北京：中华书局，2013年（2017重印），第282页。

仁政之道。上述术语的理解各自有一定的依据,难以对它们做出是非对错的判断。可见,语言本身存在的多义性,会导致语义的多样化和模糊性。

再次,不少术语是形音义的结合体,体现了人与人之间的相互关系。如"仁",由"二人"构成,"仁即人群相处之大道,故孟子曰:'仁也者,人也。合而言之,道也。'然人道必本于人心,故孟子又曰:'仁,人心也。'本于此心而有此道。此心修养成德,所指极深极广。由其最先之心言,则是人与人间之一种温情与善意"①。所以,милосердие、человечность、человеколюбие、гуманность、совесть 等都难以准确地传达其完整意义。此外,天、命、道、忠、德等术语,都是形音义的结合体,在译成俄语时其意涵的流失在所难免。

最后,《论语》中的众多术语是相互关联的。这些术语不仅在内部构成一个相对完整的体系,而且还与整个儒学乃至中国传统文化(哲学)相关联。如果将其译成俄语,那么就意味着割断了术语与整体意义之间的关联。由于整体意义根植于相应的文化语境中,而文化语境又是不可译的,所以《论语》中儒学术语的译介势必导致意义的流失。

《论语》中术语的这些特点决定了其译介的困难性,但译者又不能不翻译。因此不少汉学家和译者对儒学中的术语进行深入研究,期望以术语为契入点,深入而准确地把握《论语》的思想内涵。

第二节 俄罗斯学者对《论语》哲学术语意义的探讨

自列昂季耶夫始,俄罗斯的汉学家们已经意识到儒学是深入了解中国文化的关键,而《论语》则是了解儒学的关键。因此,俄国汉学家们对《论语》的关注程度远远超过其他儒学典籍,他们试图用孔子的话来论证孔子的学说。作为儒学元典,《论语》里面含有大量基本的但也是最为重要的儒学概念与范畴,如仁、义、礼、智、信、孝悌、德、道、智、小人、君子等。这些概念和范畴构成了儒学体系,反映了孔子思想的核心价值理念。所以,长期以来,俄罗斯汉学界曾广泛而深入地探讨了儒学术语的意义及翻译问题,他们的见解无疑为儒学术语在俄罗斯的传播与接受奠定了良好基础。俄罗斯汉学界对儒学术语的研究形式主要分为两大类:一是专文探讨儒学概念与术语的意义;二是在注释、

---

① 钱穆:《论语新解》,北京:生活·读书·新知三联书店,2002 年(2007 重印),第7页。

导论或术语表中探讨术语意义及翻译问题。下面分而论之：

其一，对儒学概念范畴与意义的探讨。不少俄罗斯汉学家把儒学术语作为研究对象，并撰文探讨儒学术语的意义问题。高辟天在《儒学主要范畴的初始意义》（《Первоначальный смысл основных конфуцианских категорий》）一文中认为，在孔子去世之后不久，弟子们在整理编纂他的言语行事之际，就对孔子的观点进行了各种阐释，此时儒学的内涵已经发生了变化。战国时期尤其是汉代，后学之士对儒学更是进行了大规模的修改。其结果是，儒学在很大程度上已经改变了孔子的初衷。人们对儒学的阐释发生诸多变异，这一点可从《墨子》与《论语》之间的关系以及《论语》自身语言的差异上得到印证。发生差异的结果是，导致后人很难认清儒学范畴的初始意义。更为遗憾的是，我们还缺乏追溯这些初始意义的资料。因此，高辟天指出："到我们这个时代为止，能帮助我们重现原始儒学精神的资料极少。我们不能使用孟子和荀子的著作，也不能使用他们及后来其他学者们援引的孔子的言论。"也就是说，在高辟天看来，只有《论语》以及《论语》中的一些哲学范畴才是我们知晓儒学本原思想的最佳途径和可靠资料。高辟天把《论语》中的哲学范畴分为三类："最普遍的道和德（这不是儒家所独有的），'四大常理仁、义、礼、智'和一组概念'天''性''命'。"①。在这三类范畴中，道和德是所有哲学学派的根本，在《论语》中它们的位置最高。仁、义、礼、智是儒家的基本信条，而且它们之间相互联系，不可分割。《论语》中的第三层主要范畴是天（天（Небо）、性（Природа）和帝（бог）、命（命运、生命）和它们的结合体天命（天命、命），它们在儒学中处于中心地位。这三类范畴的关系是"客观的和独立于人的是道和德；社会-人的是仁、义、礼、智。客观-人的是命"②。在此分类的基础上，他详细论述了上述术语的内涵。整体而言，高辟天对《论语》中的概念范畴的划分和认识比较独到和客观，在一定程度上把握了儒家思想的脉络。

扎瓦茨卡娅在《〈论语〉言的使命》（《Миссия слова в "Лунь Юе"》）中论述了《论语》的语言属性和功能。在该文中，她开门见山地指出："整体而言，在众多关于《论语》和儒学的作品中（欧洲的、中国和日本的），还没有发现用来专门分析儒学的语言属性和功能的。"③ 学者们对儒学的语言特色和艺术性做了大量的研究和论述。但目前为止，汉学家还没有分析《论语》语言的哲学

① Делюсин Л. С. Конфуцианство в Китае: проблема теории и практики. М., 1982. С. 13.
② Там же. С. 32.
③ Там же. С. 36.

性、它的本体论和认识论意义以及它整体上的伦理性和审美性。从客观存在角度来说，《论语》描述的世界是一个沉默的世界：天"不言"，对于一些事情孔子"不言"。《论语》中，孔子不言"怪、力、乱、神"，罕言"利与命与仁"。君子要"敏于事而慎于言"，在总结自己的学说时，孔子尽量用一个字或一句话来表达，如用一个"恕"字作为一个人终身言而行之的准则，用"思无邪"三个字概括《诗经》的全部内容等。在语言的伦理属性这一层面，孔子主张"讷于言而敏于行"，在判断一个人时，要"听其言而观其行"。他甚至把言与德对立起来，认为"巧言乱德"；但与此同时，又认为"有德者必有言，有言者不必有德"。在认识论上，"知"字是核心概念，包括"知"与"智"两种含义。经过一番分析后，扎瓦茨卡娅认为《论语》中最重要、使用频率最高的伦理哲学概念是"乐"字。《论语》开篇就是"有朋自远方来，不亦乐乎？"即便是儒学中最重要的"孝"也要通过"乐"来实现，君子应该把"乐"作为一种常态，"君子不忧""曲肱而枕之，乐亦在其中矣"。可以说，"乐"字贯穿了《论语》文本的始终。因此，她在文章的结尾写道："十分肯定的是，《论语》里言的最大使命以及每一概念的异常重要性都是通过一个看似'轻松'的'乐'字表现出来的。"① 可见，"乐"是《论语》进而是孔子学说最终的哲学理念和宗旨，所有概念的提出都是围绕"乐"和实现"乐"。扎瓦茨卡娅的这一认识与李泽厚的观点有相似之处。李泽厚认为，《论语》中多次提到"乐"，可以说"乐""不只是儒家的教义，更重要的是它已经成为中国人的普遍意识或潜意识，成为一种文化-心理结构或民族性格"②，从这个意义上说，把中国文化称为"乐感文化"更为恰当。李泽厚把孔子学说的"乐"扩大上升到整个中国文化特点的高度，而不仅仅是《论语》的最高哲学概念。扎瓦茨卡娅认为应该把《论语》中"言（слово）"的哲学意义和其在《圣经·约翰福音》的概念进行对比研究。这是因为，千百年来，"言"的理论确定了东西方世界关于名与言的哲学问

---

① Там же. C. 44.
② 李泽厚：《中国古代思想史论》，北京：生活·读书·新知三联书店，2017 年（2019 重印），第 289 页。

题。《约翰福音》中，Слово① 就是神（Бог），与上帝同在，上帝藉着它创造万物。《论语》中的"слово（言）"无疑是在"神"之下的，是"神"的工具。

还有一些俄罗斯学者也撰文表达自己对儒学术语的理解。果洛瓦乔娃在《论中国早期儒学典籍〈论语〉中"仁""知""学"之间的相互关系》（《О взаимосвязи понятий "жэнь" - "чжи" - "сюэ" в раннеконфуцианском памятнике〈Лунь юй〉》）中对"仁""知""学"及其关系进行了研究。科布泽夫在《亚非人民》（1982 年第 1 期）杂志上发表了名为《论传统中国哲学的概念范畴》（《О категориях традиционной китайской философии》）的文章。他认为，应该把中国术语看作一种象征，既有生动的隐喻性，又有理智的概念性，两者融合在广博的典籍中。贝列罗莫夫等人在《远东问题》（1983 年第 3 期）杂志上发表了名为《儒学伦理学范畴：当代的价值与解释》（《Этические категории конфуцианства: современные оценки и толкования》）的文章，解释了儒学伦理学范畴的当代价值。总体来说，很多学者对儒学术语意义的研究，不仅有助于读者对儒学的理解，而且为《论语》译者带来一定的启发意义。

其二，对《论语》术语翻译的研究。为了便于读者理解和把握《论语》的内容，大多数译者通常会在导论或注释中对术语进行或系统、或零散、或深入、或浅显的解释。

首先，在导论中阐释术语意义及翻译选择。西门诺科在《孔子的箴言》中明确指出："孔子现象是构成中国文化的重要因素，即便是研究现代中国也必须考虑这一现象。而分析《论语》中的儒学术语对解决这一任务具有特殊意义。"② 在第一章"太初有言"（В начале было слово）中，他论述了《论语》的语言特点，认为"孔子的语言具有双重性、双面性，它一方面具有逻辑理性，另一方面又饱含神秘的非理性色彩。但是非理性部分并不简单地是理性的对立面，相反，它们一起构成了高级的隐含意。神秘性是《论语》理性宣言的'灵

---

① 在《圣经》中，Слово 被译为"道"。"В начале было Слово, и Слово было у Бога, и Слово было Бог. Оно было в начале у Бога. Все чрез Него начало быть, и без Него ничто не начало быть, что начало быть. В Нем была жизнь, и жизнь была свет человеков. И свет во тьме светит, и тьма не объяла его"（见《Библия》, М., 2007. С. 1128.）译文：太初有道，道与神同在，道就是神。这道太初与神同在，万物是藉着他造的；凡被造的，没有一样不是藉着他造的。生命在他里头，这生命就是人的光。光照在黑暗里，黑暗却不接受光。（译文见《圣经·约翰福音》，南京：中国基督教协会，2013 年，第 104 页。）

② Семененко И. И. Афоризмы Конфуция. М., 1987. С. 35.

魂'"①。孔子言语的另一个特点是随着语境的变化其意义也随之发生改变。在这种情况下，"儒学术语不仅是象征性的，而且具有神秘性，这给术语的隐喻性抹上了独特的色彩"②。因此，西门诺科认为，在任何情况下，这种翻译都是一种有条件的翻译，即都不能穷尽原文的思想涵义。在该书中，西门诺科主要讨论了"仁"的翻译，认为"仁"的最佳对应词是"милосердие"（仁慈、慈悲心）。但后来，他的认识发生了变化，认为"милосердие"无论如何都不能充分传达"仁"的涵义，而且还会引起习惯于西方文学的读者的其他联想。所以，在1995年出版的《信而好古》一书中，他把"仁"改译为"человечность"。不过，他很清楚，"这个词只是在形式上和部分地反映了仁这个由'人'与'二'两部分构成的汉字"③，不可能曲尽"仁"的全部涵义。但是，他没有更好的选择，只好退而求其次，把"仁"译为"человечность"。贝列罗莫夫在《孔子·论语》第一部分的第三章"孔子学说"中讨论了《论语》俄译的问题，其中还专门讨论了《论语》术语翻译的困难（见第三章）。在"孔子关于人的论述"（Конфуций о человеке）、"孔子关于社会的论述"（Конфуций о обществе）以及"孔子关于政府的论述"（Конфуций о государстве）中，他分析了仁、君子、小人、礼、和、德等儒学术语的涵义，并给出了自己选择相应的俄语译词的原因。另外，卢基扬诺夫在译本序言中主要探讨了"人"在孔子学说里的分类、特征，并详细分析了儒学"道"的特点。马尔德诺夫则对《论语》中的"德""仁""礼""文"等儒学术语的涵义及翻译进行了探讨。这样做的好处是可以相对系统和完整地阐释术语在《论语》和儒家思想中的意义，便于读者从整体上把握这些术语的内涵和相互之间的联系。

其次，在注释中对术语进行解释。通过添加译文脚注或尾注的方式解释中国典籍中的术语，是俄罗斯译者尤其是早期译者最为常见的方式。如"仁"，第一次出现在"君子务本，本立而道生。孝弟也者，其为仁之本与!"中，柏百福将"仁"译为"гуманность"，并对其作如下注释"гуманность－это закон любви и свойство человеческого сердца, а послушание и братская любовь－это ее проявления"④。对接下来出现的"仁"，柏百福有些地方译成"человеколюбие"，不过他并没有说出所译不同的原因。再如"君子"，柏百福

---

① Там же. С. 48
② Там же. С. 65.
③ Семененко И. И. Конфуций. Я верю в древность. М., 1995. С. 53-54.
④ Попов П. С. Изречения Конфуция, учеников его и других лиц. СПб., 1910. С. 2.

把"人不知而不愠，不亦君子乎？"的"君子"译为"благородный муж"，并加释曰："君子 цзюнь цзы объясняют словами 成德之人 чэнъ-дэ-чжи-жень, т. е. совершенный человек."[1] 但对之后文本中出现的"君子"却采用了不同的译词，如"совершенный муж" "высокопоставленный человек" "государь（правитель）" "образованные люди" "человек, занимающий высокое место" "достойные и почтенные лица" 等，也未解释采用不同译词的原因。可以肯定的一点是，这样翻译的好处在于便于译文读者掌握其在具体语境中的意义。但也存有明显的缺点，即割裂了术语在原文中一以贯之的同一性，甚至译文读者很难将众多的译词和原文中的某一个固定术语联系起来。

第三节　《论语》基本术语俄译分析

《论语》中术语众多，限于篇幅问题，不能对其俄译问题逐一探讨。这里我们选择三组最具代表性的儒学术语，它们分别是：代表孔子伦理观的"仁""义""礼"，代表孔子伦理观主体的"君子""小人"，代表孔子宗教观或世界观的"天""道""命"。希望通过对这些术语俄译的考察、分析，探究俄译者对这些术语乃至《论语》的理解和把握，同时揭示术语俄译中所存在的问题，并探讨术语俄译的策略。

一、"义"的俄译

众所周知，"仁""礼"在孔子学说中占据核心地位，它们的俄译问题[2]我们已有论述，此处从略。除"仁""礼"外，"义"也是儒家思想的重要组成部分。李泽厚认为，"与'仁'相对应，'义'作为行为准则规范，是儒学的道德伦理的最高范畴（'仁'则超道德），它既是绝对律令（categorical imperative）又是自律要求（moral autonomy）"[3]。现在，人们常将"仁义"并举，是日常伦理道德评判标准之一，这就道出了"仁""义"之间的关系。其实，"仁义"连用起始于孟子。当告子说"仁，内也，非外也；义，外也，非内也"时，孟

---

① Там же. С. 1.

② 关于"仁""礼"的俄译问题，作者已有论述，见《〈论语〉核心概念"仁"的俄译概况》（《中国俄语教学》，2011 年第 2 期）和《〈论语〉"礼"的俄译问题研究》（《中国俄语教学》，2015 年第 4 期）。

③ 李泽厚：《论语今读》，北京：世界图书出版有限公司北京分公司，2019 年，第 17 页。

子反驳道: "仁义礼智,非由外铄我也,我固有之也。"(《孟子·告子上》)也就是说,孟子认为"仁"和"义"不是外部强加给个人的,而是人生来就固有的道德品质。孔子之前,"仁"和"义"属于不同的范畴。《说文解字》云: "义,己之威仪也,从我、羊。"即"义"为"威仪"或礼仪的一种形式。段玉裁注曰: "仪者,度也……义之本训谓礼容各得其宜,礼容得宜则善矣。"这里,可作如下推论,"义"为"仪","仪"为度,同时"义"还是宜,这样"义"就延伸为法度和适宜之涵义。"'义'与'仪、'舞'相关,源出于饰羽毛('羊')之人首('我')舞蹈,乃巫术礼仪中之正确无误的合宜理则、规矩,此'仪'、'义'后理性化而为'礼'之具体言语、举止形式('威仪三千'等),再变而为抽象化之'合宜'、'适度'、'理则'、'应当'、'正义'等范畴,并具有某种外在强制性、权威性或客观性,再引申为'理'(合理、公理、理则等等)或'当'(正当、适当、应当等等)。就个体说,便成为行为的准则、规范、义务、责任。它基本上是某种供实用的理性原则或范畴。"① 由此可知,"义"有正义、合宜、正当、适度等多重意义。

《中庸》云: "仁者,人也,亲亲为大; 义者,宜也,尊贤为大。亲亲之杀,尊贤之等,礼所生也。"这表明"仁""礼""义"是一个完整的思想体系。三者之间的关系是,"仁"为体,"礼"为用,而"义"是内在"仁"和外在"礼"糅合的产物,"它既有仁的内在道德思想的规定性,又有外在礼仪的规定性"②。正是"义"将"仁""礼"联系起来,"构成了一个由知到行的完整行为过程(包括结果)。没有义,则仁无以付诸实践,礼将流于形式。所以说,义是由仁循礼的实践途径"③。

《论语》中"义"共出现 24 次,杨伯峻将其涵义分为两种: 一是名词,"合理的,有道理"; 一是叙述词,"合理,有道理"④。我们认为,这种划分虽总体上涵盖了"义"的意蕴,但未免简单和笼统。前面说过,"义"最初为祭祀之威仪,后演变为抽象的合宜、正义,再被引申为"理"和"当",这就从一种行为规范逐渐成为伦理道德的评判标准。《论语》中,孔子把"义"作为衡量君子、个人私德和个人公德的标准之一。在孔子看来,君子应"义以为上""义以为质",若"群居终日,言不及义""闻义不能徙"则是不应该和值得担忧的事情。为了国家和人民,君子要"行其义"。可以说,"行为是否合'义',

---

① 同上,第 17 页。
② 姜海军: 《〈论语〉"义"字考释》,载《文史杂志》,2011 年第 3 期,第 35 页。
③ 霍国栋: 《〈论语〉"义"思想刍议》,载《船山学刊》,2009 年第 1 期,第 117 页。
④ 杨伯峻: 《论语译注》(2 版),北京: 中华书局,1980 年 (2008 重印),第 291 页。

是孔子衡量一个人是否符合社会政治、伦理道德规范的道德准则"①。孔子之所
以赞扬"义",其实质是对"礼"的认同和"仁"的发扬。这里还需注意,孔
子并未把"义"和"利"对立起来,他只是罕言"利"。"富与贵,是人之所欲
也"句说明孔子肯定个人可以追求自己的利益,但一定是正当得来的,若是
"不义而富且贵",则是不可取的。

  由上可知,《论语》中的"义"有多种含义。那么,俄译者是如何来传达
这一儒家术语的呢?事实上,他们亦认识到"义"含义丰富,所以都会根据语
境的转变而采用不同的俄语对等词,对"义"进行了多种翻译。现把主要译者
的翻译列表如下:

译者 ＼ 译词	义	出版年
В. П. Васильев	справедливость, истина（правда）, человеческие законы, честность	1884
П. С. Попов	справедливость, долг, неправное, правда	1910
В. М. Алексеев	должное	1978
В. А. Кривцов	долг, должным образом, справедливость, чувство долга	1972
И. И. Семененко	справедливость（справедливо）, долг, нечестно	1995
Л. С. Переломов	справедливость, долг, принципы долга, нечестно, чувство долга, неразумно, справедливые принципы	1998
А. Е. Лукьянов	долг, справедливость, неправедным путем	2000
А. С. Мартынов	долг（свой долг）, необходимое, недолжным образом, должное, должно, должные принципы	2001

  从表中可以看出,"义"的译法虽然多样,但最常用的两个译词是"долг"
和"справедливость（справедливый）"。

  1. "义"——долг

  卢基扬诺夫的《论语》译本中 долг 的使用频率最多。《论语》中"义"共
出现 24 次,他 19 次将其译为"долг",另外 4 次译为"справедливость",还有
1 次译为"неправедным путем"。其次,马尔德诺夫使用"долг"的频率也很
高,在他的译本中,他 18 次译成"долг"或以"долг"为主要意义的词组,如

---

  ① 姜海军:《〈论语〉"义"字考释》,载《文史杂志》,2011 年第 3 期,第 35 页。

чувство долга，其余分别译为"необходимое""недолжным образом"
"должное""должно""должные принципы"。另外，也许是疏忽，将"君子
义以为上。君子有勇而无义为乱，小人有勇而无义为盗"句译为
"Совершенный муж выше всего ставит свой долг. Если совершенный муж
отважен，но лишен чувства долга，то он может превратится в разбойника"
（君子义以为上。如果君子很勇敢，但没有义，那么他可能成为强盗）。不过，
笔者发现，在他之前的译本中，他把该句译为"Совершенный муж выше всего
ставит долг. Если совершенный муж отважен，но лишен чувства долга，то он
может затеять смуту. Если низкий человек отважен，но лишен чувства долга，
то он может превратится в разбойника"。如果这样的话，那么他和卢基扬诺夫
一样，使用"долг"次数最多。最后，克里夫佐夫在他所节译的《论语》中，
只有1次将"义"译为"должным образом"，1次译为"справедливость"，其
余全部译为"долг"。贝列罗莫夫共8次译为"долг"，其余地方译成了别的俄
语词或词组。笔者努力探寻各位译者在译本中所选译词的规律，但并未发现其
中隐藏的规律性。这只能说译者对同一章节的理解各不相同，从而造成了译词
的不同。

卢基扬诺夫在《论语》译本的导言部分对"义"进行了阐释。导言中他把
"义"译为"долг ／ справедливость（и）"，由此可知，他并没有区分"долг"
和"справедливость"的异同，而是把这两个词都当作"义"的俄语对等词。卢
基扬诺夫认为，孔子及其弟子经常论述"五常"——"德仁义礼信"。不过，
《论语》中对"义"的论述相对较少。在道德层面上，就本体而言，"义"是
"君子"之"质"（природа-материя），"君子义以为质，礼以行之，孙以出之，
信以成之"。在《礼记》中，孔子把礼义视作是达到小康（Малое процветание）
社会的纲纪。"义"可促进"德"的发展、"道"的实现，正所谓"主忠信，徙
义，崇德也"，"行义以达其道"。此外，"义"是君子（"君子喻于义，小人喻
于利"、"君子有九思……见得思义"）、达人（"夫达也者，质直而好义，察言
而观色，虑以下人"）和成人（"见利思义，见危授命，久要不忘平生之言，
亦可以为成人矣"）的特点。它也是实现治理天下的道德准则之一，正所谓
"上好义，则民莫敢不服"①。

在马尔德诺夫2000年和2001年的《论语》译本中，都未发现他对"义"
的论述。不过，和卢基扬诺夫相比，我们发现他除了绝大部分把"义"译为

① Лукьянов А. Е. Лао-цзы и Конфуцийий：Философоя Дао. М.，2000. С. 256.

"долг" 外，一次也没有译为 "справедливость"，而是根据具体语境分别译成其他的俄语词或词组。马尔德诺夫的译文与卢基扬诺夫的译文风格非常不同，前者将翻译与阐释结合起来，译文通俗；后者的译本为哲学文本，学术性较强。但是两者都不约而同地将 "义" 多次译为 "долг"。那么，"долг" 是不是 "义" 的最佳对等词呢？达里 (В. И. Даль，1801–1872) 《详解词典》对 "долг" 的解释是 "все должное，что должно исполнить，обязанность. Общий долг человека вмещает долг его к Богу，долг гражданина и долг семьянина" (一个人所应完成的一切事务、义务。包括对上帝的义务、公民义务和家庭义务)。《大俄汉词典》对 "долг" 的释义为："义务、天职、职责、职分。"[1] 哲学百科词典对 "долг" 的解释为："долг 是道德伦理学的一个基本概念，它表示道德上一种合理的强制性行为、一种主观行为原则的道德的必需性。"[2] 由此可见，对 "долг" 的界定主要是限定于道德层面，一种是强制性的行为，一种是道德本性。从这个角度而言，"долг" 比较好地契合了 "义" 的一些内涵，如行为准则、义务、规范等。尽管如此，它仍然不能传达 "合宜" "道义" 等内容。也许是意识到这一点，所以他们才会在一些地方采用不同的对等词替换 долг。下面看个例子：

　　子路[3]曰："不仕无义。长幼之节，不可废也；君臣之义，如之何其废之？欲洁其身，而乱大伦。君子之仕也，行其义也。道之不行，已知之矣。"(《论语·微子》)

　　Цзы Лу сказал [оставшимся в доме]:

　　—Не служить — значит отрицать долг. Если невозможно стереть разряды старших и младших, то разве можно допустить, чтобы был упразднен долг государя и подданного? Желающие холить свою чистоту нарушают великие принципы морали. Для благородного мужа служба — выполнение своего долга. А то, что Дао не осуществляется, мы давно знаем об этом.[4]

　　Цзы Лу сказал: 《Не служить — это означает не соблюдать свой долг. Если принципы взаимоотношений между старшими и младшими не могут быть

---

① 《大俄汉词典》，黑龙江大学俄语系词典编辑室编，北京：商务印书馆，1992 年，第 462 页。

② https://dic.academic.ru/dic.nsf/enc_philosophy/350，2020-10-4.

③ 也有不少人认为子路说不出这样的话来，因此认为这段话是孔子说的。一些俄译者如贝列罗莫夫将 "子路" 译为 "孔子"。

④ Лукьянов А. Е. Лаоцзы и Конфуций：Философия Дао. М.，2000. С. 368.

отменены, то как могут быть отменены должные принципы взаимоотношений между государем и подданными? ［Отшельники］ хотят сохранить в чистоте свою собственную личность и ради этого нарушают великие принципы взаимоотношений. Служба для совершенного мужа — это выполнение его долга. ［Что же касается того, что］ Дао-путь не осуществляется, то это нам известно》.①

　　孔子率领弟子周游列国，目的是"待贾"②，即期望有朝一日能够碰到有道君主，从而实现自己宣扬的"道"。孔子积极入世的"待贾"行为遭到当时一些隐者的讥讽，认为他是"知其不可而为之"。孔子虽不认同这些隐者消极避世的行为和态度，但"很尊敬这些人：避世隐居，洁身自好"③。"仕"的目的并不是自身富贵，而是"人之于群，义当尽职"④。所以，"不仕无义"中的"义"指的是出仕为官乃个人对国家、社会应尽的职责、义务。卢基扬诺夫将其译为 не служить — значит отрицать долг（不任职就是拒绝责任、义务），马尔德诺夫译为 не служить — это означает не соблюдать свой долг（不任职就是不遵守自己的责任、义务），二者把此处的"义"译为 долг，比较好地再现了出仕为己之义务的儒家观点。"君臣之义"的"义"主要是指君臣之间的关系。朱熹《四书集注》云："人之大伦有五：父子有亲，君臣有义，夫妇有别，长幼有序，朋友有信是也。仕所以行君臣之义，故虽知道之不行而不可废。然谓之义，则事之可否，身之去就，亦自有不可苟者。"⑤ 李泽厚认为，这里的"义"指的是"公平，正直，奉公守法，不偏袒营私，不欺上压下"⑥。卢基扬诺夫译为 долг，强调君臣之间各自的责任、义务；马尔德诺夫译为 должные принципы взаимоотношений（应有的关系原则），凸显了君臣之间应有的上下级职务关系，比较符合原文涵义。他们二人皆把"君子之仕也，行其义也"中的"义"译为 долг，句式也比较相似，较好地传达了原文内容。

① Мартынов А. С. Конфуцианство .《Лунь юй》. Т. 2. СПб., 2001. С. 345.
② 《论语·子罕》子贡曰："有美玉于斯，韫椟而藏诸？求善贾而沽诸？"子曰："沽之哉，沽之哉！我待贾者也。"
③ 李泽厚：《论语今读》，北京：世界图书出版有限公司北京分公司，2019年，第336页。
④ 钱穆：《论语新解》，北京：生活·读书·新知三联书店，2002年（2007重印），第474页。
⑤ 朱熹：《四书集注》，南京：凤凰出版社，2005年（2006重印），第201-202。
⑥ 李泽厚：《论语今读》，北京：世界图书出版有限公司北京分公司，2019年，第336-337页。

2. "义"——справедливость

不过，也有一些译者不认为 долг 是"义"的最佳对等词，因此选用了其他译词，其中使用频率最高的是 справедливость。在众多的《论语》俄译者中，西门诺科在译文中 19 处把"义"译为 справедливость 或 справедливость 的同根词。贝列罗莫夫译文中"义"的译法较多（见上表），其中 13 处译为 справедливость 或与该词连用的词组，1 处译为 справедливые принципы，7 处译为 долг 或 чувство долга。而韩悦认为，在贝列罗莫夫的《论语》译文中，"долг 的使用频次最多，其次为 справедливость"①，显然他的这种看法与事实不符。柏百福也频繁地把"义"译为 справедливость 或其同根词。

子曰："君子义以为质，礼以行之，孙以出之，信以成之。君子哉！"（《论语·卫灵公》）

"君子"是孔子理想化的人格存在，是孔子实现政治抱负的实施者，但这样的人也要以"义"为质。可见，"义"对于"君子"的重要性。接下来，"礼以行之，孙以出之，信以成之"是围绕"义"这一实质而展开。下面看几位译者对这段话的翻译：

Философ сказал: Благородный муж, признаваясправедливость за основу（своей деятельности）, проводит её при помощи правил, церемоний, проявляет её в уступчивости и завершает её искренностью.（Толк. Чэнъ-Цзы）. Вот это благородный муж. ②

Учитель сказал:

—Благородный муж видит в справедливости неприкрашенную суть. Ритуалы используются, чтобы воплотить ее в поступках, смиренность — чтобы дать ей проявиться, а искренность — чтобы достичь в ней совершенства. Благородный муж именно такой! ③

Учитель сказал:

— Благородный муж всегда исходит из чувства справедливости. Это проявляется в том, что в делах он следует Правилам, в речах скромен, завершая дела, правдив. Именно таков благородный муж. ④

---

① 韩悦：《〈论语〉英俄译本中核心概念文化负载词"义"的翻译对比研究》，载《中国俄语教学》，2019 年第 3 期，第 79 页。

② Попов П. С. Изречения Конфуция, учеников его и других лиц. СПб., 1910. С. 96.

③ Семененко И. И. Конфуций. Я верю в древность. М., 1995. С. 139.

④ ПереломовЛ. С. Конфуций:《Лунь юй》. М., 1998. С. 414.

柏百福、西门诺科和贝列罗莫夫都把"义"译为 справедливость 或与其相关的词组 чувство справедливости。而卢基扬诺夫和马尔德诺夫把此处的"义"都译成了 долг。就词义而言，справедливость 是"公正（性），公平，公道；正义（性）；正确（性），真实（性）"①。《新哲学百科》对它的释义是"主要从相互冲突的欲望、利益和责任的角度出发，是对人们共同生活的一般道德的裁定，它涉及所有具有社会意义的人际关系（从人际关系到国际关系）。справедливость 特有的主题是在共同的社会空间中存在的善与恶"②。справедливость 在一定程度上反映了"义"的内容，即公正、正义、适度。西门诺科认为"义"与天性这一概念紧密相关，"君子义以为质"。把"义"理解为 справедливость 不仅是俄罗斯汉学界由来已久的传统，而且《论语》中把"义""利"对立起来的论述也为这一理解提供了依据。"君子喻于义，小人喻于利"，"义"与偏袒、自私向对立。"义"不仅是一个人的美好愿望，而且还是一个人的责任，"见义不为，无勇也"。由此，"义"可以理解为 долг 和 должное，这种"义"是没有选择性的，是所有人都应该具备的。由"君子有勇而无义为乱""勇而无礼则乱"可知，"义"与"礼"的作用相近。《论语》中"礼"的意思是限制、克制，就本质而言表示措施，"义"与其作用相同。"义"与"礼"都表达了适当的节制性、适宜性。③ 西门诺科认为"义"与"利"相对，在这种情况下，"义"就体现出其公正性、正义性的涵义。同时，"义"与"礼"的作用相似，所以 справедливость 是"义"的首选。不过，他又写道，如果《论语》中"义"是每个人都应具备和承担的责任，那么"义"就是 долг。纵观西门诺科的译文，他只把"务民之义（следовать долгу перед людьми）""闻义不能徙（зная долг, не могут ему следовать）"和"君子之仕也，行其义也（Для совершенного мужа служба – это выполнение своего долга）"中的"义"译为 долг。这是因为他把这些地方的"义"看作是每个

---

① 《大俄汉词典》，黑龙江大学俄语系词典编辑室编，北京：商务印书馆，1992 年，第 2167 页。

② https：//scanwordbase. ru/vocabulary. php? slug = spravedlivost&type = novaa – filosofskaa – enciklopedia，2020 – 10 – 6. 原文为"общая нравственная санкция совместной жизни людей，рассмотренной по преимуществу под углом зрения сталкивающихся желаний，интересов，обязанностей；она касается человеческих взаимоотношений во всех их общественно значимых разновидностях（от межличностной сферы до международных отношений）. Специфический предмет справедливости – благо и зло совместного существования в рамках единого социального пространства."

③ Семененко И. И. Афоризмы Конфуций，М.，1987. С. 165–166.

人应有的责任、职责、义务，此时 долг 便是最佳的译词。

柏百福将"君子义以为质"译为"благородный муж, признавая справедливость за основу（своей деятельности）"，即"君子把义当作自己行为的根本"，从行事的角度出发说明"义"，强调"义"的外化特征。贝列罗莫夫将该句译为"благородный муж всегда исходит из чувства справедливости"，即"君子总是从正义感出发"，"чувство справедливости（正义感）"更能突出"君子"的正义是由内而外、发自内心。

3. "义"的其他俄译

除把"义"译为 долг 和 справедливость 外，从上表可知，它还被译成其他的俄语对应词，如 истина，правда，неправное，справедливые принципы，нечестно，необходимое 等。柏百福把"夫达也者，质直而好义"和"上好义，则民莫敢不服"译为"истинно славный обладает природной прямотой и любит правду"和"если наверху любят правду, то народ не осмелится не покоряться"，即把"义"译为"правда"。柏百福在注释中没有解释为什么译为 правда，不过我们发现他把"好义"都译为 любить правду。就词义而言，правда 有"真理、正义、公道"等涵义。правда 和 справедливость 的区别在于，前者是客观存在的，具有绝对性、唯一性，是真理信仰；后者则具有相对性，一些事对一些人来说是 справедливый，但对另外一些人来说就有可能侵犯或伤害了他的权利。柏百福的这种翻译强调了"君子"和"在上者"的客观公正性。

"饭疏食饮水，曲肱而枕之，乐亦在其中矣。不义而富且贵，于我如浮云。"（《论语·述而》）李泽厚认为，这句话"诗情画意"，让人流连不已，可将其升至为"审美境界"。此处之"乐""高于任何物质生活和境遇本身，超乎富贵贫贱之上"[1]，是一种超乎道德的境界。虽然孔子认为"贫而乐"是一种很高的人生境界，但并不是说孔子不需或不愿富贵，他曾说"富与贵，是人之所欲也"，但又说"不以其道得之，不处也"。这里的"不义"其实就是"不道"，即靠不正当的、违背道义的手段而得的富与贵。正是意识到"不义"的这一涵义，俄译者把"不义而富且贵，于我如浮云"中的"不义"进行了如下翻译：

Неправое богатство, и притом соединненое с знатностью, для меня подобно мимолетному облаку.[2]

---

① 李泽厚：《论语今读》，北京：世界图书出版有限公司北京分公司，2019年，第130页。
② Попов П. С. Изречения Конфуция, учеников его и других лиц. СПб., 1910. C. 39.

Богатство и знатность, полученные нечестно, для меня подобны облакам, плывущим по небу.①

Богатство, знатность, обретенные нечестно, мне кажутся проплывшим мимо облаком. ②

По мне, богатство и знатность, полученные нечестно, как мимолетные облака.③

Богатство же и знатность, добытые неправедным путем, подобны для меня плывущим облакам.④

Для меня богатство и знатность, полученные не должным образом, подобны плывущим облакам.⑤

上面译文的译者，只有柏百福把"不义"译为形容词 неправый，限定 богатство（财富）。неправый 以前在俄语中是雅词，意思为"不公正的""不正当的"和"不诚实的"，неправое богатство 即"不正当的财富"。他的翻译和李泽厚对"不义而富且贵"的理解相同，后者译为"不正当的财富和官位"⑥。克里夫佐夫、西门诺科和贝列罗莫夫把"不义"译为 полученные（обретенные）нечестно，即"不正当获得的"，卢基扬诺夫和马尔德诺夫都采用第五格的方式，分别译为 добытые неправедным образом（歪门邪道的方式获得）和 полученные не должным образом（不应该的方式获得）。杨伯峻把"不义而富且贵"译为"干不正当的事而得来的富贵"⑦。所以，就其内容而言，上面六位译者的翻译都比较符合原文的含义。

4. "义" 的俄译小结

根据上述分析可知，долг 主要传达"义"的责任、义务、职责等内容；справедливость 及其同根词，如 справедливый 的短尾或长尾形式主要传达正义、公平的涵义。之所以把"义"译为 справедливость，是因其与"利（выгода）"相对。但"义者宜也"，долг 与 справедливость 都不能传递"义"之适宜的涵义。所以，为了全面传递"义"的涵义，译者还在不同的语境中把"义"译为

① Кривцов В. А. Лунь Юй // Древнекитайская философия. М., 1972. С. 154.
② Семененко И. И. Конфуций. Я верю в древность. М., 1995. С. 87.
③ ПереломовЛ. С. Конфуций: 《Лунь юй》. М., 1998. С. 350.
④ Лукьянов А. Е. Лаоцзы и Конфуций: Философия Дао. М., 2000. С. 311.
⑤ Мартынов А. С. Конфуцианство .《 Лунь юй》. Т. 1. СПб., 2001. С. 251.
⑥ 李泽厚：《论语今读》，北京：世界图书出版有限公司北京分公司，2019 年，第 130 页。
⑦ 杨伯峻：《论语译注》，（2 版），北京：中华书局，1980 年（2008 重印），第 71 页。

其他的译词，如 необходимое，обязанность，неразумно 等。这反映了俄译者严谨认真的态度和灵活的翻译方法，同时也反映了"义"涵义的多样性。贝列罗莫夫在探讨《论语》俄译问题时，列举了一些权威词典①如《汉俄词典》（《Китайско-русский словарь》，莫斯科，1952）和《汉俄辞典》（《Китайско-русский словарь》，北京，1977、1989）对"义"的解释和翻译。这些词典对"义"的理解除上面所列各种俄译词或词组外，还有 принципиальность，честность，дружеские отношения（чувства）等。由此可知，"义"涵义的多样性为俄译者提供了开放的空间，从而造成翻译的多样性。每一种翻译都反映了译者对"义"的理解和把握，都从一个侧面传达了"义"的内容，从而为译文读者的理解提供了多种选择。

二、"君子"与"小人"的俄译

1．"君子"的俄译

《论语》中，"君子"一词共出现了 107 次。由此看出，"君子"在孔子思想中的地位非常重要。通过对"君子"这一形象的构建，反映了孔子追求的人格理想和美好化身。时至今日，我们依然把高风亮节、品德高尚之人称为"君子"。可以说，"君子"这一概念"千百年来不仅制约了政治文化的发展，而且在多方面影响了中华民族的精神文化"②。

其实，在甲骨文中，"君"与"子"是单字，未发现二者连用的情况。在《尚书》《周易》《诗经》等成书于春秋中前期的典籍中，"君子"更多的是指有身份地位的人。《尚书》中有多处关于"君子"的描述。如"呜呼，君子所，其无逸"（《尚书·无逸》），郑玄对"君子所"中"所"的注释为："所，犹处也。君子处位为政，其无自逸豫也。"③ 可见，这里的"君子"指有一定地位的上层统治者。《诗经》中"君子"出现 182 次，其中 48 处指当时的贵族阶层，如"彼君子兮，不素餐兮！"（《魏风·伐檀》）。《左传》中不少材料提及的"君子"指的也是统治者。当然，"君子"在当时还有其他含义，如《诗经·召南·草虫》中"喓喓草虫，趯趯阜螽。未见君子，忧心忡忡……"，这里"君子"特指思妇的丈夫。《诗经·小雅·蓼萧》"既见君子，为龙为光。其德不爽，寿考不忘"句中的"君子"指最高统治者周天子。概言之，当时"君子"

① Переломов Л. С. Конфуций：《Лунь Юй》. М.，1998. С. 201.

② Там же. С. 146.

③ 李民、王健：《尚书译注》，上海：上海古籍出版社，2004 年，第 313 页。

主要有以下几种涵义：其一泛指行政官员；其二特指帝王、国君；其三是民间青年女子对丈夫抑或其所钟爱、思恋的男子的称谓；其四是泛指的一种，且常与小人对举使用①。后来，"君子"逐渐演变为"君之子"的简称，用来指奴隶主贵族和统治者。《说文解字》云："君，尊也。从尹，發號，故从口。"② 也就是说，君是位尊者，是发号施令之人。由于"君"地位高贵，故有机会受到更好的礼乐文化教育，因而自身修养要远远高于一般庶民。这为"君子"从"位"到"德"的演变理下了伏笔。

不过，"君子"从"位"到"德"的演变过程应该比较漫长。余英时指出："这个过程大概在孔子之前早已开始，但却完成在孔子的手里。"③孔子"赋予'君子'以新的人格内涵，作为普通人效法的榜样……不断充实君子所应具备的道德规范，不断丰富君子人格修养的内容，从而形成了一整套君子之德及其人格修养的思想"④。可以说，正是孔子"创造性地阐发'君'这一语词中的'尊贵'之义，将其意蕴从指向社会地位转而指向道德品质，从而确立了'君子'这一理想人格范式，把中华美德凝结在人的文化生命之中……"⑤。当然，春秋时期"君子"内涵的演变与它所在的历史环境密不可分。当时正是奴隶社会走向瓦解并逐渐向封建社会过渡的时期，奴隶主贵族不仅僭越传统的礼制，而且为了自身的利益而互相讨伐。此外，由于生产力的进一步发展，教育打破了官办的垄断性质，私学逐渐兴起，于是就培养了一大批有"德"无"位"之人。各诸侯国为了增加自己的实力和势力，便招贤纳士，一批无"位"有"德"之人借此进入上层社会，从而出现"德""位"结合的状况，这为孔子提倡的"君子"提供了社会基础。

孔子主张"君子"一定要不断地自我完善，自我完善的目的是要做到内圣外王。因此，君子应"不忧不惧"，应能担当起"可以托六尺之孤，可以寄百里之命"的重任，应守礼，应有敬畏……同时，"君子"还应具有较高的文化修养，这也是孔子时代"君子"的一大特征。孔子非常注重"学"，"好仁不好学，其蔽也愚；好知不好学，其蔽也荡；好信不好学，其蔽也贼；好直不好学，

---

① 黄炳文：《〈论语〉的"君子"思想探微》，载《青年思想家》，2004 年第 1 期，第 86-87 页。

② 许慎：《说文解字》，天津：天津古籍出版社，1991 年（2005 重印），第 32 页。

③ 余英时：《中国思想传统的现代诠释》，南京：江苏人民出版社，1995 年，第 156 页。

④ 于福存：《略论孔子思想中的君子及其人格修养》，载《齐鲁学刊》，1999 年第 4 期，第 51 页。

⑤ 牟钟鉴：《重铸君子人格 推动移风易俗》，载《孔子研究》，2016 年第 1 期，第 6 页。

其蔽也绞；好勇不好学，其蔽也乱；好刚不好学，其蔽也狂”（《论语·阳货》）。如若没有"文"，则"虎豹之鞟，犹犬羊之鞟"（《论语·颜渊》）。"文犹质也，质犹文也"，"君子"的最高境界是"文质彬彬"。概言之，"君子"是孔子理想人格的化身，他们拥有高尚的道德情操和较高的文化素养。

当然，孔子塑造"君子"这一形象有其政治用意和道德目的。他想借助"君子"来改变当时礼崩乐坏的社会现状，通过他们来成就自己渴望的"君君、臣臣、父父、子子"的有道社会。正如李泽厚所言："在……礼崩乐坏、周天子也无能为力、原有外在权威已丧失其力量和作用的时代，孔子用心理原则的'仁'来解说'礼'，实际就是把复兴'周礼'的任务和要求直接交给了氏族贵族的个体成员（'君子'），要求他们自觉地、主动地、积极地去承担这一'历史重任'，把它作为个体存在的至高无上的目标和义务。"① 因此，从这个意义上来说，孔子是把自己的学说附丽到"君子"身上，他们是孔学的载体和实现者。为此，"君子"需要为政、需要出仕。这一点子路说得很清楚，"不仕无义。长幼之节，不可废也；君臣之义，如之何其废之？欲洁其身，而乱大伦。君子之仕也，行其义也。道之不行，已知之矣"（《论语·微子》）。"君子"不可洁身自好、独善其身，而应该承担自己的政治责任，哪怕是在家庭层面。所以，当有人问孔子为何不从政时，他回答说："《书》云：'孝乎惟孝，友于兄弟，施于有政。'是亦为政，奚其为为政？"（《论语·为政》）

对于这样一个涵义丰富的儒学术语，俄译者是如何翻译的呢？据笔者统计，柏百福采用的相应译词最多。绝大多数情况下，柏百福把"君子"译为благородный муж。他对"君子"的理解是："君子 цзюнь цзы объясняютъ словами 成德之人 чэнъ-дэ-чжи-жень, т. е. совершенный человекъ。"② 即"君子是成德之人，或者说是完美之人"。所以，个别地方他又把"君子"译为совершенный человек，如把《论语·学而》中的"君子务本"与"君子不重，则不威"句和《论语·泰伯》中"君子人与，君子人也"句中的"君子"译为"совершенный человекъ"。此外，他还把"君子"译为достойные и почтенные лица、достойный человек 和 благодарный человек。尽管以上译词存在一些差异，但都是从德的角度出发翻译"君子"。我们知道，《论语》中"君子"虽绝大多数指的是具有较高文化和道德修养的人，但个别地方"君子"指的是"有

---

① 李泽厚：《中国古代思想史论》，北京：生活·读书·新知三联书店，2017 年（2019 重印），第 18 页。

② Попов П. С. Изречения Конфуция，учеников его и других лиц. СПб.，1910. С. 1.

位者"。柏百福根据语境需要，把指"有位者"的"君子"译为"человек,
занимающий высокое место"（如"君子笃于亲，则民兴于仁"）和
"высокопоставленный человек"（如"君子义以为上，君子有勇而无义为
乱"）。《论语》中"君子"有时特指国君。如"君子不施其亲，不使大臣怨乎
不以"和"君子惠而不费，劳而不怨"句，柏百福分别用"благородный
государь"和"правитель（цзюнь-цзы）"来翻译。

　　柏百福力图根据"君子"在上下文中的具体涵义予以确切翻译，反映了他
良好的中国文化修养和一丝不苟的翻译态度，但这种译法也存在一些弊端。《论
语》的语境非常不完整，导致人们对"君子"在不同语境中所指内容的认识也
不尽相同。下面举例说明：

　　子曰："先进于礼乐，野人也；后进于礼乐，君子也。如用之，则吾从先
进。"（《论语·先进》）

　　Конфуций сказал: Хотя прежние люди в церемониях и музыке были
дикарями, а последующие людьми образованными; но если бы дело коснулось
употребления их, то я последовал бы за первыми.

　　柏百福把此处的"君子"译为"образованные люди"（受过教育的人），
即"后来之人在礼乐方面受过教育"，导致"文胜质"。这种理解是否正确，还
需进一步讨论。杨伯峻对"后进于礼乐，君子也"的注释是"先有了官位而后
学习礼乐的是卿大夫的子弟"[1]，是与"野人"即"一般人"相对的统治者。后
来，贝列罗莫夫将该句译为"Те, кто сначала становились чиновниками, а
лишь потом изучали Правила и музыку, — дети *цинов и дафу*"[2]。这里"君
子"到底指什么？是"有位者"还是"有文化者"？存在争议。柏百福的译文
显然把这种悬而未决的问题确切化和具体化了。再看一例：

　　孔子对曰："子为政，焉用杀？子欲善而民善矣。君子之德风，小人之德
草。草上之风，必偃。"（《论语·颜渊》）

　　Вы управляете, зачем же прибегать к убийству? Если Вы пожелаете быть
добрым, то и народ будет добр. Добродетели благородного мужа — это ветер,
а качества низкого человека — это трава, и ветер, гуляющий по траве,
непременно пригибает ее.

　　杨伯峻对"君子之德风，小人之德草"的译注为"领导人的作风好比风，

---

① 杨伯峻：《论语译注》（2 版），北京：中华书局，1980 年（2008 重印），第 109 页。
② Переломов Л. С. Конфуций :《Лунь юй》. М., 1998. С. 373-374.

老百姓的作风好比草"①。钱穆也指出，"此处君子小人指位言"②。柏百福把此处的"君子"译为 благородный муж 显然是从"德"出发，因他曾明确指出 благородный муж 是"成德之人"。而且，在其他地方，他把"有位的君子"皆译作 правитель 或 высокопоставленный человек 等与社会地位相关的词或词组。可见，此处是柏百福理解不当造成的。

阿列克谢耶夫对"君子"的翻译也非常多样化。虽然他只翻译了《论语》的前三篇，但在译文中，却把"君子"译为 достойнейший человек、достойный муж、достойная личность、достойный человек、муж благородства、благородные и достойные люди 等多个对等词。在译文注释中，他指出"君子"是"君之子和品德高尚的人。俄语中，儒学这一基本术语可以有好几种翻译：благородныый человек，джентльмен，лучший человек，достойнейший 等。译者选择用最接近完美这一境地的词来翻译 цзюньцзы"③。也许是有意选择，《论语·学而》篇"君子"共出现 4 次，他全部译为"достойнейший человек"，即用"достойный"的最高级形式来翻译，如把"……人不知，而不愠，不亦君子乎？"译为"Люди его не знают, а он не хмурится: не считать ли такого человека достойнейшим？"究其原因，主要是他认为"достойнейший"是对"具有完美道德的人的称谓"④。可在接下来的篇章中，他却用其他的俄语词或短语翻译"君子"。《论语·为政》篇中，"君子"共出现 3 次。阿列克谢耶夫把"君子不器"译为"Достойный муж—не предмет утвари"；"子贡问君子"译为"Цзы-гун спросил о достойной личности"，"君子周而不比"句译为"Достойный человек вседоступен, а не узкопристрастен"，全部用到了 достойный 这一词。《论语·八佾》篇"君子"共出现两次，分别是"君子无所争"和"君子之至于斯也，吾未尝不得见也"句，阿列克谢耶夫把这两句的"君子"依次译为 муж благородства 和 благородные и достойные люди，皆用到 благородные 或同根词。由此可见，阿列克谢耶夫尽量保持"君子"的俄译在每一个单篇中的一致性。不管是 достойный（贤能的）还是 благородные（高尚的），两者都是从伦理道德的角度来翻译"君子"，用来指具有美德的人。

苏联时期，克里夫佐夫对"君子"的理解如下："бдагородный муж

---

① 杨伯峻：《论语译注》（2 版），北京：中华书局，1980 年（2008 重印），第 129 页。
② 钱穆：《论语新解》，北京：生活·读书·新知三联书店，2002 年（2007 重印），第 319 页。
③ Алексеев В. М. Труды по китайской литературе. Кн. 1. М., 2002. С. 164.
④ Там же. С. 163.

（цзюнь-цзы）是儒家学说中的标准人物，是完人（首先从道德角度出发）和仁人。根据儒学的观点，国君应率先拥有君子的品格。所以在孔子那里，'君子'（благородный муж）、'国君'（государь）和统治者（правитель）经常是重合的。"① 因此，在他所选译的译文中几乎把"君子"全部译为благородный муж。

马尔德诺夫认为，"君子"需要不断自我完善，最终在道德层面成为完美无瑕之人。所以翻译《论语》时，他在绝大多数情况下把"君子"译为совершенный муж，并对首次出现在"人不知，而不愠，不亦君子乎?"中的"君子"意译的同时，还加了音译，把该句译为"Люди не знают его, а он не печалится. Разве такой человек не является совершенным мужем（цзюнь-цзы）?"这等于告诉译文读者，совершенный муж是"君子"的俄译。其实，马尔德诺夫在之前对"君子"的论述中，直接写为 цзюнь-цзы——совершенный муж。令人费解的是，个别地方他把"君子"译为благородный муж（据笔者统计，有6处）。同时，把"士"也译为благородный муж，因为在他看来"士"是"有一定社会地位或者有修养的人"。也就是说，在马尔德诺夫心中，"君子"已经达到了道德顶峰，而"士"则需要进一步修身养性。但这样翻译也存在一定的弊端，俄文读者会误认为благородный муж对应的汉语术语是一样的，即把"君子"和"士"混为一谈。此外，他把"君子之至于斯也，吾未尝不得见也"（《论语·八佾》）句的"君子"译为достойный муж。根据这则材料的语境，我们知道这里的"君子"指的是像孔子这样有道德学问的人，因此不是泛指意义上的"君子"，所以没有用совершенный муж。对于"君子不施其亲，不使大臣怨乎不以"（《论语·微子》）句的"君子"，他译为Правитель，因为这里的"君子"明显是指统治者。由此可知，马尔德诺夫在竭力保持"君子"俄译术语一致的情况下，会根据语境的变化作适当的改变，使"君子"俄译符合其在原文语境中的含义。

其他一些著名的俄译者如贝列罗莫夫除了把"后进于礼乐，君子也"中的"君子"译为"дети цинов и дафу"（卿大夫之子）外，其余部分皆把"君子"译为благородный муж。卢基扬诺夫、西门诺科也几乎通篇把"君子"译为благородный муж。

由上可知，俄译者对《论语》中"君子"这一术语的翻译并未达成共识。柏百福、阿列克谢耶夫、马尔德诺夫等根据具体语境的不同而采用不同的"君

---

① Кривцов В. А.《Лунь Юй》// Древнекитайская философия. М., 1972. C. 313.

子"对应词;卢基扬诺夫和贝列罗莫夫等则采用了相对固定的对应词 благородный муж。究竟哪种译法更好,显然,根据语境的变化将含义丰富的"君子"译成相应的俄语词(词组)有助于译文读者的理解和接受,但会割裂"君子"在原文中一以贯之的用法,无法完整地传达"君子"的多义性。而且,还会造成译文读者的误解,如若根据译文倒推原文,他们会误认为原文就是这样的,从而遮蔽了"君子"这一概念的丰富涵义。

经研究,我们发现,在众多"君子"俄译的词组中,благородный муж 的使用频率最高。众多的《论语》俄译者在翻译"君子"时都部分甚至通篇用到了 благородный муж。благородный муж 能否传达儒学"君子"的内涵呢?我们看苏联著名词典学家奥热果夫(С. И. Ожегов)的《俄语词典》(《Толковый словарь русского языка》)对这两个单词的解释。该词典对 благородный 部分含义的界定如下:1. высоконравственный, самоотверженно честный и открытый. 2. полн. ф. дворянского происхождения, относящийся к дворянам(устар)。① 也就是说,благородный 这个词既有伦理道德上的含义,又有出身高贵或具有一定地位的社会意义,这和儒学中"君子""有位"与"有德"的双重意义相符。孔子把有德者与有位者统称为"君子",蕴含了他将两种特质合于一人的期许。词典中对 муж 的一条解释如下:Мужчина в зрелом возрасте(устар.), а также деятель на каком－н. общественном поприще(высок.)。② 这和"子"的内涵极为相似。因此,благородный муж 是"君子"俄译的较好选择。同时,对首次出现的 благородный муж 后应加音译 цзюнь－цзы,其后则可省略音译。其实,众多的俄译者已经自觉或不自觉地在使用这一译法。贝列罗莫夫在译序中直接用"благородный муж(цзюнь－цзы)"的形式译"君子",其他译者如柏百福、阿列克谢耶夫、克里夫佐夫等在译文注释中也都对"君子"进行了音译。

当然,《论语》中的"君子"除了含有"德""位"两种特质外,还含有较高人文修养的含义,此外部分章节还特指"国君",这是 благородный муж 所涵盖不了的地方。鉴于此,我们建议对 благородный муж 所涵盖不了的地方采用意译加音译(或音译加意译)的方式翻译,如:правитель(цзюнь－цзы), достойный муж(цзюнь－цзы), государь(цзюнь－цзы), совершенный муж(цзюнь－цзы), дети цинов и дафу(цзюнь－цзы)等。若如此依然不能完整地

---

① https：//ozhegov. slovaronline. com/1800-BLAGORODNYIY. 2022-3-20.

② https：//ozhegov. slovaronline. com/16112-MUZH, 2022-3-20.

传达其含义，则不妨再加注。如贝列罗莫夫把"后进于礼乐，君子也"句的"君子"译为 дети цинов и дафу 时，就对此添加了详细注释，这非常有利于俄文读者的理解。这种音译加意译或再加注的方法既能保留"君子"的民族文化特征，又能传达其丰富的文化意蕴。

2. "小人"的俄译

"小人"的概念早在孔子之前已经出现。《尚书·盘庚上》曰："盘庚教于民，由乃在位，以常旧服，正法度。曰无或敢伏小人之攸箴，王命众悉至于庭。"《尚书·旅獒》曰："狎侮君子，罔以尽人心；狎侮小人，罔以尽其力。"《国语·鲁语上》云："君子务治，小人务力。"《诗经·采薇》云："驾彼四牡，四牡骙骙。君子所依，小人所腓。"《左传·成公十三年》云："君子勤礼，小人尽力。"《管子·君臣下》曰："君子食于道，小人食于力，分也。"等。研究发现，春秋中期以前，"小人"主要指处于被统治地位的社会底层的平民百姓。也就是说，在孔子之前，人们主要从社会等级出即社会地位来界定"小人"。不过，也有从道德伦理的角度出发来界定"小人"①的。比如《诗经·小雅·节南山》云："弗躬弗亲，庶民弗信。弗问弗仕，勿罔君子。式夷式已，无小人殆。"周振甫对这段话的译文为："对事不亲自过问，人民对您不相信。您不问不察事，不要欺骗君子问讯。或被伤害或停职，不要受小人斥摈。"② 由此可知，这里的"小人"具有"道德"的内涵。对"式夷式已，无小人殆"句，《毛诗正义》云："式，用。夷，平也。用平则已，无以小人之言至于危殆也。笺云：殆，近也。为政当用平正之人，用能纪理其事者，无小人近。"③ 可知，这里的小人可理解为无德之人。④ 与此同时，几乎与孔子同时代的《左传》中也有从德出发来描述"小人"的。如《左传·昭公八年》"叔向曰：'子野之言君子哉！君子之言，信而有征，故怨远于其身。小人之言，僭而无征，故怨咎及之。'"⑤ 从"僭而无征"句可知，这里是从德的角度来描述"小人"的。尽管在孔子之前和孔子时代"小人"已具有道德的含义，但是这种用法尚不多见。

---

① 需要指出的是，当时"小人"还可以用作自谦之词，如《左传·昭公十三年》"王闻群公子之死也，自投于车下，曰：'人之爱其子也，亦如余乎？'侍者曰：'甚焉。小人老而无子，知挤于沟壑矣。'这里的"小人"指我。

② 周振甫：《诗经译注》，北京：中华书局，2010 年，第 271 页。

③ 李学勤主编：《十三经注疏·毛诗正义》，北京：北京大学出版社，1999 年，第 702 页。

④ 其实，《诗经·小雅·节南山》中，多次用到"民"字，如"民具尔瞻""民言无嘉""俾民不迷"，周振甫将这里的"民"译为"人民"。一篇诗中既有"民"，又有"小人"，似乎也说明了这里的"小人"是从德出发的。

⑤ 杨伯峻：《春秋左传注》，中华书局，1981 年，第 1301 页。

　　真正大规模从道德修养的角度使用"小人"这一概念的是孔子。杜振吉说："孔子对'君子'和'小人'这两个概念作出了新的解释和说明。在西周、春秋时，'君子'和'小人'表示的是两个不同的等级，'君子'原为对贵族的统称，'小人'则是指普通百姓。但在孔子那里，这两个概念被赋予了道德含义，二者主要是指道德上的人格范畴：通过道德方面的主观努力和自我修养而能够达到'仁'的道德要求的，就是君子，反之则为小人。"① 的确，《论语》中"小人"共出现24次，杨伯峻认为20次用来指"无德之人"，4次②用来指"老百姓"③。在《论语译注》中，杨伯峻把"君子之德风，小人之德草，草上之风，必偃"和"君子学道则爱人，小人学道则易使也"句中的"小人"明确译为"老百姓"。其他2处则比较模糊，经认真阅读，我们认为其中一句应该是"君子而不仁者有矣夫，未有小人而仁者也"句，杨伯峻在注释中说"这个'君子''小人'的含义不大清楚。'君子''小人'若指有德者无德者而言，则第二句可以不说；看来，这里似乎是指在位者和老百姓而言"④；另一句是"君子有勇而无义为乱，小人有勇而无义为盗"，既然"君子""小人"都"有勇而无义"，则两者之间应该是位的区别，即此处"小人"指"老百姓"。不过，《论语》中一些地方如"君子怀德，小人怀土。君子怀刑，小人怀惠""君子喻于义，小人喻于利""君子上达，小人下达"等，这些句子中的"小人"到底是从德还是从位来解，学界莫衷一是。

　　通过研读《论语》不难发现，仅用德或位来界定小人，未免失于简单。如果细化，则可发现，除指德、位之外，《论语》中"小人"还有以下特质：（1）从其"怀土怀惠""喻于利"可知其关心物质利益，缺乏精神追求。（2）从"比而不周""小人长戚戚""骄而不泰""难养"等可知，其有种种毛病和性格缺陷，但并不代表其为非作歹。（3）从"硁硁然"可知其目光短浅。（4）从"穷斯滥矣"可知其缺乏坚守。（5）从"不畏天命，狎大人，侮圣人"可知其不知轻重。钱穆指出："古人用君子小人字，义本混通，初非必加以明晰之分别。"⑤ "小人"的这些特点，导致很难在俄语中找到与之在内涵和外延上相对应的词。因此不同的译者在翻译时会根据自己的理解选择不同的对等词，这就

① 杜振吉：《孔子伦理思想的人道主义精神》，载《孔子研究》，1996年第4期，第19页。
② 当然，其他一些学者对"小人"意义的划分不同。
③ 杨伯峻：《论语译注》，中华书局，1980年（2008重印），第218页。
④ 同上，第147页。
⑤ 钱穆：《论语新解》，北京：生活·读书·新知三联书店，2002年（2007重印），第462页。

导致了"小人"的俄译比较多样化的现象。下面我们把不同译者的翻译做一个表格，读者可以对此有直观的了解。

译者＼译词	小人	出版年
В. П. Васильев	низкий человек, подлый человек, низший человек, малый（мелочный, ничтожный）	1884
П. С. Попов	низкий человек；мелкий человек；подлый человек ничтожный человек；человек из простого класса；ограниченные люди；человек, занимающий низкое положение；человек, занимающий скромное положение；слуга	1910
Ф. С. Быков	простолюдин	1966
В. М. Алексеев	мелкий человек	1978
В. А. Кривцов	низкий человек（низкие люди）	1972
Н. И. Конрад	человек с маленькой буквы	1977
Н. Т. Федоренко	мелкий（низкий）человек	1978
А. М. Карапетьянц	ничтожный человек	1982
Л. И. Головачева	мелкий человек（мелкие люди）	1992
И. И. Семененко	малый человек（малые люли）；ничтожный человек	1995
Л. С. Переломов	маленький человек（маленькие люди）	1998
А. Е. Лукьянов	маленький　мелкий человек	2000
А. С. Мартынов	маленький человек；низкий человек；заурядный человек；недостойный человек；слуга	2000

　　由上表可知，瓦西里耶夫、柏百福和马尔德诺夫根据语境及内容的不同采用了不同的译法，这与他们让普通读者读得懂《论语》的翻译初衷有关。其他译者则采用了各自相对固定的译法，即用一个俄语词组贯穿整个译文。不同的是，一些译者侧重"位"，一些译者侧重"德"。下面我们对一些比较有代表性的"小人"俄译情况逐一分析①。

---

① 由于"小人"俄译过于复杂，这里我们不简单地从位或德出发进行分类论述，而是依时代为脉络，对不同译者的翻译进行论述；同时在论述的过程中，为了行文简洁，将相似或相同的翻译进行合并论述。

（1）帝俄时期"小人"的俄译

帝俄时期，我们主要论述柏百福的翻译。在柏百福的译本中，"小人"的翻译并不统一（见上表）。首先，我们看柏百福对杨伯峻所认为的指位的"小人"的俄译。柏百福将"小人学道则易使也"句的"小人"译为 человек, занимающий скромное положение（地位卑下之人），把"小人有勇而无义为盗"句的"小人"译作 человек, занимающий низкое положение（地位卑贱之人），都是从"位"的角度出发翻译"小人"的。依此类推，对于另外两句"小人之德草"和"未有小人而仁者也"的"小人"也应该采取类似的翻译，但柏百福却将这两处的"小人"都译成 низкий человек。根据奥热果夫《俄语词典》的解释，низкий 其中两项释义为：Низкий：5. подлый, бесчестный.（卑鄙下流的/可耻卑劣的）6. полн. ф. неродовитый, не принадлежащий к господствующему, привилегированному классу（устар）（（旧）门第低下的/出身寒微的）。可见，низкий 既可表"无德的"，又可指"无位的"。柏百福在这两处译文中到底是按照哪种意思来翻译的呢？经研究，我们发现，《论语》第十二篇及之前篇章中出现的"小人"，他皆译为 низкий человек。第十三篇中"小人"共出现 5 次，柏百福仅把"君子和而不同，小人同而不和"句中的"小人"译为 низкий человек，第十四篇中"小人"出现 2 次，他把我们上文提到的"君子而不仁者有矣夫，未有小人而仁者也"中的"小人"译为 низкий человек。第十五篇及之后的"小人"均采用了其他译法。《论语》十四篇（含十四篇）之前中的"小人"大都从德出发（除 12·19 和 14·6 外），据此可推出柏百福应该是从"德"的角度出发翻译"小人之德草"和"未有小人而仁者也"中的"小人"的。另外一个反映柏百福从"德"出发来界定 низкий человек 的例子是他把"小人之过必也文"译为"Ничтожный（подлый）человек непременно прикрывает свои ошибки"，并注释为"низкий человек не боится обманывать самого себя, а боится исправить свои ошибки"（小人不惧怕欺骗自己，惧怕改正错误），这里他用 низкий человек 解释 ничтожный（подлый）человек。从上述研究可以判断，他是从德出发翻译"小人之德草"和"未有小人而仁者也"中的"小人"的。

在译本中，柏百福 6 处把"小人"译为 подлый человек，即从德的角度出发理解原文的"小人"。另外，他把"色厉而内荏，譬诸小人，其犹穿窬之盗也与"句译为"строгаго по наружности и слабаго в душе можно сравнить с человеком из простого класса（?）; не походить ли он на вора, который проделывает отверстие в стене или перелезает через нее（объятый вечной

боязнью и страхом быть открытым и пойманным）", 把 "小人" 译为 человек
из простого класса（庶民、普通人、老百姓）。如果按照李泽厚的理解, "譬诸
小人" 意为 "用老百姓的比喻"①, 即此处 "小人" 指老百姓。可见, 他对 "小
人" 的俄译是正确的。但是从柏百福对整句话的翻译来看, 显然不是李泽厚所
说的这个意思。译文中, 直接把 человек из простого класса 和 "色厉而内荏"
者作比较, 好像老百姓都是些 "穿窬之盗", 明显不符合原文之意。他在译文里
用了一个 "?", 想必是借此表明他没弄清楚此句话的含义。

　　柏百福有两处把 "小人" 译为 мелкий человек。一处是 "小人哉, 樊须
也", 他译为 Мелкий человек — этот Фань–сюй, 并注释为 сяо–жень, здесь
значит: простолюдин, мужик, малый человек（小人, 这里的意思是普通人、
庄稼人、下层人）, 也就是说从位的角度出发阐释此处的 "小人"。另一处是
"君子不可小知而可大受也, 小人不可大受而可小知也", 他的译文有两种: 一
种是 "Благородный муж иногда может не знать мелочей, но может нести
важные обязанности; между тем как мелкий человек не может нести важных
обязанностей, но он может проявить свое занине в малых делах"; 另一种是
"Благородный муж едва ли может показать себя в мелочах, но он（благодаря
своим талантам и добродетели）в состоянии нести важные обязанности.
Ничтожный же человек не может нести важных обязанностей, но может
показать себя в малых делах"。对 "小人" 的注释为 ничтожный человек, не
смотря на узость своей натуры, конечно, может обладать одной какой–либо
способностью（尽管器量狭小, 但小人还是有一定能力的）。柏百福认为, 第一
种译文更接近原文, 不过理雅各持第二种译法②。下面, 我们看中国学者是怎样
理解这句话的。朱熹认为: "此言观人之法。知, 我知之也。受, 彼所受也。盖
君子于细事未必可观, 而材德足以任重; 小人虽器量浅狭, 而未必无一长可
取。"③ 杨伯峻译为: "君子不可以用小事情考验他, 却可以接受重大任务; 小
人不可以接受重大任务, 却可以用小事情考验他。"④ 钱穆认为, "一事之能否,
不足以尽君子之所蕴, 故曰不可小知。任以天下之重而泰乎绰然其可任, 故曰
可大受。小人非无一才之长可资器使, 但不可任以大事", 并进一步指出, "《论
语》言君子小人有对反而言……亦有相较而言者, 如和同章, 骄泰章, 求人求

---

①　李泽厚:《论语今读》, 北京: 世界图书出版有限公司北京分公司, 2019 年, 第 321 页。
②　Попов П. С. Изречения Конфуция, учеников его и других лиц. СПб., 1910. С. 98.
③　朱熹:《四书集注》, 南京: 凤凰出版社, 2005 年（2006 重印）, 第 182 页。
④　杨伯峻:《论语集注》（2 版）, 北京: 中华书局, 1980 年（2008 重印）, 第 169 页。

己章，及本章之类是也。此种小人，非必卑污已甚，此亦学者所当深辩"。所以他的译文为"一个君子，不可从小处去赏识他，但他可接受大任务。一个小人，不能接受大任务，但可于小处被赏识"。① 从这些注释中，可以看出，"不可小知"即不能以小处来观看君子，并不是君子不知道细事，所以第二种译文更符合原文意义。这里的 мелкий человек 和 ничтожный человек 更多的是从才识器量而言的。

柏百福把"言必信，行必果，硁硁然小人哉！抑亦可以为次矣"译为"Тот, кто непременно остается верен своему слову и непременно приводит в исполнение то что делает；таким образом крепкие и ограниченные люди все таки могут занимать следующее место（в разряде ученых）"。对"小人"的注释为 сяо жень рузумеются люди с ограниченными знаниями（小人指的是知识有限之人）。言而有信，行而有果，这是当今人们所称道的品质。可在孔子看来，这种行为是"小人"所为。朱熹云："小人。言其识量之浅狭也。此其本末皆无足观，然亦不害其为自守也，故圣人犹有取焉。"② 钱穆认为："言必信，行必果：果，必行之义。孟子曰：'大人者，言不必信，行不必果，唯义所在。'硁硁：小石坚确貌。不务求大义，而专自守于言行之必信必果，此见其识量之小，而才亦无足称，故称之曰小人。然虽乏才识，亦尚有行，故得为孝弟之次。"③ 也就是说，在孔子看来，"言必信，行必果"之人不分青红皂白，不识大体，只知拘于小信小义，所以称其为"小人"。但这类人不能说上坏，更谈不上恶，所以又称他们为末等的"士"。从这个方面而言，柏百福把"小人"译为 ограниченные люди（见识有局限的人）还是十分贴切的。最后他对"唯女子与小人为难养也，近之则不孙，远之则怨"的翻译，他的译文是"С женщинами, да с слугами трудно справиться. Приблизишь их, они становятся непокорными, а отдалишь — ропщут"。"唯女子与小人为难养也"，将女子和小人相提并论，导致很多人认为孔子对女人不尊重。何新认为："真正使中国妇女陷入'三从四德'、以夫为天境遇的是宋明理学，而这些与先秦的孔子并无直接关联。"④柏百福把"小人"译为 слуга（仆人）是否正确呢？朱熹云："此小

---

① 钱穆：《论语新解》，北京：生活·读书·新知三联书店，2002 年（2007 重印），第 420-421 页。

② 朱熹：《四书集注》，南京：凤凰出版社，2005 年（2006 重印），第 157 页。

③ 钱穆：《论语新解》，北京：生活·读书·新知三联书店，2002 年（2007 重印），第 343 页。

④ 何新：《论语解读》，济南：泰山出版社，2000 年，第 407 页。

人，亦谓仆隶下人也。"① 钱穆指出："此章女子小人指家中仆妾言。妾视仆尤近，故女子在小人前。因其指仆妾，故称养。待之近，则狎而不逊。远，则怨恨比作。善御仆妾，亦齐家之一事。"② 需要指出的是，柏百福还参考了理雅各的《论语》英译本，理雅各对这句话的翻译是 "Of all people, girls and servants are most difficult to behave to. If you are familiar with them, they lose their humility. If you maintain a reserve towards them, they are discontented"。

上述分析表明，柏百福在翻译"小人"时，根据其在具体语境中的不同意义而采用相应的俄语词或词组，并在一些注释中按照内容对其进行专门注释。大多数情况下，他的注释和翻译是正确的，这样有助于在译文中传达"小人"意义的多样性和复杂性。不过，个别地方的理解和翻译不甚准确。

（2）苏联时期"小人"的俄译

《论语》前三篇中"小人"只出现一次，即"君子周而不比，小人比而不周"，阿列克谢耶夫将此处的"小人"译为 мелкий человек。俄语中，мелкий человек 和 маленький человек 是同义词，主要指社会地位低或官阶较小的人，同时也指心胸狭小、气质浅薄、斤斤计较之人。其实，《论语》中的"小人"和我们当今所言"小人"有很大区别。"《论语》中的小人虽然都带贬义，但从来都没有奸险狡诈、口蜜腹剑、损人利己等今日所谓卑鄙小人的意思，他们只是见识浅陋、胸无大志、营营役役谋求生计，也就是我们在日常生活中最常见到的人。他们有种种缺点，但并无大恶……"③ 从这个意义来说，阿列克谢耶夫的翻译还是比较正确的。

贝科夫（Ф. С. Быков）从"位"的角度出发，把"小人"译为простолюдин，认为这样能够更好地反映"小人"的阶级属性。费德林不认同贝科夫的译法，他认为"如果把'小人'译为 простолюдин 的话，那么'君子而不仁者有矣夫，未有小人而仁者也'（Бывает，что благородный муж（цзюнь－цзы）лишен жэнь（человечности），но не бывает так，чтобы простолюдин（сяо жэнь）обладает жэнь）就有了另外的思想和意思"，因为"'小人'可以是任何社会阶层的人——老百姓和非老百姓"④。

---

① 朱熹：《四书集注》，南京：凤凰出版社，2005 年（2006 重印），第 198 页。
② 钱穆：《论语新解》，北京：生活·读书·新知三联书店，2002 年（2007 重印），第 464 页。
③ 周国正：《孔子对君子与小人的界定——从〈论语〉"未有小人而仁者也"的解读说起》，载《北京大学学报》（社会科学版），2011 年第 2 期，第 117 页。
④ Федоренко Н. Т. Древние памятники китайской литературы. М.，1978. С. 94-95.

克里夫佐夫把"小人"通篇译为 низкий человек，在对 низкий 的注释中，他解说"小人"有两种涵义，一是没有高尚道德之人，一是普通人（простолюдин）。其实，在俄语中 низкий человек 更多的是指在言语行事时不顾自身荣誉、违反道德准则的无德之人。

康拉德把"小人"译为 человек с маленькой буквы（小写的人），这样一来，"小人"就不是真正的人，而是有人格缺陷的人，显然，康拉德是从"德"的角度出发翻译"小人"这一术语的。

另外，果洛瓦乔娃和费德林用 мелкий человек 、高辟天用 ничтожный человек 来翻译"小人"，主要是从小人的性格特点或能力出发的。

（3）当今俄罗斯"小人"的俄译

西门诺科把"小人"译为 малый человек。他认为，"孔子有时候把'民'和'小人'并置，在本质上两者是同义的。因为民是社会的反映，若民道德败坏的话，罪魁祸首也不在民，而是统治者"。这样一来，"小人就是老百姓（простолюдин），他们的性格特点是'硁硁然'，同时与'鄙'（низкий，подлый）不可分割，而'鄙'又和'出身贱、地位低'（худородство，низкое положение）有直接的关系"①。此外，"小人的共同特点不在于他们从事的职业，而在于对外在的态度。他们不追求自我完善，故他们远离仁。因为他们追求的不是义，而是惠……这里也含有小人的职业属性，他们不是为了自我完善而是为了食物才从事这样或那样的活动"②。通过对"小人"所从事的职业和他们的性格特点等的分析，西门诺科的结论是："小人——'被压迫者'，即被'压迫'的人民、老百姓。尽管孔子也警告过小人'压迫他人'的情况，并对此持否定态度。但最重要的却是，他没有把小人算在他那个时代的统治阶层。因而小人的天性就与社会联系在一起。无论是从性格还是从社会出身来说，他都是老百姓。"③ 正是从"小人"的出身这一角度出发，他把"小人"译为 малый человек。在俄语中，малый 具有书面语色彩，малый человек 指社会地位低下的人，由于社会地位低下导致其认识有限、格局较小、不知轻重，但并不代表是坏人。从这个角度来说，西门诺科的翻译还是比较正确的。此外，据笔者统计，他在译文中只有一次把"小人"译为 ничтожный，即"色厉而内荏，譬诸小人，其犹穿窬之盗也与"句。Ничтожный 指渺小的无足轻重之人，

① Семененко И. И. Афоризмы Конфуция. М., 1987. С. 208.
② Там же. С. 209.
③ Там же. С. 214.

没有任何社会价值从而引不起他人尊敬的人。显然，这里译者意在强调其社会地位的卑微。从贝科夫和西门诺科的翻译来看，他们强调"小人"的社会地位，认为"小人"所拥有的道德缺陷如不仁不义、目光狭隘、贪得无厌、屈服命运等都是由于社会地位低下造成或者衍生出来的。

贝列罗莫夫很清楚《论语》中"小人"涵义的丰富性和复杂性。他认为，"小人"首先属于伦理道德范畴。如果"'君子'拥有人类最好美德的话，那么'小人'形象则包含人所具有的全部恶劣品质。'小人'只关心自己的利益，会不惜一切代价达到私欲的目的（富与贵），所以对'小人'来说，追'利'若说不是他们的首要特征的话，也是他们的特征之一"。因此，他们非常看重物质财富的丰富。同时，"小人"胆小懦弱，害怕承担责任。虽然如此，但"如果我们仅仅从道德范畴理解这一术语的话，那么我们就错了，所有的复杂性在于孔子有时突然会从社会意义的角度使用它"。"'君子'关心道德完善，致力于培养自己的美德，可是总需要一些人考虑基本的生活问题，成千上万的村社农民渴望拥有自己的耕地，需要那个世界的'恩惠'。所以，伦理道德问题并不能穷尽'小人'这一术语的内容，孔子有时候用他来指'庄稼人'"①。贝列罗莫夫认为，孔子创造"小人"形象的目的是让同时代的人特别是后人明白，一个人如果随波逐流的话，他将会成为什么样的人：一心追求欲望，忘记道德，个人利益至上……但是，如果把"小人"译为通用的"老百姓（простолюдин）"，结果好像孔子仅仅把整个社会上的人分成两类："君子"和老百姓。如此一来，就会使孔子的学说变得贫乏、平庸。《论语》中有很多句子是用来讲"人"的，这些人在道德和文化修养上介于"君子"和"小人"之间，他们既滋养社会的上层，又滋养社会的下层。孔子相信普通人的无限潜能："人能弘道，非道弘人"。有时候，为了强调介于"君子"和"小人"之间的普通中等人，孔子会用"中人"这一术语。所以，贝列罗莫夫采用了直译法，将"小人"通篇译为маленький человек，用以说明"小人"只是社会中的一类人，他们处于社会的底层，拥有这个阶层所特有的一些缺点和人类的通病。

卢基扬诺夫认为，маленький человек 和 мелкий человек 都可译"小人"，因此在译文中他交替使用这两个词组，有时用 маленький человек（13 处），有时用 мелкий человек。мелкий человек 的用法和含义我们上文已经论述。现在看 маленький человек，该词组主要是指社会地位低、在社会上没什么影响的人：没有权力、财富。俄罗斯作家曾创造出一系列的"小人物"（маленький

---

① Переломов Л. С. Конфуций Лун юй. М., 1998. C. 142–159.

人）形象，如普希金笔下的驿站长和果戈理笔下的阿卡基·阿卡基耶维奇，他们处于社会底层，地位卑微，生活清苦，恪尽职守，但依然摆脱不了被侮辱、被踩躏、被抛弃的悲惨命运。

马尔德诺夫采用不同词语翻译"小人"，不过对这些词的使用频率并不相同。经研究，他用得最多的是 маленький человек（13 次），其次是 низкий человек（8 次），另外 заурядный человек、недостойный человек 和 слуга 各用了一次。对"君子周而不比，小人比而不周"句，他译为"Благородный муж ровен и не пристрастен, низкий человек — пристрастен, но не ровен"。在注释中他写道："这是君子和那些由于没有摆脱自私观念、故即便学习也不能发生变化的人的对比。这句话孔子谈论的是在交际中内在品质起决定性影响的情况。正如阿列克谢耶夫所言，在交际中，若君子是坦诚无欺的话，小人则偏袒自己。"① 他把"君子怀德，小人怀土；君子怀刑，小人怀惠"句中的"小人"译为 маленький человек，并加注如下："小人的概念在《论语》中起着重要作用，为了传达小人的内涵，我们选择了直译（дословный перевод），译为 маленький человек。在君子——小人的对举使用中，首先指的是他们的社会地位或职业特点，而不是不同的道德层次。很多注释家也支持这一观点，他们更倾向于认为该句中的小人指的是普通人，从事着须臾不可离的生计问题：温饱、丰收。"② 他把"君子喻于义，小人喻于利"译为"Совершенный человек понимает свой долг, тогда низкий человек понимает〔только свою〕выгоду"。在注释中，马尔德诺夫指出："在评价人时，把君子和小人对举，是孔子的一大成就和对中国传统文化的一大贡献。个人的完善总是发端于脱离自私自利，不过当今人们对这一显而易见的思想却很难理解。"③ 接下来，"小人"出现在"女为君子儒，无为小人儒"句中，马尔德诺夫译为"Вам следует быть ученым и совершенным мужем, а не ученым и заурядным человеком"。他用 заурядный человек（平庸的、不出色的）译"小人"，原因在于他认为"这句话是孔子对自己最亲近的弟子和最忠实的追随者说的，因而这里的小人无论如何不可能含有任何否定的意味，最多指'平凡人（обычный человек）'，是'君子'（совершенный муж 完美之人）的反义词。如果找一个词语表达的话，就是'不完美之人（несовершенный муж）'，求利和认知庸常是其主要特点"。④ 他

① Мартынов А. С. Классическое конфуцианство. Т. 1. М., 2000. С. 240.
② Там же. С. 273.
③ Там же. С. 276.
④ Там же. С. 304.

把"君子坦荡荡，小人长戚戚"译为"совершенный муж — спокоен и великодушен, низкий человек — озабочен и неловок"，"很可能，孔子想说的是，由于君子不受外在物质的束缚，因此内心自在、安宁，对待周围的一切坦荡宽宏。他与只关注自身物质利益的普通人、'小人'（маленький человек）完全相反"①。正如钱穆所言："小人心有私，又多欲，驰竞于荣利，耿耿于得丧，故常若有压迫，多忧惧。"②

在后面的"小人"的翻译中，马尔德诺夫没有加注。不过从上面的分析中可知，若他认为"小人"在原文中偏向于指社会地位或不凸显其道德品质，就译为 маленький человек；如果是强调"小人"的道德内涵，就译为 низкий человек。不过，一些地方明明是指无德之"小人"，如"君子成人之美，不成人之恶。小人反是"句，他也译成 маленький человек，就不清楚是何原因了。另外，他用道德意蕴十足的 недостойный человек（卑鄙可耻之人、不体面的人）译"君子而不仁者有矣夫，未有小人而仁者也"中的"小人"，用 слуга③ 译"唯女子与小人为难养也"句中"小人"。

综上所述，"小人"被译为 малый человек、маленький человек、мелкий человек、низкий человек、слгуа、ничтожный человек、подлый человек、простолюдин 等等。除了我们所列举的译法外，我们还在网上看到一些其他译法，如 никемный человек，这足以说明其很难在俄语中找到对应的译语。每个译者根据自身的解读和翻译目的而采用不同的译法，以此来传达自己对儒家术语的认知。这里，本亚明（Walter Benjamin）关于纯语言的论述或许有助于我们理解"小人"拥有多个译词的原因和作用。在《译者的任务》中，本亚明把纯语言比喻成一个花瓶，众多的语言犹如花瓶的碎片，"翻译犹如将这些碎片粘合起来（glued），或结合起来（articulated）；如果我们能把所有的碎片粘合起来，那我们就可以恢复花瓶的原貌，当然其原来的神韵肯定是要打些折扣的……要把碎片粘合起来，恢复成一个花瓶，关键不是要找到相同或相类似的碎片，而是要找到能互相结合的碎片"④。《论语》中的"小人"犹如一个花瓶，它所对应的每一种俄译法犹如一个碎片，即每一译语都反映了花瓶（"小人"）的某一特征（涵义），众多碎片（俄译语）合在一起，互相补充、相辅相成，从而

---

① Там же. С. 337.
② 钱穆：《论语新解》，北京：生活·读书·新知三联书店，2002 年（2007 重印），第 197–198 页。
③ 在分析柏百福"小人"的翻译时已对此有所论述。
④ 郭建中编著：《当代美国翻译理论》，武汉，湖北教育出版社，1999 年，第 182 页。

比较全面地勾勒出花瓶（"小人"）的整体面貌和内涵。从这个意义而言，我们实不能评说孰优孰劣，因为每一种碎片（译语）都是译者向俄语世界传达花瓶面貌的有益尝试，都为俄语世界认识儒家文化做出了自己的努力。

三、"道"的俄译

1. 孔子之"道"的涵义

"道"是我国哲学和政治思想中的一个核心概念，古代各家学说几乎都对"道"这一基本概念展开过论述。可以说，"'道'是中国古代哲学各家共同研究的中心对象，道其实是一个领域范畴，它决定了中国哲学的目的和中国人做哲学的方式。从实质意义上看，中国本土哲学就是道的学问——对道本身的探讨，尽管各家理解不同，但似乎没别的范畴能取代了它的核心地位"[1]。在众多论述"道"的人中，最为著名而深刻的是老子和孔子。在《道德经》中，老子主要从三个方面论述"道"："有的地方，'道'是指形而上的实存者；有些地方，'道'是指一种规律；有些地方，'道'是指人生的一种准则、指标、或典范'。"[2] 由此可知，老子从宇宙本源、自然规律和日常生活等方面对"道"进行了系统的阐释。就落到现实生活层面的"道"而言，陈鼓应认为，"'道'是指未经渗入一丝一毫人为的自然状态，'德'是指参与了人为的因素而仍然返回到自然的状态"。孔子对"道"也非常重视，曾发出"朝闻道，夕死可矣"的慨叹。不过，老子之"道"和孔子之"道"虽有相同的地方，但也存在较大的差异。陈鼓应指出，"道家所说的'道德'是着重于顺任自然的一面，而全然不同于儒家所强调的伦理性的一面"[3]。

其实，"道"在中国哲学中的重要性和含义的丰富性很早就引起了俄译者的关注。小西增太郎指出："从常用语言学来讲，中国的'道'指'путь'（道路、方法等）、'повиновение（服从）'、'слово или говорить'（言或说）等含义；就哲学意义而言，指'истина'（真理）或必如此而不是彼的意思；就伦理而言，指的是人应该做什么。"[4] 小西增太郎从普遍意义、哲学意义和伦理道德意蕴三个维度对"道"进行解读，反映了他对"道"理解的全面性。无疑，孔子之"道"更侧重于伦理层面。卢基扬诺夫曾对道儒两家之"道"做专门研

---

[1] 谢扬举：《道家哲学之研究——比较与环境哲学视界中的道家》，西安：陕西人民出版社，2004年，第7-8页。
[2] 陈鼓应：《老子今注今译》，北京：商务印书馆，2016年（2019重印），第23页。
[3] 同上，第34页。
[4] Кониси Д. П. Дао дэ цзин. Книга пути и достоинтсва. М., 2016. С. 198.

究，他在《老子与孔子：哲学道》中指出："道（Дао）是古代中国哲学各家学说和各流派的基础。他们都从道文化出发，只是由于重构天下和谐的任务和方法不同，因而按照自己的方式来阐释最初的道。"① 也就是说，儒道之"道"的起源本是一样的，只是因两家各自的认知不同，从而导致对"道"的阐释不同。在他看来，老子之"道"和孔子之"道"的区别在于，老子的"道"产生于宇宙之"无"，而孔子的"道"则是在家庭关系的基础上产生的。一个是宇宙产生的，一个是在"信"和"仁"的基础上人为创造的；老子的"道"以无为和自然而然为基础，孔子的"道"则强调个人和社会的努力。不过两位哲学家的最终目的是一致的，即都致力于构建和谐的"天下"，建立没有冲突和暴力的文明社会。

"道"是孔子学说的一个核心范畴和重要组成部分。对孔子来说，"道"是王道、仁道，是为人处世之道、是学习之道，总之，是伦理道德的重要组成部分，是各种行为准则的调节者和裁定者。在贝列罗莫夫看来，和老子不同，孔子对本体论和认识论层面上的"道"不感兴趣，他喜欢把人与"道"联系起来。之所以这样做是因为他想强调人才是他学说的主题。"《论语》中的'道'是孔子方法、原则和思想的综合体，也就是说，是孔子学说的本质，在其帮助下，他期望把人领入正道，从而管理他、影响他。"② 列·瓦西里耶夫认为，孔子拒绝谈论死亡、谈论鬼神，也不喜欢谈论"天""天道"和"命"。在孔子学说中，"道"作为真理之路（истинный путь）替代了"天"。《论语》中的"'道'是生活中的正确道路，是公平和明智的秩序，是渴望真理的体现，是行为的准则……换言之，'道'是孔子所说的美德的总和，是标准和准则的综合，是有序社会中高尚之人生活的主要原则"。"孔子之'道'犹如绝对真理，无人能够企及。所以《论语》中才会说'朝闻道，夕死可矣'。"③

在《论语》中，"道"共出现了89次。其中，"道"作为单音节字出现了61次，作为双音节词出现了28次。不过，孔子并未明确指出"道"的含义，只是根据需要频繁地使用该字，这就导致了其词性、涵义因语境不同而产生差异。杨伯峻对《论语》"道"的含义进行了详细的划分和解释。他认为单音节的"道"主要有以下几种含义④：①孔子的术语，有时指道德，有时指学术，有时指方法；②合理的行为；③道路、路途；④技艺；⑤动词，行走、做；⑥动词，

---

① Лукьянов А. Е. Лао-цзы и Конфуций：Философия Дао. М.，2000. С. 22.

② Переломов П. С. Конфуций《Лунь Юй》. М.，1998. С. 146.

③ Васильев Л. С. Древний Китай. Т. 3. М.，2006. С. 230-235.

④ 杨伯峻：《论语译注》（2 版），北京：中华书局，1980 年（2008 重印），第 237-294 页。

说；⑦动词，治理；⑧动词，引导、诱导。"道"的双音节词有"无道""有道""天道"和"道路"。其中"无道"包含三层含义：①政治黑暗；②君主的行事很坏；③坏人。"有道"包含两种含义：①政治清明、天下太平；②有道德学问的人、好人。另外还有"天道"和"道路"。虽然"道"的含义如此丰富，但是在《论语》中却一个"道"字贯穿全文。"言有尽而意无穷"是对《论语》"道"的最好诠释。由于作为动词"道"和双音节"道"的涵义相对固定，这里，我们主要讨论作为名词的单音节"道"的俄译。

2. "道"的俄译及分析

译者 ＼ 译词	道	出版年
П. С. Попов	закон для деятельности；при управлении（руководить，управлять）；порядок；правила；（истинный）путь；незаконный путь；истинный закон вещей；учение；истина；качества；посреди дороги（на полпути）；правила поведения；путь；руководство；говорить；закон；рассказы；так；знание；принципы；характеристики；в преподавании；в системе обучения. нравственный закон；уличные（природные）слухи…	1910
В. М. Алексеев	Путь；при управлении；Путь – Правда；руководить；принцип	1978
В. А. Кривцов	правильный путь；управлять；порядок；путь；руководить；правило；правильный принцип；правильный путь；вершина морального правления；правильное учение；услышанное на улице；должным образом；моральные принципы；учение…	1972
Л. И. Головачева	Норма	1992
И. И. Семененко	путь；править；достоинство；стезя；так；вести	1995
Л. С. Переломов	при управлении；Дао – Путь；наставлять народ путем чего；Дао；Путь；полпути；в порядке вешей；так	1998
А. Е. Лукьянов	Дао；управлять；путь；обычное правило；полпуть	2000
А. С. Мартынов	Дао-путь；при управлении；правило；Путь；учение；на середине；таким образом；услышанный на дороге；науки	2000

从表中可以看出，俄译者没有用固定的俄语词翻译《论语》中所有的"道"，而是根据其内容的不同有所区分。其中，柏百福和克里夫佐夫采用的相

应的俄译词最多，阿列克谢耶夫的对应词也不少，因为他只译了前三篇。其他几位译者则相对采取了比较固定的译法，如西门诺科主要译为 путь、贝列罗莫夫译为 Дао-Путь、卢基扬诺夫则音译为 Дао。

根据杨伯峻对"道"的划分，作为单音节名词的"道"主要包括以下 4 个方面的内容：

（1）作为孔子术语的"道"，其又包含三方面的内容：有时指道德，有时指学术，有时指方法。对于这一层意义的"道"俄译者是如何翻译的，下面按照这三个方面内容的顺序依次各举一例。具体例句见表 1、表 2 和表 3：

表 1　"君子务本，本立而道生。"（《论语·学而》）

П. С. Попов	Совершенный муж сосредоточивает свои силы на основах; коль скоро положены основы, то являются и законы для деятельности.
В. М. Алексеев	Достойнейший человек все свое усердие обращает к корням. Когда корни заложены, то рождается сам Путь.
В. А. Кривцов	Благородный муж стремится к основе. Когда он достигает основы, перед ним открывается правильный путь.
Л. И. Головачева	Благородный муж обращает усилия к корню. Заложен корень — родится Норма.
И. И. Семененко	Благородный муж заботится о корне; когда заложен корень, то рождается и путь.
Л. С. Переломов	Благородный муж все свои усилия сосредоточивает на корне. Когда корень заложен, то рождается Дао-Путь.
А. Е. Лукьянов	Благородный муж трудится над основой; основа утверждается, и Дао рождается.
А. С. Мартынов	Совершенный муж старательно закладывае основы своей личности. Когда же основы заложены, тогда возникает Дао-путь.

"君子务本，本立而道生"出自《论语·学而》篇，原话为："有子曰：'其为人也孝弟，而好犯上者，鲜矣；不好犯上，而好作乱者，未之有也。君子务本，本立而道生。孝弟也者，其为仁之本与?'"孝悌原本是家庭伦理范畴，指善事父母、友爱兄弟。有子将其上升到不好犯上和不好作乱的社会公德层面，从而得出孝悌为仁之本的结论。钱穆认为："孔子之学所重最在道。所谓道，即人道，其本则在心。"① 由此可以看出，这里的"道"主要是指伦理道德。柏百

---

① 钱穆：《论语新解》，北京：生活·读书·新知三联书店，2002 年（2007 重印），第 6 页。

福将"道"译为 законы для деятельности（行为的法则、准则），缩小了其内涵。阿列克谢耶夫把"道"译为 Путь，这是苏联汉学家常见的译法。为了凸显其术语性，采用首字母大写的方式，以区别于一般的 путь。克里夫佐夫把"道"译为 правильный путь（正确的道路），在"朝闻道，夕死可矣"句的译文注释中，他写道："правильный путь или дао, — одна из основных этических категорий конфуцианства, включающая в себя все остальные категории. Представляет собой воплощение правильного, с точки зрения конфуцианства, этического пути; если человек освоил Дао, он выполнил свое предназначение."（道是孔子学说的基本伦理概念之一，涵盖了全部其它范畴。就孔子学说而言，指的是正确的伦理之道。若一个人掌握了道，他也就完成了自己的使命。）① 果洛瓦乔娃把"道"译为 Норма，她解释道："通常人们把'道'译为具有神秘色彩的 Дао（Путь）。Норма 这一词让人们感到很不习惯，引起了一些苏联汉学家的反对。为了不缩小术语的含义，他们坚持最好采取不译的原则。不过，我们通常认为，所有的中国哲学术语在欧洲语言中都有对等词，只是需要去寻找。因此，需要我们自己去思索，我们所习惯的意思和原文中的术语有多少关联。一些观点认为，Дао 是用来行走（идти）的，所以与强调运动的 Путь 相比，Норма 一词的不足在于其更强调静止。其实这一观点根本站不住脚，Дао 不是用来行走的，而是用来生活（жить）的。"② 从果洛瓦乔娃这段话可以看出，她之所以把"道"译为 Норма，在于强调其准则性，即"道"是我们生活的准则。西门诺科译为 путь，这是常见的"道"的俄译。贝列罗莫夫和马尔德诺夫则采用音译和意译结合的方式，把"道"译为 Дао-Путь，一方面传达了"道"的异质性，另一方面又翻译了其含义。卢基扬诺夫则直接将其音译为 Дао，力图保持原汁原味。

表2 "吾道一以贯之。"（《论语·里仁》）

П. С. Попов	Мое учение проникнуто одним началом?
В. А. Кривцов	Мое учение пронизано одной идеей.
И. И. Семененко	В моем пути все пронзено одним.
Л. С. Переломов	Мой Дао-Путь пронизан Единым.
А. Е. Лукьянов	мое Дао состоит в том, что одним-единым пронизываю все.
А. С. Мартынов	[весь] мой Путь пронизан единым.

---

① Кривцов В. А. Лунь Юй // Древнекитайская философия. М., 1972. С. 316.

② http://burdonov.ru/MyLunYu/TEXT_my_comments/index.html, 2018-12-4。

显然，此处的"道"是学说、主张的意思。因此，柏百福和克里夫佐夫把"道"译为учение（学说、主张）是正确的。此外，柏百福还把"道不行，乘桴浮于海""非不说子之道""道之将行也与，命也"等句的"道"也译为учение。按照杨伯峻的注释，他的译法无可厚非。不过对于"道之将行也与，命也"句中的"道"存在不同看法，如李泽厚就认为此句中"道"指的是道义。从这个角度来看，柏百福的译法有待商榷。其他几位译者仍采用相对固定的译法，此不赘述。

表3　"不以其道得之，不处也。"（《论语·里仁》）

П. С. Попов	Но благородный муж ими не пользуется，если они достались незаконным путем.
В. А. Кривцов	Если не руководствоваться правильными принципами，их не получишь.
И. И. Семененко	… если они нажиты нечестно，благородный муж от них отказывается.
Л. С. Переломов	Если не установить им Дао-Путь для достижения этого，то они этого и не достигнут.
А. Е. Лукьянов	Нечестно наживешь их-не удержишь.
А. С. Мартынов	Но если не следовоть надлежащим Путем，то их получить невозможно.

原文为"富与贵，是人之所欲也；不以其道得之，不处也"，反映了孔子对待富贵和贫贱的态度。追求富贵、摆脱贫贱是人的本能追求，但孔子认为，如果"不以其道得之"，则宁可处于贫贱之中。柏百福和克里夫佐夫对"道"的翻译比较具体，柏百福译为незаконный путь（非法手段），克里夫佐夫译为правильные принципы（正确的原则）。需要指出的是，克里夫佐夫把"不以其道得之，不处也"译为"Если не руководствоваться правильными принципами，их не получишь"，即"如果不遵循正确的原则，则得不到富贵"。其实这里指的不是得不得到的问题，而是即便得到，如果手段和途径不正当，君子也不会去享受富贵。马尔德诺夫的译文和克里夫佐夫比较相似。西门诺科和卢基扬诺夫把"道"译为нечестно（不正当），比较符合原文含义，不过卢基扬诺夫把"不处也"译为не удержить（不持久、留不住），和原意有一定的出入。贝列罗莫夫仍采用音译加意译的方式将"道"译为Дао-Путь，保留"道"在译文中的统一性。

（2）指"合理的行为"之义的"道"，在《论语》中共出现2次，如"三年无改于父之道，可谓孝矣"（《论语·学而》）。"道——有时候是一般意义的名词，无论好坏、善恶都可以叫做道。但更多时候是积极意义的名词，表示善的好的东西。这里应该这样看，所以译为'合理部分'。"① 俄译者对"三年无改于父之道"的翻译如下：

П. С. Попов	… и в течение трех лет не изменяет порядков, заведенных отцом…
В. М. Алексеев	… и три года не изменяй путям отца…
В. А. Кривцов	… и в течение трех лет не изменять порядков, заведенных отцом…
И. И. Семененко	… и неменяет его Путь в течение трех лет.
Л. С. Переломов	Если он в течение трех лет не сошел с Дао-Пути отца.
А. Е. Лукьянов	Три года ничего не меняй в Дао отца.
А. С. Мартынов	Не следует ничего менять в Пути отца в течение трех лет.

在儒家文化中，"孝弟"为仁之本。如何做才能算"孝"，这里给出的答案是以父之行和父之志为己行和己志，甚至三年不更改。柏百福和克里夫佐夫把"道"译为 порядки（习惯、办法），将其具体化，其余译者或译为 Путь，或音译为 Дао，或译为 Дао-Путь。

（3）《论语》中，作为"道路、路途"之意义的"道"共4处。下面分别论述。"中道而废"，该句中"中道"指"半途"，对此应该没有异议。柏百福、贝列罗莫夫、卢基扬诺夫和西门诺科皆译为 на полпути（半路、中途），马尔德诺夫译为 на середине（中间），虽然和前几位译者用词不同，但意义相近，即几位译者都采用了直译的方式翻译"中道"。对"谁能出不由户？何莫由斯道也"句中的"何莫由斯道也"，柏百福的译文为"но почему же не идет по этому пути"，贝列罗莫夫译为"так почему же никто не идет по моему Дао-Пути"，卢基扬诺夫则译为"так почему же не идет по этому пути（Дао）"，西门诺科译为"Но почему не следуют этим путем"，马尔德诺夫译为"Почему же нет никого, кто бы шел таким же нормальным путем в жизни"。他们几个把"道"译为 путь，显然，这里是 путь 的本意，即道路。再看"任重而道远"

---

① 杨伯峻：《论语译注》（2版），北京：中华书局，1980年（2008重印），第7页。

句，几位译者把此处的"道"皆译为俄语的"道路"（путь）。对"道听而途说，德之弃也"句，柏百福按句子意义将"道听"直接译为 уличные（придорожные）слухи（街头流言）或 слышать на дороге（途中所闻），克里夫佐夫译为 услышанное на улице（街头所闻），马尔德诺夫译为 услышанное на дороге（路上所闻），贝列罗莫夫译为 усышанное в пути。他们都是将"道"译为俄语道路，区别仅在于所用的单词不同。西门诺科则将"道听途说"意译为 распрастранять слухи（传播流言），省略了"道"。差异最大的是卢基扬诺夫，他把"道听"译为 услышать о Дао（听闻"道"），翻译显然有误。

（4）"技艺"层面的"道"。"虽小道，必有可观者焉"，杨伯峻把"小道"译为"小技艺"。钱穆认为："小道，如农、圃、医、卜、百家众技，擅一曲之长，应一节之用者皆是。"① 可知，这里的"道"指"技艺"，柏百福直接译为 знание（学识、知识），马尔德诺夫译为 науки（知识、学识），西门诺科和卢基扬诺夫译为 путь（道），贝列罗莫夫则译为 Дао-Путь。柏百福和马尔德诺夫都是根据"道"在此处的具体含义采用了意译，其余三位译者则采用了一贯的译法——直译。

其实，《论语》中"道"除了上面提到的含义外，还有其它含义，如"真理""主张""规矩"等。对于这 3 种含义，俄译者又是如何译的呢？下面试举例说明：

子曰："朝闻道，夕死可矣。"（《论语·里仁》）

П. С. Попов	Философ сказал: Если человек поутру узнает истинный закон вещей, то вечером он может умереть без сожаления.
В. А. Кривцов	Учитель сказал: 《 Если утром познаешь правильный путь, вечером можно умереть 》.
И. И. Семененко	Учитель говорил: — Кто утром слышит о пути, тот может вечером и умереть спокойно.
Л. С. Переломов	Учитель сказал: — Если утром познаешь Дао - Путь, то вечером можешь и умирать.
А. Е. Лукьянов	Учитель сказал: — Если утром услышишь о Дао, то вечером можно и умереть.
А. С. Мартынов	Учитель сказал: 《 Услышать бы утром о Дао - Пути, тогда вечером и умереть можно.》

① 钱穆：《论语新解》，北京：生活·读书·新知三联书店，2002 年（2007 重印），第 484 页。

"朝闻道，夕死可矣"这句富含哲理的话为很多中国人熟知。这里的"道"究竟是什么意思？杨伯峻将其释为真理，实际上其内涵应该更为丰富和深邃①。柏百福把其译为 истинный закон вещей（万物的规律），克里夫佐夫译为 правильный путь（正确的道路），其余译者采取了和上面一样的较为固定的译法。值得一提的是，柏百福把"士志于道""人能弘道，非道弘人"和"君子谋道不谋食……君子忧道不忧贫"中的"道"都译为 истина（真理），这实际上缩小了"道"的涵义。

子曰："道不同，不相为谋。"（《论语·卫灵公》）

П. С. Попов	Философ сказал: Люди, идущие различными путями, не могут работать вместе.
В. А. Кривцов	учитель сказал: 《Люди с разными принципами не могут найти общего языка.》
И. И. Семененко	Учитель отметил: —Когда пути не одинаковы, не составляют вместе планов.
Л. С. Переломов	Учитель сказал: —Когда Дао-Пути расходятся, не составляют общих планов.
А. Е. Лукьянов	Учитель сказал: —Если пути (Дао) различны, не составляй совместных планов.
А. С. Мартынов	Учитель сказал: 《［Люди］, Пути которых не совпадают, никогда не смогут придти к согласию》.

时至今日，我们也常说"道不同，不相为谋"，意即主张、观念等不同，不能一起共事。柏百福将"道"译为 различные пути（不同道路），并注释如下："指的是真理与善、谬误与恶的道路。"② 即在他看来，此处的"道"是指真与伪、善与恶。克利夫佐夫译为 разные принципы（不同原则），也比较符合原文含义。贝列罗莫夫一如既往地把"道"译为 Дао-Пути，但加注道："这里说的

---

① 汉郑玄注："言将至死，不闻世之有道。"清刘宝楠注："闻道者，古先圣王君子之道，已得闻知之也。闻道而不遽死，则循习讽颂，将为德性之助。若不幸而朝闻夕死，是虽中道而废，其贤于无闻也远甚，故曰可矣。"（清刘宝楠：《论语正义》，中华书局，第146页，1990（2017重印））宋朱熹说："道者，事物当然之理。苟得闻之，则生顺死安，无复遗恨矣。"（朱熹：《四书集注》，第74页）"当然之理"究竟是什么理，他并没有说清楚。

② Попов П. С. Изречения Конфуция, учеников его и других лиц. СПб., 1910. С. 99.

是人们道德价值观的不同。"①可见，他是从伦理观上理解此处的"道"的，而其余译者则采取了既定的译法。

"道"作为"规矩"义在《论语》中仅出现 1 次，见"射不主皮，为力不同科，古之道也"。对"古之道也"，柏百福译为：Это древнее правило состязания（古代的竞赛规则），克里夫佐夫译为 это древнее правило（古代的规则），阿列克谢耶夫——это принцип дрвености（古时的规则），西门诺科——В этом заключается путь древних（古代的道路/方法），贝列罗莫夫——В этом Путь древних，卢基扬诺夫——Таково древнее Дао，马尔德诺夫译为 Это — древнее правило。整体而言，他们的译文都比较符合原义。

3. "道"的俄译小结

从上面的叙述中不难看出，俄译者对《论语》中"道"的俄译问题并未达成共识，不同的人采用了不同的翻译方法，即便是同一个译者也会根据其在具体语境中的意义而采用不同的译词。那么，他们的译法到底有哪些得与失呢？帝俄时期，人们对儒学和儒学之"道"还知之甚少，如果此时采用异化翻译法，势必会对译文读者的理解造成困难，所以当时的译者采用了非常灵活的方式翻译"道"，即根据其在不同语境中的不同含义采用相对应的俄译词。我们发现，柏百福很少使用 путь 来译"道"。据统计，他的译文中只有 7 处将 путь 作为"道"的对译词，而且这 7 处也不是全用单独的 путь，一些地方加有限定词，如把"至于道""上失其道"中的"道"译为 истинный путь（真理之道）。这说明，柏百福并未将 путь 作为"道"的对等词。苏联时期，阿列克谢耶夫和克里夫佐夫也未把 путь 作为"道"的对译词，而是采用了灵活的翻译方式。柏百福、阿列克谢耶夫和克里夫佐夫译法的优点在于方便读者的理解，不过也割裂了"道"在译文中一以贯之的用法。尽管柏百福和阿列克谢耶夫添加了大量注释，但读者依然很难从译文中知晓这么多俄语词对应的是儒学的同一个语言符号"道"，因而无法窥知"道"的丰富含义。

西门诺科把绝大部分名词"道"译为 путь，这说明他已经把 путь 作为"道"的俄语对等词。那么，путь 能否作为名词"道"的对等词呢？《说文解字》云："道，所行道也。从辵从首。一达谓之道。"② 这说明"道"最初指所行"道路"，"一达"则赋予其方向性。朱熹言："道，犹路也。人物各循其性

---

① Переломов Л. С. Конфуций :《Лунь юй》. М., 1998. С. 418.
② 许慎:《说文解字》, 天津: 天津古籍出版社, 1991 年（2005 重印）, 第 42 页。

之自然，则其日用事物之间，莫不各有当行之路，是则所谓道也。"① 后来，"道"引申为路程、方法等。俄语中，путь 有"道路；方法、途径；通道、通路；旅程、路途；（事物发展的）方向"等含义，可见它与"道"有很多相似性，这也是不少俄译者选择 путь 作为"道"的对等词的原因。不过，путь 并不能涵盖《论语》中"道"的丰富意蕴。此外，在俄语世界，путь 具有一定的宗教色彩。下面看《圣经·约翰福音书》第 14 章 4、5、6 节的内容：

14：4：А куда Я иду, вы знаете, и путь знаете. （我往哪里去，你们知道；那条路，你们也知道。）

14：5：Фома сказал Ему: Господи! не знаем, куда идёшь; и как можно знать путь? （多马对他说："主啊，我们不知道你往哪里去，怎么知道那条路呢?）

14：6：Иисус сказал ему: Я есть путь и истина и жизнь: никто не приходит к Отцу, как только через Меня. （耶稣说："我就是道路、真理、生命，若不藉着我，没有人能到父那里去。"）

Путь 与耶稣和上帝的紧密联系使它具有浓厚的宗教色彩，因此俄读者在读到 путь 时，难免会把"道"和耶稣所指的救赎之 путь 联系起来。而《论语》中所言之"道"大都指仁道，正如孟子所言"仁也者，人也，合而言之，道也"②。这与通往上帝之 путь 有很大不同。不过，为了避免这一误解，译者都会对 путь 进行解释，使其更加接近"道"的原义。

大部分情况下，马尔德诺夫把名词"道"译为 Дао-путь，一部分译为Путь，贝列罗莫夫则几乎把所有的名词之"道"译为 Дао-Путь。这种译法的优势在于既传递了"道"作为儒家文化核心术语的中国哲学色彩，又便于译文读者理解，其弊端在于读者无形中会把"道"和 Путь 等同起来。卢基扬诺夫在译文之前比较详细地论述了《论语》中"道"的内涵、特点，这有助于译文读者对"道"的整体把握和深刻理解。据统计，在他的译本中，他把 70 处的"道"直接音译为 Дао，5 处译为 путь（Дао），其余 14 处（主要是动词"道"和作为"道路"之意的"道"）则根据语境的不同采用相应的俄语对译词。卢基扬诺夫之所以选择音译，一方面是由于他尊重儒学，想竭力将儒学思想传递给俄国读者；另一方面在于随着中俄两国文化交流的深入，俄罗斯读者对儒家文化和"道"的认识不断深入和全面。现在，不少俄学者直接用 Дао（дао）来指代中国的"道"。在俄罗斯最大搜索引擎 Яндекс 上，直接输入 Дао，可以找

① 朱熹：《四书集注》，南京：凤凰出版社，2005 年（2006 重印），第 18 页。
② 杨伯峻：《孟子译注》，北京：中华书局，1960 年（2010 重印），第 305 页。

到很多相关资料,这说明"道"作为中国传统文化的核心理念和哲学标志已经进入俄语文化圈,并被广泛接受。

既然"道"已为俄文化所接受,因此我们认为在今后的俄译中最好采用音译的方法来传达这一具有中国哲学特质的术语。这样,既能较为完整地向俄语读者传递儒家文化"道"的哲学内涵,又可以让俄语读者发挥自己的主观能动性,调动已有知识探究"道"的本原意义,从而促进文化的交流和融合。

小结

《论语》中众多的术语是理解孔子学说的钥匙。因此,自《论语》俄译开始,俄译者就对书中术语的阐释和翻译倾注了很大心血。然而,术语翻译却又是最吃力不讨好的事,因为典籍中的"每一个术语都体现了中华先民对自然、社会所进行的理性思考和高度的理论概括,有着博大的思想文化蕴含"①。《论语》中的术语是孔子及其弟子们对社会、生命、政治、自然等思考的结果,反映了他们的世界观和人生观。一旦这些术语被译成俄语,来到俄罗斯文化语境中,就相当于脱离了其产生的文化根基。由于中俄文化属于两种不同的文化体系,所以《论语》中的众多术语在俄语中没有对等词。但译者的任务又要求译者必须对其翻译。于是译者往往会根据自己的理解选择自认为最为恰当的译词,从而造成原文中同一术语在译入语中有多个译词。正因如此,"义"被译为 справедливость,долг,неправное 等; "君子"被译为 благородный муж,совершенный муж,достойный человек 等; "小人"的译词更多,如 маленький человек,ничтожный человек,низкий человек,заурядный человек,недостойный человек,слуга 等; "道"被译为 истина,путь,Дао 等。此外,还有很多其他术语如"仁""礼""忠""德"等也有多个译词。其实,无论采用哪种译词,都会造成术语涵义发生一定程度的变异或流失。也许有人认为,音译相对而言造成的涵义流失会小一些,但是对于没有任何源语文化知识的译文读者而言,音译也只是一个拼音符号而已,引不起他们任何文化上的联想。况且如果译文中出现过多音译的话,会给读者造成阅读和理解上的障碍,故应谨慎地使用音译。尽管术语翻译困难重重,但译者们并不气馁,而

---

① 陈海燕:《浅析中华思想文化术语翻译中的难点》,载《中国翻译》,2015年第5期,第13页。

是各显神通，于困难之处见巧妙，尽己所能地传达其原本涵义。事实证明，在无数译者的努力下，儒学中的一些术语如"仁""礼""君子""道"等已逐渐为俄语读者所认知和理解。

第五章 俄罗斯的《论语》研究

马斯洛夫指出："您可以对普希金一无所知，也可以不读托尔斯泰的书，在此情况下您在俄罗斯完全可以成为一个成功人士。您也可以不知道柏拉图和亚里士多德辩论什么，这不妨碍您在欧洲过上富裕日子。您也可以从来没有听说过罗素，但您在美国依然能够成为百万富翁。可是，如果不理解儒学的实质，您在中国会寸步难行。"① 可见，儒学在中国人的生活中极其重要。而了解儒学，首先需要认识孔子、阅读和研究《论语》。本章主要论述俄罗斯人对孔子形象的认识、对《论语》学和《论语》思想的研究。

第一节 俄罗斯对孔子形象的认识

顾颉刚说："各时代有各时代的孔子，即在一个时代中也有种种不同的孔子呢（例如战国时的孟子和荀子所说的，宋代的朱熹和陆九渊所说的）。各时代的人，他们心中怎样想，便怎样说，孔子的人格也就跟着他们变个不歇。"② 可见，孔子形象具有变动不居的多样化特点。它在中国如此，在西方亦是如此。张荣明认为，在西方历史上，孔子主要有三种形象：第一种是"哲人"形象，利玛窦在《中国传教史》中把孔子定位为"中国最伟大的哲学家"；第二种是黑格尔认为的"智者"形象；第三种是以伏尔泰为首的法国学者塑造的"完人"形象。③ 这种划分有一定的道理，不过他所描述的西方历史上的孔子形象主要是19世纪以前的孔子形象。19世纪以后，由于清政府对外战争的节节失利以及随之而来的西方人傲慢心态的滋生，加上中国国内对孔子的厌弃，孔子被

---

① Маслов А. А. Наблюдая за китайцами. Скрытые правила поведения. М., 2010. С. 52.
② 顾颉刚：《古史辨》（第二册），上海：古籍出版社，1982年，第131页。
③ 张荣明：《孔子在中国与世界历史上的十种形象》，载《解放日报》2007年/9月/30日/第007版，第3页。

从高高在上的"圣人"之位拉了下来，沦落为批判的对象。近年来，中国和儒学文化圈国家的经济发展迅速，而此时西方国家却出现了种种危机。在这种情况下，儒学成了西方国家反观自身的一面镜子，他们试图从儒家学说中找到医治自身弊病的良药，于是孔子及其学说再次成为人们关注的焦点，西方世界也再次掀起了研究孔子思想的高潮。

一、帝俄时期：多重身份的孔子形象

从现有资料来看，俄国人对孔子及其学说的最初认识来自欧洲。我们知道，明末清初，许多来华传教的欧洲传教士发现孔子和儒学在中国人的生活中占据着非常重要的位置。为更好地传播基督教，他们开始对孔子及其学说进行学习和译介。这些译本和著作进入欧洲后，成了欧洲人认识孔子和儒学的首要来源。而当时的俄国人极力效仿欧洲，欧洲人对孔子及其学说的关注自然也引起了俄国人对孔子及其学说的兴趣，并对之进行相关研究。

欧洲那些早期来华的传教士、游客和商人"囫囵吞枣似地处理了各种从中国社会收集的资料后，用极其浮夸的言辞把孔子的信息倾倒到欧洲人的耳朵里。不难想象，这些关于孔子的溢美之词在转述的过程中并未受到丝毫减损。孔子是哲学之王，是圣人中的圣人，是有史以来最伟大的道德家和最深刻的思想家。孔子集政治家、诗人、历史学家和古编撰家于一身。自古至今所有伟大的哲人在孔子的智慧面前无不自惭形秽。孔子是世界上最伟大、最幸福、最文明之民族的最崇高、最卓越的典范"①。西方传教士对儒学的译介为欧洲文学家和诗人提供了创作素材。英国诗人蒲柏（Alexander Pope，1688-1744）根据这些材料在《不朽的名誉》（*The Temple of Fame*，1715）中把孔子塑造成一位圣人。他在诗中写道："Superior and alone. Confucius stood，Who taught that useful science，to be good"②（孔夫子超凡入圣，教导人们行善的艺术）。1761年，俄国诗人、剧作家赫拉斯科夫（М. М. Херасков，1733-1807）将《不朽的名誉》译成俄文，由此孔子走进了俄国文化。法国启蒙思想家伏尔泰在《自然法则颂》中毫不掩饰对孔子的赞美之情，认为孔子"这位伟大的中国哲人，是一个大自然的信使"。由于叶卡捷琳娜二世热衷于伏尔泰的作品，正所谓"上有所好，下必趋之"。所以，伏尔泰的《自然法则颂》问世后，很快就被译成了俄语，由此在俄

---

① Giles Lionel. The Sayings of Confucius：a New Translation of the Greater Part of the Confucian Analects. London，1907，p. 8-9.

② Maggs，Barbara Widenor. Russia and "Le Reve Chinois"：China in Eighteenth - century Russian Literature，Oxford，1984，p. 83.

国塑造了孔子的哲人形象。值得一提的是，当时有个法国人克莱克（Nikolas Ga-briel Clerc，1726-1798），他自认为是当时巴维尔（Павел Петрович）王子的老师，于是为这位俄国未来的接班人写了《从大禹到孔子：中国历史》①一书。在书中，他对比了中俄两种政治制度，指出了孔子的思想，尤其是教育方面的思想，认为俄国应该设立教育结构。当然，他也把当时的一些观念如重农思想附会到孔子身上，甚至把孔子说成一位医生。虽然克莱克对孔子的认识存在一定的错误，但是他突出了孔子的教育思想，无形中树立了孔子作为教育家的形象。

18世纪，欧洲汉学家关于儒学的著作也被不断地翻译成俄语，并为俄国文学家提供了创作灵感。1780年，柏应理的《中国哲学家孔子》被译成俄文，虽然只是节译，但也比较全面地介绍了孔子及其学说。1790年，维廖夫京翻译了钱德明的《孔子传》，并在圣彼得堡出版。钱德明的《孔子传》被译成俄文后，为当时著名诗人杰尔查文提供了创作灵感。1791年，他创作了《一个英雄的纪念碑》，用来歌颂带领军队打败土耳其人的俄国将军列普宁②。他以孔子作为该诗的开篇，写道："啊，严厉的孔子缪斯，/你总是明辨是非，公正诚实，/无论何时何地的绝不谄媚阿谀。/这缪斯，/让他弹出温柔、清脆的琴音，/并用深刻的教益触动人心。"③马格斯认为，杰尔查文这首诗中不少地方摘录或转用了钱德明《孔子传》中的语句。如钱德明写孔子抚琴而歌："不管何时，寒来暑往，春去秋来，年复一年。太阳落下又升起，水流奔腾不息……这繁华转眼成废墟。"这里表现了孔子通过歌声来感叹世事无常的情景。杰尔查文把孔子的歌词融进自己的诗句里，也发出往事不可追的感慨。不过，杰尔查文的创新之处在于，他虽然承认世上万物一去不返，然而又认为英雄的功绩可以借着传说流传下去④，存活在人们的心中。在杰尔查文这首诗里，孔子被塑造为一个哲学家、诗

---

① 该书用法文写成，书名为 Yu le Grand et Confucius. Histoire chinoise。1769 年，克莱克应邀来彼得堡。出发之前，他收到了当时彼得堡一些人的订购单，于是出版了该书，并携带大量书籍来到彼得堡。1775 年，他离开俄国时还留给彼得堡皇家科学院 80 册。虽然该书没有被译成俄语，也没在俄国出版，但却得到了俄国贵族的认可，并得以传播。

② 列普宁（Николай Васильевич Репнин，1734-1801）是叶卡捷琳娜二世时的俄国军事家和外交家，参加过两次俄土战争。

③ 原诗为 Всегда разборчива, правдива, / Нигде и никому не льстива, /О! строгого Кунгдзея Муза, /Которая его вдыхала/Играть на нежном, звонком кине /И трогать поученьем сердце! ——中文为笔者译。

④ （美）Maggs, Barbara Widenor. Russia and "Le Reve Chinois"; China in Eighteenth-century Russian Literature, Oxford, 1984, p. 84.

人兼音乐家。无独有偶，当时俄国另一位著名诗人拉季舍夫在《历史之歌》中写道："哦，孔子啊，非凡的夫子，/在风暴和诅咒中，/你的金言照耀千古。/在祖国的废墟上，/总是熠熠生辉。/千百年后，/飞上云霄，/盘旋翱翔。"[①] 在这段诗中，拉季舍夫把孔子描写成了非凡的人，他的"金言"照耀中国多年，诗人对孔子的赞美之情溢于言表。可见，孔子形象在当时俄国的文学作品中经过加工塑造，成为一种新的文化符码。孔子不仅是一位哲人，还是一位诗人和音乐家。

需要指出的是，这种情况到 18 世纪末已悄然发生变化。这是因为，随着俄国东正教使团来华传教，尤其是俄罗斯馆在北京的设立，俄国人开始直接接触中国文化。来华的这些传教士为了更好地适应中国生活，获得上层社会的认可，遂开始学习和研究儒学，翻译儒家经典。列昂季耶夫以《日讲四书解义》为底本翻译了《大学》[②] 和《中庸》[③]。在《大学》译本中，他还把康熙帝写的御序译成俄语。在译序和注释中，列昂季耶夫表现出了对孔子的尊敬。在译序中，他对《大学》的宗旨做了概括："《大学》篇包含远古帝王和公侯的传统，借此传统他们恢复了学问和律法。在《大学》中鲜明地体现了孔子的等级和秩序观念。"[④] 可以看出，"在他的心目中，孔子以大学和中庸之道教导君主和人民，是位充满睿智的哲人"[⑤]。列昂季耶夫的翻译让俄国读者摆脱了借助欧洲人的作品认识孔子的道路，也摆脱了从俄国文学家的作品中认识经过加工后的孔子的途径，从而对孔子形象的认识变得更加直观，对孔子思想的认识也变得更为直接。

到 19 世纪，随着中俄两国之间关系的变化、俄国汉学的发展、俄国自身需

---

① 该诗原文为"О Конфуций，о муж дивный，/Твое слово лучезарно/В среде страшной бури，браней，/На развалинах отчизны /Воссядало всегда в блеске，/И чрез целые столетьи/Во парении высоком /Возносилось и летало…"《历史之歌》写于 1802 年，出版于 1807 年。——中文为笔者译。

② 列昂季耶夫从满汉语选译了《四书解义》中的康熙皇帝御序以及《大学》，当时的标题为《四书解义，中国哲学家孔子第一书》（《Сы-шу геы，то есть четыре книги с толкованиями. Книга первая философа Конфуциуса》），1780 年，圣彼得堡帝俄科学院出版。

③ 1874 年，圣彼得堡帝俄科学院出版了列昂季耶夫译的《中庸》，当时俄文书名为《Джун-юн，то есть закон непреложный. Из преданий китайского философа Кун Дзы》。

④ Леонтьев А. Л. Сы-шу геы，Книга первая философа Конфуциуса. СПб.，1780. С. 9.

⑤ 刘亚丁：《孔子形象在俄罗斯文化中的流变》，载《东北亚外语研究》，2013 年第 2 期，第 3 页。

求以及中国自身状况的变化，俄国人对孔子形象的认识途径和态度也发生了变化。此时，他们对孔子的认知资料除来自欧洲外，主要源于国内汉学界和文学界，对孔子的态度也从原先的以赞美和褒扬为主变为肯定与否定并存、赞美与贬斥同在。这种认知的双重性使孔子形象及儒家思想在俄国呈现出一种新态势。

从肯定方面来看，俄国汉学家、部分文人高度评价孔子。比丘林虽然在《中华帝国详志》这本书中很少直接赞美孔子，但在《儒教概述》里却非常肯定儒学的教化功能。第十届传教士团成员克雷姆斯基塑造了一个极其完美的孔子形象。在他看来，孔子"富有洞察力，思维敏捷，记忆力极强。他孜孜以求，博闻强识……他把知识和美德相结合。他温和、宽宏大量、克己、忍耐、谦虚贤明、大公无私、蔑视财富、殷勤、尊重朋友、彬彬有礼、谦逊、热诚，他庄重而无丝毫的阴沉忧郁或盛气凌人，他对人体贴入微而有礼貌，所有这些都是他不变的品质"①。这种评价虽然充满溢美之词，但反映了克雷姆斯基对孔子的推崇。

瓦西里耶夫对孔子形象在俄国的塑造作用较大。在《中国文学史纲要》这本书中，瓦西里耶夫认为孔子的贡献有三：一是关注民众教育，二是学会了笔画繁复的汉字的书写方法，三是整理《诗经》。② 1884 年，他选译的《论语》出版③，该书是彼得堡大学汉语专业学生的必修课本。俄国读者可以通过阅读他的《论语》译本直接感知孔子的言行举止、生活方式、见解主张和主要思想。后来，在《东方宗教：儒、释、道》中阐释儒学时，他深入论述了自己对孔子的认识。在他看来：首先，孔子是一位冒险家。依据有三：一是孔子具备冒险家的性格特点，二是孔子深受弟子的崇拜，三是孔子像所有冒险家一样，四处碰壁、屡遭挫折。其次，孔子是中国历史上第一位人民教育家，因为他第一个开办私学。最后，孔子是一位生在乱世的中国古代史学家和哲学家④。由此可见，瓦西里耶夫对孔子作出了独特而比较全面的评价。他的努力，让俄国人对孔子形象的认识超越了概括性或抽象性层面，使孔子形象变得更真实可感。

继瓦西里耶夫之后，格奥尔吉耶夫斯基对孔子形象在俄罗斯的塑造做出了重大贡献。他高度赞美孔子，认为童年时期的孔子"是一位值得夸奖的有礼貌

① Крымский К. Г. Изложение сущности конфуцианского учения. Пекин, 1913. С. 6.
② （俄）瓦西里耶夫：《中国文学史纲要》，阎国栋 译，（俄）罗流沙 校，北京：中央编译出版社，2016，第50页。
③ 当时刊登在《汉语文选第 2 卷释读》（《Примечания на второй выпуск китайской хрестоматии》）上。
④ 赵春梅：《瓦西里耶夫与中国》，北京：学苑出版社，2007 年，第 110-111 页。

的孩子"，"成年后的孔子是一位拥护传统的哲学家"，"任职时的孔子是一位拥有一切美好品质的官员：慎重、忠诚、不知疲倦以及和蔼等"。总之，孔子是一位"伟大的教育家、积极的思想家"，拥有赢取"周围人尊重的一切必备品质"，是一位"风俗改革家和哲学家"，是一位"具有守旧和保守特质的革新家"，而且"开创了中国生活的原则"。后来，格奥尔吉耶夫斯基进一步指出"孔子哲学是中国各方面进步的动力"①。这种正面评价，提升了孔子形象及儒家思想在俄国的影响。

从否定方面来看，到了 19 世纪尤其是 19 世纪下半叶，在西方坚船利炮的轰击下，清政府被迫签订了一系列丧权辱国的条约，中国随之沦陷为一个半殖民地半封建国家。西方列强从战胜的喜悦中滋生出强烈的"优越感"，他们开始傲慢地看待中国和中国文化。在此背景下，一些俄国人不再把中国当作理想的奇异国度，而是认为中国处于腐朽堕落的边缘。"中国制度成了停滞不前、贫穷积弱的代名词"，"'中国性''中国制度'成了停滞、统治不力、贪污受贿甚至骄傲自大和吹捧权术的同义词。"② 就连别林斯基（В. Г. Белинский，1811-1848）这位备受中国人推崇的批评大家，对中国的评价并不高。他在为比丘林的《非宗教和道德方面的中国》写的书评中写道，比丘林"对他喜爱的中国人做了有利的沉默或温和的处理，把中国理想化了"。别林斯基认为，"中国——一个停滞的国家，这就是解开所有谜底的钥匙"③。赫尔岑（А. И. Герцен，1812-1870）认为，中国是"社会停滞的象征，这里的历史和发展都已停止"④。俄国旅行家普尔热瓦尔斯基（Н. М. Прежевальский，1839-1888）也说："在中国没有找到任何让他受到鼓舞的地方……中国和中华文明都处于一种停滞和腐朽的状态之中。"⑤ 在此情况下，不少俄国学者认为造成中国落后、屡弱状况的主要原因在于儒学，儒学的创始人孔子也自然而然地走下圣哲的神坛，成为被批判的对象。索洛维约夫（В. С. Соловьев，1853-1900）在《中国与欧洲》一书中认为，世界的进步不需要中国文化，中国文化没有产生有益于人类的精神成果，中国文明唯一的成就是建立了严格的社会秩序，而这也正是中国危险

---

① Георгиевский С. М. Принципы жизни Китая. СПб., 1888. С. 280-300.

② Лукин. А. Образ Китая в России（до 1917 года）// Проблемы Дальнего Востока, 1998. №5. С. 132-133.

③ 李逸津：《19~20 世纪俄罗斯文学文本中中国概念内涵的演变》，载《天津师范大学学报》，2001 年第 3 期，第 55 页。

④ Лукин А. Образ Китая в России（до 1917 года）// Проблемы Дальнего Востока, 1998. №5. Є. 135.

⑤ Там же. С. 133.

的地方。考察孔子学说后，他认为，孔子非常崇拜他之前的文化、圣贤，而且崇拜祖先，孔子学说中的"孝"正是这种崇拜的日常体现。孔子总是向往古代，而不是放眼于未来，他认为过去的时代是美好的，并努力将其延续下来，传给后代，这就造成了中国思想上的保守①。在索洛维约夫看来，孔子是位保守者，孔子学说也充满了保守性，这种保守性在一定程度上造成了中国的落后。梅列日科夫斯基（Д. С. Мережковский，1865-1941）认为，中国的精神基础、老子和孔子的学说完全是实证主义，是没有上帝的宗教。中国人对"彼岸世界"没有任何神秘感，没有任何深入研究，也没有任何向往。"一切都很简单也很平庸。牢固的思想、不可动摇的现状，有什么就是什么，除此之外，再无其他，也无须其他。"② 可见，孔子成了部分俄国学者否定与贬斥的对象。无疑，这些评价失之偏颇，主要原因是他们并未真正了解孔子学说的内涵。

经过 19 世纪东西方各种思潮的冲突与洗礼，俄国思想界变得多元而包容。与之相应，俄国汉学家对孔子及儒学的认知也越来越深入。俄国人更愿意接受孔子，也更愿意以客观积极的态度接受他的思想。这与俄国逐渐开放的社会环境分不开，也与汉学家的努力分不开。20 世纪初期（1917 年之前），柏百福和阿列克谢耶夫对孔子形象的塑造贡献突出。

柏百福在《论语》译序中指出，《论语》是"塑造伟大的中国智者的唯一资料来源"③。所以，《论语》全译本的出版为当时俄国人对孔子的认识提供了更多的材料支撑。柏百福"对中国文化和历史兴趣浓厚，对中国古代圣贤著作充满敬意"④。在《论语》译文正文前，他写了《孔子传》，介绍孔子的生平事迹。从《孔子传》的内容来看，他依据的材料主要来源于《史记·孔子世家》⑤。他在《孔子传》中对孔子的生平进行了简单记述：孩童时的孔子并没有什么特别之处，只能说他爱玩，爱礼仪；成年后的孔子到处奔波求官，然而未

---

① Соловьев В. С. Китай и Европа//Собрание сочинений（1886 - 1894）. Т. 6. СПб., 1914. С. 115-150.

② Лукин А. Образ Китая в России（до 1917 года）// Проблемы Дальнего Востока, 1998, №5. С. 138.

③ Попов П. С. Изречения Конфуция, учеников его и других лиц. СПб., 1910. С. Ⅰ.

④ 阎国栋：《俄国汉学史（迄于 1917 年）》，北京：人民出版社，2006 年，第 465-466 页。

⑤ 其中，孔子对老子的评价"鸟，吾知其能飞；鱼，吾知其能游；兽，吾知其能走。走者可以为罔，游者可以为纶，飞者可以为矰。至于龙，吾不能知，其乘风云而上天。吾今日见老子，其犹龙邪！"来自《史记·老子韩非列传第三》。还有部分材料来自当时日本出版的一部有关中国历史的书籍。

能如愿；经过多年的奔波，老年的孔子疲惫不堪、伤心至极，开始编书。关于孔子的去世，柏百福写的颇具传奇色彩，说在孔子去世前两年，在一次狩猎中捕捉到一只麒麟，这只麒麟正是在孔子出生不久前他母亲遇到的那只麒麟，因为当时孔子的母亲在麒麟角上系了根彩带。孔子看到这只麒麟后，非常悲伤，知道自己大限不远，遂绝笔于《春秋》。① 柏百福称孔子为哲学家（философ）、智者（мудрец），充分体现了他对孔子的认可。柏百福的《论语》《孟子》译文由正文、解词、注释组成，其中注释部分既有他本人的见解，还有中国古代注疏家的注疏。这样，孔子的生平、观点等在他的译文中得到了较为全面的再现。可以说，《孔子传》和《论语》《孟子》译文中的孔子形象相互印证、补充，从而将孔子形象变得更为丰满和立体。

与之相比，阿列克谢耶夫对孔子形象的描绘较为直观而全面。1907 年，他随沙畹的考察团一起游历了中国华北地区。在行途中，阿列克谢耶夫不断思考中国文化的特点及中国未来的命运，并把所见所闻与自己的思考写在日记中，最终形成游记《1907 年中国纪行》。"这本游记以其严谨的科学研究精神和深厚通达的文化理解力见证了中华帝国古老文明的过去与现在，以其超前的东西方文明平等观念解构了欧洲中心主义以及东方主义，实乃 20 世纪以来东方学中一部罕见的卓越之作。"② 在游记中，他高度赞扬中国文化，认为"中国文化是独一无二、自成特点的人类思维体系"，研究中国文化让他感到"新生"③。尽管在该书中他没有系统地论述儒家思想和刻画孔子形象，但有关儒学和孔子的描述却贯穿于整个游记之中，比如儒释道三教合一的庙宇中儒家代表的塑像的安放位置、中国百姓言行中所体现的儒家文化、中国人对孔子的评价以及作者自己对儒学和孔子的见解等。尤为重要的是，阿列克谢耶夫在"游历山东"部分描写了孔林、孔庙，展现了中国人对孔子的尊敬和崇拜之情。他高度评价孔子，认为"孔子将古代圣贤帝王的遗训传给后代，自己也成了后代眼中的君子，即

---

① 其实，柏百福关于孔子去世的描述是根据《春秋公羊传》中孔子泣麟的故事编写的。据《公羊传》记载，鲁哀公十四年（公元前 481 年），鲁国贵族叔孙氏的一个仆从猎获了一头野兽，孔子闻讯去看，说叫作麟，但已死。见此情景，孔子便说"孰为来哉！孰为来哉！"并痛哭道："吾道穷矣"，随辍笔于《春秋》。相传，孔子在出生之前和去世之前都出现了麒麟，但它们是否为同一只麒麟，不得而知。柏百福把它们说成是同一只麒麟，无疑更是增添了孔子的不同寻常性。

② 刘燕：《他者之镜：〈1907 年中国纪行〉中的中国形象》，载《外国文学》2008 年第 6 期，第 37 页。

③ （俄）瓦·米·阿列克谢耶夫：《1907 年中国纪行》，阎国栋译，昆明：云南人民出版社，2016 年版，第 231—232 页。

'至圣''万世师表'"①。当然，他对孔子不只是一味地肯定，也指出了他的缺
点，如指出孔子对《尚书》的简化导致部分史料的丧失。总体来看，阿列克谢
耶夫在《1907 年中国纪行》中塑造了一个更加丰满、立体且直观的孔子形象。

　　通过对孔子形象在帝俄时期建构过程的梳理，我们不难发现，当时人们对
孔子形象的认知经历了从最初的狂热赞美到赞美与蔑视并存，再到逐渐归于理
性客观的过程。之所以发生这种变化，一方面与帝俄自身的文化需求或自我形
象的建构密切相关；另一方面与中国当时的国情有关，同时也与俄国人对孔子
的认识程度相关。彼得大帝的西化改革让西方成为俄国学习的榜样，加上当时
俄国缺乏对孔子的研究，所以欧洲人对孔子的尊崇自然引起了俄国人对孔子的
高度赞美。19 世纪下半叶，俄国开始重新审视自己的民族价值。与之相反，清
政府却非常无能，致使中国处于被侵略的境况之中。在此情况下，俄国出现了
贬斥中国文化的西欧者和认同中国文化的汉学家，这两种人对孔子持相反的评
价。20 世纪初，随着对儒学和孔子认识的加深，柏百福和阿列克谢耶夫对孔子
进行了全面客观的描述，孔子形象变得真实而立体。

二、苏联时期：经历复杂的孔子形象

　　在中国，清政府的无能和列强的侵略促使国人寻找自强之路，先后进行了
维新运动、辛亥革命、五四运动等一系列运动。在一系列事件的冲击下，使得
原本在清末就逐渐衰落的儒学更是招致不少人的质疑，一系列儒家经典褪去神
圣的光环，孔子也被拉下神坛，成为部分人痛斥的对象。19 世纪末 20 世纪初，
在欧洲中心观、俄国国内发展需求及中国当时现状等多种因素的影响下，俄国
人对中国的评价呈现出多元化的特点。总的说来，当时俄国对中国的认识主要
分为以下三种：一是把中国同西欧对立起来。这种认识又分为两派：一派认为
西方文明发达，而中国却停滞不前，中国文明对世界没有作出任何贡献，代表
人物为恰达耶夫（П. Я. Чаадаев）、索洛维约夫和普尔热瓦尔斯基等；另一派
在承认西方文明是高级文明、西方文化优于其他文化的同时，也承认中国文化
取得的巨大成就，并坚信其在未来具有无限的可能性，代表人物为门捷列夫
（Д. И. Менделеев）和马尔顿斯（Ф. Ф. Мартенс）。二是反对将中西方对立起
来。一些汉学家认为，中国只是在一些方面（如科技）落后于西方，但在文化、
制度、道德哲学等方面却远远高于西方，代表人物为瓦西里耶夫和格奥尔吉耶

---

　　① （俄）瓦·米·阿列克谢耶夫：《1907 年中国纪行》，阎国栋译，昆明：云南人民出版
　　社，2016 年版，第 64、90、93 页。

夫斯基等。三是坚持文明多样化。一些学者认为，每种文明都有自身的独特性，中国文明绝不逊色于西方文明，而是同西方文明一道为人类做出了自己的贡献，代表人物是丹尼列夫斯基（Н. Я Данилевский）、乌赫托姆斯基（Э. Э Ухтомский）等。阿列克谢耶夫在 1907 年游历中国之后，对中国文化和中国人的热情友善赞赏有加，认为中国文化是一幅"壮丽画卷"，他"愿意遵循最大限度和最好的研究中国文化的原则，成为一位文化汉学家"，并在未来"展示并宣传那个巨大而美丽的陌生世界"①。他认为，之前的俄译者歪曲了《论语》，没有准确传达儒学的内容和精髓，所以决心重译《论语》。然而受苏联内部意识形态政治化的影响，他只翻译了前三篇。即便这样，阿列克谢耶夫仍遭到了严厉的打压，有人在《马克思主义问题》（1932 年第 3 期）杂志上称他为"孔子学说的拥护者"，还列举了他的其他"罪状"。但外在的压力并不能阻止阿列克谢耶夫内心对孔子和儒学的推崇。在他看来，孔子本人要比孔子"自己的言论有趣味和有意义得多"，孔子是"古代真理的代表，是教'文'的老师"。②在众多的《论语》俄译者中，阿列克谢耶夫把《论语》里"子曰"中的"子"译为"он（他）"，这样"子曰"就译为 он сказал，但其他人的话如"有子曰""曾子曰"中的人名则采用音译的方式翻译。他解释说，之所以把孔子译为 он，是因为在中国古代，"'子'是对男子的通称，在孔子时用来称呼尊师，与此同时，'子'是第三人称代词"③。因此，选用这个含有尊敬意味的 он 来翻译孔子最能传达出原文对孔子的尊敬。阿列克谢耶夫的认识是否正确呢？北宋邢昺对《论语》中"子"的注疏是："子者，古人称师曰子……后人称其先师之言，则以子冠氏上，所以明其为师也，子公羊子，子沈子之类是也。若非己师而称他有德者，则不以子冠氏上，直言某子，若高子、孟子之类是也。"钱穆注释为"或说'子，男子之通称。'或说，'五等爵名。'春秋以后，执政之卿亦称子，其后匹夫为学者所宗亦称子，孔子、墨子是也"。④《论语》中，"子曰"中的"子"皆指孔子。因此，阿列克谢耶夫把"子"译为 он，一方面反映了他竭力遵守"子"之古义的意愿，另一方面也反映了他对孔子的尊敬。阿列克谢耶夫认为，瓦西里耶夫、柏百福等人的《论语》译本把孔子变成了一个枯燥的说教

---

① （俄）阿列克谢耶夫：《1907 年中国纪行》，阎国栋 译，昆明：云南人民出版社，2016 年，第 232 页。

② Алексеев В. М. Труды по китайской литературе. Кн. 1. М., 2002. С. 11–13.

③ Там же. С. 162.

④ 钱穆：《论语新解》，北京：生活·读书·新知三联书店，2002 年（2007 重印），第 3 页。

者。但由于他在译本中全部翻译了朱熹对《论语》的注释，而朱熹非常敬仰孔子，说"天不生仲尼，万古如长夜"。所以他《论语》译本中的孔子不仅是一位教育家、伦理家、哲学家，还是一位光芒四射的圣人。

苏联时期，孔子研究遭遇了由冷落到批判再到被重视的变化。苏联成立之初，虽然十月革命取得了胜利，但第一次世界大战和国内持续进行的战争导致了物资极度匮乏，这给科研机构的经费和学者的生活带来了很大困扰。同时，由于战争，导致汉学人才严重不足。"在广袤的俄罗斯甚至找不到五个能够负责任地翻译中国文学作品的人，而想要了解中国的俄罗斯读者……却没有相应的俄语版本。浩瀚中国文学的伟大对俄罗斯读者而言却仍然是未知的……"① 除物资匮乏和汉学人才短缺外，苏联内部的研究导向也使得儒学研究备受冷落。苏联成立后，马克思列宁主义成为国家的主导思想，汉学家原有的研究对象发生改变，典籍研究退出中心地位，中国革命的现实问题则成为研究的重点。1936-1938 年，在苏联发生的政治镇压中，不少优秀汉学家被扣上各种反苏维埃的罪名。"1936-1937 年，大部分俄罗斯著名东方学家都受到了莫须有的控诉，被指控煽动反苏，给邻国当间谍（尤其是日本）"②，结果一些汉学家被迫害致死，导致汉学人才更加不足。而接下来发生的第二次世界大战又损失了一批汉学家，"在卫国战争期间，苏联科学院东方学研究所约三分之一的工作人员离世，许多方面的研究被长期中断，一些档案和藏书遗失"③。概言之，上述各种原因造成了相当长一段时间内很少有汉学家从事儒学研究。

同时，一些苏联汉学家运用马克思主义理论中的唯物主义和唯心主义来研究中国哲学。"在中国哲学方面，苏联汉学家的主要方向是从马克思主义立场阐明许多世纪以来中国历史上的唯物主义传统。"④ 一些汉学家著有这方面的论文或著作，如彼得罗夫（А. А. Петров）的《中国哲学概论》（《Очерк философии Китая》，1940）、《王充——中国古代唯物主义者和启蒙家》（《Ван Чун-древнекитайский материалист и просветитель》，1954）。之后，杨兴顺的《中国古代唯物主义与唯心主义的斗争》（《О борьбе материализма с идеализмом в древнем Китае》，1953）和《中国哲学史的起源》（《Зарождение философии

---

① （俄）达岑申：《俄罗斯汉学史：1917-1945》，张鸿彦译，北京：北京大学出版社，2019 年，第 17 页。

② 同上，第 232 页。

③ 同上，第 281 页。

④ （苏）杨兴顺：《俄、苏汉学家中哲史研究》，韩强译，载《哲学动态》，1987 年第 11 期，第 43 页。

в Китае》，1955）等，拉杜尔-扎杜洛夫斯基（Я. Б. Радуль-Затуловский）著有
《伟大的无神论者范缜》（《Великий китайский атеист Фань Чжэнь》，1957），波
兹涅耶娃的《中国古代的无神论者、唯物主义者和辩证法者》 （《Атеисты，
материалисты，диалектики древнего Китая［VI-IV вв. до н. э.］》，1967）①。

　　还有一些研究者从阶级的角度出发，认为儒学是"反映社会统治阶层与贵
族利益的道德学说"②，与之相应，孔子是一位与人民利益作对的反动学者。
1947 年 6 月，苏联哲学界召开了对阿列克山大罗夫（Г. Ф. Александров）《西
欧哲学史》（《История западноевропейской философии》）一书的讨论会。在这
次讨论会上，孔子学说被定性为是维护统治阶级利益的反动学说，因而遭到了
猛烈抨击，孔子也因此被打入"地狱"。1956 年，茹科夫（Е. М. Жуков）主
编的《世界史》第二卷出版，在该卷书中对儒学及孔子作了如下描述："儒学是
在公元前 6-5 世纪形成的伦理-政治学说，在后来得以广泛传播。出生在鲁国的
传道者孔子（传统认为其生卒时间为公元前 551-479）被认为是其创始人。儒
生们是贵族阶层的思想家，他们致力于捍卫宗法制残余和井田制。他们为阶级
间的不平等辩护，但却对非显贵阶层人的富裕与地位提高持否定态度。根据孔
子学说，社会中的每个人都应严格的安守本分。'君君，臣臣，父父，子子'，
孔子如此说道。儒家坚持宗法制关系的不可侵犯性，并高度重视祖先崇拜。"③
此外，还有一些学者认为孔子是唯心主义的代表，如在研究《庄子》中的孔子
形象时，波兹涅耶娃有意截取孔子作为道家反面形象的片段，得出孔子是唯心
主义的结论。波兹涅耶娃对《庄子·大宗师》中"浸假而化予之左臂以为鸡，
予因以求时夜；浸假而化予之右臂以为弹，予因以求鸮炙"这段译文的注释为：
"庄子故意用夸张荒谬的语言强调他关于事物生成的朴素性的认识，它们是专门
用来反对孔子的'天意'学说的。"④

　　正是在诸多条件的制约下，以致在相当长一段时间内苏联很少有汉学家研
究《论语》。1959 年，康拉德的《论语》译本虽然出版了，但译文篇幅非常有
限，而且采取了逐字逐句的直译方法。如《论语·学而》"弟子，入则孝，出则
弟，谨而信，泛爱众，而亲仁"，他译为："Младшие братья и сыновья! Когда
вы в отцовском доме，с почтением служите своим родителям! Когда вы

---

① 1994 年再版时，书名改为了《中国智者：杨朱、列子、庄子》（《Мудрецы Китая：Ян
　 Чжу，Лецзы，Чжуанцзы》）

② Петров А. А. Очерк философии Китая. М. —Л.，1940. С. 255.

③ Жуков Е. М. и др. Всемирная история. Т. II. М.，1956. С. 465.

④ Позднеева Л. Д. Мудрецы Китая：Ян Чжу，Лецзы，Чжуанцзы. СПб，1994. С. 390.

покидаете отцовский дом，с любовью заботитесь о младших членах семьи！Будьте немногоречивы и правдивы！Любите всех，будьте привержены к своему человеческому началу！""弟子"被译为"младшие братья и сыновья（弟弟和儿子）"，"而亲仁"译为"будьте привержены к своему человеческому началу（忠实自己的仁端）"。一些地方甚至直译到硬译或错译的地步，如《论语·先进》篇"以吾一日长乎尔，毋吾以也"句，康拉德译为"Я старше вас всего на один день. Поэтому не стесняйтесь меня"，义为"我只比你们大一天，所以在我面前不必拘束"。杨伯峻对该句的译文为"因为我比你们年纪都大，［老了，］没人用我了"①，李泽厚译为"我不过大你们几岁，不要顾虑我是老师"②，如果按照李泽厚的解释，那么康拉德对"毋吾以也"的译文是正确的，但是把"以吾一日长乎尔"译为"Я старше вас всего на один день"则显然是错误的。康拉德认为，《论语》是一部文学作品③，主人公是孔子，主题是孔子学说，题材（情节）是孔子生平，结构上有开头和结尾。如此一来，孔子就成了《论语》这部作品的主人公，因此孔子形象也就有了虚构或杜撰的成分，人们很难根据《论语》来还原或认识孔子的本来面目。虽然波兹涅耶娃的《论语》在1963年问世，但她的译文总共占《东方古代文选》中的一页，可以说翻译章节非常有限，读者从她的译文中很难认识孔子形象。1972年，克里夫佐夫的《论语》译本出版。虽然他的译本只翻译了大约一半的章节，但从他的译文中，读者还是可以对孔子有一定的认识。不过由于他的译文结构单一，注释又少，所以读者从他的译文中得到的孔子形象不是特别全面。

　　20世纪80年代后，中苏关系逐步正常。苏联内部逐渐淡化了从政治斗争的需要来确定哲学研究的观念，而中国也开始对包括孔子学说在内的传统文化进行冷静思考。在这种状况下，苏联研究孔子及其学说的汉学家不断增加，如杰柳欣、西门诺科、卢基扬诺夫、贝列罗莫夫等学者加入了对孔子的研究。他们不再简单地运用唯物或唯心等观点对中国古代哲学进行粗暴的定性，认为应该抛弃研究中那些有明显倾向性的阐释，那样做的结果只会歪曲中国古代哲学的内涵。杰柳欣认为，长期以来，人们对孔子的认识存在两种截然不同的观点：一种观点认为孔子是"顽固的落后分子、愚蠢的保守者、专制统治的拥护者"；另一种观点认为孔子是"进步的革命者、传统的动摇者，是民主人士和人民利

---

① 杨伯峻：《论语译注》（2 版），北京：中华书局，1980 年（2008 重印），第 120 页。
② 李泽厚：《论语今译》，北京：世界图书出版有限公司北京分公司，2019 年，第 207 页。
③ Конрад Н. И. Синология. М.，1995. С. 429–433.

益的保护者"。①由此可知，当时人们主要是从阶级的立场评价孔子。杰柳欣指出，造成这种现象的原因除研究者自身政治立场的不同外，重要的原因在于孔子学说的不系统性。但无论如何，杰柳欣认为，从孔子学说中找到其阶级立场是缺乏依据的，因为尽管"孔子、孔子弟子以及追随者们是人民权益的代言人，但这并不妨碍中国社会的统治阶级滥用孔子的威望为自己谋利"②。也就是说，在杰柳欣看来，孔子的出发点是维护人民的利益，但是统治者却有选择性地对其加以运用，有意突出那些对自身统治有益的章句和思想，从而达到维护自身统治的目的。

　　1981年，贝列罗莫夫在《中国政治史上的儒家与法家》一书中对孔子生平进行了比较详细的介绍。贝列罗莫夫对孔子的名字及其外译进行论述，指出欧洲最早在17世纪就知道孔子，当时孔子在中国被尊称为孔夫子（Кун Фу цзы，意即孔老师或孔先生），不过由于早期传教士翻译的不准确，结果"夫子"永远地丢失了。中国人根据他的姓将其称为孔子，在批林批孔运动时，孔子又有了一个新的称呼"孔老二"（старикашка Кун）。孔子出生时被称为丘，后又有了第二个名字（字）仲尼。贝列罗莫夫根据司马迁《史记·孔子世家》和《论语》记载，对孔子家庭背景、政治抱负、开办私学等生平遭遇进行了论述，此外还对孔子生活的历史背景进行了描述。贝列罗莫夫为读者刻画了一位出生在乱世但忧国忧民、试图救民于水火的政治家孔子形象，一位在政治上屡遭挫折但仍不放弃自己理想转而投身教育事业的教育家形象。

　　西门诺科对孔子的评价比较全面。他认为，若想客观地评价孔子，必须深入研究孔子生活的历史背景。他指出，孔子既有自身伟大的一面，同时也有自身的缺点，但整体而言，"孔子是中国伟大的智者"，孔子的学说不仅在中国产生了深远影响，而且对中世纪的日本、朝鲜、越南影响巨大。不仅如此，孔子的名字还参加了欧洲启蒙运动的思想论战，自此他的名字进入西方文化，并成为其组成部分。尽管人们对孔子的研究浩如烟海，但却不是从整体上把握孔子，而大都拘囿于细节。他决定不再像之前的研究者那样，把孔子简单地划分为"政治家、伦理学家、学者、老师和哲学家"，因为这种研究方法会导致孔子形象的"现代化"：孔子是"一个有魅力的人、温和的人、幽默的人，是一个有艺术气质的人……"他还把孔子放到世界伟人的整体背景下进行研究，如与古希

① Делюсин Л. П. Предисловие // Конфуцианство в Китае：проблемы теории и практики. М.，1982. С. 4.

② Там же. С. 9.

腊哲学家苏格拉底、宗教领袖基督耶稣进行比较，指出孔子和苏格拉底、耶稣的相似之处以及不同之处。西门诺科认为，孔子其实是一个内心特别矛盾的人，他一会儿觉得自己是个普通人，一会儿又认为自己具有超自然能力；有时他极端自信，有时又会陷入深深的绝望之中。其实，孔子一直认为自己是人与上天以及不同利益团体之间的调和者。① 但无论如何，孔子是一位"预言家、先师和智者"，他在自己的学说里提出了一些"永恒的问题"，如人生的意义、人在世界中的地位、善与恶等等。② 为再现孔子忧国忧民的强烈情怀，西门诺科决定采用诗的形式翻译《论语》，因为只有诗才能有力地再现孔子的情感。因此，在他的译文中，孔子俨然是一位具有诗人气质的哲学家、政治家。他的论述给俄语读者展示了一个与众不同的孔子形象，在一定程度上改变了俄语世界的人们对孔子的认识。

综上所述，孔子在苏联时期的命运经历了三个主要阶段：冷落、否定和肯定。也就是说，在 20 世纪 80 年代前的一段时间内，孔子经历了冷落与被否定的阶段。20 世纪 80 年代后，受多种因素的影响，孔子再次走入苏联读者的视野，人们开始用较为客观的态度认识孔子，初步承认孔子为人类历史的进步做出了巨大贡献。

三、当代俄罗斯：广受认同的孔子形象

20 世纪 90 年代后，中国和儒家文化圈经济发展迅速。不少俄罗斯人认为，这些国家经济的快速发展与政府运用孔子学说有很大关系。"专家们普遍认为：尽管 20 世纪 90 年代末亚洲国家发生了金融危机，但坚信 21 世纪将是亚太地区的世纪，它的中心将是儒家文化圈。这样，俄罗斯面临着一个重大的政治问题：如何选择有效的和这些国家进行外交的策略。由于内外政治策略运用不当，俄罗斯已经蒙受了巨大的损失"，但"儒学却正逐渐转化为物质力量，俄罗斯不得不考虑这一事实"。③ 在此背景下，俄罗斯的汉学家、执政者和精英人士等对孔子及其学说的关注度不断加大。一批优秀的汉学家如西门诺科、贝列罗莫夫、卢基扬诺夫、马尔德诺夫等出版了大量研究孔子及其学说的作品。

1995 年，西门诺科的《论语》全译本出版。他在译本之前的"孔子之谜"④ 中指出，俄语 Конфуций 来自拉丁语，意思是"Учитель Кун（孔老

① Семененко И. И. Афоризмы Конфуция. М., 1987. С. 5-34.
② Там же. С. 254.
③ Переломов Л. С. Конфуций《Лунь юй》. М., 1998. С. 8-9.
④ Семененко И. И. Я верю в древность. М., 1995. С. 9-44. .

师）"。孔子试图为统治者服务，却屡遭不解甚至困厄，但正是在周游列国之际，他名声大振，并广招门徒。在公元前 479 年去世后，他创建的学说成为两千多年来中华帝国的主要思想。孔子之谜在于孔子的生平和学说都具有离奇性，在它们之中存在着许多看似简单但同时又让人觉得神秘和深邃的地方。西门诺科把孔子的一生分为 4 个阶段：第一阶段为出生之日到 50 岁，第二阶段为 50-56 岁，第三阶段为 56-70 阶段，第四阶段是 70 岁到离世。不排除流传至今的有关孔子的信息具有假象性，因为根据这些信息很难想象孔子具体的一生是什么样子的。很可能，孔子本人也给自己的生命增添了一些特殊的色彩。总之，他的形象在很多情况下具有程式化的特点，但同时又具有矛盾性和独特性。接下来西门诺科对孔子形象的矛盾性和独特性进行了分析，在这些分析中读者可以对孔子及其主张有着比较清晰的认识。最后，西门诺科得出的结论是"孔子是先师，是政治家、道德学家，但与此同时他又觉得自己非同寻常"，但无论如何不能认为孔子"是一位庸俗的高谈阔论者"①。西门诺科为读者塑造了一个独特的、自命不凡的带有神秘性的孔子形象。

1998 年，贝列罗莫夫在《孔子·论语》第一部分"孔子"中对孔子的生平、孔子学说的内容及孔子学说的命运进行了论述。贝列罗莫夫认为，"在人类文明史上，孔子是和基督耶稣、佛祖和穆罕默德并驾齐驱的人物"，当然，这是从孔子对人类文明的发展所作出的贡献而言。实质上，孔子与那些宗教领袖有很多不同之处，其中最大的不同在于孔子没有把自己神化，也没有把自己的话语神化。基督教、犹太教等众多宗教领袖把"自己的话作为神的话，即神是通过他们的口而言的"，而孔子从未打过神的旗号，他的话语"是自己创造的话语，是尘世间的话语，这些话语主要记录在《论语》中"。② 同时，贝列罗莫夫在译本序言中对孔子的政治主张进行了大量论述，在这些文字中，一位伟大的政治理论家和道德高尚的伦理家孔子形象跃然纸上。

卢基扬诺夫的《老子和孔子：哲学道》主要从哲学视角出发，对老子与孔子的"道"进行研究。儒家哲学认为孔子是"众多弟子的良师，是哲学家，是天下（Поднебесная）人的精神导师"。③ 孔子身份众多，但其主要身份是阐释"道"的哲学家。孔子之所以是哲学家源于他的"好学"。在希腊语中，"好学"的书写为 φιλοσοφια，该词的字面含义是"爱智慧"（любовь к мудрости）、

---

① Там же. С. 43.

② Переломов Л. С. Конфуций Луньюй. М., 1998. С. 5-8.

③ Лукьянов А. Е. Лао-Цзы и Конфуций : Философия Дао. М., 2000. С. 230.

"爱知识（求知欲）"（любовь к познанию/любознательность）及"爱科学"（любовь к науке），而这些是哲学的主要特征。在卢基扬诺夫看来，孔子是中国古代众多思想家中第一位自称是"哲学家"（философ）的人。卢基扬诺夫根据《淮南子》和《白虎通》恢复和分析了儒家学说的"道的精神原型"——五常，即德仁义礼信。在卢基扬诺夫笔下，孔子是中国第一位哲学家，是"好学"的代表与"道"的复兴者。

马良文出版了研究孔子的专著《孔子传》。书中详细描述了孔子的一生及其学说，一个更加完整丰满的孔子形象展现在读者眼前。马良文指出，尽管孔子只是留给后人一系列简单的生活经验和极其简洁的箴言，尽管孔子本人有些爱说教甚至保守的成分，但这并不妨碍孔子是中国传统文化的创始者，因为孔子"把握了中国传统的主要特征，勾勒出了儒家学说的轮廓，把风俗、道德、政治、宗教及古代中国人的社会生活融为一体，正是孔子确立了整个中华文明的风格。此外，他还开创了传统教育的先河，不仅教人知识和技能，而且还注重人的道德培养"①。所以，集智者、先师于一身的孔子将永远地存活在人们心中。该书附有马良文的《论语》译文片段，他选择翻译的片段全是"子曰"即孔子的独白，内容大都是关于个人修养以及个人行为的问题，译文非常简洁、易懂，没有任何注释。在《庄子》（《Чжуан-цзы》）这部译著中，他也论述了孔子，认为"孔子开启了人类认知的道德准则和它的超验价值，理应是中国历史上第一位哲学家。孔子的思想体系建立在人类生活的内在与外在的伦理关系之上……孔子的学说奠定了中国传统的基础。他的学说第一次把文化定义为自然生命、道德力量和忠实传统这三者的综合。他的学说第一次使人成为自己的主人，因为他为个人搭建了通往自身的桥梁。他的学说第一次以家庭美德为基础建立了社会和政府之间的和谐。与此同时，他的学说确定了中国文化的经典任务和最重要的问题之一：践命，不断地超越自我。最后，它的学说用道德责任、选择和忏悔等概念开启了人的内心世界。作为志于践命的主体，人被赋予了支持宇宙生命和谐的必需力量；进而位于世界的中心"②。马良文用诸多"第一"，塑造了孔子对中国传统文化的发展具有开创作用的创造者形象。

马尔德诺夫认为，与基督耶稣至高无上的神的地位相比，孔子一直保持着人的秉性，"在自身学说发展的过程中，在他的学说引领中华帝国精神生活的过

① Малявин В. В. Конфуций. М., 2001. С. 335.
② Малявин В. В. Чжуан-цзы. М., 2004. С. 11.

程中，孔子聪明地保持着自己作为人的特质"①。换言之，马尔德诺夫更倾向于把孔子当作一个指导中国人精神生活的伟大思想家，而不是高高在上的全知全能的神。他认为孔子是"仁"的倡导者和实践者，实现"仁"要克己复礼，要不断自我完善。孔子还是一位人道主义哲学家和政治家，有一天子贡问孔子"如有博施于民而能济众，何如？可谓仁乎？"，孔子回答"何事于仁！必也圣乎！"他认为，"孔子的话是人道主义哲学家之言。而且这位哲学家还是位务实的政治家。他清楚地知道，在任何观点和任何境遇下，主要政治话语都属于人民"②。也就是说，在孔子那里，人民始终占据主导地位，任何政治都须以人民为重。通过对孔子生平及其主张的描述，马尔德诺夫塑造了一个没有被神化的、不断追求道德完善的、以人民为重的政治哲学家形象。

通过上述分析可知，不同历史时期俄罗斯汉学家笔下的孔子形象相去甚远，即便是同一历史时期由于研究者的研究视角不同，所塑造的孔子形象也不尽相同。但是孔子在各个研究者中也存有共性，那就是教育家、思想家、伦理学家。除这些共性外，孔子还有布道者、哲学家、诗人甚至医生的身份。其实，众多研究者所塑造的孔子已经是俄国化了的孔子。造成孔子形象多样化的深层原因在于塑造者所在国家自身需求的变化，或者说俄罗斯塑造的孔子形象折射的正是俄罗斯自身的形象。因为"隐藏在异国异族形象背后的是创造者自我民族的形象，它对异国异族形象的塑造起决定作用，形象映照的是形象创造者的自我形象"③。

近年来，被搬上银幕和舞台的孔子也在俄罗斯上演。2011 年 4 月 6 日，胡玫执导、周润发等人参演的电影《孔子》在俄罗斯首都莫斯科进行首映。这部电影在俄罗斯引起了较大的反响，观众在网上对此电影的内容、演员的演技、角色的挑选等进行了各种评价。俄罗斯观众可通过影片中的场景感知孔子生活的动荡不安的历史背景，可通过演员的言行举止、音容笑貌感知孔子的喜怒哀乐，可通过各种画面感知孔子为了自己的政治理想而奔走列国时的艰辛与无奈，更可感受到他在屡遭挫折后依然通过教育和整理文献为世界的发展做出自己贡献的伟大。2019 年 12 月 3 日和 4 日，歌舞剧《孔子》在彼得堡的马林斯基歌剧院出演，并进行了全球直播。12 月 8 日和 9 日，又在莫斯科的科洛博夫新歌剧院进行演出。该剧选取了孔子周游列国的一段生命历程，由《序·问》《乱世》

---

① Мартынов А. С. Конфуцианство《Лунь юй》. Т. 1. СПб, 2001. С. 46.

② Там же. С. 85.

③ 方汉文主编：《比较文学基本原理》，苏州：苏州大学出版社，2002 年，第 118–121 页。

《绝粮》《大同》《仁殇》《尾声·乐》六个部分组成。剧中描述了孔子目睹世道艰难、君主无道、百姓困苦而却无法施展自己政治理想的无奈，但孔子并不气馁，虽独自抚琴悲歌，却对未来仍充满希望。歌舞剧《孔子》在俄罗斯的演出非常成功，展示了中国传统文化的魅力。电影和歌舞剧让孔子走出文字描述，变得生动形象且真实可感，增加了俄罗斯民众对孔子形象的感官认知。

第二节　俄罗斯《论语》学研究

据刘立志《〈论语〉学名目溯源》可知，《论语》学三个字最早出现在南宋周必大的《文忠集》卷三《籍溪胡先生宪墓表》中，其原文为："原仲（胡宪之字）自言少从其从叔文定公传《论语》学，时时为予诵说，以为治道之要也。"① 不过，这里的《论语》学主要指习读《论语》，并不是现代意义上的《论语》学。1904 年，张之洞在《奏定学堂章程》提到的"论语学"指出了研究《论语》的角度与切入点，与现代学术意义上的《论语》学几乎无异，故《奏定学堂章程》是"现代学术意义'《论语》学'名目的渊源所在"②。《论语》学研究的内容很广，主要包括"对《论语》名称的由来及含义的研究，对《论语》的编纂者、结集年代、文本变迁、篇章结构、海内外注本、海外传播、社会地位及影响的研究以及《论语》名物考释、文字训诂、篇章真伪、学派风气和《论语》学发展阶段的研究等"③。在跨文化交流有限的古代，《论语》学的研究主要集中在中国国内。明朝后期，随着中国与其他国家之间跨文化交流的日益频繁，《论语》不断地被译介到国外。在中俄文化交流过程中，俄罗斯的《论语》译者（包括一些汉学家）不仅译注《论语》，而且还对《论语》的编撰者、版本变迁、成书年代、篇章结构、文字训诂、社会地位及影响、海内外注本和海外传播等进行了不同程度的研究。这些研究不仅有利于译文读者从整体上认识《论语》，而且扩大了《论语》学的研究范围，丰富了《论语》学的研究内容。一些汉学家的研究还能够为国内的《论语》学研究提供新的视角和认识。

---

① 刘立志：《〈论语〉学名目溯源》，载《江海学刊》，2005 年第 5 期，第 160 页。
② 同上。
③ 唐明贵：《论语学蠡测》，北京：中国社会科学出版社，2019 年，第 11 页。

一、帝俄时期《论语》学研究

在《东方宗教：儒、释、道》正文第一章，瓦西里耶夫对《论语》编纂的原因和作者进行了考证。他认为，孔子门人编撰《论语》的原因是儒学想扩大自己的学说范围。最重要的是《论语》这样的书阐释的空间很广，儒生们需要的任何学科如军事学、天文学、伦理学等都可以涵盖其中。《论语》的内容是孔子、有时是其弟子们的一些言论，还有他们之间的一些谈话。"没有人怀疑，书不是孔子甚至不是第一代弟子，确切地说甚至不是第二三代弟子编撰的，因为书中对孔子的一些弟子也像对孔子那样用尊称。所以，《论语》应该是孔子的再传弟子们编撰的。"① 后来，在《中国文学史纲要》中，瓦西里耶夫再次对《论语》的作者、编撰年代、版本等问题进行了论述。通过《论语》中对子路的不同评价，瓦西里耶夫认为，《论语》中弟子们的观点"反映了孔子生徒所在的不同国家所形成的各种流派之间的内部斗争。他们各自依照自己的方式解读孔子所传之书。他们的弟子则需再对所出现的问题提出自己的认识，并且每个人都极力引述孔子之言或者所属流派的观点，以便证明自己的解释是正确的"②。从这个角度而言，《论语》其实反映了儒学在当时的遭遇及其形成和发展过程。瓦西里耶夫指出，《齐论语》《鲁论语》和《古论语》是儒学内部几个流派的学术总结，比如有的重视教育，有的重视道德完善，这样在《论语》中就出现了一些章节谈论的是教育问题，一些章节谈论的是道德问题。汉朝时，人们再次对《论语》进行了合编，同时删除了一些与主流观念不符的内容，从而形成了今本《论语》。而今本《论语》编写的时间相当晚，是张禹在公元前50年左右编撰的。也就是说，在瓦西里耶夫看来，现存《论语》和孔子离世后不久所编撰的《论语》不是一本书，而是在经过无数次改编后不同思想流派之间调和的结果。

柏百福对《论语》的作者和编写年代、版本真伪、语言特点等进行了简要论述。在译本序言中他写道："就意义而言，《论语》（谈论与对话（разсуждения и разговоры），我们习惯称为孔子的箴言）在著名的中国系列经典书籍'四书'中居首要地位。书中的言论有的是孔子说的，有的是孔子弟子说的，或者是孔子同时代的人说的。这些言论主要涉及的内容是道德-政治、儒学的基本礼仪、孔子及其弟子等的观点，同时这些语录几乎是塑造伟大的中国

---

① Васильев В. П. Религии Востока: конфуцианство, буддизм и даосизм. СПб., 1873. C. 34-35.

② （俄）王西里：《中国文学史纲要：汉俄对照》，阎国栋译，北京：中央编译出版社，2016年，第108页。

智者的唯一资料来源。"①《论语》是孔子的弟子在其去世后编撰的，不过"子"即哲学家并不是孔子的专属，一些弟子也被冠以"子"，这只能说明《论语》是孔子弟子的弟子所记载的。柏百福对《论语》的语言特点予以分析，指出其简洁性和模糊性，这甚至给中国的注疏家造成了极大的困难，也给翻译带来很大的困难。柏百福还对《论语》版本进行介绍，指出在汉代存有《齐论语》和《鲁论语》，后来在孔子旧宅墙壁中又发现了《古文论语》。由于《古文论语》和《鲁论语》的内容几乎一致，这就证实了《鲁论语》的真实性，而《齐论语》很快被忘却。《论语》本是经的范围，但宋代朱熹把它编入《四书》，分为20篇。接下来，柏百福还介绍了《论语》的外译情况，如他敬重的瓦西里耶夫，还有理雅各都翻译了《论语》。

　　瓦西里耶夫和柏百福对《论语》名称的由来、成书年代、作者、版本变迁等问题的认识总体而言是正确的。《汉书·艺文志》："《论语》者，孔子应答弟子时人及弟子相与言而接闻于夫子之语也。当时弟子各有所记，夫子既卒，门人相与辑而论纂，故谓之《论语》。"② 这段话是说，《论语》是由孔子门人编纂的，其内容为"夫子之语"，因是弟子"各有所记"，故内容并不统一，结构也看似散乱。就编纂时间而言，是在孔子去世之后，即公元前4世纪左右。编纂《论语》的原因是"夫子既终，微言已绝，弟子恐离居已后，各生异见，而圣言永灭"③。不过，柏百福对《论语》名称的解释未免过于简单，认为是"разсуждения и разговоры"，刑昺对《论语》名称的注疏为："郑玄云：'仲弓、子游、子夏等撰定。论者，纶也，轮也，理也，次也，撰也。'以此书可以经纶世务，故曰纶也；圆转无穷，故曰轮也；蕴含万理，故曰理也；篇章有序，故曰次也；群贤集定，故曰撰也。郑玄《周礼》注云'答述曰语'，以此书所载皆仲尼应答弟子及时人之辞，故曰语。"由此可见，"论"的含义极其丰富，绝不是 разсуждения（议论、谈论）所能涵盖。"答述曰语"，"语"与разговоры（谈话）也相差甚远。瓦西里耶夫认为，《论语》内容不同，如有的地方讲政治，有的地方讲教育或道德等，这是不同流派关注点的不同造成的。其实，这相当于间接否定了《论语》记录孔子原始言语的真实性。刑昺认为："而在论下者，必经论撰，然后载之，以示非妄谬也。以其口相传授，故经焚书

---

① Попов. П. С. Изречения Конфуция, учеников его и других лиц. СПб., 1910. С. Ⅰ.
② （汉）班固：《汉书》，北京：中华书局，2007年（2008重印），第329页。
③ 李学勤主编：《十三经注疏·论语注疏》，北京：北京大学出版社，1999年，第2页。本段后面所引皆出自此书。

而独存也。"其实，对于《论语》是否如实记载了孔子言语这一点，学界一直存疑。由于《论语》成书于 2000 余年前，我们不能跨越时间鸿沟，一探究竟，所以目前所存的对《论语》的认识在很大程度上只是根据现存材料的推论。

二、苏联时期《论语》学研究

苏联时期，康拉德对《论语》研究相对比较深入，而且他的研究别具一格。他指出，《论语》译成俄语就是《Суждения и беседы》(《论点与对话》)①。论点主要是孔子的，部分是他的弟子的；会谈主要是他与弟子及其他人之间的会谈。《论语》主要记载了他周游列国时发生的言语行事。研究《论语》最大的困难是编纂者的问题，即谁写的。有一点肯定的是，《论语》不是孔子编纂的，因为《论语》中孔子是以第三人称出现的。《论语》是其弟子们编纂的，但究竟是谁，不清楚；什么时候写的，也不清楚。只能推测出是在公元前 400 年左右，即孔子去世 80 年后，《论语》已经存在了。当我们翻开这本书时，又出现了一个新问题：这是《论点与会谈》的记录吗？《论语》中的孔子并不是在聊天，而总是说出一些富有寓意的话语，如"巧言令色鲜矣仁""人无远虑，必有近忧"等。虽然《论语》中有很多对话，但这些对话仍然是为了凸出某种思想。所以，他认为，"某种程度上，《论语》是再创造、至少是经过加工后的作品。简言之，它是一部文学作品，有自己的主人公。这主人公就是孔子"。《论语》中孔子的形象主要是通过他自己的言语塑造的，正是通过这些言语表达了孔子的观点，甚至刻画了他的性格。《论语》不仅有自己的主人公，而且有自己的题材（情节），即主人公"多年的游历"。之所以把"多年的游历"当作题材，因为"在孔子与各色人等会面和交流的场景中，能够从不同方面勾列出孔子的面貌"。这部作品还有自己的主题，即宣扬最好的社会制度，赞美真正的人，宣扬人性，宣扬把仁作为生活、个人和社会的基础。当然，孔子号召人们向黄金时期的尧舜禹看齐。《论语》作为文学作品，有其内在结构。为了说明这一问题，他分析了《论语》的开头和结尾，指出《论语》的总主题（тема）是建立理想的人类社会。而这一社会的实现需要个人做出努力，首先是个人的自我完善，其次是社会完善。而个人的自我完善是在接受教育和追求精神文化（文）的过程中和学以致用的实践中进行的，因此《论语》开篇为"学而"并非偶然。"子曰：'学而时习之，不亦说乎？有朋自远方来，不亦乐乎？'"但是做到这些并不容易，"君子"不要奢望能够立刻得到全社会的理解和认可，故以"人不

---

① Конрад Н. И. Избранные труды. Синология. М., 1995. С. 428–433.

知而不愠，不亦君子乎?"这句话作为《论语》的开端。《论语》的结尾是:
"子曰:'不知命,无以为君子也;不知礼,无以立也;不知言,无以知人
也。'"可见,《论语》以"君子"开始,又以"君子"结尾,首尾相应。正是
基于上述原因,康拉德认为《论语》是文学作品,并把它编入自己编著的《中
国文学选》中。

《论语》是先秦散文的代表,这一点无可置疑。"《论语》是当之无愧的传
记文学祖型,是散文文学的原始形态。"① 《论语》之所以被称为文学作品,我
们认为主要原因有三:一是语言的文学性。《论语》语言简洁优美、含蓄隽永,
是不争之事实。可以说,正是其语言的优美和富含韵律性,是其被称为先秦文
学的主要原因。二是人物形象的生动性。《论语》中,孔子、孔子诸弟子及其他
相关人物都被刻画得鲜活生动,从各种对话和场景的描述中,读者可以清晰地
感知到孔子的喜怒哀乐和诸弟子的性格特点等。三是各情节结构的相对完整性。
《论语》各篇看似松散,但组合起来却完整地勾勒出了孔子及其弟子们的生活图
景。与此同时,每篇各有侧重,记述了各种事件。但在我国,还鲜有学者把
《论语》当作一个有主人公、情节故事、主题和内在结构的文学作品。诚然,我
国也有不少学者认为,《论语》的结构安排绝不是杂乱无章的,而是一个"纲举
目张、首尾一贯、次第清晰、张弛有度的精心结撰之书,甚至是'牵一发而动
全身'的'学术生命体'"②。对于《论语》的完整性,朱熹领略颇深,他认
为:"夫子教人,零零星星,说来说去,合来合去,合成一个大事物。"③ 钱穆
言之:"读《论语》,贵能逐章分读,又贵能通体合读,反复沉潜、交互相发,
而后各章之义旨,始可透悉无遗。"④ 这里,"逐章分读"说明《论语》各篇章
自身的独立性,"通体合读"则强调了《论语》篇章之间的整体性。南怀瑾也
讲到一个事情,说有些学者认为"四书"杂乱无章,为复兴文化要把"四书"
篇章重新整理一遍,结果在分了任务后的第二天他就反悔了,认为"以全部
《论语》来讲,他本身就有一贯的系统",并一再强调,"在我认为《论语》是
不可分割的,《论语》二十篇,每篇都是一篇文章……整个二十篇《论语》连

---

① 吴景和:《〈论语〉文学价值初论》,载《延边大学学报》(社会科学版),1979 年第 2
期,第 35 页。
② 刘强:《误读〈论语〉多少年》,载《名作欣赏》,2018 年第 5 期,第 113 页。
③ 转引杨义:《论语还原》,北京:中华书局,2015 年 (2016 重印),第 152 页。
④ 钱穆:《论语新解》,北京:生活·读书·新知三联书店,2002 年 (2007 重印),第
174 页。

起来，是一整篇文章"①。虽然我国不少学者也强调《论语》的完整性，但并不像康拉德那样，把《论语》当作一部纯文学作品，而更多的是从结构和思想出发，强调《论语》的整体性。

贝列罗莫夫对《论语》的结构进行了分析，他写道："初读原文时，给人的印象是缺乏系统性，孔子的名言（更像是箴言）及其与弟子间的问答杂合在一起，对话和弟子们对孔子的回忆杂糅在一起等等。每篇缺乏篇名，以每篇头两个字命名。给人的印象好像是一些日记被编纂在一起。分布在文本中的各种问题——有关人的本质和理想人物、治国方法和构建理想社会的原则、音乐、家庭关系以及政治、伦理、哲学和教育等领域的其他问题，更是强化了这种印象。但是，如果多次阅读原文，最初的无序性消失了。在我们面前逐渐呈现出作品内在的完整性。"②

贝列罗莫夫认可康拉德提出的《论语》首尾相连的见解，在表达完自己的思想后，孔子似乎应该做一些总结，但他又回到了个人自我完善这一根本问题上，借此表明这一过程永无休止。不过，贝列罗莫夫认为，应该对康拉德的见解加以补充，"《论语》不仅仅是文学作品。的确，《论语》的编纂者应该是一个经验丰富的编辑，但作为经验丰富的人，他对文本极其珍爱。《论语》的文学价值在于其语言的形象性和丰富性，在于人物性格的立体性和对其行为的评判上，这反映了当时的教育水平。春秋战国是古代中国辩论艺术的繁荣期。根据措辞的精确性可以推测出很多讨论与答语并不是即兴而发的，而是长期苦心孤诣的结果，那些讨论和答语不止一次地在众弟子和交谈者身上测试过。也不排除，摆在我们面前的是以有趣的对话、判断和回答弟子问题的形式呈现的内容丰富的孔子的讲义……长期以来，《论语》被无数人所背诵。虽然它完成了类似《圣经》的功能，但与其不同的是，每一个读小学的人，都必须一字不差地记住《论语》。《论语》的文学性有助于无数不识字的中国人对它的接受。《论语》在民族性格的塑造上起了巨大的作用"③。可以看出，贝列罗莫夫虽然承认《论语》的文学性，但主要是从其语言特点、人物形象塑造和价值评判而言的。他认为，在国民性格的塑造上，《论语》的价值远远超过了其文学性，《论语》的文学性只是便于读者接受其内容的手段。在《中国政治史上的儒家与法家》中，

---

① 南怀瑾：《论语别裁》，上海：复旦大学出版社，1990 年，第 5-9 页。

② Переломов Л. С. Конфуцианство и легизм в политической истории Китая. М., 1981. С. 65.

③ Там же. С. 66.

贝列罗莫夫对《论语》的编撰者、版本变迁、成书年代及其经典化等问题也进行了论述。

西门诺科认为，康拉德对《论语》的认识剥夺了人们根据《论语》还原孔子面貌的可能性。西门诺科承认《论语》的文学性，所以在 1987 年的《论语》译本中，他采取诗歌的形式翻译《论语》。这使他的译本文采斐然，语言简洁明快，可读性很强。在后来的重译本中，西门诺科仍突出了《论语》的文学性和韵律性，力求传达原文的形式美和语言美。尽管如此，他认为《论语》的文学性与其外在结构没有关系，"如果认真分析孔子的箴言，就会得出这样的结论：《论语》自身的文学性源于孔子学说的原始精神，与此相应的是人的命运被视为才华横溢的大师作品的主题。而这个作品的创作者就是孔子"①。也就是说，《论语》的文学性在于其研究的对象和孔子自身的才华，这才使得《论语》内容深邃，语言隽永。西门诺科强调，无论如何不能够夸大《论语》的文学性，因为这毕竟是相当不成熟的作品，其明显表现在于论述的不连贯性及重复性。《论语》给人的印象是，它的编撰者利用自身拥有的原始材料，赋予其文学形式。当然，也可以根据众多外在"拼接的"文本来揭示出其外在的逻辑次序，但该次序更多地说明了编撰者的世界观，而不是中国智者孔子的观点。无论这些片段的外在结构是否有序，它们之间的逻辑联系都可以理解，不过这不是编纂者们的功劳，而是孔子本人的，他创造的学说本身具有内在整体性。可见，西门诺科一方面承认《论语》的文学性，但另一方面又认为不能夸大其文学性。《论语》之所以具有整体性在于孔子学说的内在完整性，而这是孔子的功劳。所以，尽管其外在结构看似不连贯，但内在思想的整体性却贯穿始终。

三、当代俄罗斯《论语》学研究

较之以往，当代俄罗斯对《论语》的研究不断深入且多样化。西门诺科、贝列罗莫夫、马尔德诺夫、卢基扬诺夫等对《论语》有着各自独特的认识。其中，贝列罗莫夫对《论语》的研究最为系统、深入。1992 年，在《孔子言论》一书中，贝列罗莫夫对《论语》的注疏进行了专章研究。他指出："《论语》在汉朝成为经典，在唐朝时被刻在石碑上。自此，不可增添一个字，也不可改变篇章位置。所以从汉朝开始，《论语》开始拥有各种各样的注疏。"② 贝列罗莫夫重点分析了朱熹对《论语》的注疏，认为朱熹能够"鲜明形象且用浅显的形

---

① Семененко И. И. Афоризмы Конфуция. М., 1987. С. 9.
② Переломов Л. С. Слово Конфуция. М., 1992. С. 173.

式揭示和解释孔子学说的实质，尤其是在个人伦理修养、稳定家庭关系、巩固社会和政府基础等方面，能够深得孔子言论的精髓"①，所以朱熹被认为是新儒学的创立者，深得朱元璋和康熙两位君王认可。同时，他也提出自己对一些儒学术语的见解。1993 年，贝列罗莫夫在《孔子：生活、学说及命运》中也论述了《论语》。在《孔子·论语》中，贝列罗莫夫对《论语》的社会地位和影响进行研究。他写道："《论语》是中国传统文化的核心，它的命运如同犹太人的《摩西五经》、基督教徒的《福音书》、穆斯林的《古兰经》和印度传统文化中的《薄加梵歌》。尽管这些圣书的外在形式不一样，但都有一个共性：进行系列教化活动。"②"由于人们对圣书无限尊敬，因此它一直起着教化人服从的工具作用。"③ 贝列罗莫夫把《论语》视作圣书，其目的在于强调《论语》的教化功能，从而感召读者践行仁义之道。与其他俄罗斯汉学家不同的是，贝列罗莫夫不仅广泛研究了中国众多注疏家对《论语》的注疏和阐释，还深入分析了众多国外汉学家对《论语》的译注。他主要研究了下列中国注疏家对《论语》的注疏：崔东壁（清）、钱穆、杨树达、杨伯峻、程树德、毛子水、王熙元、谢冰莹、邱燮友、赖炎元、刘正浩、陈满铭、南怀瑾、姚式川、胡恺等；并与大陆和台湾的同人以及一些政治家讨论《论语》里难懂的章节和注疏家的一些注疏。与此同时，还对外国汉学家对《论语》的研究和翻译进行研究，如对理雅各、刘殿爵（D. C. Lau）、韦利、魏鲁男（James R. Ware）、黄继忠（Chichung Huang）、莫利兹（Ralf Moritz，德国汉学家）、程艾蓝（Anne Cheng，法国汉学家），当然对俄罗斯汉学家如柏百福、阿列克谢耶夫、康拉德、克里夫佐夫、西门诺科、果洛瓦乔娃等的《论语》翻译也进行了深入研究。

贝列罗莫夫的《论语》研究和译注可谓旁征博引、资料翔实，这为读者提供了众多理解的可能性。当然，在旁征博引的基础上，他又博采众长，适时提出自己的见解。如对"君子和而不同"中"和"的理解，他先是列举了众多英语世界汉学家、俄罗斯汉学家以及其他中国学者对"和"的理解：英语世界的如理雅各译为"The superior man is affable, but not adulatory"，韦利译为"The true gentleman is conciliatory but not accommodating"，刘殿爵译为"The gentleman agrees with others without being an echo"，黄继忠译为"The gentleman is harmonious but not conformable"；俄罗斯的柏百福译为"Благородный муж

---

① Там же. С. 175.

② Переломов Л. С. Конфуций《Лунь юй》. М.，1998. С. 6.

③ Семенцов В. С. Проблема трансляции традиционной культуры на примере судьбы Бхагавадгиты. М.，1988. С. 8

миролюбив, но не льстив", 克里夫佐夫译为 "Благородные живут в согласии [с другими людьми], но не следуют за ними", 果洛瓦乔娃译为 "Благородный муж, внося гармонию, не сливается", 西门诺科译为 "Благородные мужи при разногласии находятся в гармонии"。除此之外，他还罗列了韩国、日本等汉学家的翻译。接下来，贝列罗莫夫遗憾地指出，众多汉学研究者都忽略了 "和" 与 "同" 是中国古代典籍中常用的两个术语。幸运的是杨伯峻注意到了这点，他把 "君子和而不同" 译为 "君子用自己的正确意见来纠正别人的错误意见，使一切都做到恰到好处，却不肯盲从附和"。他还列举了钱穆对该句的理解："和者无乖戾之心。同者有阿比之意。君子尚义，故有不同。小人尚利，故不能和。" 贝列罗莫夫指出："根据自己多年研究春秋战国时期中国、首先是早期儒学与法家学说的经验，我得出一个结论，'和' 表达的是古代中国政治文化代码的原则，这一概念表达的是 '多元之上的统一'（достижения единства через разномыслие），也就是多元思想的意思。"① 其实，我国古代对 "和" 与 "同" 已做详细区分，"［考证］郑语：史伯曰：'……夫和实生物，同则不继。以他平他谓之和，故能丰长而物生之。若以同裨同，乃尽弃矣。故先王以土与金木水火杂以成百物，是以和五味以调口，刚四支以卫体，和六律以聪耳，正七体以役心，平八索以成人，建九纪以立纯德，和十数以训百体……声一无听，物一无文，味一无果，物一不讲……' 左昭二十年传……公曰：'和与同异乎？' 对曰：'异。和如羹焉，水火醯醢盐梅以烹鱼肉，燀之以薪，宰夫和之，齐之以味，济其不及，以泄其过。君子食之，以平其心。君臣亦然。君所谓可，而有否焉，臣献其否，以成其可……'"② 这里，无论是史伯还是晏婴，对 "和" 与 "同" 的差异做了详细而形象的解说。"和" 强调多元性、多样性，而 "同" 侧重单一性、单调性。李泽厚把 "君子和而不同" 译为 "君子和谐却不同一"，认为 "和" 的 "前提是承认、赞成、允许彼此有差异、有区别、有分歧，然后使这些差异、区别、分歧调整、配置、处理到某种适当的地位、情况、结构中，于是各得其所，而后整体便有 '和'——和谐或发展。中国哲学一直强调 '和'，也即是强调 '度'（处理各种差异、多元的适度），强调 '过犹不及' 和 '中庸'……"③ 这与贝列罗莫夫对 "和" 的理解异曲同工，从而说明了贝列罗莫夫对 "和" 理解的深刻性。

---

① Переломов Л. С. Конфуций《Лунь юй》. М., 1998. С. 398.

② 程树德：《论语集释》，北京：中华书局，2013 年（2017 重印），第 1075-1076。

③ 李泽厚：《论语今读》，北京：世界图书出版有限公司北京分公司，2019 年，第 248-249 页。

其他汉学家如卢基扬诺夫详细论述了《论语》的哲学特征，突出《论语》的哲学意义。这一点我们在前面已有论述，此不多言。西门诺科对《论语》也表达了自己的看法（见第3章）。马尔德诺夫在2000年的《论语》译本前言中，认为汉学家莱斯利（D. Leslie, 1922-）① 对《论语》的考证足够详细和具有信服力。在《论语注释》（*Notes on the Analects*, 1961）中，莱斯利指出《论语》前九篇是孔子的原始思想，而剩余的十一篇中，除第十篇②外，即第十一到第二十篇都和孔子思想没有任何关系③。即便如此，马尔德诺夫依然完整地将《论语》译成俄语。但为了有所区分，马尔德诺夫为前九篇译文做了详细的注疏，第十篇没有任何注释，第十一到第二十篇的译注极其简短。《论语》的前十篇多记录孔子言行，相对而言，后十篇比较多地记述了孔子弟子言行和其他历史事件和场合。不过，后十篇仍有多处记录了孔子言论，所以认为后十篇与孔子思想无关的看法未免偏颇。再说，《论语》二十篇思想内容是一个整体，不可断裂，正是在各篇章的沉潜错落交替中，隐藏着孔子的观念主张，勾勒着孔子的思想体系。正如孔子所言"吾道一以贯之"，而且孔子弟子的言论也是对孔子之道的传承和延续。我们赞同杨义的看法，他认为《论语》各篇章之间存在着意义逻辑，这种逻辑的要点是"写'意'而明'义'，集'义'以成'意'。这是一种超形式逻辑，从一种相对任意的篇章组织开始，意义在多篇章集合中出现原义的发散，歧义的嵌入，本义的回复，隔章或隔篇的意义呼应，互动互补，血脉贯通"④。

第三节　俄罗斯的《论语》思想研究

俄罗斯人对儒学的认识主要是从《论语》开始的，因此他们对儒学的论述和研究主要是在对《论语》话语和思想解读的基础上开展的。不过，在不同的历史阶段，汉学家对儒学的认识有很大差异。帝俄时期，汉学家多半从宗教角度研究儒学，得出儒学是宗教的观点。苏联时期，汉学家对儒学的认识呈现出深入和多元的态势。在当今俄罗斯，对儒学的研究继续深入和多元，不仅对它的思想内容进行了一系列理论上的研究，同时还挖掘它蕴含的现实意义。

---

① 澳大利亚著名汉学家，其名字现译为李渡南，主要研究中国伊斯兰教史和犹太教。
② 第十篇《乡党》主要记录了孔子的穿衣饮食、言行举止等日常活动。
③ Мартынов А. С. Классическое конфуцианство. Т. 1. М., 2000. С. 10.
④ 杨义：《论语还原》，北京：中华书局，2015年（2016重印），第153页。

一、帝俄时期：凸显《论语》中儒学的"宗教性"

比丘林在《中华帝国详志》和《儒教概述》中对儒学做了比较系统的论述（见第一章）。这个时期，瓦西里耶夫对儒学的研究比较深入。在《东方宗教：儒、释、道》中，他明确提出儒学是宗教，并列出如下原因①：其一，儒教有信徒、有教义，还有解惑作用，这是宗教的必备条件；其二，儒学是宗教的重要依据是儒学中存在祭祀，而祭祀是一种宗教形式；其三，世界上任何一种宗教都产生于两种不同力量的影响，儒教是在儒学和大自然两大因素共同作用下产生的；其四，尽管"儒教中没有上帝这一称谓，但天、地、人具有创造力量。人帮助天、地孕育万物，人的自我完善甚至决定了天、地创生万物"，所以"儒教不仅是国教，而且是比我们任何已知的宗教更具有宗教性"②。瓦西里耶夫认为，儒教产生与受到重视的原因与孔子所在的战火连天的时代背景、统治者的需求和儒学中民贵君轻的政治主张等相关。"战争连绵不断，穷兵黩武行为蔓延，国家间的交往缺乏道德准则的约束……功利心漫无节制……不过汉朝初期，统治者并不看重儒家学说，他们更推重道家学说和谶纬学说，更倾向于信奉它们，但只有儒学能够提供法纪和礼仪。"③ 也就是说，只有儒学可以用法纪和礼仪来维护统治者的利益和尊严，所以儒学被拉上了历史舞台。在瓦西里耶夫看来，儒教教义的主要内容是仁、义、礼、智，其中"'礼'的内涵比'道德'还要广，它集宗教意义、生活方式和国家体制于一体"④。19世纪70-80年代，不少西方学者不从国家的经济和政治结构中寻找东方"僵化"（закостенелость）的原因，而试图从宗教中找寻。显然，瓦西里耶夫受到了这种认识的影响。在《东方宗教：儒、释、道》中他提出儒教是造成中国"滞后"的罪魁祸首，"儒学认为，只有古代的才是好的，只有古代才有圣人和好的榜样……不难理解，这种观点很难和进步保持一致，但却可以维系其不变性"⑤。

在把儒学看作宗教的同时，瓦西里耶夫也看到了儒学作为一种学说的特点。他写道："如果不是考虑到中国人把佛教（буддизм）、道教（даосизм）、基督

---

① Васильев В. П. Религии Востока: конфуцианство, буддизм и даосизм. СПб., 1873. С. 150-152.
② Там же. С. 160.
③ Там же. С. 42.
④ Там же. С. 37.
⑤ Там же. С. 17.

教（христианство）和儒教（конфуцианство）都称作教（учение①），恐怕不能把儒学（конфуцианство）视为宗教。与此同时，孔子本人并不愿谈论鬼神和死后的生活。因此，正如我们认为的那样，儒学只不过是一种社会政治学说而已。"② 在《中国文学史纲要》中，瓦西里耶夫再次写道："儒学完全不想认识我们所理解的那种宗教。儒学既不讲上帝，不讲身后之事，也不解决有关统御宇宙的问题。孔子在《论语》中直言：'未知生，焉知死！'在这本书的另外一处他又说：'子不语怪、力、乱、神。'书中还有一处孔子要求'祭如在，祭神如神在'。"③ 瓦西里耶夫认为，儒家的道德基础——家庭伦理形成于《孝经》。他还分析了儒家宗教与政治的关系，指出尽管《诗经》中如《大雅·皇矣》《大雅·文王》已承认上帝（帝）的存在，但孔子对怪力乱神却避而不语，其原因在于"战火连绵，民不聊生，使人无暇思考精神需求问题"④。瓦西里耶夫把儒学分为前期和后期，前期儒学是一种孔子传教于民的阶段，是纯粹世俗化的学说，而到了第二个阶段即新阶段，儒学被掺杂了极端抽象的哲理色彩。在《中国文学史资料》"中国哲学资料"中，瓦西里耶夫按时间顺序对儒家经典和代表人物进行了介绍。可见，在《中国文学史纲要》和《中国文学史资料》这两本书中，瓦西里耶夫主要是把儒学作为古代中国的一种哲学流派来论述的。值得一提的是，《中国文学史纲要》虽然冠以"文学史纲要"，但书中绝大部分篇幅论述的是儒学、道家学说、佛教、中国科学史著作和法律（其中，儒学占的篇幅最大），只有最后两章"中国人的雅文学"和"俗文学·戏剧及中长篇小说"属于文学，但所占篇幅极小。对此，一些俄罗斯学者持有异议，如李福清指出："在他（瓦西里耶夫）眼里，文学就是一切文章典籍的总和。从这个概念出发，他力图把中国各科文集都一一介绍给俄国读者。"⑤ 显然，李福清认为瓦西里耶夫混淆了文学的概念，认为后者把一切中国典籍都当作文学。不过，我国部分学者认可瓦西里耶夫的做法。李明滨认为，把《中国文学史纲要》"看作文学史也未尝不可，因为它能从一个国家的文化背景上来考察文学，恰好是

---

① учение 是理论、学说之意，瓦西里耶夫在其后面用俄语标出汉语发音"цзяо"（jiao），说明他已经认识到儒学（конфуцианство）作为学说的一面。

② Васильев В. П. Религия востока: конфуцианство, буддизм и даосимз. СПб., 1873. С. 150.

③ （俄）王西里：《中国文学史纲要：汉俄对照》，阎国栋译，北京：中央编译出版社，2016 年，第 118–119 页。

④ 同上，第 120 页。

⑤ 李福清：《中国古典文学研究在苏联（小说、戏剧）》，田大畏译，北京：书目文献出版社，1987 年，第 2 页。

强调文学与文化的关系时所需要的，很有特色之作"①。阎国栋认为，瓦西里耶夫对中国文学的理解在很大程度上与过去中国人对"文学"的认识相近，即文章、博学、学识②。

瓦西里耶夫对儒学的认识有合理性的一面，如认为其对中国人道德准则的形成具有巨大作用，仁义礼智是儒学的基本道德内容。不过，他认为西方宗教优于东方宗教（儒教），所以中国只有接受西方宗教才能够向前发展的认识反映了其欧洲中心观或欧洲文明优越于东方的观点。巴托尔德（В. В Бартольд）认为，瓦西里耶夫"关于东西方关系的观点中存在矛盾，这是由于瓦西里耶夫同其他东方学家一样，夸大了宗教对所有民族尤其是亚洲民族所具有的作用"③。瓦西里耶夫的学生米纳耶夫（И. П. Минаев）不赞同瓦西里耶夫欧洲中心论的观点，指出："我们可以确信，他（瓦西里耶夫）在写该书之前已经有了预设的想法，那就是向读者证明西方优于东方，西方文明素来影响东方文明。"④ 苏联汉学家彼得罗夫（А. А. Петров）在《俄国资本主义汉学的中国哲学》一文中，全面而严厉地批评了瓦西里耶夫对中国儒家思想的认识，认为其旨在贬低中国文化，宣扬西方文明，"俄罗斯这位学者高举资本主义旗帜，强调在亚洲推广西欧资本主义的积极作用，并暗示其采用暴力，他为俄国的资产阶级高唱赞歌"⑤。

无论如何，瓦西里耶夫对儒学的论述对后来俄罗斯汉学家的儒学研究产生了较大影响。一方面他对儒学的综合研究为后世汉学家的儒学研究奠定了基础，并引发了他们的研究兴趣，如他的弟子格奥尔基耶夫斯基就对儒学进行了深入研究；另一方面，他提出的儒学是宗教的观点在俄罗斯引发了儒学是不是宗教的论战。随着论战的开展，俄罗斯对儒学的研究更为系统深入，出现了一系列优秀的研究成果，客观上促进了儒学在俄罗斯的研究和传播。

格奥尔基耶夫斯基非常推崇儒学，认为儒学不是阻碍中国发展的绊脚石。在《中国人的生活原则》一书中，格奥尔基耶夫斯基从儒学与孔子、儒家学说、经书中的儒家思想和经书对治理国家的意义、中国文献中的儒学发展和用法学

① 李明滨：《中国文学在俄苏》，广州：花城出版社，1990年，第20页。

② （俄）王西里：《中国文学史纲要：汉俄对照》，阎国栋 译，北京：中央编译出版社，2016年，第9页。

③ Скачков П. Е. Очерки истории русского китаеведения. М., 1977. С. 221.

④ Там же. С. 222.

⑤ Петров А. А. Философия Китая в русском буржуазном китаеведении // Библиография Востока. 1935, №7. С. 7.

将儒学原则纳入生活等五个方面对儒学进行了比较深入而全面的论述①。在该书中，他明确指出儒学是一种学说（учение），是关于伦理道德和政治的学说，而且几千年来这一学说在中国一直占据中心地位，对中国人的生活方式和生活理念都产生了巨大影响。在格奥尔基耶夫斯基看来，孔子学说的不足在于"孔子不愿谈论先验真理，不去探索终极问题，也不去解释那些无法解释的只能选择去相信的人类理智之外的事情。对他来说，自然及自然界的壮观和多样化是现存的客体，他不愿谈论人类理智所不能理解的客体存在的原因和存在的合理性的问题；对他来说，在彼岸延续的生命即鬼神需要祭祀，但这仅仅是人们主观信仰的对象，不需要证明他们根本就不存在，也不需要否定这是有害的"②。格奥尔基耶夫斯基之所以得出这样的结论，是因为《论语》中孔子曾说过"敬鬼神而远之，可谓知矣""未能事人，焉能事鬼"及"未知生，焉知死"的话语。的确，孔子不语怪力乱神，不主张把事鬼神作为人生准则或主要事件，但又主张"祭如在，祭神如神在"，对鬼神的存在可谓是不肯定，亦不否定。李泽厚言之："从文化心理结构说，两个'如'字，显示既未论证鬼神的存在，也未否证其存在。强调的是行祭礼的时候必须设想鬼神（祖先）是存在着，要求的仍是一种心理情感的呈奉而不是理知的认识或论证。"③ 从这一点来看，格奥尔基耶夫斯基对孔子学说的认识还是比较正确的。在他看来，孔子学说的缺点是不关注彼岸世界。不过，这并不影响他对孔子学说的赞美和笃信，孔子重视此岸世界，认为每个人在世界上都不是独自存在的，而是在家庭、社会和国家中存在。孔子学说非常强调孝悌，可以说孝悌把个人与家庭、社会、国家联系起来，从而将他们形成一个整体。总之，格奥尔基耶夫斯基对儒学带给人们的生活方式和理念持肯定态度，劝勉中国人不要轻易放弃儒家学说。

克洛斯托维茨（И. Я. Коростовец，1862－1933）是一位外交官和东方学者。1890 年，他被任命为驻北京外交使团第二秘书，1900 年随海军被派往天津。1908 年，被任命为驻北京全权公使。1890 年后，他开始关注中国并撰写有关中国的书籍和文章。1898 年，他的专著《中国人及其文明》（《Китайцы и их цивилизация》）出版。在该书的第 22 章"孔子和其学说"中，他基于对《论语》思想的解读，论述了孔子和儒学，并得出如下结论："孔子学说是关于人性的，但目标是低俗的。由于将人类的行为服从于日常的道德规范和一些奇特的、

---

① 该书共 12 章，儒学内容占了 5 章，可见格奥尔基耶夫斯基非常重视儒学。

② Георгиевский С. М. Принципы жизни Китая. СПб., 1888. С. 308.

③ 李泽厚：《论语今读》，世界图书出版有限公司北京分公司，2019 年，第 53 页。

难以理解的规则，故儒家思想缺乏求知和解释存在的本质的精神。在形而上学
和宗教问题上，孔子并不比同时代的智者高明。与同时代人一样，他相信鬼、
巫术，相信神灵的存在。他好为人师，但却没有扩大'同胞的知识视野'，他没
有创造任何东西。他自称是古人的'传述者和解释者'，但却不能够答疑解惑。
在儒家思想中找不到任何崇高或理想主义的东西，它只是一些在没有系统和缺
乏逻辑的情况下呈现出的使用道德指南，而且晦涩难懂。"① 接下来，他指出儒
学中存在诸多不足，如不承认独一的上帝、没有指出死亡和来世的奥秘、一夫
多妻制和压迫女性、尊古崇古等。当然，孔子学说也存在值得肯定之处，"极力
创建学说和推广教育是儒学的优点""儒学为中华帝国的统一做出了贡献""孔
子制定的日常道德准则，无疑促进了中国社会完善的道德体系的出现和维
持"②。可见，克洛斯托维茨对儒学的批判远大于认同。其实，他这么做并不稀
奇。当时不少西方学者把中国的落后归咎于儒学，认为儒学是造成中国停滞的
主要根源。同时，还可以看出他从宗教的角度，批判儒学不唯上帝独尊、不讲
来世、不讲形而上。殊不知，不语怪力乱神正是儒学的高明之处，是"不知为
不知"的求知体现。当然，他的一些认识是正确的，如把孩子对父母的爱当作
绝对的服从（崇拜）、压制妇女等。

　　1891 年，莫斯科出版了一部名为《中华民族文化史纲》（《Очерк истории
культуры китайского народа》）的作品，作者是斯托尔波夫斯卡娅（А.
Столповская）。目前，关于她的资料很少。在该书中，她分析了儒学在中国人
生活中的作用，指出儒学给中华帝国带来了和平、稳定，提高了中国人的道德
准则和生活水平。但同时儒学也让中国人的精神生活变得单调，制约和延缓了
中国的进步，"在儒学中，只有古代的东西是好的，这种观点不能和历史的进步
协调一致，反而强有力地阻止了历史的前行"③。此外，儒学还制约了个人主动
性的发挥。最后，她得出结论："以伦理道德为基础的儒学中存在的陋习剥夺了
中华民族正常的历史发展进程，延缓了它的理想文化的进步。但也对民族性格
的形成产生了积极影响，促进了人类物质文化领域的进步，让人们生活富
足。"④ 可见，根据斯托尔波夫斯卡娅的观点，儒学对中华民族伦理道德的建设
发挥了积极作用，但其保守性又阻碍了中华民族文明的发展。

　　除汉学家外，文学家托尔斯泰也对儒学进行了研究。他高度赞扬儒学中提

① Коростовец И. Я. Китайцы и их цивилизация. СПб., 1898. С. 490-491.

② Там же. С. 491-492.

③ Столповская А. Очерк истории культуры китайского народа. М., 1891. С. 87.

④ Там же. С. 454.

倡的伦理道德尤其是修身部分的内容，因为这与他提出的道德自我完善有共通之处。他认可孔子关注现世幸福，认为这是极大的智慧。

综上所述，帝俄时期，学者们对《论语》中儒家思想的研究主要表现如下：在内容上，关注它所蕴含的伦理道德；在实质上，认为儒学是宗教（或至少有宗教性质），但又认为其作为宗教存在不足之处。同时，不少汉学家认为儒学具有很强的守旧性，在很大程度上造成了当时中国的落后。

二、苏联时期：被多元化阐释的《论语》思想

苏联时期，虽然对《论语》的翻译不尽如人意，但该时期的汉学家对儒学的认识却呈现出多元化特点。他们从各自的视域出发，对儒学的性质提出以下四种观点①：第一种观点认为儒学在秦朝以前是一种哲学学说，从汉代以后变成了宗教。第二种观点的代表人物是波兹涅耶娃，她认为儒学从一开始就具有宗教的性质，在汉代以后不过是加强这种性质并获得更加明确的形式而已。第三种观点以康拉德院士为代表，他把整个儒学看作是上流社会的哲学思想。第四种观点以汉学家列·瓦西里耶夫（Л. С. Васильев）为代表，不但认为儒学就是宗教，甚至认为儒学中就有独特的教会组织。同时，他又把孔子学说看作全然是尘世的学说、纯理性的学说，只是在中国起的是宗教的作用罢了。下面，我们对一些著名汉学家对儒学的认识进行分析。

阿列克谢耶夫认为早期儒学不是宗教。1926 年，在名为《中国文学与译者》的报告中，他指出孔子学说的一些典籍虽然不像《圣经》那样是宗教书籍，但总是受人尊敬，人们对孔子的尊敬不是宗教上的尊敬，而是对人的创造力的尊敬。他在翻译《聊斋》中的一个故事时这样写道："众所周知，孔子不言超自然现象和神力（鬼、神），不但他自己不喜欢，也禁止那些不知道如何生却只关心死的人谈论鬼神。那些有教养的、笃信孔子的中国人认为，宗教显然是愚蠢的妇女和文盲的一种需求。"② 读过《论语》的人应该知道，他的这段论述是基于孔子的言论而开展的。在《中国文学及其译者》的报告中，阿列克谢耶夫坚决否认儒家典籍是神学意义上的宗教文学，并且认为这是儒家典籍的一贯风格。另一个他认为儒学不是宗教的重要原因是备受尊敬的孔子"不是上帝"（не бог）。不但如此，阿列克谢耶夫还揭下了长期以来附着在孔子和儒家典籍上的浪漫外衣，认为孔子是"一个失败者"（неудачник）。这就彻底把孔子拉下神

① 见李明滨《中国文化在俄罗斯》，北京：中国国际广播出版社，2012 年，第 30 页。
② Алексеев В. М. Труды по китайской культуре. Кн. 1. М., 2002. С. 11.

坛，将其还原为一个普通人，甚至是一位失意者。在《中国民间年画》（《Китайская народная картина》）一书中，他仍然表达了早期儒学不是宗教的观点，"孔子学说把后代与古代的理想标准不间断地联系起来。该学说中没有神的启示，世间的道的概念是最高且唯一高尚的存在。孔子学说中没有对神的认识，没有神的教规，没有神对人世的干预，也没有灵魂不死的理论"，故孔子学说是"无神论和唯理性的"①。

阿列克谢耶夫认为，孔子学说其实是政治学说。在《论语·学而》"道千乘之国，敬事而信，节用而爱人，使民以时"的注释中他写道："该篇前四章是讲学习和道德修养之事的，从本章开始学习的根本任务变成了如何治理国家。不应忘记，孔子学说是管理人的学说，是为未来的行政长官提供理论指导的。"②但同时，阿列克谢耶夫对孔子学说是否为宗教这一问题持开放态度。他指出，儒学中的一些行为如祭祀祖先是"对人夸大的关怀"和"最为庄严的举动"，这一行为说明了儒学具有宗教性。而且，阿列克谢耶夫还"尝试着去理解那些对早期儒学不具有宗教性持怀疑态度的人的观点"。虽然整体上他否认儒学的宗教性，但同时又认为随着儒学的发展，后来的儒学渐渐地拥有了宗教色彩，具体表现就是"后来的儒生宗教般地对待孔子这一完人所留存下来的每个字，给孔子修建庙宇，在庙宇中进行一些完全类似祈祷的行为，在后来的儒学中渗透着的智者孔子的教义完全不比其他宗教追随者信奉的教义少"③。那么，儒学中祭祀祖先的行为到底是宗教行为还是一种单纯的情感流露，我国学者对此持有不同态度。蔡尚思认为，孔子对鬼神既承认又回避，采取的是一种调和的态度：他一方面对传统的鬼神信仰表示怀疑，但另一方面"也迷信，他以为世界上一切事物都由'天'在冥冥中预先作了安排，人们无法主宰自己的命运，便是一种变相的精致的鬼神观念"④。李泽厚认为，孔子只是主张按照原始礼制祭祀自己家族的鬼神，是一种"巫术遗痕"的表现，"上帝鬼神作为情感呈奉、依托、归宿的对象，而不是理知论证、逻辑推演（如西方中世纪神学和哲学对上帝存在的各种证明）的对象，乃孔门'教义'。但此种情感又仍有理性因素于其中，

---

① Семененко И. И. Афоризмы Конфуция. М., 1987. С. 14.

② Алексеев В. М. Труды по китайской культуре. Кн. 1. М., 2002. С. 169.

③ Семененко И. И. Афоризмы Конфуция. М., 1987. С. 14.

④ 蔡尚思：《孔子思想体系 孔子哲学之真面目》，上海：上海古籍出版社，2013 年，第95 页。

并非'正因为荒谬,所以我相信'的反理性的情绪态度"①。总体而言,李泽厚认为,孔子对鬼神存而不论和祭祀祖先的行为包含着宗教性和理性化因素,是一种引理入情的情感表达方式。钱穆认为,"祭礼本对鬼神而设,古人必先认有鬼神,乃始有祭礼,但孔子平常并不认真讨论鬼神之有无,只是临祭时必诚必敬,若真有鬼神在其前"②。孔子既然不反对祭祀祖先,这说明他并未否定鬼神的存在,并将其纳入孝的范畴。如主张父母去世之后,为他们守孝三年,这种"儒家的孝道,有其历史上的依据,这根据,是在殷商时代几已盛行的崇拜祖先的宗教。上古的祖先教,演变出儒家的孝道;在秦汉以后的两千年,儒家的孝道,又维系了这个古老的宗教"③。所以说,"儒家的孝道在发展过程中并未抛弃原始的祖先崇拜这一宗教信仰,而是升华为一种深具人文性的感念生命本源的宗教情怀与超越意识"④。我们认为,祭祀祖先是发自内心追思先人之纯情的表现,同时又有相信鬼神之存在的因素在里面,是一种原始宗教性的行为。因此,阿列克谢耶夫对这一点的认识是正确的。至于儒学后来是否变成了宗教,学界争论颇多。在我们看来,儒学更多的是一种内容丰富的学说,融政治、哲学、经济、教育、伦理等多样化的思想于一体。

苏联中国学家波兹涅耶娃"把儒生对祖先的祭拜看作是其对灵魂不灭的独特信仰,把中国皇帝赐给死者的封号等同于基督教中被列入圣者行列的行为"⑤,从而得出儒学教会的结构和神权政治的形式是一致的结论。波兹涅耶娃始终认为儒学是宗教,孔子是祭祀礼仪中的先知。

与波兹涅耶娃不同,康拉德认为儒学是哲学。1966 年,康拉德将自己多年的研究成果结集成书出版,书名为《东方与西方》。在该书"中国哲学的复兴"一文中,康拉德写道:"在《宋史》中⋯⋯特别强调,宋代哲学在其精神实质上再兴了儒学——如当时所认为的那样,一门真正的'圣贤'之学。"⑥《宋史》言,孔子去世后,只有曾子一人真正地继承了孔子学说,之后曾子传给子思、

---

① 李泽厚:《论语今读》,北京:世界图书出版有限公司北京分公司,2019 年,第 53-54 页。

② 钱穆:《论语新解》,北京:生活·读书·新知三联书店,2002 年(2007 重印),第 65 页。

③ 钱穆:《文化危机与展望:台湾学者论中国文化》(下),北京:中国青年出版社,1989 年,第 51 页。

④ 房秀丽,朱祥龙:《论儒家孝道里的终极关怀意识》,载《孔子研究》,2018 年第 1 期,第 48 页。

⑤ Семененко И. И. Афоризмы Конфуция. М., 1987. С. 15.

⑥ Конрад Н. И. Запад и Восток. М., 1966. С. 201.

子思传给孟子，孟子之后就断裂了，直到一千多年后宋朝的周敦颐、张载、二程兄弟和朱熹才又重新复兴儒家学说。不过，康拉德指出，宋代儒学（欧洲汉学界习惯称之为新儒学）在本质上是新哲学，"因为宋代的哲学家完全是另一个历史时代的人。此外，他们不认为和佛教哲学与道家哲学存在着水火不容的斗争，而是吸收了不少他们的思想。宋代哲学创新的根本在于其将人性问题置于核心地位，也就是说作为最高价值载体的人是其关注的中心"①。换言之，宋代新儒学虽有诸多创新，甚至连研究的根本问题也发生了转变，但归根结底是在孔子学说的基础上发展而来的。

在《王阳明学说与中国经典哲学》一书中，科布泽夫把大部分注意力用在了研究中国传统学说中"世界一体"的问题上。作者着重论述了智者与宇宙的"同质性"和"一体性"、"宏观宇宙和微观宇宙之间的同态性"、"主体和客体的道德与身心的统一性"等问题。科布泽夫指出，王阳明虽然提出了新的理论，但他的理论与之前的儒学密不可分。如他的微观宇宙与宏观宇宙同态性的理念正是在早期儒学的主要思想上提出的，孔子提出了个体（微观宇宙）知命（宏观宇宙）的重要性和可能性，曾言"不知命，无以为君子也"，还说自己"五十而知天命"。不过，"孔子并不认为'知天命'是知的最高境界，说自己在六七十岁时知道得更多。孔子把畏天命、畏大人和畏圣人言看得同等重要"②。孔子的继承者基于宏观宇宙与微观宇宙同态的原理，把个人认知和改变自己本性的可能性理解为知"天"和对其产生影响的可能性。孟子也曾言"知其性，则知天矣"，《中庸》中亦有"能尽其性，则能尽人之性……则可以与天地参矣"。在分析中国传统哲学的特点和优点之后，科布泽夫指出了传统中国哲学的不足，其中明显的表现是："缺少发达的、完善的概念。这一方面导致各种关系之间建构特点（概念）的不清晰，也就是说，逻辑关系的不清晰（由此导致形式逻辑的不精练）；另一方面是缺乏把灵魂作为单独的客体进行研究的观念（由此导致精神研究的不发达）。"③ 科布泽夫所言中国传统哲学的缺点比较符合中国哲学的实际情况，"中国的哲人多不着意于理智的思辨，更无对观念或概念下定义的兴趣"④。中国哲学重实践，是实用理性，所以重"如何做"而不是"什么是"的问题；西方哲学则重知解，擅长分析和思辨，喜欢用概念套概念，从而具有

① Конрад Н. И. Избранные труды. Синология. М., 1977. С. 533.
② Кобзев А. И. Учение Ван Янмина и классическая китайская философия. М., 1983. С. 149.
③ Там же. С. 179.
④ 牟宗三：《中国哲学的特质》，上海：上海古籍出版社，2007 年（2008 重印），第 10 页。

很强的逻辑性。若以西方哲学的特点为标准来衡量中国哲学，那么中国哲学的确存在科布泽夫所言的概念不完善、逻辑不清晰的弊端，而这也正是中国哲学的特点。至于中国哲学不重视对灵魂的关注和思考，这应该与中国圣哲关注此岸人间世界（这其实也是重实用的表现）而对彼岸世界存而不论的观念有关。子贡言："夫子之文章，可得而闻也；夫子之言性与天道，不可得而闻也。"（《论语·公冶长》）李泽厚认为，孔子慎言大题目，多讲具体的"仁""礼"与"道在伦常日用之中"，这是真正的"性与天命"，因为"哲学总需要一种公共化的语言来作理性的启悟、暗示和传达，这大概正是儒学不同于宗教，也不同于西方式的哲学，也不同于诗文，仍有其哲学性的理知内容之所在吧"[①]。

除把儒学当作纯哲学外，还有汉学家认为儒学兼哲学与宗教于一体。列·瓦西里耶夫认为它既有宗教性，又具有纯理性的特点。在《基督教与儒教》（1974）一文中，他把儒学称为宗教，指出"儒学中存在着未被发现的超验观念和'神的启示'。天是幽暗未明的万能的圣父，孔子似被贬降为普通智者的耶稣基督，儒教拥有形式极为特殊的教堂"[②]。超验、神启、圣父和类似耶稣的孔子，这俨然是以基督教为准则来衡量儒学。列·瓦西里耶夫将基督教和儒教进行了对比研究，认为两者之间存有不少相同之处，如两者都不是凭空产生的，都是在之前宗教的基础上发展而来的，基督教来自犹太教，而儒教来源于它之前的原始宗教。同时，他认为两者之间也有诸多不同点，如基督教强调救赎，而儒教最理智的地方在于强调和谐。在后来出版的《东方宗教史》（1983，2000，2006）一书中，列·瓦西里耶夫依然把儒学视为宗教。不过，与之前观点不同的是在这本书中他强调了儒学的现实功能，儒学"减弱了宗教的非理性化色彩，增加了伦理道德的理性开端，使宗教-伦理准则服从于社会政治和行政管理的需要"[③]。他认为儒学起着调和中国人生活的作用，一直充当着中央集权和土地私有、中央政权和地方行政机关（及集团）、上天（Небо）与世间各部族及民族之间的调节者的角色。那么儒学是不是宗教呢？列·瓦西里耶夫认为，儒学在中华帝国发挥了宗教的作用，履行了国家官方意识形态的功能，但随即他又明确指出："儒学不是完全意义上的宗教，它的涵义比宗教更广。儒学是政治、行政体系，是经济和社会进步的最高调节者，概言之，是整个中国生活方式的基础，是中国社会组织的原则，中国文明的精髓……两千多年来，儒学塑

---

① 李泽厚：《论语今读》，北京：世界图书出版有限公司北京分公司，2019 年，第 90-91 页。

② Семененко И. И. Афоризмы Конфуция. М., 1987. С. 14-15.

③ Васильев Л. С. История религий Востока. М., 2006. С. 563.

造了中国人的思想和感情，影响了他们的信仰、心理、行为、思维、言语、感知及他们的生活习惯和生活方式。从这个意义上说，儒教并不逊色于世界上任何一个伟大的宗教，甚至在某些方面还超过了它们。"① 由此可见，在列·瓦西里耶夫看来，儒学所起的作用超过了宗教，甚至完成了一些宗教所不能完成的功能，这一点在那些受到儒家文化影响的国家和地区可以得到印证。"事实是，许多受儒学影响的民族（不仅是中国人，还有那些以不同方式受到儒学熏陶的人，如韩国人、越南人或日本人）都有如下性格特点：能够把个人需要和社会需要结合起来，不怨天尤人，勤劳，求知欲强，传承旧知创建新知，不断自我完善，力争上游，把社会-家庭关系的力量发展为现代世界的商务关系的力量，等等。"② 这些因素积极促进了日本、远东和东南亚等国的发展，使得这些国家取得了惊人的成就。

西门诺科对儒学的认识主要体现在《孔子的箴言》一书中。他认为，整体而言，孔子学说是宗教，但又存有理性的因素。在孔子学说里，"天"虽然有其精神性，但已经失去了人格的特征，"天"体现了宇宙是一个整体的观念。孔子学说中，已开始显露出抽象的趋势，与此相应，"天"是万物的总括。"这是一个活泼泼的、具有灵性的、可见的实体。"③ 在肯定孔子学说中理性、抽象的因素后，西门诺科随后指出，"天"虽然是自然界可见的实体，但同时又有超验和超自然的特质，是万物和时间的创造者。但"天不言"，如何与之认识和沟通呢？孔子把这一重任放到了"君子"身上。"君子"是超人的存在，"天生德"于他，他就是天命的执行者。"孔子把自己的学说归结为'述古'，因为他不是表达自己的观点，而是替古代的圣贤发声，是替体现在圣贤之言中的'天'发声。'君子'来到世间是宣告天命并拯救世界的。"④ "君子"如何与"天"沟通，就是通过祭祀。西门诺科据此得出结论："就其基础而言，孔子学说是宗教。"⑤ 不过，他又指出，孔子学说虽是宗教，但又有自己的特点，这特点便是"将超自然性与自然性融合在一起"，"这一宗教和万物有生论接近，因为把世界看作是一个自然的、活的和有精神的整体；同时，这一整体与远古相重合，从而使其拥有了彼岸的、超自然的特点。这里，超自然性一方面与自然性相重合，

---

① Там же. С. 587-588.
② Там же. С. 588.
③ Семененко И. И. Афоризмы Конфуция. М., 1987. С. 18.
④ Там же. С. 21.
⑤ Там же. С. 23.

另一方面又与其分离。这种双重性贯穿于孔子学说的全部"①。在《孔子的箴言》的结论部分，西门诺科再次指出，"孔子学说本质上是宗教，这是它的主要特征……但孔子学说是一种特殊的宗教。他的主要特点在于将超自然性与自然性相结合，从而赋予这种学说理性的形式，并抹去了世俗与宗教之间的清晰界限。在确定了总的宗教性的同时，儒学又在自身保留了形成纯粹世俗世界观的可能性"②。西门诺科认为，正是孔子学说这种将理性与宗教性结合在一起的特征，导致后来的学者持不同看法，即一部分学者认为它是哲学，一些学者则认为它是宗教。

其实，苏联时期，除了上述四种对儒学性质的认识外，还有一些汉学家从阶级的角度研究儒学。彼得罗夫认为儒学是"贵族阶层的道德，反映了统治阶级和君王的意图"，这一观点得到了其他汉学家如拉杜尔-扎杜罗夫斯基、杨兴顺及波兹涅耶娃等的支持。杨兴顺对老子所言"非以明民，将以愚之"进行批判，认为这是典型的奴役人民精神的愚民观念。而孔子曾积极呼应这种观点，在《论语》中提出"民可使由之，不可使知之"。对此，杨兴顺毫不客气地指出，"这一反动的格言至今还是新孔子学说的法西斯主义的主要基础"③。贝列罗莫夫认为，孔子并没有清晰且详细的治国理政的规划，不过在对国家问题的讨论中，他把人分为两个类型、两个阶级：统治者与被统治者。其中，"君子"是他心目中理想的统治者。"在中国历史上，在'君子'这一形象的帮助下，孔子首次抬高了官员在管理体系与整体社会中的作用。"④ 孔子的目的是维护旧礼，维护旧贵族的权力，所以他的学说受到了世袭贵族的支持，可以说"孔子给没落的贵族阶级输入了新的力量"⑤。

苏联时期，人们对孔子学说性质的认识与评价之所以如此多元，原因较多。其中，主要原因在于孔子学说自身的复杂性和多样性。孔子学说包括政治、哲学、教育、文学、经济等内容，既含有理性成分，又有一些原始宗教观念的非理性成分；一些地方客观反映了广大人民的利益，一些地方用来维护贵族阶层的权力，这些特点造成了苏联中国学者对其作出不同的认知。当然，还有研究

---

① Там же. С. 23.
② Там же. С. 253.
③ （苏）杨兴顺：《道德经的社会伦理学说》，杨超 译，载《文史哲》，1955 年第 10 期，第 12 页。
④ Переломов Л. С. Конфуцианство и легизм в политической истории Китая. М., 1981. С. 95.
⑤ Там же. С. 98.

者自身的原因，研究者的出发点、文化素养和所处历史时代都会造成对儒学认识的不同。但无论如何，苏联时期对儒学认识的多元化，客观上反映了该时期儒学研究的深入。

三、当代俄罗斯：为人类提供智慧的《论语》

苏联解体后，俄罗斯学者和民众对儒学的关注度越来越高。不少汉学家不仅译介《论语》（详见第三章），而且对它蕴含的儒家思想的研究也愈加深刻和系统化。

在众多的儒学研究者中，贝列罗莫夫的研究成果最为丰富。在《孔子言论》序言中，贝列罗莫夫指出："学术界至今都回答不了一个问题：在世界不同的地方，为什么几乎是同时（相距也就几百年的时间）产生了世界三大宗教：基督教、儒教和佛教。正是它们的出现，才使得大多数的人类从野蛮走向了文明。"① 在贝列罗莫夫看来，孔子没有什么神迹可供描述，孔子之言语也并非来自神（上帝），儒教和其他宗教之间"最根本的差异在于摩西、基督和穆罕默德是来自上帝或阿拉的最高命令的传递者。他们的话是上帝之言、真主阿拉之言。而孔子是自己创建言语，是凡人之言"②。那么，儒学何以成为宗教呢？贝列罗莫夫的解释是："就形式而言，儒学不是宗教，因为它里面从来就没有教会制度；但就其自身的意义、深入人心的程度、对人民意识的培养和行为模式的塑造而言，它成功地完成了宗教的功能。"③ 可知，贝列罗莫夫之所以把儒学视为宗教，主要是从其对中国人民性格和价值观产生的影响而言的，他的这一认识与牟宗三的观点有相似之处。牟宗三认为，宗教的责任有二："第一，它须尽日常生活轨道的责任"，"在中国，儒教之为日常生活轨道，即礼乐（尤其是祭礼）与五伦等是。关于这一点，儒教就是吉、凶、嘉、军、宾之五礼以及伦常生活之五伦尽其作为日常生活轨道之责任的"。"第二，宗教能启发人的精神向上之机，指导精神生活的途径"。儒学"能开文运，它是文化创造的动力"，儒学通过"仁"和"性与天道"两种观念开辟生活。④ 在《孔子：生活、学说及命运》以及后来关于儒学的著作中，他仍从儒学对中国的重要性出发，将儒学与其他宗教作比，还把《论语》比作《圣经》等宗教书籍。不过，我们发现，

---

① Переломов Л. С. Слово Конфуция. М., 1992. С. 3.

② Там же. С. 3.

③ Там же.

④ 牟宗三：《中国哲学的特质》，上海：上海古籍出版社，2007 年（2008 重印），第 85-88 页。

他虽然把儒学当作宗教，但在论述的过程中，体现儒学是宗教的部分很少，更多的是科学翔实地描述孔子生平、孔子学说内容、孔子学说的命运等问题，同时描述孔子学说在中国和儒家文化圈所起的作用。贝列罗莫夫认为，俄罗斯是一个欧亚国家，基于这样的国情，俄罗斯应该借鉴中国发展的经验，因此他对儒学中的个人修养、治国理政等内容非常感兴趣。

马尔德诺夫认为："孔子学说可分为两大部分：政治和伦理道德。似乎是，伦理道德部分因自己鲜明的现实意义给人的印象更为深刻，但从历史观来判断，我们认为，政治部分的内容才是主要的。因为正是古代中国的政治形势产生了所有的社会思想，其中包括儒学；因为伟大的鲁国思想家正是为了政治需要才培养弟子的。"① 根据马尔德诺夫的观点，孔子的政治思想具有双重性，一方面孔子是革新者，主张执政者"在人民面前要尽自己的义务，恭敬地服侍鬼神，但又要和它们保持距离"（原文为"务民之义，敬鬼神而远之"）。这说明，孔子把人事放在了第一位，把鬼神放在了第二位。另一方面，孔子又给自己的政治使命涂抹一些准宗教色彩，如他言"凤鸟不至，河不出图，吾已矣夫（《论语·子罕》）"。马尔德诺夫从历史、伦理、哲学和文学等四个方面论述了儒学。对于儒学为什么能够拥有从远古到当今的长久生命力这一问题，马尔德诺夫认为根本原因在于"人类永恒的价值观是其精神的核心问题"。纵观马尔德诺夫的论述，可以看出他更倾向于认为儒学是一种思想体系，而不是宗教。

列·瓦西里耶夫在《中国古史》第 3 卷中称孔子为思想家、改革家和哲学家，认为孔子在"德"的概念上进行了"去神化"（десакрализация），人人都应该致力于"德"的培养和完善。不过，在仪式与"礼"方面，孔子并没有完全"去神化"，而是保持其神圣性的一面。列·瓦西里耶夫认为，孔子不是公认意义上的哲学家，因为形而上学、宇宙论、自然哲学或者本体论、神秘论和逻辑对他来说都是不存在的。除了古老的传说、古代的智慧、天命和伟大的"道"之外，孔子对超越现实和常识的一切东西都不感兴趣，不过这并不意味着他对哲学问题不关心，其实他一直在思考世界是如何建构的，只是他最为关注的是现实生活。同时，孔子的认识与行为之间又存在矛盾，如他说"未能事人，焉能事鬼""未知生，焉知死"，这表明他对鬼神或彼岸世界的不关心，但在驱瘟逐疫的"乡人傩"中却又"朝服而立于阼阶"，这说明他又有些迷信。《论语》中孔子不喜言"天""天道"和"天命"。在孔子学说中，"天"被"道"所取代，它们之间的差距犹如神圣和非神圣之间的差距。随着年龄的增长，孔子越

---

① Мартынов А. С. Конфуцианство《Лунь Юй》. СПб., 2001. С. 57.

来越意识到"天命"对现实不起作用,"用他自己的话来说,就是天生德于他,但却未能适当地重视这些美德。天好像根本就没有注意到它们一样,对孔子的命运没有进行任何干预,而这显然是他所希望的"。这样,"道"就成了孔子道德学说的重要组成部分。对孔子而言,"'道'是社会的最高秩序,是社会和谐和政治秩序的理想状态"。"道"在《论语》中意义很多,"'道'是生活中可靠的道路、公正的秩序、真理的体现和行为的标准,等等","换言之,'道'是孔子制定的各种美德的全部,是所有规则与法则的总和,是高尚社会里高尚之人的生活总则"。总之,孔子赋予"道"以重要意义。在对孔子的观点、行为进行一系列分析之后,列·瓦西里耶夫得出"孔子哲学的特点是在理论探索方面缺乏深入性和反思性,但却是一种追求可感知的、见效快的哲学"的结论。在他看来,追求快速见效其实是很不明智的行为。但他随即又肯定了孔子的贡献,"马克思说,哲学家致力于解释世界,但最终目的是改变世界。孔子早在马克思的两千多年前就已经意识到(虽然没有形成)这一点,他不仅终身致力于解释他生活的世界,而且努力改变那个世界"。所以,"孔子不但是一位伟大的哲学家,而且是一位具有彻底革新意识的哲学家"①。他还以《论语》为主要依据,论述了孔子关于道德、家庭社会关系、行政管理体制、治人之艺术的看法。由此可见,列·瓦西里耶夫不再单纯地从宗教视角或宗教功能上研究孔子学说,而更倾向于从政治和哲学的角度认识儒学。

　　1992 年,马良文的《孔子传》出版。该书由序言、正文和附录三大部分组成,正文部分又分为"前言:回归孔子""老师的青少年时期""修己之路""出仕与财富""在不朽的门槛上"和"结语:孔子是千万人之师"六个方面的内容。作者以时间为序,叙述了孔子的一生及其观点。在结语部分,马良文指出,孔子学说之所以能够在古代中国得到推广,原因在于孔子把"风俗、道德、政治、宗教与古代中国人其他社会生活的方方面面整合在一起。诚然,孔子奠定了整个中华文明的样式。此外,孔子还开创了中国传统教育的模式,不仅培养有能力的官员,而且还培养他们高尚的道德情操"②。马良文认为孔子学说是一种哲学,"是宽容、希望、常识和道德勇气的哲学,是追求人类和谐的'中道'哲学,这种哲学切实地成为中华民族的生活方式和世界观的核心。它使得异常复杂和形式多样的中华文明的统一成为可能"③。马良文指出儒学在当今依

---

① Васильев Л. С. Древний Китай. Т. 3. М., 2006. С. 200-235.

② Малявин В. В. Конфуций. М., 2001. С. 335.

③ Там же. С. 337.

然有强烈的现实意义，"儒学为我们复兴了一个自古以来就有的真理——一个人类在世界上存在的简单而又崇高的真理。在文明的荒野中，产生了丧失内在思想深度的人，人成为面貌模糊的人-螺丝钉、人-机器人。儒学为真正的、有意义的交流指明了道路，这种交流超越了'主体'抽象的平等和社会'个体'同样抽象的不平等。它宣告了永远吸引人的思想和永远难以捉摸的人的内在的真理——唯一一个不让人丢失自身人性的真理。"①。这里，马良文指出了儒学对当今世界人类精神建设的巨大作用。在《中华文明》这本书中，马良文指出："就社会与文化起源而言，儒学本质上是理性开明的祖先崇拜形式；就其社会意义而言，儒学是氏族结构与国家的结合。"② 他认为，儒学起源于远古的祖先崇拜，只是失去了原先的对祖先祭祀的神秘性，变得更为理性。在治国理政方面，孔子把国与家结合起来。在这本书中，马良文把早期儒学放在道德的节次下，说明他更愿意把儒学看作是道德学说。不难看出，马良文认为儒学是一种思想体系，里面内容多样，其中道德修养问题在儒学中尤为重要。

此外，卢基扬诺夫、马斯洛夫等汉学家对孔子学说也进行了深入研究。卢基扬诺夫认为，孔子学说是哲学，并阐释了孔子"道"的概念（对此第三章已有论述）。2009 年，在纪念孔子诞辰 2560 周年的国际学术研讨会上，卢基扬诺夫在参会论文《孔子的"道"和俄罗斯的"语言"》中再次从哲学视角谈论了自己对儒学的认识。他认为③，儒家思想的"好学"就是哲学，同古希腊哲学理念中的哲学完全相同。儒学中认知世界的"道"，是其能够立于世界哲学的原因。

马斯洛夫的《与孤独智者的对话》是将《论语》翻译与研究结合起来的成果。他在书中指出，儒学是一种民族心理学，故不应从哲学的角度，而需要从民族学和民族心理学的视角来描述儒学。"儒学和所有中国的传统文化一样，不是道德的，而是实用的。就是这一点构成了中华文明的核心，并在政治文化、行为准则和思维特点中显现出来。"对于儒学的作用，他这样写道："儒学是抽象的认识论，是无限大的存在，可以包容任何内容。一些中国人在审视自己的思想、行为准则和行为特点时，会说'这就是儒学'。这样，儒学不是应该是什么，而是已经形成了什么，它一直存在并不断发展。它不更正人的行为，只是为其找理由。"这里，马斯洛夫把儒学当成了一个无所不包的存在，认为其是中

---

① Там же. С. 347.

② Малявин В. В. Китайская цивилизация. М., 2001. С. 170.

③ 参见 卢基扬诺夫：《孔子的"道"和俄罗斯的"语言"》，《纪念孔子诞辰 2560 周年国际学术研讨会论文集》，2009 年，第 151 页。

国人解释自己言行举止的绝佳说辞。鉴于此，他指出，"较之于学说，儒学更像是一种信条（标准）"。对于儒学的性质，马斯洛夫认为："儒学本身是一个非常特殊的世界观，因此不应该等待一个清晰的答案：它是中国的宗教或只是一个道德学说？但明显，儒学在中国几乎发挥了宗教的所有功能，从而成为这个国家的准宗教。"① 这一观点还是值得进一步讨论的。

当代俄罗斯著名汉学家格里高利耶娃在《孔子》一文中指出："人类中心主义导致了消费文明，大自然正在成为人类的牺牲品。但根据事物相互转换的逻辑：人类也正在成为自然的牺牲品，根据最高公平原则，主体和客体的位置正在互换。"②她认为，若想改变这种状况，首先需要改变人的意识，因为思想才是演化的本质。中国文化与西方文化的不同在于前者具有非二元性的特点，即不是非此即彼，而是亦此亦彼。所以，西方资本主义世界若想摆脱当前自身面临的问题，需要从东方汲取智慧。在中国，无论是儒家文化还是道家文化都没有把人与自然对立起来，而是强调两者间的和谐统一，而人与自然的统一又是通过伦理道德来体现的。儒家文化非常重视伦理道德的建设，这也是中国近年来一直出于上升状态的原因，"中国成功的原因在于对儒家伦理的应用"。③根据儒学，天赋予人五常（пять Постоянств）仁义礼智信，它们是人五种高贵的品质。这五种品质对应于天地循环的五种能量即五行（金木水火土），当人的行为合理或不违反自然秩序时，这五种能量就相生，否则就相克。五常和五行的对应关系是：水-智、火-礼、木-仁、金-义、土-信。换句话说，人只有具备五常，才能够与天地、自然相统一。根据她的观点，道德的自我完善、天人合一是儒学的主要内容，也是中国近年来快速发展的原因。同时，这些智慧也可为人类走出当前困境提供借鉴。

长期以来，我国学界对儒学性质的认识也存在着较大的分歧。任继愈、牟宗三、李申等学者强调儒学的宗教性。在《论儒教的形成》一文中，任继愈指出，儒学在先秦还不是宗教，"只是作为一种政治伦理学说与其他各家进行争鸣"。不过，"从汉武帝独尊儒术起，儒家已具有宗教雏型……宋明理学的建立，标志着中国儒教的完成。它信奉的是'天地君亲师'，把封建宗法制度与神秘的宗教世界观有机地结合起来"④。一些学者如劳思光、钱穆、冯友兰、牟钟鉴等强调儒学的哲学性、思想性。李泽厚认为孔子学说"不重奇迹、神秘，却并不

---

① Маслов А. А. Конфуций. Беседы с одиноким мудрецом. М., 2020. С. 18—22.

② Григорьева Т. П. Конфуций // Вопросы философии. 2011. №2. С. 92.

③ Там же. С. 84.

④ 任继愈：《论儒教的形成》，载《中国社会科学》，1980 年第 1 期，第 66—67 页。

排斥宗教信仰",儒学具有"'终极关怀'的宗教品格",所以儒学具有"'半宗教半哲学'的特征"①。我们认为,儒学是一种思想体系,里面包括政治、伦理、教育等内容,但又有祖先祭祀和鬼神崇拜等宗教性内容。儒学思想这种复杂而多元的特点导致不同的人对之持有不同的认识。对这些认识,我们应该跳出非对即错、是非分明的狭隘认识模式,坚持一种多元开放的态度。也许,只有不同的声音融合在一起,才能勾勒出儒学的原貌,从而使我们的认识更加接近它的本质。

小结

本章以时间为轴,论述了俄罗斯学者对孔子形象、《论语》学和《论语》中儒家思想的研究。俄罗斯学者对上述问题的认识和研究主要有以下几个特征:

其一,对孔子及儒学的认识经历了由浅入深、由点到面的过程。帝俄时期,人们对孔子、《论语》和它的思想的认识都处于起始阶段,因此对这些问题的研究主要止于较为粗浅的介绍层面,甚至出现一些错误的认识,如把孔子描绘为诗人、医生,对《论语》的译介与研究也很表面,对儒学的认识相对而言也比较单一。苏联时期,尽管没有出现《论语》全译本,但却出现了研究《论语》的专著,对孔子和孔子学说的认识呈现出多样化和深入的态势。

其二,俄罗斯学者对孔子、《论语》和儒家思想的研究受所处历史时代的制约。现代阐释学认为"个人的前见比起个人的判断来说,更是个人存在的历史实在"②。俄罗斯学者对孔子、《论语》与儒学的认识带有鲜明的时代色彩和历史需要。帝俄时期,人们的宗教意识很强,不少汉学家主要从宗教的角度塑造孔子形象和阐释儒学。苏联时期,受当时意识形态影响,学者多从唯心唯物的视角和阶级立场认识孔子和儒学,孔子因而成为贵族阶级的反动代表,儒学也具有唯心主义的色彩。苏联解体后,俄罗斯经济发展缓慢,意识形态涣散,于是一些俄罗斯人把目光转向了蓬勃发展的中国。"对于那些深怀不安感和焦虑感的西方人来说,中国在某种程度上成了他们的一条出路或退路"③,他们期望能

---

① 李泽厚:《论语今读》,北京:世界图书出版有限公司北京分公司,2019 年,第 3-4 页。

② (德)汉斯·格奥尔格·加达默尔:《真理与方法》,洪汉鼎译,上海:上海译文出版社,2004 年,第 357 页。

③ (美)史景迁:《文化类同与文化利用》,廖世奇,彭小樵译,北京:北京大学出版社,1997 年,第 186 页。

够借鉴中国发展的经验，探寻俄罗斯复兴的途径。一些俄罗斯人认为中国的成就与执政者对儒学的应用分不开，故对儒学表现出前所未有的兴趣，对儒学中为人、为政的内容极为重视。

其三，对孔子及儒学的认识与中国的国力密切相关。帝俄初期，中国由强变弱，中国形象由智者的王国变成了滞后的代名词，孔子和他的学说相应地经历了从被赞美到被否定的命运。苏联时期，以老大哥自居的苏联认为中国这个新生的积贫积弱的国家应该向他们学习，所以对中国传统文化的研究较少。苏联解体后，乘着中国综合国力不断增强和国际影响力逐渐提高之势，孔子及其学说再次回到俄罗斯人的视野中，逐渐得到他们的认同，儒学也由此成为中国智慧的象征。孔子及其儒学在俄罗斯的遭遇体现了中俄双方国力的变化。

第六章 《论语》在俄罗斯的接受

贝列罗莫夫认为:"俄罗斯对孔子学说的精神文化交流在最近 200 年间可以划分为两个阶段。第一个阶段自普希金开始到戈尔巴乔夫改革之始,第二个阶段,我想不会比第一阶段短,将会贯穿整个 21 世纪。这两个阶段的显著差别在于:第一阶段俄罗斯感兴趣的是儒学中的理想人格教育和人类精神世界,那么现在俄罗斯关注的中心是治理社会与国家的问题及孔子学说中政府与人民间相互关系的原则问题。"① 整体而言,贝列罗莫夫对孔子学说在俄罗斯的接受状况的认识是正确的。不过我们认为,这种划分方法失于笼统。就时间而言,俄罗斯对孔子学说的接受其实在普希金之前已经开始。就接受内容而言,在不同历史时期也不是这么泾渭分明,如不少当今俄罗斯政治精英侧重于孔子学说的治国理政部分的内容,但不少普通民众对孔子学说中仁义礼智等伦理道德方面的内容及教育内容怀有很大兴趣。这就说明,孔子学说在俄罗斯的接受和影响不仅是持久的,同时也是多领域和多方面的。

第一节 《论语》在俄罗斯的接受

一、《论语》在帝俄时期的影响

帝俄时期,孔子学说的影响已初露端倪。为了巩固自己的统治,叶卡捷琳娜二世执政伊始就宣布实施言论自由,进行"开明专制"。为了暗讽女皇"开明专制"的虚伪,诺维科夫利用自己主编的身份,刊登了《中国哲学家程子给皇帝的劝告》和《中国皇帝雍正给儿子的遗嘱》两篇译文。耐人寻味的是,叶卡

---

① Переломов Л. С. Конфуций и конфуцианство с древнего по настоящее время (V в. до н. э. – X XIв.). М. , 2009. С. 518.

捷琳娜二世也利用儒学中的君主专制思想和道德说教来为自己的专制提供依据，所以《中国思想》《三字经》等儒家典籍在她统治时期得以出版。不仅如此，受一些西方启蒙思想家对中国理性和道德的推重，女皇"相信中国圣人先哲的思想和道德的普世价值以及对于后世的教育意义"①。为了把自己的皇孙培养成理想的储君，她创作了童话《费维王子的故事》。"在这个故事中……处处充满了理性的光辉，彰显着道德的力量。在这种环境下，王子经受了一次次考验，最终成长为一位体格强壮、心灵高尚，具有儒家君子德行的完人。"② 这里，两个持相反政治立场的人都运用儒学中的思想来表达自己的政治诉求，在这看似矛盾的背后恰恰印证了儒学内容的丰富性和复杂性，同时也说明早在 18 世纪，俄国人已经学会用儒家思想为自己的诉求进行辩护的事实。

无疑，这一时期的普希金与托尔斯泰对中国传统文化的喜爱最为学界津津乐道。普希金是俄罗斯文学界较早接触儒学的人。从 1811 年到 1817 年，普希金一直在皇村中学读书，在此期间他接触到了中国文化。我们知道，皇村的建筑风格是叶卡捷琳娜二世按照中国的建筑风格"打造"的，因此皇村中学的建筑中蕴含有不少中国建筑文化的元素。在《鲁斯兰与柳德米拉》中，普希金这样描写巫师的花园："在那迷人的田野里，/五月的清风徐徐送爽，/暗夜里摇曳的枝叶中，/中国的夜莺婉转歌唱。"（С прохладой вьётся ветер майский，/ Средь очарованных полей，/ И свищет соловей китайский，/ Во мраке трепетных ветвей）普希金笔下的花园不仅美丽，而且充满诗意，夜莺的歌唱反衬出花园的清幽，同时更增添了花园的迷人魅力。在多年的熏陶下，普希金对中国和中国文化产生了浓厚的兴趣，因此梦想着有朝一日能够来到中国。在《致友人》一诗中，他写道："出发吧，我已准备好，朋友们，/不论你们想去哪里，我都将紧紧跟随，/跟着你们，避开傲慢的她：/到遥远的中国长城脚下……（Поедем，я готов；куда бы вы，друзья，/Куда б ни вздумали，готов за вами я /Повсюду следовать，надменной убегая：/К подножию ль стены далекого Китая …）"为此，他向俄国政府提交了来中国的申请，可惜沙皇政府拒绝了他。普希金对孔子深怀敬意，在诗体小说《叶甫盖尼·奥涅金》的草稿中，他在第一章曾写下这样的诗句："中国的圣贤（孔夫子），/教导我们尊重青年——/（为防止他们迷途）/（不能急于加以责难）/（只有他们肩负着希望）/

① 阎国栋：《叶卡捷琳娜二世的中国观》，载《俄罗斯研究》，2010 年第 5 期，第 11 页。
② 同上，第 12 页。

（希望……）"① 这段话写在奥涅金受教育的那一部分内容旁，显然普希金是想借孔子之语来表达自己对青年人的看法。事实上，普希金对孔子教育思想的把握还是比较到位的。孔子曾言："后生可畏，焉知来者之不如今也？"（《论语·子罕》），"后生，指年少者，因其来日方长，前途无量，故可畏……就目前而言，似后生不如成人。然他年后生长成，焉知其必不如今日之成人乎？后来居上，出类拔萃者，亦可有之。"② 李泽厚言之："可见轻视年轻人似由来已久，孔子反对。"③ 也就是说，孔子反对不重视年轻人的观点，认为年轻人未来可期。普希金这里借用孔子的话，告诫人们要尊重年轻人，不能对他们妄加评论，他们是祖国的希望。只是不知出于什么原因，普希金最后把这段话勾掉了。

普希金是从哪里知道孔子及其思想的呢？其实，在当时的俄国已有不少介绍中国和孔子的资料。这些资料一部分是俄国人自己收集或创作的，一部分转译自西欧其他国家（尤其是法国、英国等）。普希金很有可能"已经读过俄文中有关孔子的译著……此外也有另外一种可能，就是普希金已经从伏尔泰为《哲学词典》所写的有关孔子的狂热评论中，知道这位中国圣人的思想。说不定，他从维格尔关于买卖城的孔子庙的叙述中，知道中国人民如何崇敬孔夫子"④。这里的维格尔（Ф. Ф. Вигель，1788-1856）是普希金的好友，此人曾到过中国一个名叫买卖城（Маймачин 的音译）的城市，该城是恰克图对面的一个边境小城，在城里的庙里他看到过孔子的塑像。普希金喜欢和维格尔交往，想必后者告诉他不少自己在买卖城的见闻。不过，"在普希金了解中国的过程中，著名的比丘林发挥了头等重要的作用。普希金与他大约在 1828 年结识，他们间的友谊断断续续地持续了好几年"⑤。比丘林还把自己的著作和译作如《中华帝国详志》《三字经》等赠送给普希金。这些都很好地促进了普希金对中国和儒家文化的了解和喜爱。

任光宣认为，俄国著名作家果戈理（Н. В. Гоголь，1809-1852）的《与友

① Алексеев М. П. Пушкин и Китай // Пушкин и Сибирь. Иркутск, 1937. С. 125. 原诗为：Мудрец Китая［Зачеркнуто：Конфуций］Нас учит юность уважать /［От заблуждений охранять（?）］/［Не торопиться осуждать］/［Она одна дает надежду］［Надежду мож...］

② 钱穆：《论语新解》，北京：生活·读书·新知三联书店，2002 年（2007 重印），第 240 页。

③ 李泽厚：《论语今读》，北京：世界图书出版有限公司北京分公司，2019 年，第 173 页。

④ 戈宝权：《中外文学因缘——戈宝权比较文学论文集》，北京：北京出版社，1992 年，第 46 页。

⑤ Алексеев М. П. Пушкин и Китай // Пушкин и Сибирь. Иркутск, 1937. С. 128.

人书简选》(1847)中"有儒家学说,尤其是孔子思想的许多成分。就是说,儒家思想超越了历史的时空,与这位俄罗斯作家的某些思想遥相呼应,有明显的或是隐藏的相似乃至一致性"①。为证明自己的这种观点,任光宣列举了两者之间相呼应的地方,其中一处是儒学的核心问题之一是如何做人,而果戈理的《与友人书简选》几乎通篇都在讲人的道德完善问题,即"做怎样的人"和"如何做人"。在"做怎样的人"时,果戈理提倡应做"心灵纯洁的人",这是儒家"君子"的再现。对于"如何做人",果戈理认为应该自我剖析和"从己做起",这与儒家的"进德修业"如出一辙。他还分析了形成这种呼应的原因,如文化交流、俄罗斯的地域位置容易接受中国文化、俄罗斯人注重整合和联系的思维方式、俄罗斯人笃信东正教、俄罗斯有识之士对祖国发展道路的思考等。不过,目前并没有直接的资料证明果戈理阅读了儒家典籍,果戈理在《与友人书简选》中也没有引用儒家典籍的内容,所以尚不能证实儒家思想对这位俄罗斯作家产生了影响。任光宣显然也意识到了这一点,因此在文章的结尾写道:"果戈理的许多思想也有可能是在俄罗斯本民族的历史、社会、文化发展的内部形成的,没有受到东方文化的影响。"②对于儒学是否对果戈理产生了影响这一问题,我们应该慎重对待,还需要搜寻更多的资料来论证或旁证他们之间的关系,而不能仅凭作品思想上的相似性就得出结论。

相比于果戈理是否受到儒学的影响这一悬而未决的问题,托尔斯泰对中国儒道文化的推崇和研究是毋庸置疑的。托尔斯泰在19世纪80年代初开始研究中国传统文化,而且很快就痴迷上中国文化。他在日记中多次记载了自己研读孔子学说的情况。1884年3月11日,他在日记中写道:"孔子的中庸学说妙极了,和老子一样履行自然的法则。这就是智慧,就是力量,就是生命。履行这个法则是无声无息的。这个法则只有在朴实、不知不觉和毫不勉强时,才是强有力的。我不知道这样做会得到什么,但它已使我受益匪浅。"他在3月19日的日记中写道:"孔子是正确的。关键不是权力的力量,而是信念——艺术——教会的力量,是生活仪式、娱乐和一定的道德,会被它们轻易地折服。"在3月21日的日记中写道,"读理雅各译的孔子英文本至深夜。几乎所有的论述都是重要且深刻的。"在3月29日的日记里写道:"读孔子。越来越深刻,越来越好。没有他和老子,《福音书》是不完整的,而没有《福音书》,他却没关

---

① 任光宣:《儒家思想的遥远回声——果戈理的〈与友人书简选〉与孔孟思想》,载《俄罗斯文艺》,2005年第3期,第41页。

② 同上,第47页。

系。"① 可见，托尔斯泰把孔子学说抬到了基督教之上。1891 年 10 月，托尔斯泰列出了对自己各时期影响最大的书目，认为在自己 50-63 岁间，孔子对自己影响很大。1900 年 11 月 12 日，他在日记中写道："学习孔子，非常好。我在汲取精神力量。我想记录我是如何理解《大学》和《中庸》的。"② 托尔斯泰之所以对儒道文化产生浓厚兴趣，主要原因在于当时俄国现实生活中的种种不公和黑暗状况让他对基督教思想产生了动摇，他渴望寻求或创建一种新的思想体系。这时他发现了中国思想，便如获至宝。"正是从对基督教进行批判和改造的目标出发，托尔斯泰对中国思想进行了认真的研究、借鉴，将两种思想相互对照、比较，相互损益、融通，力求形成自己的新的基督教思想体系。"③ 换言之，托尔斯泰研究中国思想的目的是给自己已陷入苦闷和困境中的精神信仰寻找一个出口，是为构建自己理想中的思想体系或所谓的托尔斯泰主义寻找理论支撑。其实，人的思维过程是一个不断选择的过程，人们总是倾向于去选择那些符合自己价值观或审美倾向的东西，即个人的选择在很大程度上取决于个人的需求。托尔斯泰对中国传统文化（包括儒学）的认识和接受正是基于自己的需求之上做出的有选择性的接受，主要表现有三：一是赞赏孔子对鬼神敬而远之的态度。"托尔斯泰特别注重孔子对待天与神、生与死这些他自己十分关注的问题。"④ 他在 1884 年日记的开篇写道："孔子不提上帝——个性化的神，而总是只谈天。他对鬼神世界的态度是：有人问他怎样侍奉死去的魂灵，他说，不能侍奉活着的人，如何侍奉死人呢？有人问死，他说，不知生，如何问死？又问死去的人知道我们侍奉他们吗？他答道，如果我说知道，我怕活人会为侍奉他们而害了自己的命。如果我说他们不知道，我又担心会忘记他们。你们没有必要知道死人是否知道。没有这个必要。"⑤ 接下来他感叹道："真诚地侍奉活着的人，远离所谓魂灵的世界——这就是智慧。"⑥ 这表明，他认为孔子对待鬼神存而不论的态度是极具智慧的做法。他不认可佛教的来世论，也否定基督教的末日论，故而非常认可孔子重视此岸世界、远离缥缈的彼岸世界的观点。二是非常关注

---

① Толстой Л. Н. Полное собрание сочинений. Т. 49. М., 1952. С. 66-74.

② Толстой Л. Н. Полное собрание сочинений. Т. 54. М., 1935. С. 54.

③ 吴泽霖：《托尔斯泰和中国古典文化思想》，北京：北京师范大学出版社，2000 年，第 63 页。

④ 同上，第 76 页。

⑤ 原话见于《论语·先进》：季路问事鬼神。子曰："未能事人，焉能事鬼？"曰："敢问死。"曰："未知生，焉知死？"

⑥ Толстой Л. Н. Полное собрание сочинений. Т. 49. М., 1952. С. 63.

孔子以德治国的理念。他在 1884 年的日记中译录了《论语·颜渊》① 的内容，如"政者，正也。子帅以正，孰敢不正?""苟子之不欲，虽赏之不窃""焉用杀，子欲善而民善矣。君子之德风，小人之德草。草上之风，必偃"。在他看来，"真正的权力不能基于传习，也不能基于暴力，它只能是基于对至高的东西的一致崇尚之上"②。可以说，"在孔子这里，托尔斯泰寻找着自己一贯主张的基于道德自我完善而以德治国，反对以力治国的理论武器"③。三是注重儒学中"修身"的内容。由于他一直主张"道德自我完善"，而儒学中的"修身"与他的这一主张有暗合之处，所以他最感兴趣。而对那些与他思想不同的地方，如"凡谈及社会、人伦以及神鬼、天人感应等处，他都一概不顾"④。简言之，托尔斯泰在孔子学说的热爱现世生活、积极完善自己和追求人间幸福中让自己陷入迷茫的精神和心灵得以安顿。他日益把追求真切的现实生活的幸福作为自己新生命观的目标，而要追求此生的幸福，就要爱，因为爱是"最好的生命之福"。他不仅把对儒学的思考融入自己的作品、写到日记和与友人的通信中，而且积极搜集儒学资料，译介儒学典籍，创作评价孔子及其学说的作品。由于托尔斯泰的声望很大，他对儒学的喜爱和思考无形中推动了儒学被更多的人所了解，客观上促进了儒学在俄罗斯乃至世界的传播。

帝俄时期，孔子学说不只是对一些政治精英如叶卡捷琳娜二世或文化精英如普希金、托尔斯泰、比丘林和格奥尔基耶夫斯基等产生或大或小的影响。同时，儒学也应该对那些阅读过儒学典籍或听闻过儒家思想的普通人产生过一定的影响。可惜由于年代久远、史料缺失，我们难以寻找这方面的材料。即便如此，我们不能因为史料的缺失就否定这种影响的存在。

二、《论语》在苏联时期的影响和接受

苏联前期，尽管汉学家对儒学的译介与研究比较薄弱，但儒学依然以自身内容的丰富性、普适性而拥有不小的吸引力。阿列克谢耶夫生前给自己的书房取名"不愠斋"，临终时的遗言是"希望在他的墓碑上端，装饰着展开的大理石

---

① Там же.

② Там же. С. 71.

③ 吴泽霖:《托尔斯泰和中国古典文化思想》，北京：北京师范大学出版社，2000 年，第 75 页。

④ 同上，第 142 页。

书卷上，以正楷镌刻'不愠'两个汉字"①。先生去世后，家人实现了他的遗愿，墓碑顶端竖放着大理石制作的书卷，上刻"不愠"二字。我们知道，"不愠"出自《论语·学而》"人不知而不愠，不亦君子乎"句。阿里克谢耶夫以"不愠"的境界来要求自己，也许正是对"不愠"境界的追求让他即便在遭受批判或误解时依然保持着谦谦君子的风骨。他的墓碑上还刻有两行碑文："诚意格物心宽体胖，孜孜不倦教学相长"。"诚意格物"源自《大学》"欲修其身者，先正其心；欲正其心者，先诚其意；欲诚其意者，先致其知；致知在格物"句，所不同的是，先生把"诚意"放在"格物"之前，表达了他对认识万事万物道理（对先生来说，就是汉学研究）的诚意。"心宽体胖"源自《大学》"富润屋，德润身，心广体胖。故君子必诚其意"句，表达的是德和心胸宽广的重要性，只要虚怀若谷，身体自然安适舒泰。说到底，"诚意格物心宽体胖"表达的依然是对君子品格的追求。"孜孜不倦"表达了先生对汉学研究的痴心和付出，"教学相长"则是其多年教学活动的心得和体悟。这两行碑文虽并不特别工整，但却是他一生的真实写照。可见，儒家思想对阿列克谢耶夫的影响多么巨大而深刻。

著名汉学家齐赫文（С. Л. Тихвинский，1918-2018）在一次采访中说，自己第一次知道中国这个国家时还是个不到 10 岁的小男孩。当时他的父母在列宁格勒郊区、芬兰湾南岸的伊若拉（Ижора）地区租了房子度夏，机缘巧合，他们的邻居就是阿列克谢耶夫院士。他的父亲对中国很感兴趣，常和阿列克谢耶夫隔着栅栏交谈，而且多半会谈到中国。这些谈话激发了他对中国的好奇和兴趣，同时一些去过中亚旅游的俄罗斯人和外国游客的游记像火花一样，照亮了齐赫文，坚定了他今后学习汉语、研究中国文化的决心。这之后，齐赫文对中国的兴趣日渐浓厚，还专门到埃尔米塔什博物馆看中国艺术的藏品。1935 年 9 月 1 日，开学第一天，正值他 17 岁生日，他进入语言系学习（当时被称为列宁格勒哲学、文学和历史系，后改称为语文系）。这一天给他们授课的正是阿列克谢耶夫。课堂上，先生拿起粉笔，在黑板上写了一串汉字，并让第一次见到这种字的学生抄写下来。第二堂课是《论语》中"学而时习之不亦乐乎"的俄译文："Учиться и постоянно совершенствоваться-это ли не радость?!"下课后，齐赫文回到家，由于这天是他的生日，父母本想让他庆祝一下，但他却说："我不要过生日，我要学习!"深夜，父母来到他的房间，看见他还在痴痴地学写这

---

① （俄）列·谢·贝列罗莫夫：《孔夫子学说在俄罗斯过去、现在与未来》，陈开科 译，载《云梦学刊》，2000 年第 6 期，第 36 页。

些中国字①。就这样，通过老师阿列克谢耶夫的讲解，齐赫文结识了中国汉字，结识了孔子，进而结识了中国文化。孔子的"学而时习之，不亦乐乎"也成了他一生的座右铭，激励他不断学习、探究，并取得了辉煌的汉学成就。

毫无疑问，在众多的苏联汉学家中，贝列罗莫夫受儒家文化影响最深。他不仅呼吁俄罗斯政治精英从儒学中汲取有利于俄罗斯发展的政治智慧，还认为俄罗斯人应该学习儒学中"为人"方面的内容，他本人也一直身体力行。20 世纪 60-70 年代，中苏关系恶化，他的父亲嵇直由于曾经"长期在苏联生活和工作，甚至还获得过苏联勋章，儿子又在苏联，难免被扣上种种帽子，后来又在'文化大革命'中挨批斗、关牛棚，被打成'苏修特务'，最终被关入政治犯监狱"②。这段遭遇严重伤害了嵇直的身心健康。"四人帮"垮台后，他虽得到平反，但不幸得了重病。贝列罗莫夫得知这个消息后，很是担心，决定来北京看望父亲。于是他给苏联有关部门打了报告，说："按照我研究的中国传统文化的观点，父亲病危，儿子有责任去探望和照顾。"③ 无疑，贝列罗莫夫冒险来北京探望父亲，是天生的血缘亲情关系使然。但正如他所言，按照"中国传统文化的观点"，他也应该看望父亲。这里，中国传统文化应主要是儒家文化，尤其是儒家的孝文化。"孝弟也者，其为仁之本与"，"孝"是仁（人）的根本所在，人禽之别的根本在于子女对父母的感情的自觉培养，鸟禽离开家后，不再归家；而人则需要尽孝于父母，不让父母为自己担心，在父母处于困境时应及时尽孝，所以提出了"父母在，不远游，游必有方"。现在父亲病危，远在他方的儿子于情于理都应该回到父亲身边，照顾父亲，报答养育之恩。

事实上，《论语》的思想和主张不仅对那些长期浸润在中国传统文化中的汉学家产生了深远的影响，还给被誉为"俄罗斯良心"的作家、诗人和历史学家索尔仁尼琴（А. И. Солженицын, 1918-2008）带来了很大的心灵慰藉。1976年，索尔仁尼琴在接受日本电视台一位主持人的采访时说："在狱中，他对远东的哲学感兴趣，尤其对山鹿素行④的思想感兴趣。"⑤ 科别列夫（Лев Копелев）在回忆索尔仁尼琴时说："1948 年，在马尔芬（Марфин，劳改营名称），他将

---

① Российское китаеведение-устная история : Сборник интервью с ведущими российскими китае-ведамиXX-XXI вв. Т. 1 // отв. ред. В. Ц. Головачёв. -2-е изд., испр. и доп. М., 2018. С. 352-353.

② 嵇钧生：《莫斯科的孔夫子嵇辽拉》，载《俄罗斯学刊》，2013 年第 4 期，第 71 页。

③ 同上，第 72 页。

④ 山鹿素行（Yamaga Soko, 1622-1685），江户前期的儒学家、兵法家，宣扬儒学和武士道精神，用儒家思想创立武士道，并创建了"山鹿派兵学"。

⑤ Нива Жорж, Солженицын. М., 1992. С. 83.

老子和孔子的格言分别记在卡片上。这是否意味着，索尔仁尼琴的思想中含有欧亚主义成分呢？但无论如何，在他的思想里俄罗斯精神、俄罗斯的自我节制和日本的禅文化或中国的老子思想相互联系，渗透在一起。正是劳改营的遭遇，才使俄罗斯作家的'东方风格'得以绽放。"孔子的格言，应该就是《论语》，要知道，《论语》通常被译为《孔子的箴言》或《孔子的格言》。索尔仁尼琴对自己这种行为的解释是："在劳改营，我们被强制于这样的处境中。除了关注心灵之外，我们还能做些什么？"① 身陷囹圄，心中难免苦闷，有苦闷就需要排解，而儒家的乐文化无疑是医治索尔仁尼琴苦闷压抑的心境的一剂良药。"饭疏食饮水，曲肱而枕之，乐亦在其中矣"，安贫乐道，儒学中这种超然之"乐"可以帮助人们坦然面对任何境遇和富贵贫贱。

孔子学说还引起了宗教界的关注。梅尼（Александр Мень，1935–1990）是苏联时期非常著名的神父，他在《沉默的大门》的第三章"遵照先人遗教"②（По заветам предков）专门论述了孔子的生平和学说。也许是考虑到广大信徒受教育程度有限的问题，梅尼神父的用语非常浅显，一般读者阅读起来几乎没有障碍。贝列罗莫夫对该书的评价是："以大众读者的水准延续着对孔子精神遗产认知的传统。"③《沉默的大门》的载体不仅有传统的书籍，而且还有电子版，另外还有音频。这种将传统与现代传播媒介结合起来的立体传播方法，加上梅尼神父自身的影响力，增加了俄罗斯民众对儒学的认同感和孔子学说的接受。

三、《论语》在当代俄罗斯的接受

苏联解体后，一些汉学家、政治精英、文学家和普通民众对孔子学说表现出了前所未有的兴趣。如果说在帝俄和苏联时期，俄国人对孔子学说的关注主要表现在修己和道德等精神层面，那么当今俄罗斯对儒学的关注则是全方位的，不仅关注其政治思想，还关注其伦理、哲学和教育等思想。

贝列罗莫夫、马尔德诺夫及卢基扬诺夫等不少俄罗斯汉学家呼吁俄罗斯政治精英借鉴儒学中治国理政的经验，吸收孔子学说的精华。贝列罗莫夫认为，中国社会的快速发展和儒学文化圈国家经济的腾飞，都与这些国家和地区的领导人汲取儒学智慧有关。卢基扬诺夫在《"中国梦"的哲学基础》一文中，认为"中国梦"是根植于中国传统文化的，"'中国梦'浸润着儒学精神，习近平

---

① Там же. С. 83–84.

② Мень А. У врат Молчания // История религии. Т. 3. М., 1992. С. 19.

③ Переломов Л. С. Конфуций и конфуцианство с древнего по настоящее время（V в. до н. э. – X XIв.）. М., 2009. С. 520.

主席以此来激发中华民族的爱国主义精神和工作热情。在中国，儒学的新复兴起始于邓小平，1979 年他正式提出了儒学概念小康"①。儒学已成为中国人的精神-行为代码，至今人们仍用一些儒家格言来表达时下的价值观，如"和而不同""君子喻于义"等。事实上，不仅俄罗斯学者对儒学青睐有加，俄罗斯的政治精英们也注意到了孔子学说在恢复和重建俄罗斯精神价值体系中的作用。不少俄罗斯从政者在政治生活中能够运用孔子学说的一些内容来表达自己的观点。比如，时任俄罗斯联邦上院副议长道格拉特夫（А. Долголаптев）曾引用孔子学说批评总统叶利钦："儒学奠基人孔子的目的是培养'圣明的执政者'。可以说，'俄罗斯民主选择党'在国会选举失败后，我们的总统就面临着运用孔子的'中庸'原则为最好方法的情势。"②俄罗斯直辖高等法院咨询事务主任维格罗夫（А. Б. Венгеров）在电视采访中承认，在工作时以孔子的"和"为原则。他阅读过贝列罗莫夫的《孔子：生活、学说及命运》，不认可后者把"和"解释为"不同认识之上的统一"。维格罗夫认为，"法律上'和'的原则更为准确的解释是'同意（согласие）'，而'同'则是'妥协（соглашательство）'"③。

　　俄罗斯前总统、总理梅德韦杰夫曾学过汉语，对中国传统文化怀有浓厚的兴趣，可以说是个知华派。2008 年 5 月 24 日，他到北京大学访问，并做了演讲。演讲中在谈到教育与未来世界的关系时，他说："儒学是华夏文明的基础，儒学的意志保证了它不间断的发展，几千年的发展也创造了伟大的中华文化的传统。《论语》的第一句话是有名的'学而时习之，不亦乐乎'。"④ 他用"学而时习之，不亦乐乎"勉励青年学生认真学习，再恰当不过。2009 年 9 月 10 日，在《俄罗斯，前进!》一文中谈到一些人对政府改革的力度和速度感到不满并提出质疑时，他说道："我们没有权利拿社会的稳定来冒险，也不能为了任何抽象的理论而使我们的公民受到威胁，没有权利为了最高目标来牺牲稳定的生活。孔子曾言：'小不忍则乱大谋'……改革是一定的，但应该是循序渐进的、深思熟虑的和分阶段的。"⑤ "小不忍，则乱大谋"出自《论语·卫灵公》，意为小事情不忍耐，就会破坏大计划。显然，他引用这句话的目的是想告诉人们改

---

① Лукьянов А. Е. Философские прообразы《китайской мечты》// Вестник РУДН. 2015. No3. С. 51.

② Переломов Л. С. Конфуций и конфуцианство с древнего по настоящее время（Ⅴв. до н. э. - ⅩⅪв.）. М., 2009. С. 524.

③ Там же. С. 525.

④ http：//www. docin. com/p-1797749542. html. 2020-12-1.

⑤ http：//www. kremlin. ru/events/president/news/5413. 2020-12-1.

革不能操之过急，否则会有可能重蹈苏联解体的前辙，给俄罗斯带来巨大的混乱或动荡。

俄罗斯国际慈善基金会主席鲁斯兰（Руслан Фаталиевич Байрамов，1969-）非常喜爱中国文化，尤其是儒家典籍《论语》。2012 年 2 月 21 日，他在访问中国孔子基金会北京办事处时说道："我 20 岁就开始读《论语》，一直到今天 20 多年了我还在读，孔子太伟大了，如果一个人能领悟孔子的思想他就会取得成功，所以我们要携起手来向世界传播孔子文化，让更多的人了解孔子思想的博大精深，才能使人们和睦相处以达到世界和谐。"①从这段话中，我们可以感知到他对《论语》的喜爱和对孔子的高度赞美。同时，也可以看到他认为孔子学说中的一些理念对当今世界的和谐具有重要作用。

目前，俄罗斯有相当一部分政治精英对孔子学说予以很大的关注，并将其运用到自己的政治生活中。2006 年 7 月 13 日，当时的莫斯科市长卢日科夫在《俄罗斯报》发表了题为《我们与西方》的文章。文中他引用孔子的"名不正则言不顺"，用来反驳西方强加给俄罗斯的"威权主义""帝国性"和"扩张性"等罪名②。这说明越来越多的从政者意识到了儒家文化的现实意义。但同时我们也应该看到，也有不少政治家对儒学的理解不到位，甚至出现一些误解现象（见第三章）。相信，随着中俄两国间文化交流的深入和儒学在俄罗斯译介与传播力度的不断加大，越来越多的政治精英能够感受到儒学的魅力以及对自己政治生活的帮助。这样，儒学对俄罗斯政治文化的影响在将来会持续加大。

俄罗斯文学界对中国传统文化也表现出了浓厚的兴趣。一些作家以儒道墨等学说为创作元素，希冀以此来表达自己对现实社会的思考、人生意义的追问和自身的思想诉求。佩列文（В. О. Пелевин）在创作中常借用道家的一些典故如"南柯梦""庄周梦蝶"等，库切尔斯卡娅（М. А. Кучерская）运用墨家的"兼爱"为陷入迷茫的主人公寻找心理上的慰藉和解脱，扎伊奇克（Хольм ван Зайчик）则将儒家学说内容融进自己的作品中。扎伊奇克其实是俄罗斯科幻作家、中国学家雷巴科夫（Вячеслав Рыбаков）和阿利莫夫（Игорь Алимов）两人合用的笔名。2000 年至 2005 年他们创作了总标题为《没有坏人》（《Нет плохих людей》）、副标题为《欧亚交响曲》（《Евразийская симфония》）的系列小说，小说共分三卷，里面有七部作品。在这部小说集中，作者构建了一个名为"华夏耦而杜私"（Цветующая Ордусь）的欧亚帝国，该帝国由七个国家

① http：//www. chinakongzi. org/zgkzjjh/dwjl/201303/t20130327_ 13152. htm. 2020-12-5.

② https：//radonezh. ru/monitoring/yury-luzhkov-my-i-zapad-22273. html. 2022-3-15.

按照平等互利的原则联合在一起，实行统一的法律，在意识形态上以儒家思想为主。这个国家虽然施行法治，但更重德治，各阶层的人都以孔子的"仁""礼"作为自己言行的准则，所以这个帝国的人能够和谐相处。尤其是在第三卷《不熄明月案》（《Дедо непогашенной луны》）中，作者更是多处借助孔子的思想来表达作品中人物的思想活动。如在叙述国家和个人的关系时，书中这样写道："很久以前，在把国家和家庭平等对待的前提下，伟大的孔子就形成了个人对国家和国家对个人的尊敬关系的基本准则。他教导说，在为父亲服务的过程中，可以学会为国家服务；在关爱儿子时，可以学会关心人民。"①　这里，父子之间的关系被上升到国家与人民的关系，其实这也反映了俄罗斯的一些现实问题，如国家与人民、个人与群体及国家之间的关系。可以说，在《不熄明月案》中，读者随时可看到孔子或《论语》这样的字眼。需要指出的是，扎伊奇克只是借《论语》之名来表达自己对社会上存在的一些问题的思索，而他所列举的一些所谓孔子的简介和言论几乎与《论语》没有真正的关系。如《不熄命月案》卷首语如下："夫子让弟子们演各族人物，自选角色。孟达曰：'吾扮德意志人。'穆达曰：'吾扮俄罗斯人。'夫子又问曰：'孰扮犹太人？'……"之后说引自《论语》第23篇。我们知道，现在通行《论语》共20篇，即便是《齐论语》，共22篇。显然，这是作者杜撰的。此外，扎伊奇克在《不熄命月案》后还附录了一篇名为《论汉字"仁"》（《Об иероглифе жэнь》）的文章。文中以"仁"的字形结构为切入点，阐述了作者对"仁"的独特看法。扎伊奇克认为，"仁"由"人（亻）"和"二"组成，这里"二"是平行结构，一个长，一个短；一个接近天空、一个接近大地。也就是说，它们之间是不一样的，但又是不可分开的，两者是互补的。这表明它们不追求等同，但又相互制约。离开"仁"就会产生冲突，遵循它就会避免冲突。最后，作者写道："对一个看似简单的象形文字作深刻的冥想不是一个隐喻，当然也不是一个美丽的无所事事。看着'仁'，安静深思，可以理解很多东西。"②

俄罗斯越来越多的普通民众开始阅读《论语》和相关作品，这一点从有关儒学的著作和《论语》等儒家典籍俄译本的出版及销售情况可窥见一斑。贝列罗莫夫的《孔子言论》发行1万册，《孔子：生平、学说及命运》发行1万册。1992年马良文的《孔子传》由莫斯科的"青年近卫军（Молодая гвардия）"出版社出版，当时发行15万册，这个数量可以说是空前的。但即便如此，仍供

---

① 　Хольм ван Зайчик Дело непогашенной луны. СПб, 2005. С. 159.

② 　Там же. С. 574.

不应求，于 2001 年再版，印数 5 千册。之后，在 2007 年、2010 年和 2020 年又三次再版。这充分说明了孔子在俄罗斯的受欢迎度。同时，《论语》俄译本也非常畅销，如贝列罗莫夫曾言："《论语》已经供不应求。事态甚至发展到独联体一些国家出现盗版的程度。"①中国学者刘亚丁也举过类似的例子，"2001 年秋天大汉学家李福清对我说：彼得堡的'水晶'出版社出版了一本特殊的《论语》译本，每一句话都有五位译者的五种译法，译者中有阿列克谢耶夫院士这样的大汉学家。第一次印了一万本，他以为卖不完，可是很快就卖完了。第二年又印了一万本"。此外，刘亚丁还写道："2002 年春天，我自己去参观离莫斯科100 多公里远的谢尔基圣三一教堂，教堂前的广场上有很多摆地摊卖纪念品的小贩。一个卖俄罗斯漆器工艺品的男子问我：'是中国人吧？'得到我的肯定回答后，他对我说：'我非常崇拜孔夫子，他是最聪明的人。'然后给我说起了大致相当于'学而时习之不亦说乎'之类的话。"② 一个卖工艺品的街头小贩都能说出孔子的话，这足以说明孔子学说在俄罗斯已经引起了普通民众的兴趣。

　　近年来，市面上出现了多个《论语》俄译本。在俄罗斯，不仅有不少实体书店出售《论语》俄译本，而且一些大型书店的官网如 www. labirint. ru、www. chitai-gorod. ru、www. bookvoed. ru 也在出售《论语》俄译本。据笔者不完全统计，自 2010 至 2021 年 11 月 10 余年间出版的在售《论语》俄译本信息如下：

译者	书名	出版年份	出版社
П. С. Попов	Суждения и беседы	2010	АСТ
	Путь Конфуция	2012	Феникс
	Беседы и суждения	2013	Пан пресс
	Суждения и беседы	2016	Азбука-классика
	Беседы и суждения	2016	АСТ
	Суждения и беседы	2018	Эксмо
	Суждения и беседы	2018	АСТ
	Суждения и беседы	2018	Центрполиграф
	Беседы и суждения	2020	АСТ
	Беседы и суждения	2020	АСТ
	Суждения и беседы	2020	Эксмо
	Беседы и суждения	2020	СЗКЭО

---

① Переломов Л. С. Конфуцианское четверокнижие. М., 2004. С. 399.

② 刘亚丁：《风雨俄罗斯》，成都：四川人民出版社，2002 年，第 294-295 页。

译者	书名	出版年份	出版社
Л. С. Переломов	Суждения и беседы	2017 2021	Рипол-классик Рипол-классик
И. И. Семененко	Лун юй (Изречения)	2011 2014 2016	АСТ Эксмо Восточная литература
Б. Б. Виногродский	Рассуждения в изречениях	2019	Эксмо
В. П. Абраменко	Лун юй	2017	ИДВ РАН
А. Е. Лукьянов, В. П. Абраменко	Суждения и беседы Лунь юй①	2019	Шанс
А. Е. Лукьянов	Луньйый (Суждения и беседы)	2021	Шанс

　　这些数据表明，近 10 多年来，俄罗斯民众对《论语》的需求不断高涨，也说明了他们对《论语》及儒学的认可。不仅如此，中国国内一些对《论语》解读的通俗文本也被译成了俄语，如于丹的《〈论语〉心得》、杨春俏的《中华经典故事：论语故事》和蔡志忠的漫画《孔子说·论语》等。虽然不少中国学者认为《〈论语〉心得》缺乏严谨性，如只引用了《论语》中约十分之一的内容，书中还存在一些牵强附会和误解曲解之处。但如果站在大众传播和接受的角度来说，《〈论语〉心得》无疑又是成功的，因为该书面向最广大的普通读者，把孔子学说从遥远的过去拉到现实，总结孔子智慧对现代人的启示，一定程度上满足了人们的心灵需求，故一时间受到人们的热捧。2010 年，该书的俄译本出版，书名为《От сердца к сердцу. Уроки "Луньюя"》，译者是库兹涅佐夫（В. И. Кузнецов）。2018 年，该书再次被译成俄语出版，书名为《Уроки〈Суждений и бесед〉: цвет и температура Конфуция》，译者是伊夫列夫（Л. А. Ивлев）。无疑，《〈论语〉心得》较强的现实性和喜闻乐见的讲说方式使其在译成俄语后，更容易被俄罗斯普通读者所接受。2018 年，《中华经典故事：论语故事》俄译本出版，译者为嘉芙洛娃（Е. А. Гафурова）和尼古拉耶娃（В. В.

---

① 该译本是卢基扬诺夫的《论语》科学译本和阿布拉缅科的《论语》诗歌译本的合译本。

Николаева）。这本书通过一个个生动形象的小故事讲述《论语》中的话，阐述了孔子学说中蕴含的做人做事的道理和智慧。这些故事表明孔子的话不是枯燥乏味的空话，而是可用于实践的智慧。漫画《孔子说·论语》通过一幅幅通俗易懂、生动活泼的漫画讲述孔子学说和思想。2020 年，魏德汉将该书译成俄语。让俄读者通过图画认识孔子学说，这种新颖而别具一格的儒学讲解形式深受普通读者的喜爱。此外，还出现了以《论语》等思想文献为基础的研究，如马斯洛夫的《孔子：和孤独智者的对话》（2020）。

如果说，在 20 世纪和 21 世纪的初始几年，俄罗斯民众对孔子学说的了解方式主要有两种："书刊发行和新闻媒介的宣传，事实上这两种方式是互相渗透的。有时，新闻媒介起着更重要的作用。"① 之所以说新闻媒介的作用更大，主要是因为新闻媒介的信息量大、内容更新快、受众面更广。那么现如今，普通读者除了通过传统的纸质媒介如报纸、期刊和书籍等阅读儒家典籍外，越来越多的读者还可以从互联网上阅读相关儒学资料。目前，俄罗斯互联网上的儒学资源非常丰富，不仅包括对孔子及其学说的一般意义上的泛泛介绍，而且还有很多专业的学术著作及期刊。笔者尝试在 Яндекс 上输入 конфуций，结果搜索到了 200 多万条与孔子相关的信息，输入 конфуцианство，结果上面显示了 5 千多条相关信息。同时，在 Яндекс 几乎可以搜寻并下载到贝列罗莫夫、马良文、卢基扬诺夫、马尔德诺夫等当今著名汉学家的所有著作，而且还可以搜索和下载到帝俄时期瓦西里耶夫、柏百福及苏联时期阿列克谢耶夫、康拉德等人的部分作品。在这些资源中，还有一些作品是有声读物，这给那些无暇看书或文化水平有限的读者提供了方便。大量关于儒学的俄文资料，一方面显示了俄罗斯民众对孔子学说的热情，另一方面又为那些想了解该学说的普通读者提供了便利。

不过，我们也应该看到，目前俄罗斯民众对孔子学说的认识并不完全正确，主要表现是把不是孔子说的话都一股脑地按在孔子头上。俄罗斯网站上流传有"孔子最好的 20 则箴言"（20 лучших афоризмов Конфуция），还有的是"孔子最具智慧的 25 句名言"（25 мудрейших цитат Конфуция）。这些所谓的名言里面有些是《论语》中记载的孔子言语，如"质胜文则野，文胜质则史。文质彬彬，然后君子""未知生，焉知死""过而不改，是谓过矣"等句。但同时发现，有一些话语与孔子无关，如"别人在你背后吐唾沫，说明你走在了前面

① （俄）列·谢·贝列罗莫夫：《孔夫子学说在俄罗斯过去、现在与未来》，陈开科译，载《云梦学刊》，2000 年第 6 期，第 37 页。

（Если тебе плюют в спину — значит ты идешь впереди）"。其中还有一句是
"若你心怀憎恨，说明你已经输了（Если ты ненавидишь — значит тебя
победили）"，孔子曾言"躬自厚而薄责于人，则远怨矣"和"伯夷、叔齐不
念旧恶，怨是用希"，但好像与这句话无关，其实孔子主张以直报怨，《论语·
宪问》"或曰：'以德报怨，何如？'子曰：'何以报德？以直报怨，以德报
德。'"把原本不属于孔子的箴言也归到孔子名下，说明在俄罗斯人心中孔子俨
然已经成为中国传统文化的代表。整体而言，这些箴言大都与修身养性相关，
这表明不少民众关注的是儒学中道德修养部分的内容。只是一些并非孔子的言
语也被附在上面，这说明普通民众对孔子学说的认识尚有待提高，更说明儒学
在俄罗斯的传播依然任重而道远。

第二节 《论语》在俄罗斯接受的原因

由上文可知，《论语》在俄罗斯的流传度随着时代发展而不断提高。尤其是
在后苏联时代，《论语》更是为越来越多的俄罗斯人所知晓和喜爱。我们认为，
《论语》之所以能够被俄罗斯文化认同和接受，主要原因有三：俄罗斯文化的欧
亚双重性、儒学和东正教的相通性、《论语》思想的丰富性和超越性。

一、俄罗斯文化的欧亚双重性

俄罗斯文化具有典型的东西方双重性，这主要与其地理位置相关。不少人
类学家和社会学家认为，地理环境对一个民族文化的形成起着决定性的作用。
在很大程度上，地理环境决定了居住在该地区民族的生存和生产方式，并决定
着该地区人们的世界观、价值观，进而决定着人们的行为模式和社会规范。俄
罗斯幅员辽阔，国土面积 1709 万平方公里，是一个横跨欧亚两大洲的国家。这
样的地理位置在很大程度上决定了它处于东西方文明之间，因而在自身文化发
展的过程中可以同时吸收东西方文化的精华。俄罗斯的历史发展表明，它一直
是在东西方文明的双重影响下发展的。13 世纪初，蒙古族开始大规模西征，在
俄罗斯建立了钦察汗国，之后对其进行了长达两个半世纪的统治，从而给俄罗
斯留下了东方文化的烙印。后来，彼得大帝和叶卡捷琳娜二世都非常倾慕欧洲
文明，先后实施了西化改革，主动吸纳欧洲文化，因此俄罗斯文化又具有强烈
的西方色彩。17 世纪后，欧洲兴起"中国热"，俄国上层统治阶级和贵族受此
影响，又开始关注中国的物质文化和精神道德。所以，在东西方文明的双重影

响下，俄罗斯的文化既不完全像西方文化，又不完全像东方文化，而是具有自身特质的欧亚文化。文化上的欧亚性使得俄罗斯的文化具有很强的包容性。"这种包容性是指俄罗斯文化善于吸收其他民族文化的营养和精华，具有'掌握任何一种民族类型特征的能力'（罗斯基语），不断充实和完善自己，使自己像滚滚奔流的伏尔加河一样，成为一种容纳百川的文化现象。"① 可见，俄罗斯文化愿意吸收一切有利于本国发展、让自己变强变大的文化。尤其是俄罗斯的东方文化传统，让它比西方文化更易接受和吸收中国文化。1905 年，托尔斯泰在给张庆桐的信中写道："在俄国和中国这两个伟大的民族间有一种内在的、心灵上的联系，他们应该手挽手走在一起。"② 吴泽霖指出："托尔斯泰正是在研究中国古典文化思想的基础上，看到了俄中两国人民的'内在的、心灵上的联系'。"③ 也就是说，中国古典文化和俄国传统文化具有一定的相似性，才会造成两国人民"内在的、心灵上的联系"。我们认为，中俄文化相似性的根源在于两国的农耕文明。中国是典型的农耕文明，自不待言。和西方海洋文明相比，俄罗斯文明也具有明显的农耕文明特征，如村社制度在俄罗斯历史上相当长一段时间内占据重要地位。尤为重要的是，近 30 年来，中国经济的快速发展令世界为之瞩目，世界上不少学者把中国的成就归功于中国领导人成功运用儒学智慧的结果。俄罗斯也被中国的巨大成就所吸引，部分社会精英把目光从西方转向中国，期望从中寻找有利于俄罗斯发展的良方。

二、《论语》思想与东正教的相通性

朱达秋认为，俄罗斯东正教教义与儒家思想存有相通之处，主要表现在两个方面：一是"二者都强调下对上的自觉服从，这一思想能够起到巩固专制统治的作用"，二是"不论是俄罗斯的东正教还是中国的儒学，都更为重视群体，而忽视个人的地位和权利"。④ 这种见解不无道理。此外，我们认为，儒学之所以能够被包括俄罗斯文明在内的世界其他文明所接受，根源在于儒家完备的道德体系。众所周知，儒学非常重视道德建设，因为在儒学看来，只有有德之人才可以"赞天地之化育"，从而实现"与天地参"。同时，只有有德之人才可治

---

① 任光宣：《俄罗斯文化十五讲》，北京：北京大学出版社，2007 年，第 16 页。
② Толслой Л. Н. Полное собрание сочинений. Т. 76. М., 1956. С. 63.
③ 吴泽霖：《托尔斯泰和中国古典文化思想》，北京：北京师范大学出版社，2000 年，第 113 页。
④ 朱达秋：《俄罗斯东正教与中国儒学的比较》，载《解放军外国语学院学报》，2007 年第 1 期，第 115 页。

国、平天下。为此，孔子提出了"仁、义、礼"，孟子在此基础上增加了"智"，到汉代又扩充了"信"。于是"仁、义、礼、智、信"成为儒家的五常，并成为中国伦理的核心。

在儒学众多的道德元素中，《论语》中的"仁"和东正教（还有基督教）的"爱"共性最大。"仁"是孔子学说的精髓和根本所在。"孔子通由仁而开始塑造一个文化心理结构体，如说得耸人听闻一点，也就是在制造中国人的心灵。"①孔子并未给"仁"下确切的定义，而是根据所言对象的不同给出不同的解答，或曰"仁者爱人"，或曰"克己复礼为仁"，亦曰"能行五者（恭宽信敏惠）为仁"，等等。简言之，"仁"的含义宽泛多变，但又贯穿孔子学说之中，"仁为孔子'一贯'之道，中心之学说。故《论语》中亦常以仁为人之全德之代名词"②。"爱"是基督教徒的最高旨归。总的说来，两者间的共性主要表现如下：一是两者都突出了对他人的关爱。"克己复礼为仁"，仁是"爱人"，仁者要"泛爱众"，要"仁民爱物"，这与基督教的"我们也当彼此相爱"都体现了要关爱和善待他人。孔子认为"巧言令色鲜矣仁"，基督教也主张"我们相爱，不要只在言语和舌头上，总要在行为和诚实上"（《新约·约翰一书3：18》），这反映了两者都讨厌虚情假意、花言巧语，看重把爱切切实实地付诸实际行动当中。二是儒家的"仁"虽有差等，但这差等主要是指因爱的对象不同而采用不同的关爱方式，如对父母孝、对兄弟悌、对朋友信。从这个方面来讲，儒家的差等之爱"只是揭示了一种符合人之常情的、普遍的自然现象而已"。基督教虽然主张"爱人如己"，"但从自然情感与人伦秩序上说，他们对自己亲人爱的方式不可能等同于对教会中兄弟姊妹的爱"③。换言之，基督教徒不可能完全摆脱作为人的情感需求，所以在对待他人的关系中不可避免地会有所区别。《圣经·创世纪43-30》记载了约瑟见到同母弟弟便雅悯时的场景，"约瑟爱弟之情发动，就急忙寻找可哭之地，进入自己的屋里，哭了一场。他洗了脸出来，勉强隐忍……约瑟使众弟兄在他面前排列坐席，都按着长幼的次序，众弟兄就彼此诧异。约瑟把他面前的食物分出来，送给他们，但便雅悯所得的比别人多五倍。"从这段话中不难发现，约瑟对异母之兄和同母之弟的情感有较大差别，这其实是一种发乎人情的"差等之爱"。

当然，孔子学说的"仁"与基督教的"爱"也有差异。首先，两者的来源

不同。"人之初，性本善"，孔子学说的"仁"来源于人之本性，是与生俱有的特质。基督教的"爱"则来源于 神，《圣经》《新约·约翰—书 4：7》写道："亲爱的弟兄啊，我们应当彼此相爱。因为爱是从 神来的。凡有爱心的，都是由 神而生，并且认识 神。没有爱心的，就不认识 神，因为 神就是爱。神 差他独生子到世间来，使我们藉着他得生，神爱我们的心在此就显明了。"其次，践行的路径不同。孔子学说的"仁"是差等之爱。《论语·学而》"孝弟也者，其为仁之本与"，《孟子·尽心上》"亲亲，仁也"和《孟子·离娄上》"仁之实，事亲是也"，都强调于个人而言最亲切的是父母和兄弟，即血缘关系基础是"仁"的出发点。在此基础上，孔子提出"泛爱众"，孟子进一步扩大范围，不仅要"爱众"，还要爱物，即"仁民爱物"。所以，"仁"是建立在人之真性情、真情感之上的推己及人，再由人及物的表现。而基督教中，爱是"亲爱的弟兄啊，神既是这样爱我们，我们也当彼此相爱"。可见，在基督教中，爱来自神，是神的恩赐，这种爱在人世间是平等的。可见，尽管"仁"与"爱"不完全相同，但在世间，两者都体现了关爱他人的高尚道德情操，是衡量一个人是否具备高尚道德品质的标准，是一个人不断努力奋斗、不断超越自我的目标。

三、《论语》思想的丰富性和超越性

2014 年 9 月，在纪念孔子诞辰 2565 周年国际学术研讨会上，习近平主席指出儒学有三个特点："一是儒家思想和中国历史上存在的其他学说既对立又统一，既相互竞争又相互借鉴，虽然儒家思想长期居于主导地位，但始终和其他学说处于和而不同的局面之中。二是儒家思想和中国历史上存在的其他学说都是与时迁移、应物变化的，都是顺应中国社会发展和时代前进的要求而不断发展更新的，因而具有长久的生命力。三是儒家思想和中国历史上存在的其他学说都坚持经世致用原则，注重发挥文以化人的教化功能，把对个人、社会的教化同对国家的治理结合起来，达到相辅相成、相互促进的目的。"[①] 由此可知，包容性、不断发展和实用理性为儒学的典型特点。正因为这些特点，儒学才能够不断日新、与时俱进，从而拥有绵延不断的生命力。

首先，看儒学开放的包容性。阿列克谢耶夫在游历中国时发现，几乎所有的寺庙都会供奉儒、释、道三教的神像，这引起了他的好奇，于是在书中写道："我对与中国宗教有关的大量复杂的问题感兴趣，尤其重视中国寺庙同时供奉属

---

① http：//www. xinhuanet. com/politics/2014-09/24/c_ 1112612018. htm，2020-12-15.

于不同宗教神明现象的研究。"① 在中国，儒、释、道三教并存且相互融合，和平共处，这在世界文化史上是极其罕见的现象。中国之所以没有发生宗教战争或许与儒学的包容性有很大的关系。《论语·雍也》"己欲立而立人，己欲达而达人"，就是说，自己想站起来，也帮助别人站起来；自己想开拓发展，也帮助别人开拓发展，用现在的话说，就是实现共赢。《论语·颜渊》还曰"己所不欲，勿施于人"，表达了不要把自己的观念（观点）、想法强加于他人的主张。杜维明说："'己所不欲，勿施于人'虽然表面看是一个消极语言，但其背后蕴含着积极的因素，这就是了解他人、尊重他人、承认他人、互相学习、互相参照的精神；由此出发，文化沟通、文明对话就成为真实可能的。"② 其实，不论是"己欲立而立人，己欲达而达人"，还是"己所不欲，勿施于人"，其核心思想都体现了对他人（他者文化）的尊重和认可。李泽厚认为，儒学之所以具有很强的包容性，在于"它本身原来就远不止是'处世格言'、'普通常识'，而具有'终极关怀'的宗教品格。它执着地追求人生意义，有对超道德、伦理的'天地境界'的体认、追求和启悟。从而在现实生活中，儒学的这种品德和功能，可以成为人们（个体）安身立命、精神皈依的归宿。它是没有人格神、没有魔法奇迹的'半宗教'"③。也就是说，儒学既有现实性又有超越性，正是这两者成就了儒学的包容性，并为它和其他文明的交流、互鉴与融合提供了良好基础，从而能够和其他文化各美其美、美美与共。

其次，看儒学的与时偕行性。思想文化的连续性历史是"固有的思想资源不断地被历史记忆唤起，并在新的生活环境中被重新诠释，以及在重新诠释时的再度重构这样一个过程"④。儒学的包容性为它的不断创新性提供了基础，这也是儒学自孔子起就不断随时代发展和需求而不断被重新诠释和重构进而不断发生变化的原因。换言之，儒学在保持如何为人为学为政核心内容不变和追求天下归仁志向不变的基础上，在不同历史阶段又为适应时代发展和满足时代需要而有不同的发展。众所周知，汉代儒学与先秦初创时期的儒学已大有不同，宋明时期的儒学也是以原有的儒学为基础，同时吸收佛道思想，注重阐发儒学

---

① （苏）阿列克谢耶夫：《1907 年中国纪行》，阎国栋 译，昆明：云南出版社，2016，第17 页。

② 杜维明：《关于传统文化创造性转化的几点思考》，载《中央社会主义学院学报》，2019年第 4 期，第 105 页。

③ 李泽厚：《论语今读·前言》，北京：世界图书出版有限公司北京分公司，2019 年，第3 页。

④ 葛兆光：《中国思想史》（上），上海：复旦大学出版社，2009 年，第 85—86 页。

内部义理，进而形成宋明理学（心学）。在现当代，为应对西方文化的冲击，出现了新儒学（或三期儒学）。杜维明指出："现在儒学的复兴不仅要回应中国的问题，更要回应世界的问题，回应关系人类永久性生存的重大问题①。"可以说，儒学的不断发展是对时代需求的回应，同时这些回应又丰富着儒学内容。当今，《论语》中众多固有的思想资源如仁、天人合一、和、孝、有教无类等在政治、文化、教育等领域中仍然起着重要作用。当然对这些思想需要进行创造性转换，以便使它们适应和服务于新的环境。如《论语》中"天人合一"的思想闪着生态文明的思想光辉，非常符合当代人类的发展需求。《论语》中，"天"有时被看作是主宰万物的有权力意志的人格神，如"富贵在天"（《论语·颜渊》），"巍巍乎，唯天为大，为尧则之"（《论语·泰伯》）等；有时被认为是与地相对应的自然之天，如"天何言哉？四时行焉，百物生焉。天何言哉"（《论语·阳货》）。换言之，儒学中的"天"兼具主宰义和自然义。但不论哪种意义上的"天"，人都应该"畏天命"，即"'人'必须与'天'相认同、一致、和睦、协调"②。人不仅对"天"要心存敬畏，还要仁爱万物，融于自然，享受山水之美，正所谓"智者乐水，仁者乐山"（《论语·雍也》），同时感受暮春之时"浴乎沂，风乎舞雩，咏而归"（《论语·先进》）的乐趣，实现天人一体。"天人合一"反映了儒家对天人关系的认识，使"人与自然不再是对峙、冲突、征服的关系，而更应是和睦合一的关系；人既是自然的一个部分，却又是自然的光环和荣耀，是它的真正的规律性和目的性。这是今天发达国家或后工业社会所要面临解决的问题，也是发展中国家所应及早注意研究的问题"③。在当今，"天人合一"的观念正是对西方主客观二元对立理念的纠正，也对人类摆脱当下生态困境提供了思想资源。再如《论语》中"和"的思想。"君子和而不同""君子周而不比""君子群而不党"等都承认彼此间有差异，只有在这个前提下，才能实现人际关系的真正和谐。人与人之间要这样，国与国之间也要这样，只有承认多极、多元、多边和多样化的存在，才能实现国与国的和谐与安宁。这对解决当前国际社会不同文明的冲突具有很好的指导意义。

最后，看儒学的实用理性。和西方哲学的抽象性和形上性相比，儒学更注重使用性。"它不在理论上去探求讨论、争辩难以解决的哲学课题，并认为不必

---

① 杜维明：《关于传统文化创造性转化的几点思考》，载《中央社会主义学院学报》，2019年第4期，第102页。

② 李泽厚：《中国古代思想史论》，北京：生活·读书·新知三联书店，2017年（2019重印），第296页。

③ 同上，第298页。

要去进行这种纯思辨的抽象（这就是汉人所谓的'食肉不食马肝，不为不知味'）。重要的是在现实生活中如何妥善地处理它。"① 所以，孔子对诸如死、鬼神、天道、性等来世或超越智力之外的事物存而不论，对于抽象的思辨和纯理性的形而上的存在也很少论述。孔子奉行的是"用之则行，舍之则藏"的积极入世理念，所以才会周游列国，待贾而沽，虽屡遭困厄，但依然知其不可而为之。晚年，结束奔波的生活返回鲁国后，他继续从事教育工作和整理古代典籍。所以，儒学具有鲜明的实用理性或世俗性的特点。"儒家文化在历史上表现出的现实关怀和生命意识，形成了一种强烈的'入世'风格，不祈求来世和外在的超越，而注重人生此在的境况和道德存有的完善，并与现实政治和生活紧密地结合在一起，具有了鲜明的世俗特征。"② 儒学的这种实干精神正是擅长抽象、思辨、逻辑的西方哲学所缺失的，这也是它对世界哲学和文化做出的贡献。

第三节 《论语》在俄罗斯传播的意义

一、促进俄罗斯汉学发展

自 18 世纪罗索欣译介《三字经》起，儒学便开始在俄罗斯传播。可以说，俄罗斯是国外较早研究儒学的国家之一。在俄罗斯汉学史上，不少汉学大家都从事过儒学译介或研究的汉学活动，并取得了令人瞩目的成果。这些成果一方面是汉研究的结晶，同时反过来也促进了俄罗斯汉学的发展。帝俄时期，拥有"俄国汉学奠基人"之誉的比丘林翻译了《三字经》和"四书"，还著有介绍儒学的专论《儒教》。比丘林在儒学研究领域的成果以及其他相关成果，确立了帝俄时期汉学研究的一些主要学术形态：一是把翻译作为汉学研究的主要途径之一，二是遵从中国传统的治学方法，三是重视原典。中俄文化交流初始，面对"稀奇古怪"的汉语，汉学家选择了把翻译作为汉学研究的主要方法。从比丘林的《三字经》译文来看，他力求保持原文的形式，期望通过这种方式来把握和传达儒学思想。他的这种译法在后来柏百福的《论语》译文中得到充分

---

① 同上，第 22-23 页。
② 景海峰：《从儒家文化的特质看文明对话的展开》，载《国际汉学》，2019 年第 3 期，第 5 页。

体现。他们的译法虽然使译文变得有些呆板，缺乏文采，但也反映了俄罗斯早期汉学家对他者文化的尊重，并为俄罗斯汉学的进一步发展积累了比较可靠的原始资料。纵观比丘林的翻译，不难发现，他的翻译是建立在中国传统的经学方法之上的。这主要表现为，首先通过直译字面意思力求忠实原文内容，接下来对原文中俄国读者难以理解的地方添加详细的注释。《三字经》中的注释远远超过译文本身，这些注释"引经据典"，其目的是"努力发掘其中蕴含的中国传统思想"①。在"四书"译文中，他把朱熹的注释也全部译了出来。比丘林的这种研究方法影响深远，他之后的柏百福、阿列克谢耶夫、贝列罗莫夫等都采用了添加详细注释的方法。"比丘林的儒学译作和著述直接以汉文原典为基础，从而保障了信息传达的准确性。同时，他反对节译或改编，坚持全文翻译原典，甚至包括注疏家的解释。"② 他这种对原始文献重视的态度是一种科学严谨的态度，是俄罗斯汉学走上学术化道路的开端，并深深地影响了后来的汉学家。"俄罗斯的汉学研究自始至终一贯坚持严谨、端正的立场……俄罗斯的汉学学者却一直对中国传统文化、对中国抱有敬仰、友好的态度。"③ 俄罗斯汉学的这一特点与早期汉学家的治学态度密切相关。

苏联时期，《论语》的译介和研究带有鲜明的时代印记。在 20 世纪 70 年代前，由于"政治形势使得当时的学术研究目标集中在中国革命运动、中国政治和经济状况上"④，儒学研究遭遇了低谷。不过，依然有不少汉学家如阿列克谢耶夫、康拉德、克里夫佐夫等从事儒学研究。70 年代后，儒学逐渐得到苏联政府和部分汉学家的关注，不仅出现了新的《论语》译本，而且还出现了研究《论语》的专著《孔子的箴言》。这一时期的《论语》翻译虽然大都是节译，但与帝俄时期的《论语》翻译已有较大不同：一是翻译策略呈现出多样性，二是《论语》研究呈现出多元化和深入化的态势。《论语》译本和研究的多样化丰富了苏联时期的汉学内容，拓宽了该时期儒学研究的视域。

苏联解体后，《论语》俄译和研究取得了前所未有的丰富成果，极大地促进了俄罗斯的儒学研究。这一阶段的《论语》俄译对俄罗斯汉学研究具有一定的启发性。一是增加了俄罗斯儒学研究的现实意义。贝列罗莫夫的《论语》译文突破了以往不少译者以朱熹注释为权威注释的局面，在博采众长的基础上提出自己对儒学的独特见解。他在导论和注释中突出儒学的现实意义，以此呼吁俄

---

① 阎国栋：《俄罗斯汉学三百年》，北京：学苑出版社，2007，第 43 页。

② 同上。

③ 柳若梅：《独树一帜的俄罗斯汉学》，载《中国文化研究》，2003 年夏之卷，第 141 页。

④ 同上。

罗斯社会精英尤其是政治精英借鉴儒学智慧。二是增加了研究视角。贝列罗莫夫的《论语》研究和翻译明显具有政治学、历史学等跨学科的研究视角。卢基扬诺夫重视儒学内部的哲学性，从哲学视角阐释儒学的"道"，为俄罗斯的《论语》研究输入新内容，同时也为俄罗斯提供新的思维方式。马尔德诺夫的儒学研究和《论语》译本面向广大读者，把儒学定义为历史、伦理、文学和哲学现象。三是促进了俄罗斯汉学界与中国学界的交流。贝列罗莫夫是俄罗斯孔子基金会主席，他经常和中国学者开展对话，要么直接用中文在中国期刊上发表作品，如《孔子学说与俄罗斯政治文化》（1998）；要么作品被翻译后发表，如《孔夫子学说在俄罗斯的过去、现在和将来》；有时在大会上与中国学者交流，如在"纪念孔子诞辰2560周年国际学术研讨会"上的论文《儒学的核心价值和俄罗斯的政治文化》。卢基扬诺夫和中国学界的联系也非常密切。2009年，他参加了"纪念孔子诞辰2560周年国际学术研讨会"，并提交了论文《孔子的"道"和俄罗斯的"语言"》。2010年9月，在四川大学当代俄罗斯中心成立时，他将一整套原版《中国精神文化大典》赠给该中心，而且双方还于2011年签订了翻译本套书的合同。2014年，他参加了"纪念孔子诞辰2565周年国际学术研讨会"，并提交了论文。2016年，中国俄文期刊《Китай》刊登了卢基扬诺夫的《"中国梦"的哲学基础》。无疑，和中国学者的对话有助于深化俄罗斯汉学家对儒学的理解，改变他们自说自话的研究状况，这无疑会促进俄罗斯汉学的发展。

二、助力中国文化走出去

"翻译就像一座桥，桥两端，气候悬殊，风光迥异。两端之间，原隔着险峻的山谷，湍急的溪流。两旁的人，各忙各的，世代相传，分别发展出一套不同的习俗风尚以及语言文化来。有一天，这不同文化习俗的人，忽然想起要跟对岸打个招呼。怎么办？要渡过峡谷，不得不起一座桥……"① 由此可知，不同文化的人因交流需要而产生了翻译，也正是通过翻译这座桥梁，把两种不同的文化连接了起来。《论语》等儒家典籍的俄译为俄罗斯人提供了认识中国文化的桥梁。俄罗斯读者通过这些译作在一定程度上认知了中国的传统文化、精神面貌和民族心理。帝俄时期的普希金、托尔斯泰，苏联时期的索尔仁尼琴以及当今众多的俄罗斯读者都是借助翻译这座桥认识了中国传统文化。从某种程度而

---

① 金圣华：《桥畔译谈——翻译散论八十篇》，北京：中国对外翻译出版公司，1997年，第3页。

言，孔子已成为中国传统文化的名片，孔子学说也成为中国传统文化的象征。现在，越来越多的俄罗斯人了解中国文化，其中翻译的作用功不可没。

中国文化走出去是我们国家重要的文化战略。2002年，中国正式提出了中国文化走出去的战略。当时文化部部长孙家正在全国文化厅局长座谈会上指出："要以更加开放的姿态融入国际社会，进一步扩大对外文化交流，实施'走出去'战略，着力宣传当代中国改革和建设的伟大成就，大力传播当代中国文化，以打入国际主流社会和主流媒体为主，充分利用市经济手段和现代传播方式，树立当代中国的崭新形象，把我国建设成为立足亚太、面向全球的国际文化中心。"之后，中国文化走出去战略不断得到重视和完善，党的十八大明确提出："中华文化走出去迈出更大步伐，社会主义文化强国建设基础更加坚实。"中国文化走出去不仅可以提高和其他国家文化的竞争力，还可以提高中国的国际形象和国际影响力。长期以来，中国在国际文化领域的话语权处于弱势状况，这与中国现有的国际地位很不相符。中国文化走出去可以让世界上更多的人了解中华民族五千多年来的璀璨文明，增进他们对中国文化的认同感，从而提高中国的国际声望。俄罗斯是世界大国，在国际上的地位和影响力较大。中国文化若能得到俄罗斯人的理解、认可与借鉴，则意味着中华文化在国际上的影响力有所提升。

中国典籍是中华文化永不枯竭的源头活水，内里蕴藏着中华民族的精神和品格。从这个层面上说，典籍外译与传播无疑是让世界了解中国的最佳途径之一。为此，1995年，国家启动了《大中华文库》这一重大出版工程项目，旨在系统而全面地向世界推广中国文化典籍。接下来，国家又相继推出了"中国图书对外推广计划""经典中国国际出版工程""丝路书香出版工程"等项目。《论语》在俄罗斯产生的影响便充分证明了中国文化走出去有利于俄罗斯人对中国文化的了解。特别是随着孔子学院在俄罗斯的不断增设，让越来越多的俄罗斯人通过这一窗口了解中国的历史文化、风俗人情和今日中国。

三、提高中国人的文化自信

党的十八大以来，我国政府多次强调文化自信的重要性，将其与中华民族伟大复兴联系起来。习近平总书记在党的十九大报告中指出："文化是一个国家、一个民族的灵魂。文化兴国运兴，文化强民族强。没有高度的文化自信，没有文化的繁荣兴盛，就没有中华民族伟大复兴。"我国拥有五千年文明所形成的优秀传统文化，它们是中华文化的瑰宝，是中华民族的根与魂。然而，鸦片战争后，中国接连遭到外国列强的侵略，经历了一段历史上极为屈辱的遭遇。

于是乎，一些人认为中国在各方面都落后于西方，文化上亦不例外。一些知识分子甚至认为中国没有宗教、没有哲学。新中国成立后，中华民族终于站起来了，但之前的多年战乱把中国变得一穷二白，由此导致一些人对我国的文化依然没有信心，甚至抨击传统文化。改革开放以来，我国在各个方面都取得了巨大成就，在世界上的影响力也逐渐扩大，但文化的影响力却非常有限。不仅如此，反倒是大量西方文化涌入国内，对我国原有的文化造成了巨大冲击。在此情况下，一些中国人不珍重自身文化，却以西方文化为尚，这实际上是文化自卑之举动。殊不知，20世纪80年代后，西方国家已经出现了各种社会问题和文化危机。面对这些问题，他们已然开始进行自我反思，并试图从他者文化中寻找解决途径。而此时的中国因改革开放政策的实施，各项事业走上了快速发展的轨道。于是一些西方人尤其是西方汉学家把目光转向中国文化，期望从中国文化中找到让西方解决问题的答案。

在苏联，1985年，戈尔巴乔夫在当选苏共中央总书记后实施了一系列改革，但改革的结果导致了苏联解体，社会动荡不安，人民陷入严重的物质和精神危机。2021年，耗时4年拍摄的纪录片《俄罗斯·当代历史》（《Россия. Новейшая история》）回顾了俄罗斯最近30年走过的历程。影片讲述了1991年苏联解体后，俄罗斯处于经济困难和社会动荡中，失业率激增，甚至很多专业人才都找不到工作。普京在受访中透露，为了生计自己曾开过出租车。正如电影中旁白所言："这是一个在整个俄罗斯和苏联历史上都不曾出现过的令人难以置信的崩溃时期。一个经济、意识形态和个人命运都遭受崩溃的时期。苏联的一切突然变得可憎和错误。到处是集会，工厂用物品代替工资，人们渴望过上没有令人厌恶的物资极度匮乏和令人崩溃的另一种生活。90年代，是个忧伤愁苦的年代。"① 其实，精神上的迷茫更令人不知所措，有学者写道："今天俄国社会正经历这样一个阶段：'平民百姓'感受着不堪重负的精神—思想危机，在新旧之间左右摇摆，对旧事物的信仰既失，对新事物的信仰尚未确立，因为新东西是按照人们不熟悉的另一种法则发展着的……种种变化给道德和意识造成的不可避免的混乱，使人们极为恐惧。"② 这段话真实地描述了苏联解体后，人民因对未来诸多不安定因素的不可预测性而产生的内心不安的境况。同样是改革，中国取得了巨大的成功，而俄罗斯却受到如此遭遇，强烈的反差让一些俄

---

① https://smotrim.ru/video/2366137, 2021-12-17.

② （俄）А.А.卡拉—穆尔扎 А.С.帕纳林 Н.К.潘金：《俄国有摆脱精神危机的出路吗?》，子樱译，载《哲学译丛》，1998年第1期，第36页。

罗斯人陷入了沉思：为什么中俄两国改革的结果会大相径庭？俄罗斯如何才能摆脱当前的困境？一些俄罗斯学者在认真研究中国的国情后，认为中国取得的成果与中国领导人在施政时成功运用传统文化尤其是儒学密不可分。贝列罗莫夫认为，是邓小平让中国重回儒学的轨道，并取得应有的世界地位。1979 年 12 月，邓小平在会见日本首相时提出中国的四个现代化指的是"小康之家"。自此，"小康"成为中国现代化的阶段性目标。文化策略最终是为了保障政治策略的实施，在贝列罗莫夫看来，邓小平恢复儒学的另一个目的是保障"一国两制"政策的顺利实施。卢基扬诺夫也指出，当代中国儒学的复兴始于邓小平，后来的领导人继续运用儒学智慧。习近平也非常重视儒学，"甚至用儒家哲学的一些名言如'民为国之本''天地人是一体的''和而不同''君子喻于义'等来表达那些在当今形成的价值观念"①。白俄罗斯著名作家、政论家和外交家马列维奇（И. А. Малевич，1941—）曾在中国和韩国工作多年。他在《改变自己，中国正改变世界；改变世界，中国正改变自己》这本书中指出："当代中国发展的强大动力之一是孔子学说中的个人自我完善哲学。在当代中国，基于民族传统、全球化思维和积极的世界观的国家和谐发展理念已经成为国家总的发展任务之一，是不无原因的！"②马列维奇认为，儒学不仅是中国发展的动力之一，而且对当今世界意义重大。当今世界面临着全球性问题，"气候恶化、人们居住的生态遭到破坏、环境污染、瘟疫、饥饿"③，还有持续不断的局部战争，儒学中的仁爱、人与自然的和谐、和而不同的哲学思想对人类面临的这些危机做出了回答。季塔连科认为："儒家学说中的'仁道'、'礼治'等思想为人的自我修养和行为规范树立了道德标准，而孔子'和而不同'的思想也在中国的外交政策中得到体现。"④ 这说明，儒学不仅对于中国而且对于世界问题的解决，具有重要的价值和意义。

事实上，中国文化现在已经受到越来越多的俄罗斯人的尊重和喜爱。有人曾在俄罗斯做过一项调查，调查中的一个问题是喜欢中国的原因是什么，结果显示："首选最喜欢中国的 326 名受访者中，有 247 人选择了灿烂文化，占喜欢

---

① Лукьянов А. Е. Философские прообразы《китайской Мечты》// Вестник РУДН, серия Философия. 2015. № 4. С. 51.

② Малевич И. А. Изменяя себя, Китай изменяет весь мир. Изменяя весь мир, Китай изменяет себя. Минск，2011. С. 54-55.

③ Там же. С. 60-61.

④ 刘旭：《"儒家思想在俄罗斯"国际研讨会在莫举行》，2013-11-29，http：//ru. people. com. cn/n/2013/1129/c355954-23696570. html. 2020-12-12.

中国者的 75.8%，在 8 个选项①中位居榜首，比第二名环境优美的 58.6% 高出 17.2%。中国文化对良好中国形象贡献率在俄位居八个因素之首。"② 俄罗斯人对中国文化的喜爱与中国文化在俄罗斯的"旅行"密不可分，或者说这正是中国文化走进俄罗斯后取得的果实。

评价一个事物的好与坏，至少要有内部和外部两个评价体系。如若只是我们单方面地赞美我们的文化有多么悠久和优秀，终不免有"自我吹捧"的嫌疑。俄罗斯学者和民众以他者文化的身份即从外部评价儒学，认为儒学具有普遍价值，有助于解决社会面临的一些难题。他们的评价无疑更具有说服力。事实上，《论语》不仅被外译成多种语言，而且每种语言还有多个译本，这本身就是对《论语》价值的极大肯定。因为只有当一个文本具有足够大的价值时，它才值得翻译，而且被多次翻译。所以，《论语》的译介和在他国的传播会加强我们对自身文化的认同感和自豪感，从而更有利于提高我们的文化自信。

四、为中国儒学研究提供新视角

人们在接触他者文化时，会自觉不觉地"按照自身的文化传统，思维方式，自己所熟悉的一切去解读另一种文化"③。俄罗斯学者在理解孔子学说时，也不免受历史传统、自身秉性、学识修养等的影响，从而对其作出独特的阐释。这些阐释可为中国学界的儒学研究者提供新视角。西门诺科在《孔子的箴言》里特别强调古代礼仪对孔子学说的影响。《论语》中有一些关于求雨和丧葬的"过渡性礼仪（переходный ритуал）"，这些礼仪反映了历史动荡时期早期儒学形成的特点。孔子所在的时期，各种社会矛盾激化，为了缓解和消除这些矛盾，只有采取礼仪的方式。西门诺科认为，对礼仪的研究还可以帮助人们理解孔子的中庸思想。在他看来，中庸正是孔子性格矛盾性的体现。孔子的认识交织着两种不可调和的极端性，即"生和死、有序和无序、悲剧性和均衡性、世俗化和神圣化、理性和神秘、等级性和缺乏社会结构"④。为了调和这些矛盾，中庸是最好的途径。同时也正是这些双重性造成了孔子学说具有宗教性和世俗性的

---

① 文中 8 个选项分别是社会稳定、环境优美、灿烂文化、政治民主、经济发达、和平外交、公民素质高及其他。详见 关世杰：《美、德、俄、印民众眼中的中国国家形象问卷调查分析》（下），载《对外传播》，2013 年第 1 期，第 42 页。

② 关世杰：《美、德、俄、印民众眼中的中国国家形象问卷调查分析》（下），载《对外传播》，2013 年第 1 期，第 42 页。

③ 乐黛云：《文化差异与文化误读》，载《中国文化研究》夏之卷，1994 年（总第 4 期），第 17-20 页。

④ Семененко И. И. Афоризмы Конфуция. М., 1987. C. 108.

特质。贝列罗莫夫对儒学和《论语》也提出了许多独特的见解。"和"是《论语》乃至整个中国传统文化中非常重要的术语。"礼之用，和为贵""君子和而不同"等，很多俄译者把"和"译为"гармония"，贝列罗莫夫独树一帜，将其译为"единство через разномыслие"，这凸显了多元之中的统一。"士"是儒学中一个比较重要的术语，不少俄译者将其译为"ученый"（学者），传达了其有学识的一面。贝列罗莫夫则别具一格，认为"книжник"是其最佳俄译对等词。"Книжник"有两层含义，一是图书爱好者（或口语书呆子、书虫），一是从事图书商业的人。从这个意义上来说，"книжник"与《论语》中"士"的原本意义相差甚远。但无论如何，贝列罗莫夫与众不同的解读为我们对儒学的认识拓展了一个新路径，丰富了儒学内容。另外，如马斯洛夫对"君子"、卢基扬诺夫对孔子的"道"的理解等，都具有自身的特点。

扎伊奇克以作家特有的敏感性，从文字学角度对《论语》的"仁"进行了独特的解读。他认为"гуманность"（人道）和"человечность"（仁慈）都歪曲了"仁"的涵义。"仁"由"亻"和"二"组成，表示二个或更多的人，无论其社会地位、民族、宗教等如何不同，但都能够和谐共处。汉语数字"二"与罗马数字"Ⅱ"不同的地方在于，"Ⅱ"是垂直结构，有两个相等的竖线组成，这表明自罗马时代起欧洲人就认为个体是独立平等的，但同时又是相对立的。它造成的结果是非此即彼，非左即右，这显然是荒谬的。"二"是平行结构，虽长短不一，但相辅相成，不可分割。这表明，每个人都需要实施"仁"，但因个人能力大小不同，不能要求他们实施"仁"的方式相同。"脱离仁就会产生冲突，遵循仁则能把冲突最小化，非左即右本身就蕴含着冲突的种子。"[①] 我们认为，扎伊奇克的这种阐释有一定的道理。因为语言是文化的载体，文字是语言符号的重要组成部分，所以文字最能表达文化的意蕴。

众多俄罗斯汉学家和文学家对《论语》思想的独特阐释为中国学者提供了新的研究视角和方法，从而扩大国内儒学研究的视野，为其发展提供新的契机。同时，国内学者也可通过汉学家的研究了解他们对儒学的认知，与其开展对话，并通过对话将中国文化推向世界。文化因交流而丰富多彩，俄罗斯汉学家的儒学研究虽是他们自身学术的组成部分，但同时也是儒学研究的组成部分，客观上丰富了儒学研究的内容。

---

① Хольм ван Зайчик. Дело непогашенной луны. СПб, 2005. С. 573.

小结

"人同此心，心同此理"，这表明尽管不同文化之间存在着差异，但同时也存在着一些共识，而这些共识正是不同文化得以交流的基础。儒学之所以能够被他者文化认可和接受，主要是因为其蕴含着他者文化发展所需要的思想。文化因交流互鉴而丰富多彩，在与他者文化进行对话时，儒学不仅有助于丰富目标语文化，而且扩展了自身的存在和发展空间，同时增强了中华民族的文化自信。如今，儒学正在焕发出新的生机与活力，为解决人类的命运和前途贡献着属于自己的智慧。

结　语

　　《论语》俄译与其在俄罗斯的接受状况表明，翻译从来不是单纯的语言层面的转换，而是以文化交流为目的的创造性活动。《论语》俄译是中俄两国文明互动的产物，同时也是中俄文化交流史上的一个缩影。《论语》俄译中涉及的诸多问题有助于我们更好地认识翻译的本质，对其他典籍的俄译也可提供一定的借鉴。同时，《论语》译介和研究的繁荣也显示了中国传统文化的魅力。

　　1.《论语》俄译表明翻译是一项复杂的跨文化交流活动

　　从《论语》在俄罗斯的译介历程可知，翻译是一项受历史时代、翻译目的、翻译策略、译者自身文化修养等多种因素制约的具有创造性的跨文化交流活动。

　　翻译功能学派创始人弗米尔认为，不存在无目的的行为这件事。翻译活动也不例外，因此任何翻译活动都有一定的目的。不同历史阶段，译者的翻译目的也不相同。帝俄时期，最初来华的东正教成员中的一些学员对汉语一无所知，他们把翻译《论语》作为学习汉语的一种途径。后来，为了满足俄国国内汉语人才的需求，俄国政府在境内开设了汉语教研室。不过当时没有汉语教材，于是一些汉学家如瓦西里耶夫、柏百福就翻译《论语》，把《论语》译本当作汉语专业学生的教材。苏联前期，汉学界研究的对象转变为中国的现实问题，《论语》不再是研究的重点，《论语》译文主要出现在中国（或东方）文选及哲学类著作中，所占篇幅极其有限。在当今俄罗斯，不少俄罗斯汉学家希望从中国传统文化中汲取有利于俄罗斯发展的智慧。这一时期，译者把翻译与研究相结合，介绍儒家中的伦理道德、政治学说等。

　　在翻译活动中，"目的决定手段"，译者会根据翻译目的而采用相应的翻译策略。柏百福的《论语》译本之所以像汉语识字课本，在很大程度上与他把《论语》译本作为圣彼得堡大学东方系汉语专业学生的教材有直接关系。因为只有这样，才能让学生学习汉字，掌握其涵义，并在此基础上熟悉儒家文化。西门诺科认为孔子的语言观是"辞达而已"，所以为了在译文中再现这种风格，他的译文比较含蓄、简洁。贝列罗莫夫旨在纠正一些俄罗斯人对儒学的错误认识，并为俄罗斯的政治精英提供来自中国的政治智慧，所以他立志翻译出易懂但又具有较强学术性的译本。简言之，翻译目的决定了翻译策略的运用，而不同策略的运用又导致《论语》译本学术形态各异。

当然，影响翻译的因素还有译者自身的文化修养、意识形态、出版商以及接受环境等。在这些因素的制约下，任何文本在被译成译入语文本后，都会发生一定程度的变异。所以，解构主义代表人物德曼（Paul De Man）把译文称作是原文的"来生"（afterlife）。这样既否定了译文对原文的绝对忠实，也肯定了译文延续了原文的生命。也有学者认为，翻译是一种创造性叛逆，"说翻译是叛逆，那是因为它把作品置于一个完全没有预料到的参照系里（指语言）；说翻译是创造性的，那是因为它赋予作品一个崭新的面貌，使之能与更广泛的读者进行一次崭新的文学交流；还因为它不仅延长了作品的生命，而且又赋予它第二次生命"①。《论语》的俄译本正是译者经过创造性活动后而产生的一种与原作有差异的再生文本，它把《论语》带到俄罗斯的文化语境中，开启了《论语》的又一生命旅程。俄语读者通过阅读《论语》译本，实现了与儒家文化的对话，从而使其在俄语世界获得新生。

2. 《论语》俄译可为中国典籍俄译提供借鉴

作为中国传统文化的经典作品，《论语》自 18 世纪起就受到众多俄罗斯汉学家的关注。尤其是从上个世纪 80 年代起，新译本不断出现。目前为止，《论语》成为典籍俄译版本数量最多的著作之一。在《论语》俄译过程中存在一些共性问题，对这些共性问题的研究可以为其他典籍的俄译提供借鉴。

其一，《论语》的复译。经典之所以是经典，在于它充满着普遍的生命智慧，这些智慧可以给不同时代、不同文化的人带来某种启迪。《论语》正是这样的经典，这就决定了它必将被不断重译。此外，《论语》语言的简约性和模糊性造成了意义的开放性，给文本留下许多空白点，这些空白点也在昭示着读者对其作出不同的解读。正如加达默尔所言："对一个本文或一部艺术作品里的真正意义的汲舀（Aussch öpfung）是永无止境的，它实际上是一种无限的过程。"②相信在将来，还会有新的《论语》俄译本出现。

其二，注释是典籍外译必不可少的组成部分。纵观现存的所有《论语》俄

---

① 谢天振：《译介学》，上海：上海外语教育出版社，1999 年（2000 重印），第 140 页。
② （德）汉斯-格奥尔格-加达默尔：《真理与方法》，洪汉鼎译，上海：上海译文出版社，2004 年，第 385-386 页。

译本，几乎不存在不添加任何注释的译文。当然，注释有文内加注、脚注和尾注等多种形式。瓦西里耶夫、马尔德诺夫等通过文内加注的方式进行注释，大部分译者则采用脚注或尾注的方式。柏百福《论语》译文的注释远远超过译文自身，阿列克谢耶夫的译文除正文外，还有朱熹的注释以及他对朱熹注释的注释。贝列罗莫夫的《论语》译本的注释更是不厌其烦，不仅有中国学者的注释，还有外国译者的理解以及自身的理解等。注释的好处在于：一是明晰原文意义或添加一些历史语境，从而有效地帮助译文读者克服理解原文的困难；二是译者可在注释中表达自己的观点和对原文的认识；三是一些译者借助注释以古喻今、借外言内，趁机表达自己对自身所处社会的看法，或阐发儒学在当今世界的现实意义。

其三，译本失真的必然性。经典一定是最好的内容和形式的有机结合，包括《论语》在内的中国典籍的内容和形式是个有机的统一体。由于文化的差异，一旦把它译成另外一种文字，则不但内容上会有所出入，而且形式上也很难传达原文的美感。所以，"信之必得意忘言，不失本就不成翻译"①。就拿《论语》来说，译者如若追求忠实，译文就会变得平淡乏味。这样的译文让读者感受不到原文的语言美，这也是阿列克谢耶夫一直不满柏百福译本的原因；如若追求传达原文的语言美，意义又难免流失。2017年，为了再现原文诗意的语言，阿布拉缅科通篇用诗歌的形式翻译了《论语》。如《论语·子路》："子路问政。子曰：'先之劳之。'请益。曰：'无倦。'"这是子路向孔子请教如何为政的一段话，师生之间有问有答。阿布拉缅科将其译为：

Спросил о сущности правления Цзы Лу.

Чжунни：《Главенствовать и принуждать к труду》.

Цзы Лу：《Подробнее могли бы пояснить?》

Чжунни：《Усталость не знать，про лень забыть》.②

从形式上看，这段译文的第一二句都是以"у"结尾，第三四句都以"-ть"结尾，所以读起来很有节奏感。从内容上看，本文也看似非常忠实原文，如"把先之劳之"译为"Главенствовать и принуждать к труду"，但我们认为译者的理解有误。杨伯峻将"先之劳之"译为"自己给老百姓带头，然后让他们勤劳地工作"③。李泽厚译为"自己带头，大家努力"，也就是说为政者要率

---

① 郑海凌：《庄子的翻译与流传》，载《俄罗斯文艺》，2008年第4期，第53页。

② Абраменко В. Китайская философская классика в поэтических переводах. Т. 2. Москва-Чэнду，2017. С. 228.

③ 杨伯峻：《论语译注》（2版），北京：中华书局，1980年（2008重印），第133页。

先示范，在下者才能够勤勉。但若把上面的译文回译成汉语，则是"统治并迫使劳动"，虽然译者没有说出统治和迫使劳动的对象，但显然应该是指老百姓。这其实与孔子的政治主张是不同的，孔子主张"其身正，不令而行"。

其四，术语翻译是典籍翻译的关键。《论语》中含有大量的术语，如仁、义、礼、智、和、忠、道、德、君子、小人等，这些术语构成了儒学思想体系。译者对它们的翻译非常关键，因为若是术语翻译出现偏差，则牵一发而动全身，直接关乎对儒家思想体系的传递。所以，历代俄译者都对它们的译介花费很大的心思。

3. 《论语》俄译彰显了中国传统文化的魅力和蕴含的现实意义

在中俄文化交流史上，一直可以看到《论语》的身影。长期以来，俄罗斯人一直把《论语》俄译活动当作认识中国文化的一种途径。尤其是近年来，随着中俄两国间的关系愈发紧密，贸易合作日渐增多，两国人民之间的交流也日趋频繁。此时，一些俄罗斯人把《论语》当作与中国人沟通的重要媒介。在中国生活多年的马斯洛夫写道："儒学是一种民族心理学和商业伦理，它以成文规则和不成文规则、各种关系和等级规范的形式体现在社会中。"① 所以，为实现和中国人的有效沟通，就要了解儒学，而了解儒学，首选就是《论语》。

20世纪80年代后，俄罗斯一些社会精英不再满足于仅仅认识中国文化，而是希望从中国文化中寻找有助于俄罗斯发展的智慧。戈尔巴乔夫的改革直接导致苏联解体，随后俄罗斯遭遇了严重的政治、经济和文化危机。而几乎同时实行改革政策的中国却取得了巨大成功。1999年12月30日，普京在《千年之交的俄罗斯》一文中指出："90年代，俄罗斯的 GDP 几乎减半。就 GDP 的总量而言，我们……是中国的五分之一。"② 两者间形成的巨大反差让部分俄罗斯社会精英把目光转向了中国，转向了他们认为给中国发展提供精神动力和智慧的儒学。

当代人类面临着各种问题，如生态环境、个体与集体、自我身心和谐、文化冲突……当然，俄罗斯也不例外。而以《论语》为代表的儒家思想中蕴含着解决这些问题的重要启示。《论语》中"和而不同"含有在承认差异的前提下尊重各种事物并存的理念，强调各种文化的和谐共生。"己所不欲，勿施于人"适用于家庭、社区、宗族、国家等所有领域。"为政以德"有助于缓解政府与人民之间的矛盾。"敬畏天命"的思想有助于摆脱人类中心主义的观点，强调人与

---

① Маслов А. А. Наблюдая за китайцами. Скрытые правила поведения. М., 2010. С. 52.

② Путин В. В. Россия на рубеже тысячелетий // Независимая гагета. 30-12-1999.

自然既相互依存、相互作用，又存在对立的一面。所以，人类在征服自然的时候，需要尊重自然、保护自然，这样才能保护生态环境，实现人与自然的共生共存。此外，儒学中的仁、孝、廉、直、忠恕等在当今仍然有强烈的现实意义。儒学中的这些思想可为当今世界问题的解决提供有益的启迪和启发，这一点已经得到包括俄罗斯在内的国际上不少有识之士的认可。

4. 《论语》俄译与接受说明仍需加大中国文化走出去的力度

迄今为止，《论语》在俄罗斯的译介与传播已有 270 余年的历史。可喜的是，近年来俄罗斯人对儒学的兴趣在不断加大，这表明儒学正在走进俄罗斯文化。在肯定这些成就的同时，我们也应看到，目前俄罗斯人对中国的认识还是有限的。罗季奥诺夫（А. А. Родионов，1975—，中文名罗流沙）指出，由于文化差异的存在，西方人理解中国文化还是有困难的。虽然俄罗斯人了解中国的意愿非常强烈，但实际上对中国的了解并不多，比如对"中国梦"到底是什么，俄罗斯人并不了解，也很迷惑①。贝列罗莫夫也曾指出，不论是俄罗斯普通民众还是社会精英，对孔子思想都存在着一定的误读。这一点，从俄罗斯网站上一些网民对儒学的不甚准确的认识可加以印证。卢基扬诺夫认为，阻碍中国文化在俄罗斯传播的消极因素包括三个方面②：一是一些社会精英为追求自身利益，抵制俄罗斯和中国在文化、经济和政治方面的合作，这导致媒体报道或播送一些具有明显歪曲中国成分的虚假信息；二是书店柜台充满一些追求商业利益的质量低劣的中国文学书籍，这些书籍对俄读者产生了关于中国文化虚无缥缈的不当影响；三是中国文化甚至被某些专家难以理解，原因在于没有相同的术语在使用。也就是说，中国传统文化走进俄罗斯面临着来自俄罗斯内部一些人抵制中国文化、译文翻译质量和出版质量不高、术语翻译不统一等方面的困扰。这些问题表明，中国文化要想真正被俄罗斯文化所接受，还有相当长一段路要走；同时也表明我们仍需加大中国文化走出去的传播力度。

根据《论语》在俄罗斯传播和接受的经验可知，中国传统文化走出去还需在以下几个方面努力：一是保持并凸显中国文化特质。只有民族的才最有可能是世界的，这就需要翻译时把《论语》中蕴含的仁、义、礼、和而不同、天人合一等人文主义精神和独特的思想传递到他者文化中。其实，这些已经被西方

① 2021 年 6 月 30 日，罗流沙应中南财经政法大学邀请举行了"俄罗斯汉学研究"的讲座，在这次讲座上他谈到了当前俄罗斯人对中国的认识状况。
② 参见卢基扬诺夫：《孔子的"道"和俄罗斯的"语言"》，纪念孔子诞辰 2560 周年国际学术研讨会，2009 年，第 150 页。《孔夫子——诗人、圣贤、哲学家》，纪念孔子诞辰 2565 周年国际学术研讨会，2014 年，第 1479 页。

学界所关注。尤其是从三期儒学提出以来，西方汉学界对儒学的当代价值进行了不少研究，儒学也越来越多地参与到与世界上其他文明尤其是西方文明的对话中，并在世界话语体系中开始发出自己的声音。二是中外学者合作翻译典籍应该是比较有效的途径。2016年2月19日，习近平总书记在党的新闻舆论工作座谈会上指出："中国在世界上的形象很大程度上仍是'他塑'而非'自塑'，我们在国际上有时还处于有理说不出、说了传不开的境地……"中国文化在国际上的传播离不开翻译。在现存《论语》俄译本中（其他典籍俄译亦大体如此）几乎看不到中国译者的身影，主要原因恐怕是俄语实在太过复杂而难以完全掌握。但我国古代典籍内容丰富、思想深邃，俄国译者难以准确把握。如何破解这一难题，我们认为最好是中国古代文学研究专家、中国译者和国外汉学家进行通力合作，这样才能把"他塑"和"自塑"有机结合起来，最大限度地避免理解和表达方面的错误。三是提倡译本形态多样化，以适应不同读者受众的需求。读者的接受度是判断译本是否成功的标准，也是衡量中国文化是否走出去的重要维度。在新时代，俄语读者的需求不断变化，我们对他们的需求应进行调查、研究，并推出相应的新译本。四是扩大传播渠道。除传统意义上纸质版译本如图书、期刊外，还应充分利用网络优势。互联网时代，网络已成为极其重要的传播途径，应建立一些汉学网站，加大电子版译本的推介。另外，除语际转换外，还可进行符际转换，将文字转化成图画，或运用现代融媒技术，让书写在典籍里的文字活起来，把文字转换成可感可视的图画和影像作品。2021年，中央广播电视总台央视综合频道与央视创造传媒联合推出的大型文化节目《典籍里的中国》不仅受到中国国内观众的喜爱，被誉为封神之作，而且还引起了一些海外主流媒体的关注。俄罗斯一些网站如 www. bigasia. ru 就对该节目予以报道，还专门报道了其中的《论语》；白俄罗斯国立大学网站 www. websmi. by 把《典籍里的中国》称为最受喜爱的电视节目。《典籍里的中国》之所以能引起巨大的反响，除典籍本身深厚精彩的思想外，与其把优秀传统文化变成可听、可视、可体验的创新表达方式也有很大关系。除文字形式外，也可通过《论语》图画书、有声读物，或把《论语》中的箴言拍成视频的方式传播，如电影《孔子》和歌舞剧《孔子》在俄罗斯的播出就引起了俄罗斯观众的极大兴趣。同时，我们也应该清醒地认识到，典籍类的对外传播不太可能像畅销书那样，见效很快，而更像是涓涓细流，以润物细无声的方式慢慢地浸润人们的心灵，启迪人们的智慧，并最终对译入语国家的文化产生影响。所以我们不能急于求成，要做好持久努力的心理准备。

刘勰认为："'经'也者，恒久之至道，不刊之鸿教也。故象天地，效鬼神，参物序，制人纪，洞性灵之奥区，极文章之骨髓者也"[1] 正因为《论语》中有诸多经久不变的道理，所以它能够成为儒家的一部重要经典，成为中国传统文化的重要遗产，也才能跨越语言障碍和空间限制，被译成世界上其他语言。截至 2021 年，《论语》已经被译成 40 多种语言，而且每种语言都不止一个版本。这些译本在世界上不同的文明中流传，形成一种月映万川的蔚为大观的景象。"德不孤，必有邻"，承载着中国文化精神的《论语》已经对其他文明做出了自己的思想贡献。相信在未来，《论语》里蕴含的"儒家的天人合一、和而不同、开放包容、尊重多元、强调中道谐和的价值可以成为世界公民的通用语言"[2]。《论语》将随时代的发展需求而不断被重新阐释，并在不断的阐释中获得新的活力，生生不息，为人类发展继续贡献自己的智慧。

---

[1]　周振甫：《文心雕龙今译》，北京：中华书局，1986 年（2005 重印），第 26 页。

[2]　杜维明：《关于传统文化创造性转化的几点思考》，载《中央社会主义学院学报》，2019 年第 4 期，第 105—106 页。

参考文献

外文书目：

Алексеев В. М. Пушкин и Китай // Пушкин и Сибирь. Иркутск, 1937.

Алексеев В. М. Китайская литература. М., 1978.

Алексеев В. М. Труды по китайской литературе. В 2 кн. Кн. 1. М., 2002.

Алексеев В. М. Труды по китайской литературе. В 2 кн. Кн. 2. М., 2003.

Бичурин Н. Я. Сань－цзы－цзин, или Троесловие с литографированным китайским текстом. СПб., 1829.

Бичурин Н. Я. Китай, его жители, нравы, обычаи, просвещение. СПб., 1840.

Бичурин Н. Я. Описание религии ученых // Конфуций: Я верю в древность. Сост., перевод и коммент. И. И. Семененко. М., 1995.

Бутромеев В. В. Конфуций. Афоризмы мудрости. М., 2007.

Васильев В. П. Религии Востока: конфуцианство, буддизм и даосизм. СПб., 1873.

Васильев Л. С. Древний Китай. Т. 3. М., 2006.

Васильев Л. С. История религий Востока. М., 2000.

Георгиевский С. М. Принципы жизни Китая. СПб., 1888.

Делюсин Л. С. Конфуцианство в Китае: проблема теории и практики. М., 1982.

Жуков Е. М. и др. Всемирная история. Т. Ⅱ. М., 1956.

Кобзев А. И. Учение Ван Янмина и классическая китайская философия. М., 1983.

Конисси Д. П. Дао дэ цзин. Книга пути и достоинтсва. М., 2016.

Конрад Н. И. Избранные труды. Синология. М., 1977.

Конрад Н. И. Запад и Восток. М., 1966.

Коростовец И. Я. Китайцы и их цивилизация. СПб., 1898.

Кривцов. В. А. Лунь Юй // Древнекитайская философия. М., 1972.

Крымский К. Г. Изложение сущности конфуцианского учения. Пекин, 1913.

Лукьянов А. Е. Лао-Цзы и Конфуций : Философия Дао. М., 2000.

Лукьянов А. Е. Древнекитайская философия. Курс лекций. Часть III. Раздел 1. Философия конфуцианства — 《Четверокнижие》(《Сы шу》). М., 2017.

Малевич И. А. Изменяя себя, Китай изменяет весь мир. Изменяя весь мир, Китай изменяет себя. Минск, 2011.

Малявин В. В. Конфуций. М., 2001.

Малявин В. В. Чжуан-цзы. М., 2004.

Малявин В. В. Китайская цивилизация. М., 2001.

Мартынов А. С. Классическое конфуцианство. Т. 1. Конфуций 《Лунь юй》. М., 2000.

Мартынов А. С. Конфуцианство 《Лунь юй》. Т. 1-2. СПб., 2001.

Маслов А. А. Я ничего не скрываю от вас. http: //www. nnre. ru/filosofija/ suzhdenija_ i_ besedy/p1. php#metkadoc20.

Нива Жорж, Солженицын. М., 1992.

Мень А. У врат Молчания // История религии. Т. 3. М., 1992.

Переломов Л. С. Послесловие// Попов П. С. Китайский Философ Мэн-цзы. М., 1998.

Переломов Л. С. Конфуций : 《Лунь юй》. М., 1998.

Переломов Л. С. Конфуцианское четверокнижие. М., 2004.

Переломов Л. С. Конфуцианство и легизм в политической истории Китая. М., 1981.

Переломов Л. С. Слово Конфуция. М., 1992.

Переломов Л. С. Конфуций и конфуцианство с древнего по настоящее время (V в. до н. э. - X XIв.). М., 2009.

Петров А. А. Очерк философии Китая. М. —Л., 1940.

Позднеева Л. Д. Некоторые замечания по поводу идеализации Конфуцианства//Проблемы советского китаеведения. М., 1973.

Позднеева Л. Д. Мудрецы Китая: Ян Чжу, Лецзы, Чжуанцзы. СПб., 1994.

Попов П. С. Изречения Конфуция, учеников его и других лиц. СПб., 1910.

Семененко И. И. Афоризмы Конфуция. М., 1987.

Семененко И. И. Конфуций. Я верю в древность. М., 1995.

Семенцов В. С. Проблема трансляции традиционной культуры на примере судьбы Бхагавадгиты. М., 1988.

Скачков П. Е. Библиография Китая. М., 1960.

Скачков П. Е. Очерки истории русского китаеведения. М., 1977.

Соловьев В. С. Китай и Европа // Собрание сочинений (1886-1894). Т. 6. СПб., 1914.

Сумароков А. П. Избранные произведения. Л., 1957.

Толстой Л. Н. Полное собрание сочинений. Т. 63. М., 1934.

Толстой Л. Н. Полное собрание сочинений. Т. 85. М., 1935.

Толстой Л. Н. Полное собрание сочинений. Т. 49. М., 1952.

Федоренко Н. Т. Древние памятники китайской литературы. М., 1978.

Хольм ван Зайчик Дело непогашенной луны. СПб, 2005.

Giles, Lionel. *The Sayings of Confucius: a New Translation of the Greater Part of the Confucian Analects*. London, 1907.

Maggs, Barbara Widenor. *Russia and "Le Reve Chinois": China in Eighteenth-century Russian Literature*. Oxford, 1984.

Harvey, K. "Translating Camp Talk: Gay identities and Cultural Transfer", *The Translation Studies Reader*. Ed. Lawrence Venuti. London and New York: Routledge, 1998/2000.

Библия. М., 2007.

中文书目：

蔡鸿生：《俄罗斯馆纪事》，北京：中华书局，2007.

蔡尚思：《孔子思想体系 孔子哲学之真面目》，上海：上海古籍出版社，2013.

陈鼓应：《老子今注今译》，北京：商务印书馆，2016（2019 重印）.

陈开科：《巴拉第的汉学研究》，北京：学苑出版社，2007.

程树德：《论语集释》，北京：中华书局，2013（2017 重印）.

冯友兰：《中国哲学史》（上册），上海：华东师范大学出版社，2000.

戈宝权：《中外文学因缘——戈宝权比较文学论文集》，北京：北京出版社，1992.

葛兆光：《中国思想史》（上），上海：复旦大学出版社，2009.

辜鸿铭：《辜鸿铭文集》（下卷），黄兴涛等译，海口：海南出版社，1996.

顾颉刚：《古史辨》（第二册），上海：上海古籍出版社，1982.

郭建中编著：《当代美国翻译理论》，武汉：湖北教育出版社，1999.

何培忠主编：《当代国外中国学研究》，北京：商务印书馆，2006.

何新：《论语解读》，济南：泰山出版社，2000.

胡庚申：《翻译适应选择论》，武汉：湖北教育出版社，2004.

黄心川：《沙俄利用宗教侵华简史》，沈阳：辽宁人民出版社，1980.

金学勤：《〈论语〉英译之跨文化阐释：以理雅各、辜鸿铭为例》，成都：四川大学出版社，2009.

金圣华：《桥畔译谈——翻译散论八十篇》，北京：中国对外翻译出版公司，1997.

劳思光：《新编中国哲学史》（一），桂林：广西师范大学出版社，2005（2007 重印）.

李民、王健：《尚书译注》，上海：上海古籍出版社，2004.

李学勤主编：《十三经注疏》，北京：北京大学出版社，1999.

李明滨：《中国文化在俄罗斯》，北京：中国国际广播出版社，2012.

李明滨：《中国文学在俄苏》，广州：花城出版社，1990.

李泽厚：《论语今读》，北京：世界图书出版有限公司北京分公司，2019.

李泽厚：《中国古代思想史论》，北京：生活·读书·新知三联书店，2017（2019重印）.

刘宝楠：《论语正义》，北京：中华书局，1990（2017重印）.

刘靖之：《和谐的乐声》，武汉：湖北教育出版社，2001.

刘军平：《西方翻译理论通史》，武汉：武汉大学出版社，2009.

刘亚丁：《风雨俄罗斯》，成都：四川人民出版社，2002.

罗新璋、陈应年 编：《翻译论集》（修订本），北京：商务印书馆，2009.

马祖毅、任荣珍：《汉籍外译史》，武汉：湖北教育出版社，1997.

马龙闪：《苏联剧变的文化透视》，北京：中国社会科学出版社，2005.

牟宗三：《中国哲学的特质》，上海：上海古籍出版社，2007（2008重印）.

南怀瑾：《论语别裁》，上海：复旦大学出版社，2002.

庞朴 等：《先秦儒学研究》（导论），武汉：湖北教育出版社，2003.

彭林：《四书集注·前言》，南京：凤凰出版社，2005.

钱满素：《爱默生和中国——对个人主义的反思》，北京：生活·读书·新知三联书店，1996.

钱穆：《论语新解》，北京：生活·读书·新知三联书店，2002（2007重印）.

钱穆：《文化危机与展望：台湾学者论中国文化》（下），北京：中国青年出版社，1989.

任光宣：《俄罗斯文化十五讲》，北京：北京大学出版社，2007.

司马迁：《史记》，长沙：岳麓书社，2001.

孙越生：《俄苏中国学概况》，选自《俄苏中国学手册》（上），北京：中国社会科学出版社，1986.

唐明贵：《论语学蠡测》，北京：中国社会科学出版社，2019.

王希隆：《中俄关系史略》，甘肃：甘肃文化出版社，1995.

王立新：《美国传教士与晚清现代化》，天津：天津人民出版社，1997.

王克非 编：《翻译文化史论》，上海：上海外语教育出版社，1997.

吴泽霖：《托尔斯泰和中国古典文化思想》，北京：北京师范大学出版社，2000.

谢扬举：《道家哲学之研究——比较与环境哲学视界中的道家》，西安：陕西人民出版社，2003.

谢天振：《译介学》，上海：上海外语教育出版社，1999（2000 重印）.

许慎：《说文解字》，天津：天津古籍出版社，1991（2005 重印）.

许明龙主编：《中西文化交流先驱——从利玛安到郎世宁》，北京：东方出版社，1993.

许明龙：《欧洲十八世纪"中国热"》，北京：外语教学与研究出版社，2007.

徐复观：《中国人性论史》，上海：华东师范大学出版社，2005.

阎国栋：《俄国汉学史（迄于 1907）》，北京：人民出版社，2006.

阎国栋：《俄罗斯汉学三百年》，北京：学苑出版社，2007.

杨伯峻：《春秋左传注》，北京：中华书局，1981.

杨伯峻：《论语译注》（2 版），北京：中华书局，1980（2008 重印）.

杨树达：《论语疏证》，上海：上海古籍出版社，2016.

杨义：《论语还原》，北京：中华书局，2015（2016 重印）.

乐黛云：《文化交流的双向反应》，"中国文学在国外"丛书总序，广州：花城出版社，1990.

俞佳乐：《翻译的社会性研究》，上海：上海译文出版社，2006.

余英时：《中国思想传统的现代诠释》，南京：江苏人民出版社，1995.

余英时：《士与中国文化》，上海：上海人民出版社，2006.

赵春梅：《瓦西里耶夫与中国》，北京：学苑出版社，2007.

张振玉：《翻译学概论》，南京：译林出版社，1992.

郑海凌：《老子道德经释译》，天津：南开大学出版社，2014.

朱熹：《朱子全书》（第 14 册），朱杰人等编，上海：上海古籍出版社，2002.

朱熹：《四书集注》，南京：凤凰出版社，2005（2006 重印）.

周振甫：《诗经译注》（修订本），北京：中华书局，2010.

周振甫：《文心雕龙今译》，北京：中华书局，1986（2005 重印）.

（俄）德·谢·利哈乔夫：《解读俄罗斯》，吴晓都等译，北京：北京大学出版社，2003.

（俄）格奥尔吉耶娃：《俄罗斯文化史——历史与现代》，焦东建、董茉莉译，北京：商务印书馆，2006.

（俄）阿列克谢耶夫：《1907 年中国纪行》，阎国栋译，昆明：云南人民出版社，2016.

（俄）瓦西里耶夫：《中国文学史纲要：汉俄对照》，阎国栋译，北京：中央编译出版社，2016.

（俄）李福清：《中国古典文学研究在苏联》（小说、戏剧），田大畏译，北京：书目文献出版社，1987.

（俄）达岑申：《俄罗斯汉学史：1917-1945》，张鸿彦译，北京：北京大学出版社，2019.

（德）卜松山：《与中国作跨文化对话》，刘慧儒、张国刚译，北京：中华书局，2000.

（德）诺德：《译有所为——功能翻译理论阐释》，张美芳、王克非译，北京：外语教学与研究出版社，2005.

（德）汉斯·格奥尔格·加达默尔：《真理与方法》，洪汉鼎译，上海：上海译文出版社，2004.

（法）费莱之：《在华耶稣会士列传及书目》（上册），冯承钧译，北京：中华书局，1995.

（美）宇文所安：《中国文论：英译与评论》，王柏华、陶庆梅译，上海：上海社会科学院出版社，2002.

（美）安乐哲：《和而不同：比较哲学与中西会通》，温海明等译，北京：北京大学出版社，2009.

（美）史景迁：《文化类同与文化利用》，廖世奇，彭小樵译，北京：北京大学出版社，1997.

（意）利玛窦：《利玛窦书信集》，罗渔译，台北：光启出版社，1986.

《列宁全集》（第一卷），北京：人民出版社，1963.

《圣经》，南京：中国基督教协会.

《大俄汉词典》，黑龙江大学俄语系词典编辑室编，北京：商务印书馆，1992.

文章

Григорьева Т. П. Конфуций// Вопросы философии. 2011. №2.

Лукин. А. Образ Китая в России (до 1917 года) // Проблемы Дальнего Востока. 1998. №5.

Лукьянов А. Е. Философские прообразы《китайской мечты》// Вестник РУДН. 2015. №4.

Поспелов Б. Ситез конфуцианской и западной культур как фактор экономичес-кого роста // Проблемы Дальнего Востока. 1991. №. 5.

Рифтин Б. Л. Путешествия русского китаеведа в Китай// Вестник НГУ. 2012. Т. 11. Выпуск 10.

Панкратов Б. И. Н. Я. Бичурин как переводчик // Проблемы Дальнего Востока. 2002. № 4.

Петров А. А. Философия Китая в русском буржуазном китаеведении // Библиография Востока. 1935. №7.

Юркевич А. Г. Конфуцианское "четверокнижие" в концептуальном видении российских синологов // Вестник РУДН, сер. Философия, 2016. №1.

陈开科：《论语之路》，载《汉学研究》（第六集），2001.

陈葵阳：《从意合形合看汉英翻译中句子结构的不对应性》，载《安徽农业大学学报》（社会科学版），2005 年第 4 期.

陈海燕：《浅析中华思想文化术语翻译中的难点》，载《中国翻译》，2015 年第 5 期.

杜振吉：《孔子伦理思想的人道主义精神》，载《孔子研究》，1996 年第 4 期。

房秀丽、朱祥龙：《论儒家孝道里的终极关怀意识》，载《孔子研究》，2018 年第 1 期.

干敏敏：《论意识形态对苏联政治生活的影响》，载《俄罗斯文艺》，2007 年第 1 期.

关世杰：《美、德、俄、印民众眼中的中国国家形象问卷调查分析》（下），载《对外传播》，2013 年第 1 期.

郭蕴深：《1851—1917 年中国文化在俄罗斯的传播》，载《学习与探索》，2011 年第 6 期.

韩悦：《〈论语〉英俄译本中核心概念文化负载词"义"的翻译对比研究》，载《中国俄语教学》，2019 年第 3 期.

黄炳文：《〈论语〉的"君子"思想探微》，载《青年思想家》，2004 年第 1 期.

霍国栋：《〈论语〉"义"思想刍议》，载《船山学刊》，2009 年第 1 期.

嵇钧生：《莫斯科的孔夫子嵇辽拉》，载《俄罗斯学刊》，2013 年第 4 期.

姜海军：《〈论语〉"义"字考释》，载《文史杂志》，2011 年第 3 期.

景海峰：《从儒家文化的特质看文明对话的展开》，载《国际汉学》，2019 年第 3 期.

李明滨：《莫斯科的孔夫子》，载《岱宗学刊》，1997 年第 1 期.

李明滨、李淑卿：《俄国蒲松龄研究巡礼》，载《蒲松龄研究》，2000 年第 1 期.

李逸津：《19~20 世纪俄罗斯文学文本中中国概念内涵的演变》，载《天津师范大学学报》，2001 年第 3 期.

李俊领：《抗战时期国民党与南京国民政府对孔子的祭祀典礼》，载《社会科学评论》，2008 年第 4 期.

连玉兰：《〈论语〉三个俄译本的翻译策略分析研究》，上海外国语大学硕士论文，2014.

梁实秋：《翻译》，见黎照 编著，《鲁迅梁实秋论战实录》，北京：华龄出版社，1997.

林杉：《斯大林一九三〇年十二月九日"谈话"与"苏联哲学"和"苏联意识形态"的"政治化"》，载《读书》，1999 年第 3 期.

林同齐：《"中国中心观"：特点、思潮与内在张力》，见柯文：《在中国发现历史——中国中心观在美国的兴起》，林同齐译，北京：中华书局，2002.

刘丽芬：《〈论语〉翻译在俄罗斯》，载《中国外语》，2014 年第 5 期.

刘超：《托尔斯泰的精神与儒道墨学说》，载《保定学院学报》，2008 年第 21 卷第 1 期.

刘亚丁：《中俄文化的相遇与相互理解——对话俄罗斯著名汉学家卢基扬诺

夫》, http: //www. cssn. cn/zx/201701/t20170105_ 3369866_ 3. shtml.

刘亚丁:《孔子形象在俄罗斯文化中的流变》, 载《东北亚外语研究》, 2013年第 2 期.

刘亚丁:《德必有邻: 儒学在俄罗斯的传播》, 载《中国社会科学报》, 2016-2-18.

刘耘华:《孔子对古代传统的双重诠释》, 载《中国文化研究》, 2002 年夏之卷.

刘燕:《他者之镜: 〈1907 年中国纪行〉中的中国形象》, 载《外国文学》2008 年第 6 期.

刘立志:《〈论语〉学名目溯源》, 载《江海学刊》, 2005 年第 5 期.

刘强:《误读〈论语〉多少年》, 载《名作欣赏》, 2018 年第 5 期.

刘旭:《"儒家思想在俄罗斯"国际研讨会在莫举行》, 2013-11-29, http: //ru. people. com. cn/n/2013/1129/c355954-23696570. html. 2020-12-12.

柳若梅:《独树一帜的俄罗斯汉学》, 载《中国文化研究》, 2003 年夏之卷.

陆人豪:《俄罗斯从来不是东方》, 载《俄罗斯文艺》, 2003 年第 4 期.

吕俊:《翻译研究: 从文本理论到权力话语》, 见顾嘉祖主编, 《新世纪外国语言文学语文化论集》, 2001.

牟钟鉴:《重铸君子人格 推动移风易俗》, 载《孔子研究》, 2016 年第 1 期.

牛蕊:《翻译转换理论视角下贝列罗莫夫〈论语〉俄译本浅析》, 辽宁师范大学硕士论文, 2015.

任继愈:《论儒教的形成》, 载《中国社会科学》, 1980 年第 1 期.

任光宣:《儒家思想的遥远回声——果戈理的〈与友人书简选〉与孔孟思想》, 载《俄罗斯文艺》, 2005 年第 03 期。

宋昌中:《诺维科夫与程颐和雍正的两篇俄文译文》, 载《国外文学》, 1985 年第 1 期.

孙艺风:《翻译规范与主体意识》, 载《中国翻译》, 2003 年第 3 期.

孙婵娟:《儒家文化在俄罗斯的传播与影响》, 黑龙江大学硕士论文, 2017.

田雨薇:《从翻译主体的"两个世界"看〈论语〉俄译》, 载《外语学刊》, 2018 年第 4 期.

王开玺:《略论十七世纪中俄外交礼仪之争与两国关系》, 载《黄河科技大学学报》, 2006 年第 2 期.

　　王东风:《归化与异化: 矛与盾的交锋?》, 载《中国翻译》, 2002 年第 5 期.

　　王灵芝:《〈论语〉在俄罗斯的研究历程》, 载《孔子研究》, 2011 年第 1 期.

　　王灵芝:《〈论语〉核心概念"仁"的俄译概况》, 载《中国俄语教学》, 2011 年第 2 期.

　　王灵芝:《〈论语〉"礼"的俄译问题研究》, 载《中国俄语教学》, 2015 年第 4 期.

　　吴景和:《〈论语〉文学价值初论》, 载《延边大学学报》(社会科学版), 1979 年第 2 期.

　　阎纯德:《汉学和西方的汉学世界》, https://www.sohu.com/a/126318942_501342.

　　阎国栋:《叶卡捷琳娜二世的中国观》, 载《俄罗斯研究》, 2010 年第 5 期.

　　于福存:《略论孔子思想中的君子及其人格修养》, 载《齐鲁学刊》, 1999 年第 4 期.

　　乐黛云:《文化差异与文化误读》, 载《中国文化研究》夏之卷, 1994 年(总第 4 期).

　　张荣明:《孔子在中国与世界历史上的十种形象》, 载《解放日报》2007 年/9 月/30 日/第 007 版.

　　章沧授:《〈论语〉的语言艺术美》, 载《安徽教育学院学报》(社会科学版), 1986 年第 3 期.

　　郑海凌:《庄子的翻译与流传》, 载《俄罗斯文艺》, 2008 年第 4 期.

　　钟雪、王金凤:《〈论语〉英俄译本中文化因素的翻译策略对比分析》, 载《内蒙古工业大学学报》(社会科学版), 2015 年第 1 期.

　　钟雪、王金凤:《以〈论语〉俄译本为例谈文化空缺及其翻译补偿》, 载《吉林省教育学院学报》(上旬), 2015 年第 2 期.

　　周国正:《孔子对君子与小人的界定——从〈论语〉"未有小人而仁者也"的解读说起》, 载《北京大学学报》(社会科学版), 2011 年第 2 期.

　　朱仁夫:《中国儒学在俄罗斯》, 载《东方论坛》, 2006 年第 3 期

　　(俄) 列·谢·贝列罗莫夫:《孔夫子学说在俄罗斯的过去、现在与未来》,

陈开科 译，载《云梦学刊》，2000 第 6 期.

（俄）А．А．卡拉—穆尔扎 А．С．帕纳林 Н．К．潘金：《俄国有摆脱精神危机的出路吗?》，子樱译，载《哲学译丛》，1998 年第 1 期.

（苏）杨兴顺：《俄、苏汉学家中哲史研究》，韩强译，载《哲学动态》，1987 年第 11 期.

（苏）杨兴顺：《道德经的社会伦理学说》，杨超译，载《文史哲》，1955 年第 10 期.

《人民日报》，1997 年 7 月 12 日.

《人民日报》，2014 年 2 月 27 日.

https：//dic. academic. ru/dic. nsf/enc_ philosophy/350，2020-10-4.

http：//burdonov. ru/MyLunYu/TEXT_ my_ comments/index. html，2018-12-4.

http：//www. docin. com/p-1797749542. html，2020-12-1.

http：//www. kremlin. ru/events/president/news/5413，2020-12-1.

http：//www. xinhuanet. com/politics/2014 - 09/24/c _ 1112612018. htm，2020-12-15.

附录 1　《论语》俄译年表

序号	译者	书名	出版时间	备注
1	Я. Волков		未出版	
2	Н. Я. Бичуин	《Лунь-юй》	未出版	
3	Д. П. Сивиллов		未出版	
4	В. П. Васильев	《Лунь-юй》	1884	选译
5	П. С. Попов	《Изречения Конфуция, учеников его и других лиц》	1910	全译本
6	В. М. Алексеев	《Лунь-юй》	1978 (1921 年译)	选译
7	Н. И. Конрад	《Луньюй》 (《Суждения и беседы》)	1959	选译
8	Л. Д. Позднеева	《Изречения》 (《Лунь юй》)	1963	选译
9	В. А. Кривцов	《Лунь-юй》 (《Беседы и высказывания》)	1972	选译
10	Л. Е. Померанцева	《Изречения》 (《Лунь юй》)	1984	选译
11	В. Т. Сухоруков	《Лунь юй》	1987	选译
12	И. И. Семененко	《Изречения》	1987	选译，诗体形式
13	Л. И. Головачева	《Беседы и суждения Конфуция》	1992	节译
14	И. И. Семененко	《Изречения》	1995	全译
15	В. В. Малявин	《Беседы и суждения》	1992、2001	选译
16	А. С. Переломов	《Лунь юй》	1998	全译
17	А. Е. Лукьянов	《Лунь юй》	2000	全译
18	А. С. Мартынов	《Лунь юй》	2000、2001	全译
19	В. Б. Бронислав	《Рассуждения в изречениях》	2013	全译

续表

序号	译者	书名	出版时间	备注
20	С. Ф. Ольденбург	《Афоризмы》	2017	选译
21	В. П. Абраменко	《Лунь юй》（《论语》）	2017	全译，诗体形式

　　注：除俄译者译的《论语》译本外，我们发现，香港孔圣堂会长、著名孔学研究家张威麟（William Cheung）为了《论语》的推广，创办了"孔学出版社多种语文网站"（https://www.confucius.org），该网站收录有《论语》中俄对照电子书。根据网站可知，该译本完成时间应该是在1996年或1998年，但译者不详。这个译本面向广大普通读者，译本非常完整，而且中文部分还包括原文（繁体）、现代译文（繁体）两部分，俄语译文还附有简单注释。

附录 2 《论语》俄译书影选辑

15) Цзэ-гунъ сказалъ: Что вы скажете о человѣкѣ, который въ бѣдности не пресмыкается, въ богатствѣ не заносится? Философъ отвѣтилъ: Годится, но онъ ниже того, который въ бѣдности веселъ, а въ богатствѣ благопристоенъ. Цзы-гунъ сказалъ: въ Ши-цзинѣ сказано: какъ будто отесана и обточена (слоновая кость), какъ будто огранена и ошлифована (яшма). Такъ вотъ, что это значитъ. Философъ сказалъ: Цы (Цзигунъ), теперь съ тобой можно толковать о Ши-цзинѣ, потому что скажешь тебѣ о прошедшемъ, а ты знаешь и будущее.

Примѣчаніе: Изрѣченіе Ши-цзина приведено Цзы-гуномъ въ объясненіе того, что онъ понялъ мысль своего учителя, что путь совершенствованія безконеченъ.

諂 чань, льстить, подличать, отличай отъ 謟 тао, подозрѣвать. 驕 цзяо, гордиться, заноситься. 未若 вэй-жо, не сравняться, хуже. 好 хао, любить. 切 цѣ, рубить, отесывать, а 磋 цо, точить, обтачивать. Эти два пріема относятся къ обработкѣ кости. 琢 чжо гранить. 磨 мо, молоть, тереть, шлифовать – относятся къ обработкѣ яшмы и дорогихъ камней. Мѣстоимѣніе 其 оснсится къ Ши-цзину.

16) Философъ сказалъ: Не безпокойся о томъ, что тебя люди не знаютъ, а безпокойся о томъ, что ты не знаешь людей.

Примѣчаніе: 患 хуань. забота, безпокойство; безпокоиться. 己 цзи, онъ здѣсь въ смыслѣ: ты, тебя.

ГЛАВА II. 爲 政

1) Философъ сказалъ: Кто управляетъ при помощи добродѣтели, того можно уподобить сѣверной полярной звѣздѣ, которая пребываетъ на своемъ мѣстѣ, а (остальныя) звѣзды съ почтеніемъ окружаютъ ее.

Примѣчаніе: Это символъ правителя, украшеннаго всѣми добродѣтелями, вліяніе котораго на столько преобразило народъ въ смыслѣ нравственнаго совершенства, что онъ самъ, безъ всякихъ понужденій охотно исполняетъ свои обязанности, такъ что правителю не остается ничего дѣлать.

爲 政 вэй-чжэнъ, дѣлать правленіе, управлять. 以 и, посредствомъ при помощи. 譬 如 би-жу, напримѣръ; уподобляться. 北 辰 бэй-чэнь, сѣверное созвѣздіе, сѣверная полярная звѣзда, около которой по понятіямъ китайцевъ вращаются всѣ звѣзды, а она сама остается неподвижкою. 所 со, частица, служащая для образованія страдательнаго причастія

1. 柏百福《论语》译本，1910 年版。

он, позволю себе указать на то, что радоваться своему влиянию на других естественно и просто, а вот не хмуриться, когда тебя не замечают, — это против человеческого обыкновения и трудно. Овладеть таким достижением может поэтому только человек завершенной доблести. Чем же эта доблесть завершается? Отвечу и на это все тем же, а именно: она завершается правыми принципами учения, основательностью навыков, глубиной и бесконечностью описанной выше счастливой радости. От этой радости происходит видимое удовлетворение, вне которого не стоит и разговаривать о достойнейшем человеке.

[10] Собственно: сын повелителя, благородный муж. Этот основной термин конфуцианской догматики может быть передан несколькими версиями: благородный человек, джентльмен, лучший человек, достойнейший и т.п. Переводчик выбирает это слово [*цзюньцзы*] как ближайший, по его мнению, этап к «совершенству», о котором будет речь дальше.

2.1. *Ю-цзы сказал: «Таких людей, чтобы, будучи прекрасными сыновьями и братьями, они в то же время имели склонность к мятежным действиям против своей верховной власти, — мало. Таких же, которые, не имея склонности к мятежу против своей верховной власти, имели в то же время охоту к создаванию смуты, — таких людей еще не бывало».*

Ю-цзы — это ученик[11] Кун-цзы[12]. Имя его[13] было Жо. Слово *сяо*[14] означает охотное и умелое служение отцу с матерью, а слово *ти*[15] — охотное и умелое служение старшим братьям и вообще старшим.
При *учинении смуты* появляются жестокость, противонравственные поступки, споры и драки.
Смысл ясен: хороший сын и брат имеет мягкую, податливую душу. Редкого из таких людей влечет к мятежам, и, уж конечно, никого к сеянию смуты.

[11] Переводчик не желает расширять рамок сведений, даваемых Чжу Си, вполне полагаясь на правильность масштаба, взятого знаменитым писателем. Поэтому расширение биографии Ю-цзы, к тому же весьма скудной и мало говорящей, он считает излишним.
[12] Как мы будем теперь величать Конфуция в переводе комментария Чжу Си.
[13] Которым будет в дальнейших главах величать его Конфуций.
[14] Переводчик избегает переводческого жаргона, дающего слову *сяо* ярлык «почтительность к родителям».
[15] Это слово в архаических текстах пишется без всяких отличий от слова *ди* — «младший брат», т.е. означает поведение, свойственное младшему брату в отношении к старшему. Позднее был прибавлен определитель «сердце».

2.2. *Достойнейший человек все свое усердие обращает к корням. Когда корни заложены, то рождается сам Путь. Служение же сына и брата и есть, по-видимому, корень проявленного истинно человеческого начала.*

2. 阿列克谢耶夫《论语》译本，1921 年译，2002 年版。

любить народ, знать время, когда можно привлекать народ к исполнению повинностей.

Гл. I, 6

Учитель сказал:

— Младшие братья и сыновья! Когда вы в отцовском доме, с почтением служите своим родителям! Когда вы покидаете отцовский дом, с любовью заботьтесь о младших членах семьи! Будьте немногоречивы и правдивы! Любите всех, будьте привержены к своему человеческому началу! Будьте деятельны и, если у вас найдутся силы, учитесь просвещению!

Гл. I, 14

Учитель сказал:

— Цзюньцзы [466] ест, но не ищет насыщения; живет, но не ищет покоя; в делах он проворен, но в словах осторожен; он идет к тому, что обладает Дао, и исправляет себя. Вот это и называется овладеть познанием.

Гл. XI, 26

Цзы Лу, Цзэн Си, Жань Ю и Гунси Хуа сидели вокруг своего Учителя.

Учитель сказал:

— Я старше вас всего на один день. Поэтому не стесняйтесь меня. Вот вы постоянно говорите: «Меня не знают!» Но предположим, что вас узнали бы, что вы стали бы делать?

---

466 *Цзюньцзы* — обозначение совершенного человека, носителя высоких моральных качеств.

3. 康拉德《论语》译文，1973 年版。

1.1.[1] Учитель сказал:[2] «Разве не удовольствие постоянно совершенствоваться [упражняться] в том, что приобретено учением? Разве не радость, когда ученик приезжает к тебе из дальних краев? Разве не благородный муж тот, кто не сетует, что неизвестен?»

1.2. Учитель Ю[3] сказал: «Редко бывает, чтобы тот, кто сыновнепочтителен и уважителен к старшим, выступил бы против высших, и никогда не бывает, чтобы тот, кто не выступает против высших, стал бы смутьяном. Благородный муж заботится об основе, когда основа установлена, то и путь[4] открыт. Сыновняя почтительность и уважение к старшим и есть основа жэнь».

1.4. Учитель Цзэн[5] сказал: «Я трижды за день спрашиваю себя, с достаточной ли преданностью[6] я веду дела с людьми, искренен ли я в отношении с друзьями, достаточно ли совершенствуюсь [упражняюсь] в том, что передано мне [учителем]».

1.7. Цзыся[7] сказал: «Если человек обладает достоинством... в служении родителям истощает силы, в служении господину способен отдать всего себя, общаясь с друзьями говорит искренне, то хотя бы он никогда не учился, я, конечно же, скажу, что он обладает знанием».

1.11. Учитель сказал: «Того, кто при жизни отца наблюдает за его планами, по смерти отца изучает его поступки, в течение трех лет не меняет пути отца, назову сыновнепочтительным».

2.2. Учитель сказал: «Если в одной фразе выразить суть «Трехсот песен»[8], то можно сказать: в них нет ереси».

2.5. Мэн Ицзы[9] спросил о сыновней почтительности. Учитель ответил: «Это послушание»[10]. Фань Чи,[11] заняв место возничего, вез Учителя и тот ему сказал: «Мэнсунь[12] спросил меня о сыновней почтительности. Я ему ответил: «Это послушание». Фань Чи спросил: «Что это значит?» И Учитель ответил: «При жизни [родителей] служи им по обряду, по смерти похорони по обряду, свершай жертвы по обряду».

5.16. Учитель сказал о Цзычане[13]: «У него есть четыре черты благородного мужа: он почтителен, в служении высшим уважителен, в кормлении народа милостив, в управлении народом справедлив».

6.22. Фань Чи спросил о знании. Учитель ответил: «Ревностно исполнять долг по отношению к народу, почитать духов, но не приближаться к ним[14], можно назвать знанием». Спросил о жэнь, [Учитель] ответил: «Тот, кто обладает жэнь, сначала тяжко трудится, а потом пожинает плоды. Это можно назвать жэнь»[15].

7.22. Учитель сказал: «Среди трех идущих по дороге обязательно найдется тот, у кого я могу поучиться. Я возьму от него все доброе и буду следовать ему, а все недоброе я исправлю».

222

4. 博美朗采娃《论语》译文，1984 年版

290

1.1 Учитель сказал [2]:

Не радостно ль
Учиться и постоянно совершенствоваться?
И не приятно ль
Видеть друга, идущего издалека?
Не тот ли благородный муж,
Кто не досадует, что неизвестен людям.

1.2 Юцзы [3] сказал:

Редко бывает,
Чтобы человек, почтительный к родителям и
                                                    старшим,

Любил бы нападать на высших,
И не бывает вовсе,
Чтобы тот, кто не любил бы нападать на
                                                    высших,

Любил бы затевать смуты.
Благородный муж трудится над корнем,
С установлением корня рождается и путь.
Сыновняя почтительность и уважение к
                                                    старшим —

Это и есть корень милосердия!

1.3 Учитель сказал:

Милосердие — редкость
При искусных речах и добропорядочной
                                                    внешности.

1.4 Цзэнцзы [4] сказал:

Я на день себя трижды вопрошаю:
Остался ли я верен тем, для кого стараюсь,
И сохранил ли искренность в общении с
                                                    друзьями,
И повторял ли то, что мне передавалось.

1.14 Учитель сказал:

Если благородный муж не думает о сытости
И не стремится жить в покое,
Проворно служит, осторожно говорит
И исправляется от приближения к пути,
Он может называться любящим учиться.

1.16 Учитель сказал:

Не печалься о том, что люди тебя не знают,
А печалься о том, что ты не знаешь людей.

2.1 Учитель сказал:

Кто правит согласно добродетели,
Подобен северной звезде:
Стоит на своем месте
В кругу других созвездий.

263

5. 西门诺科《论语》译文，1987 年版。

— Как заставить народ повиноваться?

Учитель Кун ответил ему так:

— Если возвышать честных над бесчестными, народ будет повиноваться. А если возвышать бесчестных над честными, народ повиноваться не будет.

ИЗ ГЛАВЫ III

3. Учитель говорил:

— Если человек не человечен, что он поймет в обрядах? Если человек не человечен, что он поймет в музыке?

ИЗ ГЛАВЫ IV

3. Учитель говорил:

— Лишь истинно человечный человек способен любить и способен ненавидеть.

8. Учитель говорил:

— Если утром постиг истину — можешь умирать хоть в тот же вечер!

9. Учитель говорил:

— Если ученый муж стремится к истине, но при этом стыдится бедной одежды и грубой пищи, то с ним и говорить не стоит.

14. Учитель говорил:

— Не тревожьтесь о том, что нет у вас должности, а тревожьтесь о том, как быть ее достойным. Не тревожьтесь о том, что никто вас не знает, а старайтесь заслужить, чтоб узнали.

16. Учитель говорил:

— Достойный муж сведущ в том, что дóлжно. Мелкий человек сведущ в том, что выгодно.

17. Учитель говорил:

— Увидишь мудреца — подумай о том, как с ним сравняться. Увидишь глупца — загляни в самого себя.

18. Учитель говорил:

— Ухаживая за отцом и матерью, увещевайте их мягко. Если видите, что они не хотят следовать вашим желаниям, все равно будьте почтительны и не

32

6. 苏霍鲁科夫《论语》译文，1987 年版。

A. С. Мартынов

КОНФУЦИАНСТВО

«ЛУНЬ ЮЙ»

Перевод А. С. Мартынова

Том 2

Санкт-Петербург
2001

[Цзы-гун] спросил: «Какой сосуд?» [Учитель] ответил: «Драгоценный ритуальный сосуд».

5—5. Некто сказал: «Хотя Юн* и гуманен, но он не отличается красноречием». Учитель сказал: «При чем тут красноречие? Тот, кто поражает людей своими длинными речами, очень часто вызывает у них неприязнь. Я не знаю, гуманен ли он, но при чем здесь красноречие?»

5—6. Учитель побуждал [своего ученика] Цзидяо Кая поступить на службу. Тот ответил: «Я еще не могу поверить в [свою готовность]». Учитель был обрадован подобным ответом.

5—7. Учитель сказал: «[Мой] Путь не осуществляется. [А потому я намерен] построить плот и уплыть в море. Тем, кто последует за мной, будет Ю, не так ли?» Услышав это, Цзы-лу** обрадовался, [на что] Учитель сказал: «Храбростью Ю превосходит меня, но он не проник в суть дела».

5—8. Мэн У-бо спросил [у Конфуция], гуманен ли Цзы-лу. Учитель ответил: «Я этого не знаю». Когда же Мэн У-бо вновь спросил об этом, Учитель ответил: «Что касается Ю,

* Имеется в виду ученик Конфуция Жань Юн.

** Цзы-лу (Ю) — один из самых близких учеников, отличался незаурядной храбростью.

то его можно отправить в государство с тысячью колесниц заведовать военными делами. Но гуманен он или нет, я не знаю».

[Мэн У-бо спросил вновь]: «А каков Цю?»* Учитель ответил: «Что касается Цю, то его можно было бы послать управляющим в город, где живет тысяча семей, или в род, который имеет сто колесниц. Но гуманен он или нет, я не знаю».

«А каков Чи?»** — [вновь спросил Мэн У-бо]. Учитель ответил: «Что касается Чи, то он может, облачившись в парадное одеяние, стоять при дворе [во время приема] и поддерживать разговор с гостями. Но гуманен он или нет, я не знаю».

5—9. Обращаясь к Цзы-гуну, Учитель спросил: «[Из вас двоих] кто кого превосходит, ты или Хуэй?» Цзы-гун ответил: «Разве я, Си, посмею сравнивать себя с Хуэем? Если Хуэй, услышав об одном, знает о десяти, то я, Си, услышав об одном, знаю [всего лишь] о двух». Учитель сказал: «Я согласен с тобой. Ты не можешь сравниться [с ним]».

5—10. Цзай Юй спал в дневное время. [Увидев это], Учитель сказал: «На гнилое дерево

* Мэн У-бо имел в виду ученика Конфуция Жань Цю.

** Имеется в виду ученик Конфуция Гунси Чи.

не нанесешь резьбу. Стену с нечистотами не сделаешь белой. Нет смысла упрекать Юя».

Учитель сказал: «Вначале я, [определяя свое отношение к людям], слушал их речи и верил их делам. Нынче же, определяя свое отношение к людям, я слушаю их речи и смотрю на их дела. Что же касается Юя, то разве его можно изменить?»

5—11. Учитель сказал: «Я еще не встречал человека с твердым [характером]». Кто-то возразил: «А Шэнь Чэн?» Учитель ответил: «Чэн — [человек] страстей. Разве он может быть твердым?»

5—12. Цзы-гун сказал: «Я не хочу делать другим людям того, чего я не желаю, чтобы другие делали мне». Учитель сказал: «Си, для тебя это недостижимо».

5—13. Цзы-гун сказал: «От Учителя можно услышать [о том, что говорится в древних] текстах. О природе же человека и о Пути Неба услышать [от Учителя] невозможно».

5—14. Пока Цзы-лу не осуществлял [на практике] то, что он уже услышал [от Учителя], он остерегался слушать [что-либо новое].

5—15. Цзы-гун спросил [у Учителя]: «Почему Кун Вэнь-цзы получила [посмертное имя] Вэнь («просвещенный»)?» Учитель ответил: «[Кун Вэнь-цзы] был умен и любил учиться.

7. 马尔德诺夫《论语》译文，2001 年版。

Раздел I. Конфуцианство – творец китайской цивилизации

I, 4. Цзэн-цзы[1] сказал: «Я ежедневно трижды[2] вопрошаю себя: отдал ли все душевные и физические силы тому, кому советовал в делах? Был ли искренним в обращении с другом? Повторял ли то, что мне преподавали?[3]»

[1] Цзэн-цзы – ученик Конфуция Цзэн Шэнь, был моложе Учителя на 46 лет. Конфуций выделял его, как и Ю-цзы, среди учеников за острый ум, поэтому в «Лунь юе» к его имени добавляется приставка цзы – «учитель». В данном суждении Конфуций именно ему доверяет разъяснение норм общения.

[2] В тексте стоит иероглиф 三 сань «три». Некоторые переводчики (Дж. Легг, П. С. Попов, В. М. Алексеев, В. А. Кривцов, Цянь Му, И. И. Семененко, Л. И. Головачева) понимают его как числительное, обозначающее количество, отсюда и возникло толкование типа «в трех отношениях». Соглашаясь с ними, я считаю, как и Мао Цзышуй, что число «три» здесь означает три темы, указанные в суждении [Мао Цзышуй, 1991, с. 4]. При этом каждая из названных тем воскрешалась Цзэн-цзы в течение дня неоднократно. По мнению Ян Боцзюня и некоторых других конфуциеведов, в древности числительные «три» и «девять» служили показателями множественного числа [см. Ян Боцзюнь, 1984, с. 3–4].

[3] Самым спорным в данном суждении является термин 忠 чжун, современные значения: «верность», «преданность», «лояльность». Из западных переводчиков «Лунь юя» Дж. Легг первым предложил трактовать здесь чжун как faithful (верный, преданный) [Легг, 1893, с. 139]. У него нашлось много последователей, особенно среди русских переводчиков: «Обдумывая что-нибудь для других, был ли я предан им?» [Попов, 1910, с. 2]; «... преданно ли служу людям?» [Кривцов, 1972, с. 141]; «... остался ли я верен тем, для кого стараюсь?» [Семененко, 1987, с. 263]; «... [нет ли во мне такого], что я не предан тому, кому даю советы?» [Головачева, 1992, с. 260].

В. М. Алексеев в свое время предложил трактовку, отличную от Дж. Легга: «Не было ли так, что, давая кому-либо совет, я был не вполне отчровенен?» [Алексеев, 1978, с. 433].

Что же все-таки понимали под термином чжун Конфуций и Цзэн-цзы? Объясняя значение этого термина, Чжу Си писал: «Чжун — это значит исчерпать самого себя» [Чжу Си, с. 4]. Современные китайские комментаторы, как правило, руководствуются толкованием Чжу Си (ср. [Цянь Му, 1985; Ян Боцзюнь, 1984; Мао Цзышуй, 1991; Се Бинъин и

Лунь юй I, 4

Раздел I. Конфуцианство – творец китайской цивилизации

др., 1990; Бао Шисян, 1992]). Конфуций словами Цзэн-цзы обучает людей нормам общения: давая кому-либо советы или оказывая помощь, человек должен отдать другому все свои духовные и физические силы, т. е. «целиком исчерпать самого себя». Такие качества, как преданность и верность в эпоху Конфуция отнюдь не всегда подразумевали полную исчерпывающую активацию личности. Лишь впоследствии, когда конфуцианство стало официальной идеологией императорского Китая, у термина чжун в отношении поведения чиновника появилось значение «преданность вышестоящему», поэтому представляется оправданным сохранить толкование Чжу Си. Тем более что Чжу Си не проходит здесь социального градации: сначала речь идет о норме отношений между обычными людьми, затем между друзьями. И в качестве критерия отношения между друзьями указана искренность (信 синь).

Мне кажется, что среди англоязычных переводов суждения наиболее адекватным является толкование Д. Лау: «Tseng Tzu said, "Every day I examine myself on three counts. In what I have undertaken on another's behalf, have I failed to do my best? In my dealings with my friends have I failed to be trustworthy in what I say? Have I passed on to others anything that I have not tried out myself?"» [Лау, 1979, с. 59].

Для сравнения приведем другие переводы:

«Zengzi said, "Everyday I make several selfexaminations on the following points: whether I have or not exerted my utmost in helping others; whether I have or not been honest and sincere in intercourse with friends; whether or not I have practiced the instructions of my teacher"» [Бао Шисян, 1992, с. 27–29].

«Zeng Zi said, "Every day I examine myself once and again: Have I tried my utmost to help others? Have I been honest to my friends? Have I diligently reviewed the instructions from the Master?"» [Цай Сицинь, и др., 1994, с. 3].

«Zeng-zi sprach: "Täglich prüfe ich mich in dreierlei Hinsicht: War ich anderd gegenüber treu und zuverlässig? War ich aufrichtig im Umgang mit Freunden? Habe ich geübt, was ich gelernt habe?"» [Мориц, 1986, с. 43].

«Maître Zeng dit: "Tous les jours je m'examine sur trois points: dans les affaires que j'ai traitées pour autrui, ai-je bien fait tout mon possible? Dans mes rapports avec mes amis, ai-je toujours été sincère? Enfin, n'ai-je pas manqué de pratiquer les leçons du Maître?"» [Чэн, 1981, с. 29–30].

«Master Tseng said, "Every day I examine myself on these three points: In acting on behalf of others, have I always been loyal to their interests? In intercourse with my friends, have I always been true to my word? Have I failed to repeat the precepts that have been handed down to me?"» [Уэйли, 1938, с. 84].

Л. С. Переломов. Конфуций и конфуцианство

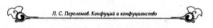

«Tseng Tsan once said, "Daily I examine myself on three points: Have I failed to be loyal in my work for others? Have I been false with my friends? Have I failed to pass on that which I was taught?"» [Уэр, 1988, с. 2].

I, 5. Учитель сказал: «При управлении государством, выставляющим тысячу военных колесниц[1], будь на этом деле благоговейно сосредоточен и добивайся доверия [народа]; будь экономен в расходах и жалей людей; используй народ в надлежащую пору[2].

[1] В VII—III вв. до н. э. могущество государства определялось количеством боевых колесниц. Обычно в колесницу запрягали четверку коней, и управлять ими в бою было нелегким делом. Не случайно умение управлять колесницей считалось одним из «шести искусств». Среди современных китайских комментаторов нет единого мнения о размерах государства, которое было бы способно выставить тысячу колесниц. Так, например, Тао Чжу полагает, что Конфуций подразумевал большое государство [Тао Чжу, 1989, с. 2]. В начале эпохи Чуньцю, по утверждению Ян Боцзюня, еще не было царств с таким числом колесниц (такое крупное царство, как Цзинь, сумело выставить в одном из сражений лишь 700 колесниц), но ко времени Конфуция «тысяча колесниц» уже не считалась показателем большого царства [Ян Боцзюнь, 1984, с. 4].

Замечание Ян Боцзюня имеет принципиальное значение — по Конфуцию, управлять малым государством гораздо сложнее, нежели крупным, и к этой мысли он возвращается неоднократно в других суждениях, поэтому от правителя требуется максимум сосредоточенности и усилий.

[2] Перевод суждения В. М. Алексеева [Алексеев, 1978, с. 434]. Расхождение только в трактовке иероглифа 信 синь. Напомню, что известный китайский философ Фэн Юлань неоднократно указывал на «особый характер древнекитайского языка, делающий возможным для одного и того же знака указывать на родовую сущность, так и на единичный объект» [Ломанов, 1996, с. 67]. Когда же мы сталкиваемся с терминами, несущими конструкции учения Конфуция, то ответственность за реконструкцию изначальной мысли возрастает во сто крат. Иероглиф 信 синь «доверие» является ключевым в данном суждении. Конфуций впервые поднимает здесь проблему власти. В. М. Алексеев трактует синь как «внушать доверие», я же полагаю, что адекватнее

---

8. 贝列罗莫夫《论语》译本，2009 年版。

Учитель сказал:

— Живы старики — служи по обрядам. Умрут, похорони по обрядам и поминай по обрядам.

6 | Мэн Убо[10] спросил о почтении к старшим.

Учитель ответил:

— Пусть родителей огорчают только твои болезни.

7 | Цзы Ю[11] спросил о почтении к старшим.

Учитель ответил:

— Ныне почтением к старшим называют способность прокормить. Совсем как про собаку и лошадь. Если способен прокормить, но нет почтения, то в чём разница?

8 | Цзы Ся спросил о почтении к старшим.

Мудрец ответил:

— Трудность в настроениях.

Если младшие просто выполняют поручения и, когда есть вино и пища, прежде всего угощают старших, то разве это и есть почтение?

9 | **Учитель сказал:**

— Я целый день беседовал с Янь[12].

Он вообще не возражал, как глупец.

А когда ушёл, то обо всём думал в уединении сам. После же все знания в нём проявлялись.

Нет, Янь, он отнюдь не глуп.

10 | **Учитель сказал:**

— Смотри, чем человек руководствуется, наблюдай, каковы его побуждения, пойми, что его успокаивает.

Что может быть в человеке непонятного? Что непонятного?

11 | **Учитель сказал:**

— Если, думая о древности, узнаёшь новое, можешь быть наставником.

12 | **Учитель сказал:**

— Из благородного человека орудие не сделаешь.

13 | Цзы Гун спросил о благородном человеке.

Учитель сказал:

— Он сам сначала делает то, о чём говорит, а потом этому следуют.

14 | **Учитель сказал:**

— Благородный человек всех принимает, но никому не подражает, а маленький человек подражает всем, но никого не принимает.

15 | **Учитель сказал:**

— Учиться, не размышляя, — пустая трата сил, а размышлять, не учась, — пагубно.

16 | **Учитель сказал:**

— Если нападаешь не с той стороны, то навредишь только себе.

17 | **Учитель сказал:**

— Ю[13], я тебе разъясню, что такое знание. Знание в том, чтобы знать то, что знаешь, и не знать, что не знаешь.

$\frac{2}{17}$ $\frac{2}{18}$

18 | Цзы Чжан[14] хотел научиться правильно исполнять служебные обязанности.

Учитель сказал:

— Слушай внимательно, чтобы понять, что сомнительно. Говоря об остальном, будь осмотрителен. Тогда будет мало нареканий.

Смотри внимательно, чтобы понять, что опасно. Делая остальное, будь осмотрителен. Тогда будет мало сожалений.

Говоря слова, уменьшай количество нареканий, делая дела, уменьшай количество сожалений.

Это и есть правильное исполнение служебных обязанностей.

19 | Правитель Ай-Гун[15] спросил:

— Как нужно себя вести, чтобы люди слушались?

Кун-Цзы[16] в ответ сказал:

— Возвысишь честных, поставишь их над двуличными, и люди будут слушаться.

Возвысишь двуличных, поставишь их над честными, и люди не будут слушаться.

20 | Цзи Кан-Цзы[17] спросил:

— Как добиться, чтобы люди опирались на уважение и преданность?

Учитель сказал:

— Если достойно обращаешься с людьми, они проявляют уважительность.

Если проявляешь почтение и любовь, люди хранят преданность.

Возвышайте добрых, обучайте неспособных, тогда будут такие побуждения.

$\frac{2}{19}$

9. 魏德汉《论语》译本，2013 年版。

ЛУНЬ ЮЙ

Учитель рёк: «*Для каждого во все лета*
Открыты знания врата!»
[«Лунь юй», XV.39]

ЛУНЬ ЮЙ

論語

СОДЕРЖАНИЕ

88

Глава I

Глава I. «Изучать и...»

I, 1

Учитель сказал:
– Найти, осмыслить, изучить,
   На деле знанья применить
   И вовремя, и многократно,
   Да разве это не приятно!
А встретить друга – земляка,
   Что прибыл к вам издалека,
   И вспомнить лет ушедших младость,
   Да разве не охватит радость!
Быть неизвестным, ни мгновенья
   Не проявляя сожаленья,
   Как и гордыни превосходства,
   Да разве то не благородство!

89

ЛУНЬ ЮЙ

I, 2

Ю-цзы пронзнёс:
– Такие люди редки, уповая
   На опыт предков, это говорю,
   Кто, сынопочитанье проявляя
   И к старшим братьям преданность свою,
   Не в ногу с властью пробует шагать
   И склонен против власти выступать.
   Таких же, кто не склонен власть клеймить,
   Но любит смуту сеять, зло творить,
   Путь длинный в десять тысяч ли пройдёшь,
   В границах Поднебесной не найдёшь.
   Муж благородный создаёт основу,
   Свод правил нерушимых – слово к слову.
   Основа укрепляется сначала,
   За нею вслед рождается и Дао.
   Всем людям, на дорогу с Дао вставшим, –
   Тепло добра от очага родного.
   К родителям почтенье, к братьям старшим –
   Вот человеколюбия основа!

90

10. 阿布拉缅科的《论语》译文，2017 年版

Хрестоматия

Вовсе нет таких,
кто не склонен выступать против верхов,
но любит сеять смуту.
Благородный муж трудится над основой,
основа утверждается, и *дао* рождается.
Почитание родителей и старших братьев —
это и есть основа человеколюбия!

I, 3

Учитель сказал:

— Ловкая речь и притворное выражение лица
редко сочетаются с человеколюбием.

I, 4

Цзэн-цзы[1] сказал:

— Я в день трижды вопрошаю себя:
Даю совет другому, а честен ли в помыслах?
С друзьями общаюсь, а верен ли дружбе?
Наследую заповеди, а претворяю ли их в жизнь?

I, 5

Учитель сказал:

— Управляя царством, способным выставить тысячу колесниц,
почтительно служи и опирайся на доверие;
сокращай расходы и люби людей,
используй народ в соответствии с круговоротом времён.

I, 6

Учитель сказал:

— Молодые люди должны дома проявлять сыновнюю почтительность,
а вне дома уважать старших, быть внимательными и честными,
безгранично любить народ и сближаться с человеколюбивыми.

---

[1] Цзэн-цзы (Цзэн Шэнь, Цзы Юй, 505 — ок. 436 до н. э.) — ученик Конфуция, почтительно назван «учителем» (цзы) за острый ум.

269

11. Лу Цзи-янов 《论语》译本，2017 年版。

后 记

"逝者如斯夫，不舍昼夜"，转眼间十多年已经过去。初次接触《论语》俄译这个话题还是在读博期间，开题报告前夕，苦于研究方向和题目的选择，在导师郑海凌先生的指导下，确定了《〈论语〉俄译本研究》作为博士论文题目。之后，便着手搜集一切与《论语》俄译研究相关的资料。在搜集资料的过程中，我慢慢进入了俄罗斯汉学研究这一广阔的天地，知道了那么多优秀的俄罗斯学者对中国文化的热爱。也正是在阅读文献的过程中，让我对我国传统文化的兴趣日渐浓厚。读书越多，越觉得传统文化博大精深，越觉得自己对传统文化知之甚少，这也促使我更加努力学习和探索。阅读典籍，不仅让我收获了知识，更修炼了内心，让我在那些充满智慧的文字中慢慢品味人生的意义。

然而，喜欢与做研究是两回事。《论语》俄译研究不仅需要阅读大量的俄文资料，还有许多相关的中文资料，由于自己学识、眼界等有限，常有"力难从心"和"词不达意"之感，这也决定了研究难以达到理想的高度和预期。需要说明的是，为了表达对所引文献作者的尊重，引用时我们遵照引文原有字形。当然，书中会有不少疏漏谬误之处，恳请读者批评指正。

感谢我的恩师郑海凌老师。郑老师学养深厚，文思敏捷，治学严谨，我有幸从硕士到博士跟随老师学习多年，毕业后仍时常向老师请教，正是他的不断关注和鼓励才使我不断进步。老师说，学术是块硬骨头，要慢慢啃。这话一方面是安慰我不要着急，但也是告诫我不能浮躁，需脚踏实地。这句话我铭记在心，唯有不断进取，方能不负师恩。

感谢参加我博士论文答辩的委员会成员，他们是：首都师范大学的隋然老师，对外经贸大学的徐珺老师，北京师范大学的夏忠宪老师、刘娟老师和张政老师。他们对我的论文予以指导，提出了诸多宝贵的意见和建议，促使我进一步思考和改正。感谢北京师范大学外文学院图书馆的潘军老师，热心帮助我查找各种俄文资料。

感谢郑州大学的张莉老师，河南大学的刘泽权老师，华北水利水电大学的曹德春老师、曹盛华老师给我学术上的无私帮助和支持；感谢外国语学院的领导及同事对我工作的大力支持；感谢 Д. С. Лысенко 和 Е. М. Полищук 二位外籍老师，我总是能够得到他们的热心帮助。

感谢我的家人，感谢他们的鼓励和无私付出，正是由于他们的支持，才让我走到今天。

感谢范晓虹老师的热心帮助和辛勤工作，正是由于她的付出，本书才能得以顺利出版。

2022 年 6 月王灵芝于郑州